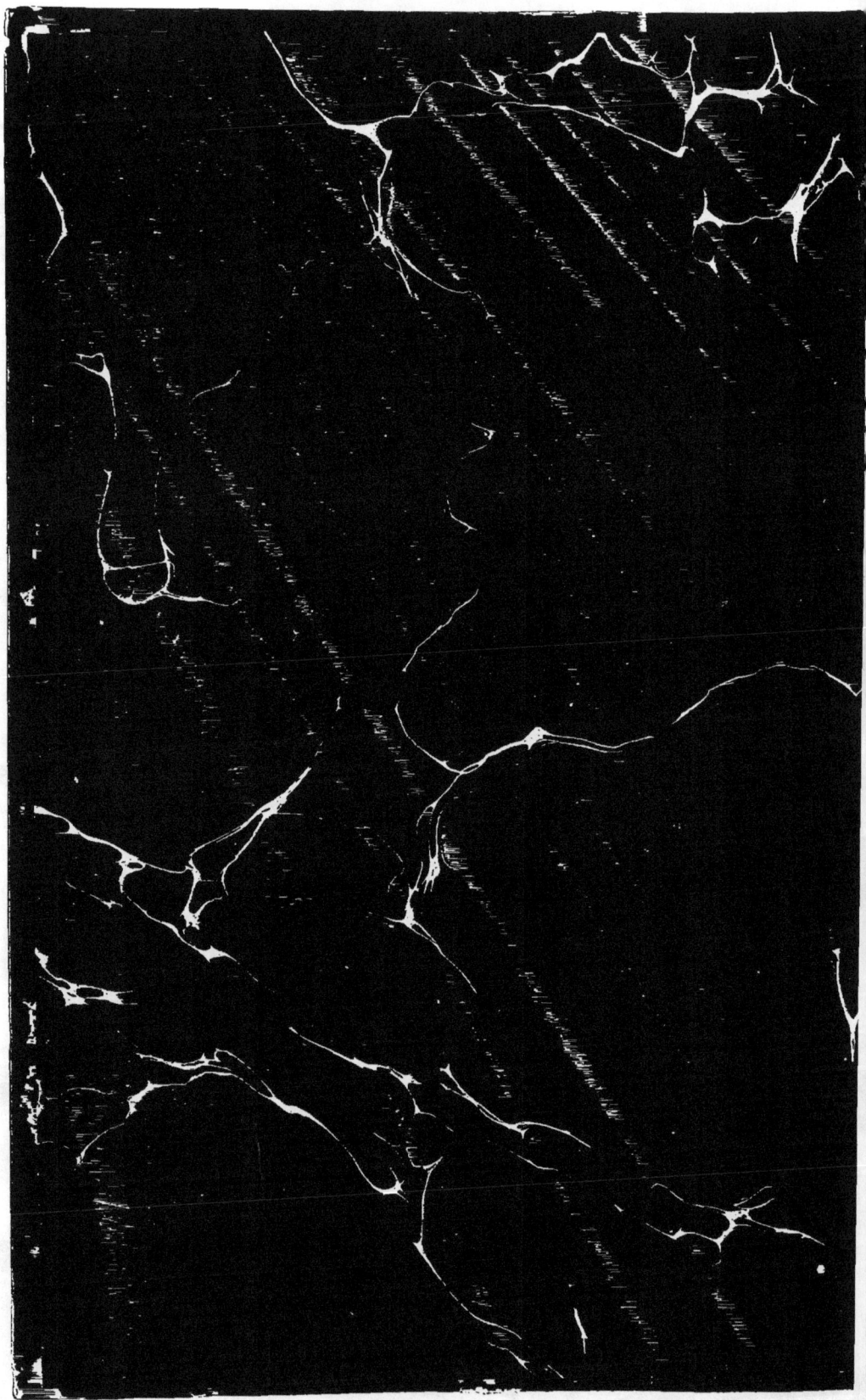

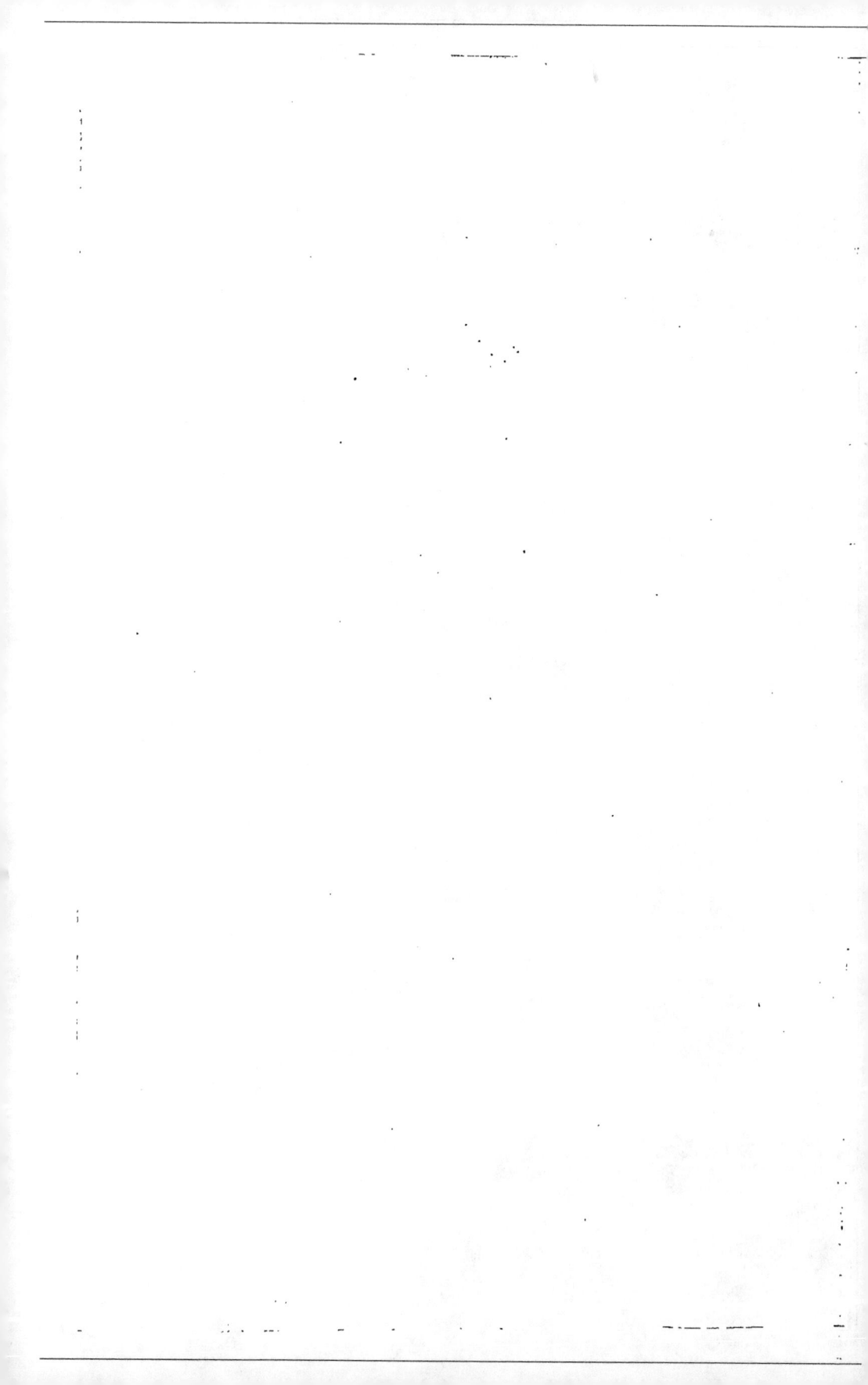

MANUEL PRATIQUE

DE LA

PROFESSION D'AVOCAT

DÉPOSÉ AUX VOEUX DE LA LOI.

BRUXELLES. — TYPOGRAPHIE DE CH. ET A. VANDERAUWERA,
Rue de la Sablonnière, 8.

MANUEL PRATIQUE

DE LA

PROFESSION D'AVOCAT

PAR

Gustave DUCHAINE & Edmond PICARD

AVOCATS PRÈS LA COUR D'APPEL DE BRUXELLES, DOCTEURS AGRÉGÉS A LA FACULTÉ DE DROIT
DE L'UNIVERSITÉ LIBRE

AVEC UNE PRÉFACE

PAR

Édouard DELINGE

AVOCAT, MEMBRE DU CONSEIL DE DISCIPLINE DU BARREAU DE BRUXELLES.

> On nous accuse quelquefois de prêter à notre
> profession une feinte grandeur. Combien nous
> serions coupables si nous la laissions descendre
> au niveau de l'opinion commune ! Sa force est
> précisément dans la hauteur à laquelle nous la
> plaçons, et l'exagération même qu'on nous
> reproche n'a d'autre résultat que de multiplier
> et d'épurer nos devoirs.
>
> JULES FAVRE.

PARIS	BRUXELLES
A. DURAND ET PEDONE LAURIEL	CHEZ CLAASSEN, LIBR.-ÉDITEUR
RUE CUJAS, 9	RUE DE LA MADELEINE, 86
Ancienne rue des Grès, 7	Coin de la rue Cantersteen

1869

DÉDIÉ

AU

CONSEIL DE DISCIPLINE

DU

BARREAU DE BRUXELLES

EXTRAIT DU PROCÈS-VERBAL

DE

LA SÉANCE DU CONSEIL DE DISCIPLINE DU BARREAU DE BRUXELLES

DU 19 JUILLET 1868.

Sont présents : MM. ALBERT PICARD, Bâtonnier, DEQUESNE, MERSMAN, ROUSSEL, WINS, DE L'EAU, WENSELEERS, GUILLERY, VAN HUMBECK, Membres, *et* LA HAYE, Secrétaire.

M. le Bâtonnier communique une lettre par laquelle MM. les avocats Duchaine et Edmond Picard offrent de dédier au Conseil un ouvrage portant pour titre : Manuel de la Profession d'Avocat en Belgique.

Le Conseil accepte avec empressement la dédicace d'une œuvre dont le titre seul révèle toute l'utilité pour le Barreau belge. Il charge M. le Bâtonnier de faire part de cette décision à MM. Duchaine et Edmond Picard, et de leur exprimer tout l'intérêt que le Conseil prend à leur publication.

PRÉFACE.

DANS son *Dialogue des Advocats*, où Loisel laisse à
Étienne Pasquier le soin de dire ce qu'il avait pu apprendre
et connaître de l'ordre des avocats du Parlement de Paris,
l'ancien avocat en la Cour du Parlement, devenu conseiller
et avocat du roi en la Cour des Comptes, le docte auteur
des *Recherches sur la France*, n'hésite pas, dès le début, à
émettre la pensée, que « *comme un estat ne peut subsister
sans iustice, aussi la iustice ne peut se poursuivre et s'exercer sans l'assistance et le conseil de ses ministres, dont les
advocats sont les principaux.* » Aussi, constate-t-il ensuite,
que, lorsqu'il vint au Palais, en 1549, « *l'estat d'advocat
estoit alors si honorable, que toute la ieunesse la mieux
instruite, voire des meilleures maisons, tendoit à faire
montre de son esprit en cette charge, avant que de se mettre
aux offices de conseillers ou autres.* » Et, en effet, comme
le disait à son tour Loisel, en s'adressant à la fin de son
Dialogue aux jeunes gens qui faisaient partie de la ré-

union : « *Vous devez tous prendre courage de travailler...
pour avoir part à ce beau et fertile champ du palais, et y
acquérir... principalement de l'honneur et du contente-
ment, n'y ayant prince, seigneur ny personnage de si
grande estoffe ou fortune, qui n'aist affaire du conseil et de
l'assistance de l'advocat en ses plus importantes affaires, et
n'on seulement pour la conservation de ses biens temporels,
mais aussi de son honneur, et quelsquefois de sa propre
personne.* » Puis, les exhortant surtout à servir de défense
aux innocents contre l'oppression des plus puissants, il ter-
minait en ces mots : « *Enfin vous devez vous efforcer de
conserver à nostre Ordre le rang et l'honneur que nos
ancestres luy ont acquis par leurs mérites et par leurs
travaux pour le rendre à vos successeurs.* »

Qu'on se rappelle à quelle occasion Loisel composa l'ouvrage que nous venons de citer, et l'on ne s'étonnera pas de
la haute importance qu'attachaient alors au libre exercice
de la Profession tant les avocats qui plaidaient encore que
ceux qui du Palais étaient montés aux charges et aux digni-
tés les plus élevées du royaume.

Le Parlement de Paris ayant résolu, au mois de mai 1602,
de faire observer aux avocats l'article 161 de l'ordonnance de
Blois, qui n'avait jamais été appliqué, et aux termes duquel
les avocats et procureurs auraient été tenus de signer les
délibérations, inventaires et autres écritures qu'ils feraient
pour les parties, et d'écrire et parapher de leur main, en
dessous de leur seing, ce qu'ils auraient reçu pour leur
salaire, et ce sous peine de concussion, — les avocats s'offen-
sèrent si fort de l'arrêt qui fut rendu en conséquence de cet
article de l'ordonnance, que s'étant assemblés au nombre de
trois cent sept, en la chambre des consultations, ils résolurent tous d'une voix de renoncer publiquement à leurs
charges. Et, en effet, ils s'en allèrent à l'instant deux à deux
au greffe de la Cour faire leur déclaration, qu'ils quittaient
volontiers la fonction d'avocat, plutôt que de souffrir un
règlement qu'ils estimaient si préjudiciable à leur honneur.
Le principe de leur résistance au contrôle et à la subordination dont ils se voyaient menacés, était tout entier dans la

conviction où ils étaient de l'impérieuse nécessité de leur
indépendance pour l'efficace exercice de leur profession.
Le pouvoir ne tarda pas à être pénétré de la même conviction; le roi interposa son autorité. Il rétablit les avocats,
leur donnant le droit d'exercer leurs fonctions comme ils
faisaient auparavant, et l'on ne parla plus du règlement qui
avait occasionné tout ce trouble.

De nos jours, à la suite d'un incident où l'indépendance
de l'avocat fut de nouveau menacée, Berryer, sollicité, en
1860, de recommander au public un écrit sur les droits et
les rapports du Ministère Public et du Barreau, releva tout
d'abord l'honneur et la dignité de l'Ordre auquel il appartenait, en disant : « *Voilà bientôt cinquante années que je
suis demeuré dans l'exercice de la profession d'avocat avec
la résolution de n'accepter aucune fonction qui m'eût fait
cesser d'être inscrit sur le Tableau de notre Ordre,* » et
l'on sait s'il est resté fidèle jusqu'à la fin de sa vie à cette
résolution si ouvertement exprimée, lui à qui cependant
aucune fonction, si élevée qu'elle fût, n'eût été inaccessible.

Les traditions et les franchises du Barreau, si nettement
rappelées par Loisel, avec la recommandation aux membres
de l'Ordre de les rendre à leurs successeurs, avaient été
préservées, durant des siècles, à ce point que Berryer a pu
dire que « *l'Ordre des avocats, à travers les révolutions,
n'a subi que temporairement l'altération des conditions de
son existence, de sa discipline et de ses règles intérieures.
Le Barreau a maintenu ses droits et conservé ses antiques
usages.* » Que si l'illustre orateur dont le barreau de France
déplore la perte récente, a cru devoir à son tour, après tant
de ses célèbres devanciers, se prononcer hautement pour les
prérogatives de l'Ordre, n'est-ce pas, dans la même pensée,
qu'exprimait Étienne Pasquier, dans un intérêt tout social,
l'administration impartiale et éclairée de la justice dont les
avocats sont les premiers ministres? « *Il importe,* disait-il,
*que notre indépendance soit réelle et entière. Ce n'est point
un privilége concédé à l'orgueil ou au profit de quelques
citoyens, c'est un droit revendiqué pour tous, comme la
plus sérieuse peut-être des garanties de sécurité et de jus-*

tice dans la société civile. » Puis, comme pour ajouter à la recommandation faite par Loisel, et renouvelée par d'Agues-seau s'adressant aux avocats de son temps en ces termes : « *Vous qui, par une heureuse prérogative, avez reçu du ciel le riche présent d'une entière indépendance, conservez ce précieux trésor, et si vous êtes véritablement jaloux de votre gloire, joignez la liberté de votre cœur à celle de votre profession,* » Berryer s'écriait de son côté : « *Tant que les avocats auront en mémoire ce que les De Mesme, les Du Vair, les Pasquier, les Talon, les Séguier, les D'Aguesseau ont dit et écrit sur les prérogatives et la noblesse de leur profession, ils connaîtront, par l'étendue de leurs droits, toute la grandeur de leurs devoirs.* » Et concentrant, en quelque sorte, toutes ses convictions sur le soin jaloux que doivent apporter les avocats à garder ce précieux trésor dont ils n'ont la jouissance que dans l'intérêt de tous, il résumait enfin sa pensée en ces termes : « *L'indé-pendance du Barreau sera toujours pour chaque citoyen un rempart contre les colères et les atteintes du pouvoir, con-tre la violation des droits, contre les persécutions in-justes. Tout est à craindre si elle est mutilée ; rien n'est désespéré si elle se maintient et se fait respecter.* »

Il est aisé de comprendre que les conditions, les règle-ments et les préceptes, en d'autres termes, les droits et les devoirs d'un Ordre appelé à remplir une si haute et si im-portante fonction sociale, ont dû de tout temps faire l'objet de nombreux écrits, et que souvent on se soit appliqué à en présenter l'exposé complet. Ce que les Loisel, les Camus, les Dupin, les Mollot, les Liouville ont successivement fait pour la France, deux membres distingués du barreau de Bruxelles, MM. Gustave Duchaine et Edmond Picard, l'ont entrepris pour la Belgique. Sans doute, dans les généralités du vaste labeur auquel ils se sont résolûment voués, ils ont eu pour guide d'excellents modèles ; mais ces modèles ne sont autres, on le sait, que des traités spécialement compo-sés pour le barreau français, et, comme on l'a dit, à juste titre, certaines différences dans nos mœurs et notre légis-lation y rendaient les emprunts parfois périlleux. La lacune depuis si longtemps signalée chez nous, MM. Edmond Picard et Duchaine ont tenté de la combler, et le soin et le talent qu'ils ont apportés dans l'exécution du programme si complet qu'ils s'étaient tracé, autorisent, nous semble-t-il, à dire que leur tentative a pleinement réussi.

Il serait oiseux d'analyser ici un livre que le lecteur a sous les yeux. Qu'il nous soit permis seulement de constater, comme le lecteur lui-même ne tardera pas à le reconnaître, que, dans le but qu'ils se sont proposé, rien n'a été omis par les deux auteurs de ce qui a pu aider à l'entière exposition de l'ample matière qui fait l'objet de leur traité, et que si parfois, pour ne pas arrêter l'attention jusqu'à la fatigue, ils ont cru devoir se borner, la bibliographie qu'ils ont pris la peine de rédiger est d'une telle étendue que, là mieux qu'ailleurs, chacun, en y remontant aux sources, pourra se renseigner dans le plus grand détail sur telle ou telle partie de l'œuvre, dont il se proposerait l'étude plus particulièrement approfondie.

Le traité de MM. Duchaine et Edmond Picard, dont la publication répond enfin, pour le barreau belge, à un souhait depuis longtemps formé, viendra-t-il trop tard? Aura-t-il pour destinée de n'offrir aux curieux qu'à titre de souvenir historique le brillant tableau des droits et des devoirs d'une profession que certains projets ne tarderont pas, dit-on, à reléguer parmi les traditions d'un temps évanoui? En un mot, la suppression des avoués, ces utiles auxiliaires de la justice, amènera-t-elle cette confusion entre deux fonctions sociales si différentes à tant d'égards que l'une et l'autre retombant à la charge de l'avocat, la profession de celui-ci s'en trouvera détournée de son véritable rôle, et qu'impuissante dès lors à remplir sa haute mission, dans un état de subordination qui répugne à sa nature, elle sombrera bientôt sous le poids des obligations nouvelles dont sans cesse elle se verra surchargée?

Il nous est impossible d'admettre que, sous le régime de notre Constitution, personne encore puisse sérieusement prétendre qu'à l'Ordre des avocats, de la façon dont il est organisé, s'attache le moindre privilége. L'obtention du diplôme, l'obligation d'être gradué pour l'exercice de la profession d'avocat n'est point, nul ne l'ignore, particulière à celle-ci, et il n'est guère de fonctions libérales ou publiques dont l'octroi ne dépende de l'accomplissement de certaines formalités et de la réunion de certaines conditions. Mais il n'y a certes là rien qui participe d'un droit exclusif dans le sens odieux du mot, dans le sens d'un privilége au profit unique d'une classe limitée de citoyens. Il est vrai de nos jours, comme déjà il était vrai du temps de Loisel et comme il l'était aussi sous l'empire de nos anciennes coutumes, *qu'il y a place pour tous au barreau*, en d'autres termes que chacun, en observant les lois et règlements applicables à la généralité des citoyens, peut s'ouvrir l'entrée au Barreau.

Mais si, à n'en pouvoir douter, un membre de l'Ordre des avocats ne jouit à ce titre d'aucun privilége, ce serait une illusion de croire que l'intérêt social n'exige plus de notre temps de respecter des traditions et des prérogatives dont l'unique tendance est de mieux assurer à l'avocat, en garantissant son indépendance, le libre exercice de la parole qu'il n'élève devant la justice que pour en solliciter la légitime et impartiale distribution. « *L'indépendance du Barreau,* comme s'exprime Berryer, *ne place pas celui qui la possède au-dessus des lois; elle lui donne seulement le moyen d'en réclamer l'exécution.* » Cette indépendance n'est pas telle que les écarts n'en seraient réprimés, et là comme ailleurs la loi conserve tout son empire. Que si les avocats, sans préjudice à l'application des lois générales, sont soumis, comme discipline intérieure, au contrôle de leurs pairs, de quels abus s'est-on plaint jamais à l'occasion de cette juridiction toute confraternelle, et n'a-t-elle pas, en tout temps, offert aux plaideurs une garantie immédiate des plus efficaces?

Pour nous qui peut-être n'avons pas résisté assez à la sollicitation trop flatteuse sans doute qui nous vaut l'honneur de présenter au public l'œuvre nouvelle de nos deux estimables confrères, nous nous plaisons à croire qu'elle aura pour effet, en dissipant plus d'un préjugé, d'écarter de

notre Ordre le danger d'une transformation qui ne laisserait
certes pas que de lui être nuisible. Que tel soit le fruit,
qu'avec la haute approbation qui est due à leur consciencieux
travail, MM. Edmond Picard et Gustave Duchaine puissent recueillir de leur œuvre, et, dans notre sincère conviction, ils auront bien mérité non-seulement du Barreau,
mais du pays tout entier.

ÉDOUARD DE LINGE.

PREMIÈRE PARTIE.

HISTORIQUE.

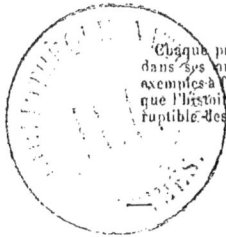

> Chaque profession a ses traditions et trouve dans ses annales des modèles à imiter, des exemples à fuir. C'est pour toutes ces conditions que l'histoire est le plus sûr et le plus incorruptible des conseillers.
>
> DUPIN, jeune.

NOTIONS GÉNÉRALES.

L'exposé de l'état actuel du barreau belge, but principal de cet ouvrage, est inséparable de son passé. C'est ce passé qui éclaire et complète la législation qui nous régit en révélant les traditions qui l'ont insensiblement amenée et qui en sont encore les soutiens les plus fermes. Envisagée à ce point de vue, l'histoire de notre barreau est double. D'un côté, notre nationalité a produit un ensemble de règles trop intimement liées à nos mœurs, pour qu'on puisse les délaisser et ne pas y chercher les moyens de résoudre les cas non prévus. D'un autre côté, la domination du premier empire, en nous imposant les lois profondément empreintes de l'esprit français qui sont encore en vigueur sur la plupart des cas, obligent pour l'interprétation de celles-ci, à rechercher le passé du barreau français.

Notre état présent est la résultante de cette double action.

Déterminer quelle est la part de nos coutumes nationales, quelle est celle des traditions étrangères, et composer ainsi un ensemble bien équilibré, sans sacrifier les unes aux autres, est l'œuvre que nous aurons à accomplir quand plus tard nous tenterons d'exposer quelle est la situation d'aujourd'hui.

L'histoire du barreau belge, l'histoire du barreau français seront en conséquence nos puissants et inévitables auxiliaires.

Nous aurions à raconter l'une et l'autre. Mais en le faisant, nous donnerions à ce livre des proportions qu'il ne doit pas avoir. Forcé de nous restreindre, nous sacrifierons le droit étranger, d'autant plus que d'excellents auteurs auxquels nous renvoyons, ont dit à ce sujet presque tout ce qui méritait d'attirer l'attention (1).

Nous ne donnerons un aperçu que de notre ancien barreau.

Son histoire s'arrête à l'époque de la conquête française. Alors s'ouvre une période nouvelle, qui va jusqu'à nos jours et qui, commençant en 1795, est notre contemporaine pour presque toute sa durée. Se poursuivant pendant la domination étrangère, tantôt sous le régime français, tantôt sous le régime hollandais, puis durant les temps plus heureux et plus féconds de l'indépendance nationale, elle contient des faits intéressants qu'on ne peut passer sous silence.

Le sujet se divise donc naturellement en deux chapitres.

CHAPITRE PREMIER.

Ancien barreau belge.

GÉNÉRALITÉS.

Il serait difficile de prendre le barreau belge à ses origines pour le suivre dans son développement, en annotant chacune de

---

(1) Voir *Histoire abrégée de l'ordre des avocats*, par **BOUCHER D'ARGIS** (époque antérieure à la révolution de 1789), et l'appendice de DUPIN, AÎNÉ, pour la période suivante, jusqu'en 1830. — **MOLLOT**, *Règles de la profession d'avocat*, t. 1er, 2e partie, embrassant toute l'histoire du Barreau, depuis les temps les plus reculés jusqu'à nos jours. — **LIOUVILLE**, *De la profession d'avocat*, IVe partie, embrassant également toute l'histoire du barreau français. — **GAUDRY**, *Histoire du barreau de Paris jusqu'en 1864.*

ses transformations graduelles. La durée de son accroissement, la diversité de nos coutumes donneraient à ce travail une complication qui nous jetterait hors des limites étroites que nous nous sommes prescrites.

Cette œuvre, dont il n'existe encore que des essais, parmi lesquels nous citerons celui de M. Orts comme le meilleur, tentera, souhaitons-le, la patience d'un de nos confrères, animé à son tour du désir de chasser la poussière qui couvre nos traditions nationales et de faire apparaître notre vieux barreau avec tout le lustre qu'il avait.

Nous nous bornerons à présenter une synthèse des règles qui se sont maintenues, et auxquelles leur durée a donné la marque de leur excellence, ou mieux encore, de leur concordance avec nos instincts nationaux. On ne pourra considérer ce qui va suivre comme l'expression de ce qu'était notre barreau dans tel temps ou auprès de telle juridiction déterminée, mais comme un ensemble où les principes épars ont été fondus de manière à donner une idée approximative de ce qui se passait partout.

Ceux qui voudront pénétrer les détails auront à consulter les sources où nous-mêmes avons puisé (1).

SECTION I.

Comment on devenait avocat.

Sauf dans les temps primitifs où chacun était admis à se faire défendre par toute personne qu'il lui plaisait choisir, l'exercice de la profession n'était pas libre chez nous. Afin qu'elle fût exercée dignement, on exigeait des conditions de capacité. Il fallait être licencié en droit. Une seule province, le Hainaut, faisait exception ; mais les avocats étaient tout au moins soumis à un examen préalable.

(1) **DE GHEWIET,** *Institutions du droit belgique, tant par rapport aux dix-sept provinces qu'au pays de Liège,* Bruxelles, 1758. Voir la table du tome second, au mot *Avocats.* On y trouve : Origine de leur nom. Leur profession a toujours été fort estimée. Elle ne peut être exercée par des infâmes. Quels avocats peuvent plaider aux audiences du parlement des Flandres. On ne peut en exercer la pro-

La licence devait avoir été obtenue dans une université du pays, ou dans celle de Bologne. Antérieurement, le grade pouvait avoir été conféré par toute autre université. Quand on voulait plaider devant les tribunaux ecclésiastiques, il fallait être licencié, non-seulement en droit civil, mais en outre en droit canon. De là le titre de *doctor in utroque jure*.

Le stage n'était pas en général exigé, sauf en Hainaut. L'avocat, même licencié, n'était admis à plaider, devant la cour de Mons, que s'il avait *hanté la practique du païs pendant un temps convenable à la discrétion de la Cour*; et devant les tribunaux supérieurs, que s'il l'avait hantée pendant deux années. S'il s'agissait d'un avocat non-licencié, ce terme était porté à cinq ans.

L'absence de stage partout ailleurs qu'en Hainaut, a été parfois signalée comme une lacune regrettable, notamment par De Ghewiet, dans sa méthode pour étudier la profession d'avocat. Cet auteur donne aux jeunes gens le conseil de fréquenter une étude d'avocat le matin, et une étude de procureur le soir, pour se familiariser à la fois avec le droit et la procédure.

fession dans aucun siége, soit ecclésiastique, soit laïque, sans avoir été reçu à la Cour. Leurs matricules y doivent être visées. Ils ne peuvent plaider calomnieusement; ne faire avec leurs clients aucun pacte *de quota litis*; ne perdre le respect à la Cour. Sur quoi ils font serment. Ils ne peuvent excéder la taxe de leurs honoraires. Ils doivent servir les pauvres *gratis*. Leurs autres devoirs. Leurs erreurs ne nuisent point à leurs clients. Ceux qui ont travaillé dans leurs causes propres peuvent porter leurs honoraires en dépens quand ils gagnent. Ils ne peuvent déposer comme témoins pour leurs clients dans les causes où ils travaillent comme avocats. S'ils peuvent être obligés à déposer contre leurs clients. Ils devaient seuls former les écrits de contestation. Comment leurs honoraires passent en taxe de dépens. Le temps employé chez eux par les procureurs n'entre point en taxe. Quand ils ont fait un voyage avec les procureurs pour une enquête, on ne passe en dépens que le voyage des uns ou des autres. Ils ne sont pas recevables à cautionner pour leurs clients. — Et au mot *Avis* : Il doit être pris avis d'avocats par les huissiers exploiteurs pour poursuivre sur le petit possessoire.

LE MÊME, *Méthode pour étudier la profession d'avocat*. — Se trouve à la fin du tome second de l'ouvrage précédent. Cette méthode est divisée en 53 articles. Elle est faite pour le ressort du parlement de Flandre. L'auteur observe en terminant qu'il sera aisé, *mutatis mutandis*, d'en faire usage pour les autres ressorts.

SOHET, *Instituts de droit pour le pays de Liége, Luxembourg, Namur et autres,* Bouillon, 1772. Avocats, leur admission, serment, prérogatives, préséances, fonctions et devoirs, liv. 4, tit. 53, liv. 4, tit. 11, chap. 5; honoraires, *ib.*, et liv. 4, tit. 12, chap. 20, nos 22 et 23. — Avis d'avocats pris par les juges, liv. 4, tit. 12,

Pour exercer comme avocat, il ne fallait pas être regnicole. Quelques villes, Anvers et Breda, par exemple, exigeaient cependant que l'on eût droit de bourgeoisie. Sauf quelques exceptions, l'avocat devait résider près la Cour. Aussi était-il qualifié parfois de *suppôt*, dans les actes du pouvoir.

Quant à l'âge, on suivait le droit romain qui le fixait à dix-sept ans. Si l'avocat exerçait en même temps les fonctions de procureur, il fallait qu'il eût vingt-cinq ans accomplis, mais ce cumul n'était guère autorisé que dans le Hainaut et le Luxembourg.

Il fallait enfin que l'aspirant ne se trouvât pas dans un des cas légaux d'incapacité, d'incompatibilité ou d'indignité. Ces cas comprenaient les femmes, les sourds-muets, les juges et notaires qui avaient agi dans la cause ; les ecclésiastiques, les procureurs, sauf dans les provinces indiquées plus haut ; les négociants, les clercs, les personnes réputées infâmes, les excommuniés, les hérétiques, les juifs, les païens.

ch. 11, n° 2, etc.; en matière criminelle, liv. 5, tit. 13, n°s 108, 113, liv. 5, tit. 20, n° 5.

BOURRICH (Jacobi), *Advocatus*, Leovardiæ, 1643. Voici les titres de quelques chapitres de cet auteur que Struvius qualifie d'*elegantissimus*.

Cap. 1. — De Etymologia vocabuli et diversis advocati appellationibus.

Cap. 2. — Definitio sive descriptio advocati.

Cap. 3. — Quod sit advocati officium in genere erga Deum et homines.

Cap. 4. — Quomodo recte inter homines aget advocatus.

Cap. 5. — Quod non sufficiat, si advocatus honeste vivat, nisi ab alterius .æsione abstineat et cuique quod suum tribuat.

Cap. 6. — Quomodo in litibus exercendis versari debeat advocatus.

Cap. 7. — Utrum justam causam fovendi liceat injuste litigantem dolo circumvenire.

Cap. 10. — Quomodo advocatus se gerere debeat apud proprium clientem.

Cap. 11. — Quomodo apud judicem.

Cap. 12. — Quomodo clientis sui adversarium tractare debeat.

Cap. 13. — Quomodo advocatum diversæ partis.

Cap. 14. — Quod sit advocati officium, in exercendis ordinis judiciarii partibus, et primum quoad citationem.

Cap. 15. — Quomodo reum defendere debeat advocatus.

Cap. 40. — De officio advocati in causis capitalibus.

Cap. 44. — De honorariis seu salariis advocatorum.

Pour le surplus, voir ci-après dans la septième partie, la Bibliographie de l'ancien barreau belge, où nous donnons une liste d'auteurs plus complète, croyons-nous, qu'aucune de celles qui ont été publiées jusqu'ici. Elle pourra servir de base à une étude approfondie de la matière.

Quand toutes les conditions qui viennent d'être indiquées se trouvaient réunies, l'avocat devait encore, pour entrer en exercice, prêter serment devant le corps judiciaire, auprès duquel il désirait se fixer. Ce serment se prêtait à l'audience ou devant le chef du corps, assisté d'un greffier.

La formule était à la fois civile et politique. On jurait de bien pratiquer les devoirs de la profession et d'observer les lois et coutumes du pays. A Liége, on jurait en outre fidélité au souverain.

Voici la formule du serment montois : « Vous jurez que n'entreprendrez plaidoyers ni soutiendrez causes ni procès quelconques, que vous ne voirez et tiendrez estre bien justes et loyaux, tant au commencement qu'après, selon l'information de vos maistres en ce cas, et ferez votre pouvoir de sçavoir et enquérir de vos dits maistres la vérité des dites causes et procès avant les emprendre et plaidoyer, et ne refuserez ni chercherez excuse d'être du conseil d'aucunes parties en causes ou querelles que tiendrez bonnes, justes et loyales ; qu'en tous vos plaidoyers verbaux et escriptures, vous vous réglerez selon les ordonnances de cette noble cour, et ne conseillerez ni inventerez moyens qui soient nuisibles ou préjudiciables, par quelle manière que ce soit, aux autorités d'icelles et de notre grand bailly, ni aux franchises et privilèges de ce pays (1). »

En 1790, il y avait près le Conseil de Brabant, 440 avocats réunissant les conditions qui viennent d'être énumérées. Nous avons cru intéressant d'en donner la liste en appendice à la fin du volume. On y trouvera plusieurs noms encore connus dans notre barreau (2).

---

(1) Pour la formule du serment en Brabant, et autres renseignements sur cette matière dans l'ancien droit belgique, voyez **OLIN,** discours prononcé à l'ouverture de la conférence à Bruxelles, en 1863, p. 12 et 13.

(2) Sous la domination autrichienne, il y avait une liste d'avocats près le *Tribunal aulique ;*

Une liste d'avocats près des deux *Chambres Suprêmes ,* qui connaissaient en dernier ressort des affaires des domaines, des droits d'entrée et de sortie, et d'autres de la même nature ;

Une liste d'avocats près le *Conseil souverain de Brabant,* ayant l'administration supérieure de la justice dans les provinces de Brabant et de Limbourg, et qui tenait ses séances depuis le mercredi après Quasimodo, jusqu'au dernier jour de

SECTION II.

De la discipline.

Les avocats ne formaient pas une corporation, ils n'étaient pas un ordre.

Il n'existait pas de tableau des avocats, dans le sens français de ces mots.

Comme conséquence, les avocats n'avaient aucun pouvoir disciplinaire les uns à l'égard des autres. Il n'y avait pas de conseil de discipline, ni d'assemblées de l'Ordre. Mais comme tous les citoyens, les avocats pouvaient se réunir pour délibérer en commun, notamment sur des objets intéressant leur profession. Ils protestèrent à Bruxelles, quand le conseil de Brabant voulut leur interdire le port de l'épée en ville.

C'était le tribunal ou la cour près desquels ils exerçaient, qui jugeaient leurs infractions aux règles et devoirs de leur profession. Si la cour était souveraine, il n'y avait naturellement aucun recours contre sa décision.

Les règlements de discipline que l'on appliquait étaient en général insérés dans l'ordonnance qui réglait la procédure de la juridiction, ordonnance connue sous le nom de *Style* ou *Stil*.

Les peines comminées suivaient la gradation suivante : la

septembre, à huit heures du matin ; et à huit heures et demie du matin, depuis le premier d'octobre jusqu'au mardi après Quasimodo ;

Une liste d'avocats près les Conseils souverains de Luxembourg, de Gueldre, de Flandre, de Hainaut, de Namur, de Tournai et du Tournésis ;

Une liste d'avocats près de la *Jointe Militaire*, qui jugeait en première instance ceux qui appartenaient aux états-majors des places ;

Une liste d'avocats près le *Grand Conseil de Sa Majesté l'Empereur et Roi*, séant à Malines.

Le Grand Conseil était le premier tribunal de justice des Pays-Bas. Il était juge ordinaire des chevaliers de la Toison d'or, des conseillers d'État et des membres du Conseil Royal du Gouvernement et autres réputés commensaux de la maison du Souverain qu'on a nommé *Comptés par les Écroués*. Il connaissait en instance d'appel de jugements rendus par les Conseils de Flandre et de Namur, ainsi que par le magistrat de la ville de Malines. Ses séances commençaient, à huit heures du matin, depuis le lendemain de Quasimodo jusque fin septembre, et finissaient à midi ; et depuis le 1er octobre jusqu'à la veille des Rameaux, elles commençaient à huit heures et demie et finissaient à midi et demi.

condamnation personnelle aux frais, l'amende, la réprimande, la suspension et la radiation. Parfois aussi on appliquait des peines spéciales, telle que la rétractation publique d'un écrit offensant, ou l'obligation de déchirer cet écrit à genoux aux pieds de la Cour. Enfin, l'adversaire pouvait récuser l'avocat d'une partie si celui-ci était incapable, avait commis une faute disciplinaire qui n'avait pas encore été punie, ou était indigne.

SECTION III.

Des droits et priviléges de l'Avocat.

En devenant avocat on ne devenait pas noble, sauf à Liége. La prétention contraire qui s'affirma parfois avec énergie, fut définitivement condamnée. Pourtant les licenciés obtenaient des universités des armoiries, mais purement honorifiques.

L'Avocat était exempt de la charge de loger les gens de guerre et de payer certains impôts de consommation. A Bruxelles, à Gand, à Namur, ce bénéfice ne s'étendait qu'à un petit nombre d'avocats pris parmi les plus anciens.

Il ne devait pas monter la garde avec les autres bourgeois.

En matière civile, l'Avocat appelé en témoignage par son ancien client sur des faits qu'il avait appris dans l'exercice de sa profession, pouvait refuser de déposer. La question était controversée s'il était appelé en témoignage par l'adversaire. Même ceux qui soutenaient l'affirmative enseignaient qu'il ne fallait en user qu'avec beaucoup de réserve.

En matière criminelle, il y avait aussi une certaine diversité d'opinions, mais le principe contraire au privilége de l'Avocat semble avoir prévalu.

L'Avocat devait porter la robe dans l'exercice de sa profession. Parfois la magistrature tenta de réglementer le costume de l'Avocat en dehors de ses fonctions, en lui imposant pour la ville un costume noir, sévère, sans ornements, et en lui défendant de porter l'épée. Mais ces prescriptions ne purent triompher de la résistance des avocats, qui prétendaient avoir le droit de jouir d'une entière liberté dès que leurs fonctions avaient cessé.

Le conseil de Flandre avait prescrit dans le costume d'audience, certaines différences qui distinguaient les avocats des procureurs. Ailleurs il n'en était pas ainsi.

L'Avocat avait le droit de plaider, à moins que les affaires ne se traitassent par écrit, ce qui était le cas au conseil de Brabant.

L'Avocat plaidait debout et couvert. C'est ce qui se voit par d'anciennes estampes.

En général, il s'exprimait en français. Cette langue devint peu à peu celle des affaires judiciaires. Dans les provinces flamandes il avait naturellement le droit de parler flamand. Les comtes d'Egmont et de Horn furent défendus en français. Le grand conseil de Malines ne prononçait qu'en français.

L'Avocat pouvait suppléer le juge. Quand celui-ci était embarrassé sur un point de droit, il avait le droit de lui déléguer ses fonctions. L'avis ainsi donné s'appelait avis *pro judice;* il liait le juge et les parties. La désignation avait lieu par le juge, soit spontanément, soit en vertu de la loi, soit sur l'ordre d'une juridiction supérieure. Plusieurs avocats étaient délégués à la fois.

L'Avocat avait droit à des honoraires. Ils étaient presque partout fixés par un tarif qui variait suivant la juridiction. On admettait pourtant que l'Avocat pouvait demander un honoraire extraordinaire quand son travail présentait un mérite exceptionnel, ou le procès, des difficultés particulières. Si la partie requérait la taxation, elle était faite par le greffier pour les articles tombant sous le tarif, et par l'un des juges ayant siégé dans la cause s'il s'agissait d'un honoraire extraordinaire.

Les frais de l'estimation étaient à la charge de la partie succombante.

Les honoraires tarifés étaient en général payés par l'adversaire, étant considérés comme dépens.

L'Avocat avait action en justice pour le payement de ses honoraires; l'exercice de cette action ne le discréditait pas.

S'il plaidait dans sa propre cause et qu'il gagnât son procès, la partie adverse lui devait des honoraires, parce qu'il était censé avoir dû dérober son temps à ses clients. Il en était autrement si l'Avocat n'avait pas de clientèle.

Ces règles relatives aux honoraires se complétaient par quelques prescriptions que nous indiquerons ci-dessous parmi les devoirs de l'avocat.

En matière politique, l'Avocat jouissait d'une assez grande indépendance, conforme du reste aux mœurs du pays. Pourtant quand il s'agissait d'attaquer, en plaidant, le pouvoir du prince, ou la constitutionnalité d'une loi, ou son utilité, il y avait controverse sur le pouvoir de le faire, et les auteurs même les plus bienveillants recommandaient aux avocats d'user de réserve et de s'exprimer avec prudence.

SECTION IV.

Des devoirs de l'Avocat.

L'avocat, revêtu de sa robe, devait être présent au début des audiences. Il prenait sa place dans le barreau qui se fermait dès que la cour était entrée.

Au grand conseil de Malines, les avocats étaient tenus d'assister à toutes les audiences solennelles. Ils avaient des sièges réservés où ils s'asseyaient par rang d'ancienneté.

Auprès de toutes les juridictions, leur présence était obligatoire aux funérailles des membres de la cour et aux cérémonies publiques où se rendait le tribunal.

Même avant l'entrée de la cour, nul ne pouvait pénétrer dans l'enceinte où elle siégeait.

Pendant l'audience, les troubles quelconques, même les conversations, pouvaient attirer l'amende sur les avocats.

L'Avocat prêtait serment de ne défendre aucune cause qu'il ne trouvât juste. C'était un de ses premiers devoirs. Parfois les ordonnances ajoutaient l'obligation d'abandonner la cause acceptée d'abord, dès qu'il en découvrait l'injustice.

Wynants expose comment cette maxime devait être entendue. « Il faut noter, dit-il, qu'on ne doit pas refuser ou abandonner une cause à la première idée qu'on se forme de son non-fondement; il y a en cela des règles à suivre.

« Un avocat peut défendre une cause douteuse et problématique; la seule chose qu'il doit faire pour se décharger, c'est d'en avertir la partie, afin qu'elle délibère si elle veut risquer le paquet. Il peut même défendre telle question problématique pour la négative, quoiqu'à son avis l'affirmative lui paraisse mieux fondée, en avertissant comme dessus. Par exemple : Dumoulin soutient que le statut introduisant la communauté est personnel. D'Argentré, au contraire, enseigne qu'il est réel. L'un et l'autre de ces grands maîtres a de savants partisans. S'il se présente une cause dont la décision dépende de cette question, un avocat, quoique moliniste, peut entreprendre de défendre en jugement le parti de d'Argentré, pourvu qu'il avertisse la partie du problème et de son opinion. »

En vertu de principes analogues, on n'admettait pas aisément que l'Avocat pût plaider en appel pour son adversaire originaire, ou pour lui au pétitoire après l'avoir attaqué au possessoire.

Les plaidoiries et les écritures de l'Avocat devaient être concises.

L'injure, envers qui que ce fut, était proscrite et punie. Les sévérités de langage étaient pourtant admises quand la cause le nécessitait. Le juge devant qui l'on plaidait en était l'appréciateur. Les avocats pour mettre leur responsabilité à couvert, se faisaient délivrer une décharge expresse à ce sujet par leurs clients.

Les règlements défendaient en tous lieux les redites, les chicanes, les moyens dilatoires inutiles, l'allégation de faits faux, les surprises, les manques de bonne foi. Il y avait controverse sur le point de savoir si des manœuvres de ce genre n'étaient pas de bonne guerre pour faire triompher une juste cause contre les artifices de l'iniquité. Mais on repoussait généralement cette transaction peu honorable.

Les honoraires devaient être modérés. Cela résultait de l'obligation de suivre le tarif. Le *pactum de quota litis* était défendu. Mais on pouvait convenir, avant l'arrêt, qu'en cas de gain, l'avocat recevrait un *palmarium*, c'est-à-dire un honoraire en sus du tarif.

On tolérait aussi, quoique avec une certaine controverse, que l'avocat reçût des cadeaux; mais il était défendu d'en solliciter.

L'Avocat devait prêter son ministère gratuitement au pauvre. Il ne pouvait faire passer la cause du riche avant celle du pauvre. On abusait parfois de ce secours qui favorisait les procès douteux et amenait l'adversaire à transiger, pour se débarrasser d'une méchante affaire, pour *rédemption de vexe*, disait-on.

Il n'y avait pas en général d'institution analogue au bureau des consultations gratuites. A Malines et à Bruxelles on désignait des avocats au jugement préalable desquels les causes des indigents étaient soumises et dont on adoptait en général l'opinion.

Pourtant les avocats de Gand avaient formé une confrérie sous l'invocation de Saint-Yves. Elle était placée sous le patronage de personnages influents clercs et laïques. Une bulle du pape l'avait approuvée, le gouvernement l'avait sanctionnée.

On se réunissait le premier dimanche de chaque mois pour examiner les causes des indigents. Les confrères absents payaient une amende. Le plaideur devait justifier de son indigence. La justice de sa cause devait être reconnue par trois avocats. Si les frais éventuels menaçaient d'égaler le principal, l'assistance était refusée, parce qu'un procès dans des conditions pareilles était regardé comme dangereux, même pour les riches. L'avocat désigné devait avant tout tenter la conciliation. Dans le cours du procès il devait saisir la confrérie des incidents principaux. Il avait le droit en cas de gain de récupérer ses honoraires contre la partie adverse, conformément au tarif. Le plaideur s'engageait par écrit à ne pas transiger sans son conseil.

La confrérie était une personne civile. Elle pouvait acquérir. On y délibérait à la majorité. Sur les points de droit, les avocats seuls votaient.

En Flandre, il était défendu aux avocats de conférer avec leurs clients dans les cabarets ou les hôtelleries, à moins qu'il ne s'agit d'un voyageur.

Pour maintenir intacte l'indépendance de l'Avocat pendant toute la durée de l'affaire, il devait s'abstenir de cautionner le principal ou les dépens.

Pour sauvegarder cette même indépendance, à Mons il n'était pas permis à l'Avocat de plaider une cause dans laquelle il rencontrait comme adversaire son père, son fils, son frère ou ses alliés au même degré.

SECTION V.

Conclusion.

Sans avoir la cohésion, l'esprit de corps, les scrupules poussés parfois jusqu'à l'excès du barreau français, l'ancien barreau belge avait cependant atteint un remarquable degré de grandeur. Il se signalait non-seulement par sa probité, mais aussi par sa science.

L'observation de tous les devoirs que nous venons d'énumérer, et de bien d'autres destinés à conserver intacts l'honneur, la délicatesse, le désintéressement, était religieusement pratiquée en Belgique.

Telle était, sur ces points, la réputation de Louvrex, que Fénélon abandonna un procès sur le seul bruit que ce jurisconsulte avait accepté la défense de son adversaire.

Nous pouvons puiser dans ces règles vénérables. Mais puisque le sort des événements a voulu que nous puissions également considérer comme notre patrimoine l'ancien barreau français, il est de notre devoir de mettre à profit cette situation privilégiée qui nous ouvre les deux législations, pour corriger l'une par l'autre, et nous constituer, s'il se peut, une discipline propre de laquelle toutes les imperfections auront été élaguées.

CHAPITRE II.

Barreau belge contemporain.

PREMIÈRE PÉRIODE. —— DOMINATION FRANÇAISE.

C'est le 1er octobre 1795 (9 vendémiaire an IV) que la réunion de la Belgique à la France fut décrétée. A partir de ce moment, la législation nationale fut remplacée par la législation française.

L'article 2 du décret de l'Assemblée Constituante du 2 septembre 1790 avait supprimé en France l'ordre des avocats. Il fut loisible, à qui le voulut, d'exercer les fonctions qui étaient précédemment le monopole de l'Ordre.

Pour se distinguer de la tourbe des agents d'affaires qui envahirent alors les tribunaux, les anciens avocats de Paris se constituèrent en société volontaire et n'admirent parmi eux que les confrères éprouvés. On les nommait avocats du Marais, quartier où habitaient la plupart d'entre eux. Les autres gens de loi étaient connus sous le nom de défenseurs officieux.

Tel était le régime qui fut introduit en Belgique lors de la conquête.

Le nouvel état de choses se signala bientôt par des abus. La force des traditions poussait du reste à revenir au passé.

Aussi, la loi du 22 ventôse an XII (13 mars 1804) rétablit-elle la profession d'avocat par ses articles 29 et suivants. Cette loi réservait la rédaction des règlements relatifs à la formation du tableau et à la discipline. Il y fut pourvu par le décret du 14 décembre 1810 qui forme la base des institutions actuelles du Barreau en Belgique.

Ce décret est imbu de l'esprit de domination qui caractérisait le gouvernement impérial. L'ordre des avocats y est systématiquement soumis à l'action du pouvoir (1). Cependant, le décret consacrait quelques-unes des anciennes règles du Barreau.

La loi de l'an XII permettait aux avoués d'empiéter sur les fonctions ordinaires du Barreau. Le décret du 2 juillet 1812 les fit rentrer dans leurs attributions traditionnelles.

---

(1) L'empereur avait trouvé un premier projet de décret beaucoup trop libéral. Voici comment il s'était exprimé à ce sujet :

A Monsieur Cambacérès.

Vendémiaire an XIII (octobre 1804).

Mon cousin,

Je reçois un projet de décret sur les avocats ; il n'y a rien qui donne au grand juge les moyens de les contenir. J'aime mieux ne rien faire que de m'ôter les moyens de prendre des mesures contre ce tas de bavards, artisans de révolutions, et qui ne sont inspirés presque tous que par le crime et la corruption. Tant que j'aurai l'épée au côté, je ne signerai jamais un décret aussi absurde ; je veux qu'on puisse couper la langue à un avocat qui s'en servirait contre le gouvernement.

NAPOLÉON.

Tous les barreaux de l'Empire s'organisèrent conformément au décret de 1810. Il en fut ainsi du barreau de Bruxelles, auquel nous nous attacherons particulièrement comme étant, en Belgique, l'expression la plus complète de tout ce qui concerne notre profession.

Un tableau fut formé en 1811; on y inscrivit 174 avocats. Un conseil de discipline et un bâtonnier furent nommés. Dès le mois de juin ce conseil tenait des séances. Le 28 de ce mois, il adopta un règlement d'ordre intérieur dont les dispositions ainsi conçues ont servi de base à tous les règlements qui suivirent :

Art. 1. Le Conseil s'assemble le premier lundi de chaque mois, à midi.

2. Le Bâtonnier convoquera le conseil extraordinairement toutes les fois qu'il le trouvera nécessaire ; l'avertissement en sera donné par le secrétaire, à la demande du Bâtonnier.

3. Ceux qui ne se trouveront pas à l'assemblée mensuelle ou à celle extraordinairement fixée par le Bâtonnier, une demi-heure après l'heure fixée par l'assemblée, payeront en mains du trésorier, sur l'indication qui lui en sera donnée par le secrétaire, une somme de trois francs. L'emploi des fonds à provenir de ce chef sera déterminé par le conseil (1)

4. Il faudra neuf membres au moins, pour que le Conseil puisse délibérer.

5. Les voix seront recueillies par le Bâtonnier suivant l'ordre de nomination des membres du Conseil et en commençant par le premier nommé. Nul ne pourra prendre la parole, s'il ne l'a obtenue du Bâtonnier.

6. Il sera tenu un registre, sur lequel seront écrits successivement et par ordre de dates, les procès-verbaux de chaque assemblée.

7. Le procès-verbal de chaque assemblée sera signé sur le registre par le Bâtonnier et le secrétaire. Ce dernier signera seul les expéditions. Les lettres écrites par le Conseil seront signées par le Bâtonnier et contre-signées par le secrétaire.

8. Le Conseil nomme un trésorier chargé de la recette des fonds. Ce trésorier commande les ouvrages, fait les achats déterminés par le Con-

---

(1) Le Conseil s'est toujours montré très-sévère en ce qui concerne ces amendes. Il n'a pas admis notamment que l'empêchement résultant d'un service public, tel que les fonctions de membre des États-Généraux, fût une excuse. (Décision du 7 juillet 1829, en cause de Me Barthélemy). Une décision du 3 mai 1813 n'admettait que le décès.

seil et les acquitte. Il sera en même temps bibliothécaire. Il rend compte chaque année au Conseil, le premier lundi du mois d'août.

9. Le secrétaire est autorisé à prendre un commis chargé des écritures, auquel, sur le mandat du secrétaire, le trésorier payera par provision cent francs par an, à dater du 1er juillet prochain (1).

10. Le concierge du Palais de Justice est nommé garçon de bureau à la rétribution de six francs par mois.

11. Pour subvenir à l'ameublement, aux frais de bureau, acheter des livres et généralement tout ce qui sera trouvé nécessaire par le Conseil, chaque avocat inscrit au Tableau payera annuellement à la caisse du Conseil la somme que le conseil déterminera. Dès à présent chaque avocat inscrit payera provisoirement 10 francs.

12. Il sera formé un registre particulier, sur lequel le secrétaire inscrira les noms, prénoms, lieu de naissance et domicile des avocats qui, voulant faire leur stage près de la Cour Impériale, lui auront exhibé leur diplôme portant le certificat mentionné à l'art. 14 du décret impérial du 14 décembre 1810.

13. Aucun avocat ne pourra entrer dans le barreau sans être vêtu de noir.

14. Les articles 12 et 13 ci-dessus seront affichés à la porte du Palais de la Cour Impériale et de chacune des salles d'audience.

Ainsi organisé, le conseil de discipline du barreau de Bruxelles poursuivit régulièrement la mission qui lui était confiée par le décret de 1810. Il rendit des décisions assez nombreuses, et parfois sur des cas intéressants. On retrouvera les principales d'entre elles ci-après, sous les matières qu'elles concernent. Ces décisions forment les *Précédents du Conseil*.

DEUXIÈME PÉRIODE. — RÉGIME NÉERLANDAIS.

De 1815 à 1830, le gouvernement néerlandais se signala, on le sait, par plus d'un acte de despotisme. Le Barreau ne devait pas en être exempté.

Dans le cours de l'année 1819, un sieur Vanderstraeten avait publié un ouvrage intitulé : *De l'état actuel des Pays-Bas*. Il y censurait la conduite des ministres. L'auteur fut poursuivi, emprisonné et mis au secret comme un criminel d'État.

(1) Les fonctions du secrétaire sont gratuites. Il n'a droit qu'à ses déboursés. (Décision du 3 novembre 1829.)

Il réclama le secours des avocats; malgré les craintes qu'inspirait un pouvoir sans modération, ce secours ne lui fit pas défaut. Ce fut à qui le soutiendrait dans sa lutte inégale. Sept avocats signèrent une consultation : MM. Tarte cadet, Beyens aîné et cadet, Barthélemy (1), Donker, Defrenne et Stevens. On y lisait : « L'article 227 de la loi fondamentale eût tendu un piége aux Belges animés par le patriotisme (vertu trop rare), si l'auteur d'un écrit rédigé dans un but d'utilité générale, mais qui attaque les actes ministériels en signalant leurs vices, était exposé à perdre la liberté et peut-être la vie dans les angoisses d'une prison. L'habitude de sévir contre les hommes qui déplaisent aux puissants, de les emprisonner s'ils sont indigènes, de les exiler s'ils sont étrangers, anéantirait toutes les sûretés du royaume. » C'était un langage noble et vrai, mais qui parut au Gouvernement insolent et dangereux. Les sept avocats furent suspendus et emprisonnés par les ordres du ministre de la justice, Van Maanen. La chambre d'accusation les déchargea de la plainte, mais ils n'en restèrent pas moins suspendus (2).

Ces rigueurs laissèrent un long souvenir de terreur dans le barreau de Bruxelles. On en vit les effets lors de l'émotion causée dans le pays par le projet d'organisation judiciaire produit en 1827. Ce projet, défendu par Van Maanen avec sa violence accoutumée, prescrivait le hollandais comme langue judiciaire, obligatoire même pour les plaidoiries. Quoique l'intérêt du Barreau fut ainsi directement en jeu, quoique les avocats de Liége eussent pris l'initiative des protestations, quoique la presse leur fît des appels réitérés, les avocats de Bruxelles demeurèrent immobiles. A leurs yeux, Van Maanen était

(1) Barthélemy, avocat distingué du barreau de Bruxelles, était membre du conseil échevinal en 1794, lors de l'invasion de la Belgique par les armées françaises. Haussmann, l'un des représentants en mission, après avoir déjà levé une contribution de 5 millions de francs, en exigeait une seconde. Barthélemy refusa de la sanctionner. « Savez-vous, lui dit Haussmann furieux, qu'il y va de votre tête ? » — « Il en jaillira du sang, et non de l'or », lui répliqua froidement Barthélemy. Cette réponse énergique frappa le proconsul. La contribution ne fut pas levée et les exactions diminuèrent. Barthélemy (c'était le moins qui pût lui arriver) fut destitué de sa place d'échevin; il ne rentra en fonction qu'en 1806.

(2) DE GERLACHE, Histoire du royaume des Pays-Bas, t. III, p. 108.

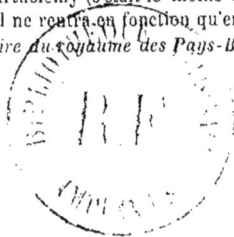

2

un dictateur dont on ne pouvait braver les volontés (1).

Ce fut une triste attitude après le courage avec lequel avait été soutenu Vanderstraeten. Ce défaut de fermeté et d'énergie n'est pas dans nos traditions. Que le souvenir de ces faiblesses et la pénible impression qu'elles laissent nous servent à en prévenir le retour.

A mesure que l'on approche de la révolution de 1830, la tendance à écrire les procès-verbaux du conseil de discipline en flamand s'accentue. Dès 1826, ils sont presque tous en cette langue. Mais quand la question de langage devint un moyen d'opposition, il semble que le Conseil ait eu la velléité d'en prendre sa part. Les procès-verbaux en français reparaissent. Quelques-uns sont écrits dans les deux langues.

Les événements de la révolution eurent une influence assez considérable sur le Barreau. On le verra tantôt. Mais avant de le démontrer, rappelons que la séparation de la Belgique et de la France opérée en 1814 et confirmée en 1815, ne modifia pas l'organisation de notre profession. Les décrets impériaux ne furent pas abrogés. Le Gouvernement prit cependant quelques mesures en ce qui concerne le Barreau; mais si parfois elles présentaient une grande importance au point de vue politique, il n'en était pas de même au point de vue de l'organisation de la Profession. Nous pouvons citer comme tel l'arrêté royal du 25 février 1817, dont l'article 2 imposait aux avocats de renouveler leur serment professionnel, et de jurer en outre fidélité au Roi et soumission à la loi fondamentale (2); nous pou-

(1) DE GERLACHE, *Histoire du royaume des Pays-Bas*, p. 211.

(2) Cet arrêté eut un grand retentissement dans le pays. M. le procureur général De Bavay, dans sa mercuriale prononcée le 15 octobre 1868, à la rentrée de la cour d'appel de Bruxelles, a raconté quelques-uns des épisodes intéressants qui se produisirent, et les refus que plusieurs membres de l'ordre judiciaire opposèrent, au péril de leur position, à l'arrêté du souverain qui leur imposait le serment de fidélité à la loi fondamentale. Ils considéraient celle-ci comme contraire en plusieurs de ses dispositions, à leurs convictions religieuses. Aux documents historiques cités par M. De Bavay, nous pouvons ajouter deux brochures où la question est examinée au point de vue spécial du Barreau. L'une a pour titre : *Remarques sur le serment prescrit aux avocats, etc.*, par le décret du Roi, du 25 février 1817 : IK ZWEIRE GETROUWIGHEID AEN DEN KONING EN ONDERWERPINGE AEN DE GRONDWET. *Et sur l'opinion qui le déclare licite sans restriction, quoiqu'il conviendrait d'en ajouter (sic) celle prescrite pour le serment des juges, etc.* L'autre est intitulée : *Préservatif contre les remarques sur le serment prescrit*

vous également rappeler la disposition du projet d'organisation judiciaire qui imposait au Barreau l'usage de la langue hollandaise; et dans un ordre de choses étranger à la politique, un arrêté royal du 25 août 1817, instituant des avocats pour le département des recettes.

Le conseil de discipline était élu conformément au décret de 1810. L'Ordre élisait une liste double de candidats, parmi lesquels le Procureur Général choisissait quinze noms. Ce n'était pas toujours ceux qui avaient obtenu le plus de suffrages.

On arrive ainsi au 25 juillet 1830. A cette date, le conseil de discipline eut sa dernière séance sous le régime néerlandais. M. Gendebien fut nommé bâtonnier.

TROISIÈME PÉRIODE. — INDÉPENDANCE NATIONALE.

§ 1. *L'Association et l'arrêté du 5 août 1836.*

Au mois d'août de l'année 1830 éclatait la révolution. Les troubles qui en furent inséparables retentirent dans le Barreau. Après la séance que nous avons rappelée, à la fin du paragraphe précédent, la première inscrite sur les registres est celle du 21 avril 1832. Il y eut donc une lacune d'environ vingt et un mois.

Il avait cependant été tenu des séances le 22 mars, le 7 et le 14 avril. Les procès-verbaux des deux dernières sont conservés aux archives de l'Ordre en feuilles volantes. Ils contiennent des faits trop importants pour qu'on puisse les passer sous silence. Nous croyons même devoir transcrire ces procès-verbaux dans leurs parties essentielles. Ils constatent, en effet, toutes les circonstances de la fondation d'un état de choses qui fut longtemps en vigueur sous le nom de *l'Association.*

Pour bien comprendre le motif qui poussa alors le Barreau à se constituer en association libre, il faut se souvenir que le décret de 1810 n'avait pas été modifié; que ce décret

aux avocats, etc. Dans une lettre écrite par un curé du diocèse à un de ses amis. Les exemplaires qui nous ont été communiqués ne portent ni date, ni nom d'imprimeurs; la seconde brochure n'est pas même paginée.

défendait aux avocats de s'assembler, s'ils n'étaient convoqués par le Bâtonnier, et de délibérer sur d'autres objets que l'élection des candidats au Conseil; que la nomination définitive des membres du Conseil et du Bâtonnier appartenait au Procureur Général; qu'enfin le Barreau entier était rigoureusement soumis au pouvoir du ministre de la justice.

Au lendemain de la lutte qui avait été inspirée par la liberté, cet état de choses, imprégné de despotisme, était inacceptable. Cependant le décret n'ayant pas été remplacé, on ne pouvait pourvoir à l'organisation d'une situation nouvelle que par des mesures dues à l'initiative privée. C'est pourquoi les avocats se réunirent et décrétèrent eux-mêmes, en quelque sorte, la charte de leurs droits, en attendant que le législateur y pourvût, ce qui ne devait arriver qu'en 1836.

On va pouvoir s'en assurer par la lecture du procès-verbal :

L'an 1832, le 7 avril, à 9 1/2 heures du matin, se sont réunis au Palais de Justice, en assemblée générale, et par suite de convocation préalable par la voie des journaux : MM. Stevens, Van Hoogten, Bosquet, Spinnael, Vandamme, Allard, Marcellis, Dequesne, Goblet, Mommaerts, Leclercq, Blargnies, Barbanson, Van Volxem fils, Verhaegen aîné, Greban, Maubach, Defrenne, Malisard, Drugman, Jottrand, Theissens, Dindael, Van Parys, Mersman, Greindl, Féron, Vanderton, Redemans, Verhaegen jeune, Mascart, Moncheur, Van Dievoet, Desmedt, Wirix, Godecharles, Duvigneaud, Dubois, Beyens, Pardon, Bemelmans, Dansaert, avocats exerçant près la cour supérieure de Bruxelles, pour y délibérer sur les questions relatives à la formation du conseil de discipline.

Il est communiqué à l'assemblée une dépêche de M. le Procureur Général, laquelle a été adressée à M. Van Volxem père, comme bâtonnier de l'ordre des avocats, qualité que M. Van Volxem a déclaré ne pas posséder, attendu que depuis longtemps il n'exerce plus sa profession d'avocat. Cette dépêche est de la teneur suivante : (*Nous en donnons le texte plus loin.*)

Après la lecture de cette dépêche, une proposition est faite dans l'assemblée pour qu'on examine : 1° s'il existe en Belgique un ordre des avocats; 2° dans le cas d'affirmative sur cette première question, si le décret du 14 décembre 1810 est encore en vigueur; 3° dans le cas d'affirmative sur cette deuxième question, si conformément au décret susdit, il faut encore procéder à la nomination et à la formation d'un conseil de discipline.

Une discussion s'engage sur ces questions; plusieurs avocats y prennent part et l'on tombe d'accord que la question suivante est celle qui sera d'abord mise aux voix : l'article 6 de la Constitution (1) est-il obstatif à l'existence d'un ordre des avocats.

Cette question est résolue négativement à la majorité de 26 voix, huit avocats ayant déclaré s'abstenir.

Il est ensuite donné lecture d'une note rédigée par un avocat que son absence de Bruxelles a empêché de se rendre à l'assemblée. Cette note a pour but de rappeler ce qui s'est passé à l'assemblée du 22 mars dernier.

Une discussion s'engage sur le point de savoir s'il existe des résolutions valablement prises dans la réunion du 22 mars et si la convocation qui l'a précédée a été faite avec un délai suffisant. La question est ensuite posée dans ces termes : Y a-t-il eu le 22 mars 1832 des résolutions valablement prises au nom de l'ordre des avocats? Elle est résolue négativement.

L'assemblée est unanimement d'avis que l'ordre des avocats a incontestablement le droit qui appartient à tous les Belges de s'assembler librement sans autorisation préalable et de délibérer sur les intérêts qui le concernent. Qu'à cet égard l'abrogation des dispositions prohibitives du décret ne saurait présenter aucun doute. L'assemblée pense encore qu'on ne saurait regarder comme existante la disposition despotique qui met à la discrétion d'un ministre la profession et l'existence d'un avocat.

On expose ensuite que la dignité et l'indépendance des avocats s'opposent, abstraction faite même de l'influence de nos institutions, à l'intervention d'une autorité quelconque dans les délibérations et les décisions de l'Ordre relatives à l'exercice de ses droits ; que même sans décider la question de la force obligatoire que l'on pourrait attribuer encore à quelques parties du décret de 1810, on ne saurait méconnaître ni contester à l'Ordre le droit de se choisir un conseil de discipline dont il fixerait les attributions.

A la suite de la discussion, la question suivante est posée et mise aux voix : L'ordre des avocats nommera-t-il un conseil de discipline auquel seront confiés provisoirement, et en attendant que le législateur y ait pourvu dans le sens de nos institutions constitutionnelles, la surveillance des avocats qui le composent, et la garde de sa dignité, de ses droits et de ses prérogatives ?

Cette question est résolue affirmativement par 32 voix contre 8

Enfin l'assemblée décide à l'unanimité que le conseil de discipline sera composé de 15 avocats qui seront nommés, séance tenante, à la pluralité des suffrages. Le plus âgé des 15 élus sera le bâtonnier de l'Ordre, le plus jeune sera le secrétaire du Conseil.

En exécution de cette décision, il fut procédé à l'élection. Me Defrenne fut élu bâtonnier, Me Jottrand, secrétaire.

(1) Il n'y a dans l'État aucune distinction d'ordres. Les Belges sont égaux devant la loi...

Le 14 avril, le Conseil se constitua et il fut décidé, à l'unanimité, que des expéditions du procès-verbal qui précède seraient adressées aux présidents des chambres de la Cour et au président du tribunal de première instance de Bruxelles, au procureur général et au procureur du Roi de la même ville, à tous les barreaux du ressort et au barreau de Liége. Il n'est pas question de Gand, sans doute à cause des prédilections de cette ville pour la dynastie déchue.

Dans sa séance du 21 avril 1832, le nouveau conseil élu par l'Association, décida qu'un tableau des avocats serait formé mais qu'on n'y inscrirait que les membres présents et futurs de l'Association.

Le Barreau se plaçait donc nettement en dehors des prescriptions du décret de 1810. Il refusait d'observer ses dispositions sur la formation du Conseil, le droit de s'assembler, la formation du tableau. S'il ne faisait pas acte de légalité, il faisait au moins acte d'indépendance et de dignité.

Le Procureur Général s'en émut. Il crut devoir rappeler les avocats au respect des lois existantes, tout en reconnaissant leur caractère réactionnaire, tout en souhaitant leur abrogation. Le 5 avril 1832, il avait écrit à M. Van Volxem père la lettre suivante, qui avait été lue à la réunion du 7, comme on l'a vu plus haut :

Parquet de la cour supérieure de justice, à Bruxelles.

Bruxelles, le 5 avril 1832.

Monsieur,

Je lis dans presque tous les journaux l'avis qui suit :

« Les avocats du barreau de Bruxelles, assemblés samedi 31 mars,
» ont résolu de convoquer l'Ordre entier, pour samedi 7 avril , à
» 9 1/2 heures du matin, afin de prendre une décision sur les questions
» relatives à la composition du conseil de discipline. »

A cette occasion, je dois vous rappeler, et vous prier de rappeler, s'il en était besoin, à MM. les avocats, les articles 33, 19 et paragraphe 2 de l'article 21 du décret du 14 décembre 1810. Je dois aussi vous faire remarquer que, selon toute probabilité, il vous a échappé de faire renouveler le conseil de discipline de l'Ordre avant la fin de l'année judiciaire expirée au 1er octobre dernier. Ce qui me le fait présumer, c'est que je n'ai point été informé que vous ayez convoqué avant cette époque d'assemblée générale, convocation que vous n'auriez pas faite sans vous être préalablement conformé au paragraphe de l'article 21 du décret.

Vous sentirez, Monsieur, la nécessité de ne point tarder de renouveler le conseil de discipline dans les formes légales, pour assurer le maintien régulier de la discipline, la conservation du Tableau, la présentation au serment, le service des consultations et la défense d'office.

Le décret du 14 décembre 1810 est sans doute en bien des points peu en harmonie avec l'esprit de nos nouvelles institutions, avec l'indépendance et la considération dues à la profession d'avocat. Mais il en est de même des lois organiques de l'ordre judiciaire, du code pénal, du code d'instruction criminelle et même des autres codes, et notamment de plusieurs lois spéciales, décrets et arrêtés des gouvernements précédents, que cependant le Gouvernement doit faire exécuter et que l'autorité judiciaire doit appliquer aussi longtemps qu'il n'y a pas été formellement dérogé, et le moyen d'atteindre à leur redressement sans désordre et sans confusion, c'est de partir de l'état légal qui subsiste pour y arriver par les lois constitutionnelles.

Recevez, Monsieur, mes salutations confraternelles.

Le Procureur Général,

Van Meenen.

A Monsieur Van Volxem père, avocat, faisant fonctions de bâtonnier de l'ordre de Bruxelles.

L'assemblée des avocats n'avait tenu aucun compte de cette communication. Elle s'était, comme nous l'avons dit, constituée en association libre et avait secoué le joug du décret de 1810.

Le Procureur Général revint à la charge, et le 24 avril il écrivit de nouveau.

Bruxelles, le 24 avril 1832.

Monsieur (*le secrétaire du Conseil*),

J'ai reçu, avec votre lettre du 23 de ce mois, la pièce qui m'y était annoncée, etc. Je ne renonce cependant pas à l'espoir que vous, Monsieur, et MM. les avocats dont vous vous dites le délégué, après réflexions plus mûres, vous désisterez de donner des suites ultérieures à des résolutions qui, en définitive, imposeraient au ministère public la dure nécessité de poursuivre l'application de l'article 33 du décret du 14 décembre 1810, et même de l'article 258 du Code pénal, contre des jurisconsultes estimables et sans doute pénétrés de l'idée qu'ils doivent, plus spécialement que tout autre, l'exemple de la soumission aux lois et du respect pour l'autorité et pour l'ordre, seuls garants des libertés publiques et privées.

Voici ce que le procès-verbal de la séance du conseil de dis cipline du 28 avril 1832 porte, en ce qui concerne cette lettre :

Après délibération, le Conseil estime à l'unanimité qu'il est de sa dignité et de celle de ses membres de ne pas répondre à cette inconvenante dépêche.

Le Conseil invite en conséquence M. Jottrand, secrétaire, à n'y faire aucune réponse. L'Ordre n'ayant fait qu'user d'un droit constitutionnel dans les résolutions qu'il a prises, ne doit compte à personne de l'exercice légal qu'il en a fait. Indépendants dans leur profession et dans les actes qui s'y rattachent, les avocats n'ont à répondre que devant l'Ordre même des attributions volontairement données à ceux que l'Ordre a investis de la garde de son honneur et de ses droits.

Il fut décidé dans la même séance que copie de cette résolution serait adressée à tous les barreaux auxquels avait été envoyé le procès-verbal de la réunion du 7 avril, et attendu que la presse s'était emparée déjà de la lettre de M. Van Meenen, que la délibération du Conseil serait publiée dans les journaux.

Depuis lors, l'Association resta en possession paisible de la position qu'elle avait conquise. Elle continua à s'organiser. Le 26 mai 1832, elle s'affirma de nouveau par une délibération du Conseil, qui décida qu'on n'admettrait au stage que les jeunes avocats qui signeraient le procès-verbal du 7 avril. Le 30 juin, le Conseil accomplit un acte plus important encore, en adoptant les statuts destinés à régir l'Association. Ils étaient ainsi conçus (1) :

ART. 1. Le but de l'association des avocats du barreau de Bruxelles, est de maintenir l'indépendance et la dignité de l'Ordre, d'assurer la défense des droits des indigents et de conserver les doctrines libérales.

2. Pour devenir membre de l'Association, il faut être licencié ou docteur en droit, domicilié en Belgique, être présenté par un membre du conseil de discipline et être agréé par le Conseil, s'obliger à remplir les conditions du stage, si déjà l'on n'y a satisfait, adhérer aux présents statuts.

(1) Le projet avait été rédigé par MM. Wyns, Barbanson et Blargnies.

3. La qualité de membre de l'Association est incompatible :

1° Avec toutes les places de l'ordre judiciaire, excepté celle de juge suppléant ;

2° Avec celle de greffier, notaire ou avoué ;

3° Avec tous les emplois publics conférés et rétribués par le gouvernement ;

4° Avec toute espèce de négoce.

En sont exclues toutes les personnes exerçant le métier d'agent d'affaires.

4. Il sera formé un tableau des membres de l'Association ayant terminé leur stage.

Ce tableau sera renouvelé chaque année ; l'inscription sera faite par rang d'ancienneté d'après la date du diplôme de licence.

Ce tableau sera imprimé et publié.

Les conditions du stage sont la fréquentation assidue des audiences et des séances du bureau des consultations gratuites pendant trois ans ; il en sera justifié par un certificat du président et du secrétaire de ce bureau.

5. Les avocats composant l'Association sont soumis à la discipline d'un conseil de 15 membres, renouvelé à la fin de chaque année judiciaire.

6. Les membres de ce conseil sont rééligibles.

7. Pour le former, les membres de l'Association se réunissent le dernier dimanche de l'année judiciaire, à midi, dans le local des séances du Conseil. L'assemblée est annoncée huit jours à l'avance dans plusieurs journaux et par affiches dans l'intérieur du Palais de Justice.

8. Il sera procédé à la nomination des membres du Conseil par bulletins de liste, à la pluralité des suffrages.

9. Ces membres sont élus, savoir : 10 dans le premier et 5 dans les deux autres tiers des avocats inscrits au Tableau (1).

10. Les membres du conseil de discipline éliront dans leur sein, à la majorité absolue des suffrages, leur président qui sera le bâtonnier de l'Ordre, leur secrétaire et leur trésorier.

11. Le conseil de discipline tient ses séances ordinaires à Bruxelles, le premier samedi de chaque mois.

12. Il s'assemble extraordinairement sur la convocation du Bâtonnier ou sur la réquisition de cinq de ses membres.

13. Le conseil de discipline ne peut délibérer, si huit de ses membres au moins ne sont présents.

14. Le conseil de discipline est chargé de veiller à la conservation de l'indépendance de l'Ordre, à tout ce qui peut intéresser son honneur en

(1) Modifié par décision du 14 avril 1833 ; on permit alors de choisir indifféremment parmi tous les avocats inscrits au Tableau.

général et celui de chaque avocat en particulier ; de réprimer tout ce qui de la part d'un avocat est contraire aux principes de probité et de délicatesse qui caractérisent sa profession.

Le Conseil est également chargé de pourvoir à la défense des droits des indigents par l'établissement d'un bureau de consultations gratuites, qui doit se tenir une fois par semaine.

15. Le Conseil, suivant l'exigence des cas :

Avertit, censure, réprimande ;

Raie du tableau pour le temps qu'il détermine ;

Exclut de l'Association.

La radiation sera remplacée pour les avocats stagiaires par une prolongation du stage, pour un temps que le Conseil déterminera.

16. Le Conseil n'exerce le droit d'avertir, de censurer ou de réprimander qu'après avoir entendu ou appelé l'avocat inculpé ; la peine ne peut être prononcée que par les deux tiers des membres présents.

17. Il n'exerce le droit de rayer du Tableau, de prolonger le stage ou d'exclure de l'Association, qu'après avoir entendu ou appelé l'avocat inculpé deux fois au moins, à huit jours d'intervalle ; la peine ne peut être prononcée qu'aux deux tiers des voix de tous les membres du Conseil.

18. L'avocat qui a été réprimandé trois fois est, par le fait, exclu de l'Association. La troisième réprimande sera prononcée à la majorité fixée en l'article 16.

19. Toutes les décisions du conseil de discipline doivent être inscrites au registre à ce destiné et signées par le Bâtonnier et le secrétaire.

20. L'Association se réunit extraordinairement sur la convocation du Bâtonnier ou sur la réquisition d'un tiers au moins des membres du conseil de discipline.

21. Les réunions extraordinaires auront principalement pour but l'examen et la discussion de questions de droit public et privé.

22. Le conseil de discipline fera un règlement d'ordre intérieur.

(*Signé*) JOTTRAND. — DEFRENNE.

Ces statuts furent soumis à l'assemblée générale des avocats du barreau de Bruxelles dont ils devaient former la charte, le 22 juillet 1832. Le jour même, cent vingt signatures environ y furent apposées.

Tels sont les événements qui ont présidé à la naissance de l'Association et à sa constitution définitive. Pendant quatre années, les avocats de Bruxelles exercèrent leur profession sous le régime que nous venons de décrire. Le décret de 1810 était oublié. On ne pouvait cependant méconnaître qu'il fût encore légalement en vigueur. Aussi l'effervescence de la révolution étant calmée, on envisagea plus exactement la situation. Le Gouvernement comprit qu'entre ce décret qui méconnaissait l'indépendance traditionnelle du Barreau, et le règlement de l'Association qui méconnaissait une loi non abrogée, il y avait un moyen terme acceptable. C'était de remplacer les dispositions réactionnaires du régime impérial par des dispositions libérales. Il y pourvut par l'arrêté du 5 août 1836.

Cet arrêté, dont on trouvera le texte dans la deuxième partie, rend au Barreau l'élection de son conseil de discipline et de son bâtonnier, et restreint dans d'étroites limites l'action et la surveillance du pouvoir sur les avocats.

Le Barreau accepta cette situation nouvelle. L'Association disparut sans secousse.

Le 10 août 1836, le Conseil décida que les membres de l'Association se rendraient, le 14 du même mois, à la réunion provoquée par le Procureur Général, en exécution de l'arrêté du 5, à l'effet de procéder, sur le pied de cet arrêté, à la nomination du Bâtonnier et du conseil de discipline. On fit, il est vrai, des réserves pour le maintien des statuts de l'Association, mais on les oublia insensiblement. L'ordre des avocats reparut tel qu'il était organisé en France depuis un temps immémorial, mais les traditions françaises ne furent pas scrupuleusement suivies. Dans l'interprétation de la loi comme dans la pratique, pour les cas non prévus, les usages de l'ancien barreau belge et les mœurs nationales firent sentir leur influence.

Tel est encore le régime sous lequel nous vivons aujourd'hui.

§ 2. *Les assemblées générales.*

On a vu dans les statuts de l'Association libre des avocats, que l'art. 20 déclarait que celle-ci se réunissait extraordinairement, sur la convocation du Bâtonnier ou sur la réquisition d'un tiers au moins des membres du conseil de discipline, *pour examiner et discuter des questions de droit public et privé*. Des réunions de ce genre eurent lieu dans les temps qui suivirent immédiatement la constitution de l'Association. Mais elles devinrent de moins en moins fréquentes et sont malheureusement fort rares aujourd'hui. L'autorité juridique et morale dont jouit le Barreau, leur donne cependant une haute portée, et c'est une force dont il conviendrait peut-être de faire plus souvent usage, au moins pour tout ce qui touche à la Profession.

Voici un exemple de la façon dont on le comprenait autrefois :

Des désordres ayant eu lieu dans le pays en 1834, M. Lebeau, ministre de la justice, profita de ces circonstances pour expulser du territoire, au mépris de l'article 128 de la Constitution, quelques étrangers, la plupart exilés, qui étaient venus chercher un abri en Belgique. Ces arrêtés d'expulsion excitèrent une vive indignation contre le ministre. Un négociant allemand, le sieur Cramer, était inscrit depuis quinze ans sur les registres de la ville d'Anvers; toute sa famille était belge ou établie en Belgique. Ayant reçu par acte d'huissier signification d'un arrêté du Roi qui lui enjoignait de quitter le territoire belge dans un délai fixé, il se pourvut en référé devant le président du tribunal d'Anvers contre l'exécution de cet acte du pouvoir exécutif. Ce magistrat s'étant déclaré compétent, fit défense de mettre à exécution l'arrêté d'expulsion, qui était daté du 17 avril 1834. Appel fut immédiatement interjeté par le ministre de la justice, et l'affaire fut portée aux audiences de la Cour des 24 et 25 avril. Dans l'intervalle, le conseil de discipline de Bruxelles provoqua une réunion du Barreau, pour examiner s'il n'y avait pas lieu de prendre une résolution au sujet des mesures récentes exécutées contre des étrangers, résidant en Belgique, et que l'on prétendait fondées sur l'article 7 de la loi du 28 vendémiaire an VI.

L'assemblée eut lieu le 22 avril 1834. Un membre exposa que des actes récents du ministre de la justice, des décrets de bannissement lancés au mépris des droits que la Constitution garantit, avaient vivement alarmé quiconque avait foi dans les institutions nationales, quiconque comprenait le danger de l'arbitraire et de la violation des lois; que déjà un magistrat avait su s'élever à la hauteur de sa mission, en frappant d'une juste réprobation cette tentative d'illégalité ; qu'attaché par devoir à la défense des droits opprimés, il était de l'honneur du Barreau d'appuyer de toute sa force la résistance à l'arbitraire, et de concourir par les moyens que la loi lui donne au redressement de l'illégalité et de l'usurpation.

Il proposa en conséquence de décider que les membres du conseil de discipline se présenteraient en masse et prêteraient gratuitement leur ministère, soit pour soutenir en degré d'appel les ordonnances du magistrat d'Anvers, soit pour défendre partout où besoin serait contre les aggressions du pouvoir, les principes de liberté violés par l'application de l'art. 7 de la loi du 28 vendémiaire an VI, depuis longtemps abrogé (1).

Cette proposition fut adoptée à l'unanimité. Le Conseil se présenta à l'audience de la Cour : cinq avocats plaidèrent pour Cramer, moins pour maintenir une ordonnance qui était évidemment hors des pouvoirs de l'autorité judiciaire, que pour protester contre les illégalités du pouvoir exécutif (2).

§ 3. *Les avocats à la Cour de Cassation. Conflit.*
Compromis.

A d'autres points de vue, il s'est produit dans notre barreau, depuis 1830, des événements qui méritent d'être rapportés. Au premier rang se placent les incidents relatifs à l'institution des avocats à la Cour de Cassation.

La loi du 4 août 1832 sur l'organisation judiciaire, avait par son article 31, institué ces avocats. Elle les qualifiait d'*Officiers ministériels*. Cette qualité accolée au titre d'avocat, choqua le Barreau. Le 15 octobre, le conseil de discipline se réunit pour délibérer sur les questions suivantes :

1° La qualité d'officier ministériel que la loi attribue aux avocats

(1) Cette abrogation est au moins douteuse. Si nous ne nous trompons, la loi de vendémiaire est encore appliquée aujourd'hui par l'administration.
(2) V. la Jurisp. de Belg., 1834, cour d'appel, p. 64. — Docum. hist. de la révolution belge, par Bartels, p. 375. — Séance du 2 avril 1834, archives de l'Ordre.

près la Cour de Cassation porte-t-elle atteinte à l'indépendance de leur caractère? — Réponse affirmative à l'unanimité moins une voix.

2° Le conseil de discipline représentant l'ordre des avocats assistera-t-il à l'installation de la Cour de Cassation? — Réponse négative à l'unanimité.

Comme on le voit, la difficulté prenait dès le début un caractère net et irritant. Le conseil de discipline persévéra dans cette voie. Le 20 octobre, un de ses membres lui ayant fait connaître qu'il se mettait sur les rangs pour devenir avocat à la cour suprême, ce fut l'occasion d'une décision dont les considérants sont d'une vivacité excessive, et qui se termine par les déclarations suivantes :

1° Les fonctions d'officier ministériel près la Cour de Cassation sont incompatibles avec la profession d'avocat, aux termes de l'art. 3 des statuts de l'Association.

2° Tout avocat, membre de l'Association, qui acceptera les fonctions d'officier ministériel, établies par la loi du 4 août 1832, cessera de fait d'être membre de l'Association.

3° Les membres de l'Association prennent l'engagement de ne plus reconnaître à l'avenir comme avocat celui qui acceptera ces fonctions, de refuser de communiquer, conférer ou signer des mémoires ou consultations avec lui en qualité d'avocat, en un mot, de n'avoir avec lui d'autres rapports que ceux relatifs à ses fonctions ministérielles.

Le 26 octobre, le Conseil résolut de s'adresser à la législature pour obtenir une modification de la loi dans le sens des principes qui étaient ainsi affirmés. Le 29 octobre, on donna lecture d'un projet d'adresse. Le 31, elle fut signée dans une assemblée générale du Barreau. On y défendait cette thèse que les officiers ministériels, faisant fonctions d'avoués, étaient inutiles devant la cour suprême; que, si l'on jugeait cependant qu'ils étaient nécessaires, il fallait les laisser à leur rang d'avoués, et ne pas en faire des avocats.

Cette démarche n'eut pas de résultat. La loi fut maintenue. Elle existe encore aujourd'hui.

Des difficultés graves ne tardèrent pas à surgir dans la pratique au sujet des rapports entre les avocats des deux ordres, et vinrent augmenter les complications d'une situation déjà si tendue. Rendant coup pour coup, les avocats à la cour de cassation résolurent de ne pas prêter leur ministère aux avocats de la cour d'appel qui refuseraient de les traiter en confrères, qui ne voulaient pas communiquer avec eux, ni signer avec eux des mémoires ou des consultations. Aussi, le 9 mai 1833, délibéra-t-on au conseil de discipline sur le point de savoir comment on les contraindrait à prêter leur office. Il fut décidé que les affaires seraient successivement offertes à tous les officiers ministériels près la Cour de Cassation, et qu'en cas de refus, on s'adresserait à la Cour elle-même pour obtenir une désignation par voie d'autorité.

Cette résolution fut exécutée. On présenta requête à la Cour dans l'affaire Champagne et consorts. Réunie en assemblée générale, le 15 juin 1833, elle rejeta les fins de la requête ; elle admit comme bien fondé le refus de ses avocats de signer les pièces, alors qu'on ne leur permettait de prendre aucune part, même indirecte, par voie de conseil et de délibération, à la rédaction de ces pièces et à la plaidoirie de la cause (1).

Le conseil de discipline répondit à cette mesure par son arrêté du 21 juin suivant, ainsi conçu :

Vu la décision de la Cour de Cassation en date du 15 juin 1833 ;

Revu la résolution du conseil de discipline en date du 20 octobre 1832 ;

Le Conseil décide à l'unanimité que tous ses membres s'abstiendront dès aujourd'hui de plaider devant la Cour de Cassation.

Nombre d'avocats adhérèrent à cette résolution en y apposant leur signature.

Dès lors, chacun des partis demeura dans son camp. De temps à autre quelques mesures rigoureuses venaient révéler l'hostilité des deux ordres. Le 9 juillet 1836, un membre du conseil de discipline fut exclu de l'Association et son nom rayé du Tableau pour avoir plaidé à la Cour de Cassation. Le 31 décembre 1838, on fit rapport au Conseil sur un arrêt de la Cour de Cassation du 10 décembre (2), qui avait rejeté du procès un mémoire signé

(1) Voy. SCHEYVEN, *Traité pratique des pourvois en cassation*, p. 39.
(2) Pasicrisie, à sa date, p. 415. Cet arrêt raviva la querelle. Le 22 janvier 1839 parut un opuscule de 11 pages, intitulé : *Lettre d'un plaideur sur l'office*

par deux avocats d'appel, parce qu'il n'était pas également signé
par un avocat près la cour suprême.

Cet antagonisme était trop violent pour se perpétuer. Peu à
peu les animosités disparurent. Le 29 mai 1843, Me Verhaegen
ayant demandé la permission de plaider en cassation les pourvois en matière électorale, le Conseil au lieu de repousser immédiatement sa demande, comme il l'eût fait en 1832, nomma
une commission pour faire rapport. Alors intervint un arrangement connu sous le nom de *Compromis*, ratifié, le 18 juillet
1843, dans une assemblée générale de l'Association, dont voici
le procès-verbal :

Présents : MM. Gendebien, Stevens, Duvigneaud, Barbanson,
Mersman, Van Dievoet, De Wargny, Dequesne, Wyns. M. Wyns est
nommé secrétaire.

Les membres présents déclarent ratifier le compromis signé à
Bruxelles, le 15 du présent mois de juillet, par MM. de Crampagna,
Sanfourche-Laporte, Stevens, Gendebien, Barbanson, Verhaegen
jeune, Van Overbeek, en leur qualité respective de membres des barreaux d'appel et de cassation, lequel compromis sera transcrit sur les
registres de l'Ordre à la suite de la présente résolution.

Compromis.

Les soussignés : 1o Aimé-Henri de Crampagna, avocat à la Cour de
Cassation; 2o Sanfourche-Laporte, avocat à la Cour de Cassation, bâtonnier de l'ordre des avocats près cette cour; 3o P.-J. Stevens, avocat à
la cour d'appel de Bruxelles; 4o A. Gendebien, avocat à la même cour
d'appel, bâtonnier de l'ordre des avocats; 5o J. Barbanson, avocat à la
même cour d'appel; 6o Verhaegen jeune, avocat à la même cour;
7o L. Van Overbeek, avocat à ladite cour d'appel; 8o H. Dolez, avocat
à la Cour de Cassation

Agissant au nom des barreaux auxquels ils appartiennent respectivement, voulant faire cesser les dissentiments qui s'étaient élevés à
l'occasion de l'application de l'art. 31 de la loi du 4 août 1832, et rétablir
entre eux la bonne harmonie qui est dans leur désir mutuel, ont arrêté
de commun accord le compromis suivant qui sera soumis dans les trois
jours à l'approbation de leurs confrères.

---

ministériel et sur les dissensions du Barreau. Cette brochure était adressée à
M. H. Dolez, avocat, qui avait pris parti pour l'office ministériel. Elle fut attribuée
à M. J. Barbanson. Elle était signée : *Un plaideur payé par ses revers pour
détester l'office.*

ART. 1. Toutes les fois que des avocats appartenant aux deux barreaux se trouveront réunis pour la défense d'un même client, et que, contrairement au vœu des soussignés, ils n'en décideront pas autrement de commun accord, la direction principale de la première plaidoirie de la cause leur sera dévolue d'après la distinction suivante :

A l'avocat d'appel, toutes les fois qu'il s'agira d'une affaire plaidée par lui devant les autres juridictions ;

A l'avocat de cassation toutes les fois qu'il s'agira d'une affaire ne tombant pas dans cette catégorie.

2. Les avocats des deux barreaux garderont dans l'une et l'autre des deux catégories qui viennent d'être fixées, le droit d'ajouter à la plaidoirie de leur confrère ce qu'ils croiront utile à l'intérêt de la cause. Les deux barreaux s'en remettent avec confiance pour l'exercice de cette faculté, de même que pour les conséquences vis-à-vis des parties, à la délicatesse respective des membres des deux ordres.

3. Tout dissentiment devant cesser par ces stipulations et leur exécution mutuellement franche et bienveillante, il est entendu que toutes résolutions contraires au présent compromis, ou prises à l'occasion des débats auxquels il apporte un terme, seront, dès son approbation, considérées comme non avenues.

4. Le présent compromis sera, après son approbation, transcrit sur le registre des délibérations des conseils de discipline des deux ordres, et revêtu sur chacun d'eux de la signature des membres qui composent les conseils.

Fait en double au Palais de Justice, le 15 juillet 1843.

Après avoir reproduit ce document, le procès-verbal de l'assemblée générale de l'Ordre continue dans les termes suivants :

Attendu que le 15 de ce mois un compromis signé par quatre membres des barreaux d'appel et de cassation respectivement, a fait disparaître tout dissentiment entre les deux barreaux ;

Attendu que ce compromis a été agréé et ratifié par les membres de l'Association dans la séance de ce jour, 18 juillet 1843;

Désirant également faire disparaître toute cause de dissentiment entre les membres de l'Association et du barreau de la cour d'appel ;

L'assemblée des membres de l'Association décide :

ART. 1. Les membres de l'Association ou du barreau d'appel sont relevés des condamnations prononcées contre eux pour toute contravention quelconque aux résolutions prises dans le but de consacrer la ligne de séparation absolue entre ledit barreau et celui de cassation.

ART. 2. Mention de la présente résolution sera faite en marge des condamnations qui sont intervenues à ce sujet.

Ainsi se termina ce long conflit qui avait duré environ onze
années. Depuis, les avocats ont repris à la Cour de Cassation
le rôle utile et important qu'ils avaient à y remplir pour la dignité du pouvoir judiciaire et le bien de la justice. Les avocats
à la Cour de Cassation se sont recrutés parmi les hommes les
plus distingués du Barreau. L'union des deux ordres est devenue de jour en jour plus intime. Désormais la confraternité
seule règle leurs rapports, et le rapprochement est devenu si
complet, qu'il est question de les confondre en un ordre unique. On dit même que tel est le motif pour lequel le département de la justice ne remplit plus les vacatures.

§ 4. *Les Curateurs aux faillites.*

En 1854, il se présenta une autre question d'incompatibilité
qui eut aussi du retentissement

L'article 455 de la loi du 18 avril 1851 sur les faillites et
banqueroutes avait autorisé le Gouvernement à instituer, sur
l'avis conforme des cours d'appel respectives, des liquidateurs
assermentés près des tribunaux de commerce où le nombre et
l'importance des faillites l'exigeraient. Les curateurs devaient
être choisis parmi eux.

En exécution de cet article, trois avocats du barreau de
Bruxelles furent nommés curateurs et prêtèrent serment en
cette qualité.

Le 4 janvier 1854, on souleva au conseil de discipline la
question de savoir si ces fonctions n'étaient pas incompatibles
avec la profession d'avocat. Le Conseil s'ajourna au 18 et décida que les avocats curateurs seraient entendus le 25. Ceux-ci
ne comparurent point. On leur assigna une nouvelle séance
pour le 1er février. Ils ne comparurent pas davantage. Cette
conduite fut considérée par le Conseil comme un manquement
grave envers lui, et il prononça de ce chef contre les trois dé-
faillants, à la date de 15 février, la peine de l'avertissement.
Le même jour, après délibération, l'incompatibilité fut admise
et il leur fut ordonné d'avoir à opter dans la quinzaine entre
les fonctions de curateurs dans toutes les faillites qui leur

avaient été déférées et la qualité d'avocats inscrits au tableau
de la cour d'appel.

Les curateurs interjetèrent appel tant en ce qui touchait
l'avertissement qu'en ce qui concernait l'incompatibilité. La
Cour, par un arrêt du 17 mai 1856, maintint la première
partie de la décision du Conseil, mais elle réforma la seconde,
et se prononça pour la compatibilité dans une longue série de
considérants (1).

L'incident n'eut pas d'autre suite. Certains avocats ont cumulé
depuis leur qualité avec celle de liquidateurs assermentés, sans
que leur nombre dépassât jamais celui de huit. En 1867, le Gouvernement résolut de n'en plus instituer. Depuis, le tribunal de
commerce choisit les curateurs aux faillites conformément à
l'article 456 de la loi du 21 avril 1851, parmi les personnes
qui offrent le plus de garanties pour l'intelligence et la fidélité
de leur gestion. Les choix ne sont pas sortis du Barreau. Nous
aurons à nous expliquer plus tard sur la légalité et sur la convenance de ce cumul.

§ 6. *La Conférence du jeune barreau.*

Cependant le barreau de Bruxelles acquérait chaque jour
plus d'importance, par le nombre de ses membres, par leur
talent, par une tendance marquée à développer l'éloquence
judiciaire. Aussi vit-on se former une institution qui, dans la
pensée de ses fondateurs, devait servir puissamment à donner
aux stagiaires le goût de l'art oratoire et l'habitude de l'argumentation juridique.

Nous voulons parler de la conférence du jeune barreau. C'est
du bureau des consultations gratuites qu'elle sortit. Le 10 décembre 1840, sur la proposition de Me Mascart, président de
ce bureau, il fut arrêté par le conseil de discipline qu'une députation composée du Bâtonnier et du secrétaire, ainsi que du
président du bureau, se rendrait auprès du premier président

_____

(1) Pas. 1857, p. 28. L'arrêt est précédé de tous les documents qui se produisirent alors, lettres des curateurs, décisions du Conseil, conclusions devant la
Cour, etc.

de la cour d'appel à l'effet de lui communiquer le projet arrêté par le bureau d'utiliser une partie de ses réunions pour discuter des questions de droit. Et attendu que ces débats devraient donner le moyen d'apprécier le mérite respectif des stagiaires, la commission fut chargée de proposer au Premier Président que le bureau transmettrait à la cour d'assises la liste des jeunes avocats qui se seraient le plus distingués, pour y choisir les défenseurs des accusés.

Cette institution des conférences prit corps insensiblement. Le 5 juillet 1848, il en fut de nouveau question au conseil de discipline. Le secrétaire déposa une lettre adressée au Conseil par la commission administrative de ce qu'on nommait déjà alors la Conférence, exprimant le désir d'obtenir son patronage. Il déposa également et distribua des exemplaires de son règlement. Cette communication fut accueillie avec intérêt par le Conseil qui témoigna de ses sympathies pour l'institution et de sa volonté de seconder les efforts de ses fondateurs.

A la séance du 7 mars 1855, Mᵉ Fontainas rendit compte avec beaucoup d'éloges des travaux de la Conférence, et demanda que le Conseil déclarât la fréquentation de ses audiences nécessaire pour l'admission des stagiaires au Tableau. Mais cette proposition fut écartée comme contraire au décret de 1810. On verra tantôt qu'elle se reproduisit en 1868, mais fut repoussée par la même raison.

Dès 1852, la Conférence avait pris une existence distincte. On la qualifiait *Bazoche*, nom qu'elle tend aujourd'hui de plus en plus à perdre pour reprendre celui de conférence du jeune barreau. Il y fut d'usage de prononcer un discours à l'audience solennelle de rentrée. Ce soin fut confié à de jeunes avocats choisis au scrutin parmi ses membres. Il n'est peut-être pas sans utilité de donner la nomenclature de ces intéressants travaux :

1852. M. Anspach : Le barreau romain.

1853. M. De Posson : Origine du ministère public.

1854. M. Lejeune : Du pouvoir communal en matière d'impôts.

1855. M. Losseau : Organisation de l'enseignement sous Marie-Thérèse.

1856. M. Quairier : Le travail dans la profession d'avocat.

1857. M. Babut du Marès : Le jury en matière criminelle et de presse.

1858. M. De Fuisseaux : Le Bâtonnat.

1859. M. Staes : Histoire du droit de défense des accusés.

1860. M. Bosch : Comparaison entre les principes fondamentaux de la constitution belge et les anciennes institutions nationales.

1861. M. Bara : De la succession des étrangers en Belgique.

1862. M. Adnet : De l'initiative en matière de lois.

1863. M. Olin : Le serment de l'Avocat.

1864. M. Duchaine : Les droits et les prérogatives de l'Avocat.

1865. M. Robert : Du rôle public de l'Avocat.

1866. M. Lienart : Les honoraires de l'Avocat.

1867. M. Féron : De la réparation des erreurs judiciaires.

1868. M. Duroy de Blicquy : Le Barreau sous l'ancien droit belge.

Comme on le voit, les sujets de ces discours ont été de plus en plus empruntés à la profession d'avocat. Depuis 1863, cette coutume semblait définitivement établie, quand elle fut malheureusement interrompue en 1867. Souhaitons qu'on la maintienne désormais avec persévérance : peu de veines sont plus fécondes, et nul sujet n'est plus utile pour former les jeunes générations à la pratique de leur noble profession.

En 1865, la Conférence prit une résolution qui témoigne des sentiments généreux dont étaient animés ceux qui la dirigeaient alors. Comprenant que le bureau des consultations gratuites, qui ne siége qu'une fois par semaine, ne pouvait toujours donner en temps utile des défenseurs aux indigents cités devant les tribunaux correctionnels, elle organisa un système de défense gratuite qui devait porter remède à cet inconvénient. A la date du 22 mai, elle envoyait, en conséquence, à tous ses membres une circulaire qui reproduisait le règlement que voici :

Art. 1. La conférence du jeune barreau organise la défense gratuite des indigents en matière correctionnelle.

2. A cet effet, il est déposé au local de la bibliothèque, aux soins du secrétaire, une liste permanente sur laquelle s'inscriront les avocats du barreau de Bruxelles qui consentiront à accepter cette mission.

3. Les avocats inscrits s'engagent à plaider les causes qui leur seront confiées pendant le temps de leur inscription, à moins d'empêchement légitime.

4. Les affaires seront distribuées selon le rang d'inscription par le directeur de la conférence.

5. Un empêchement légitime ne vaut pas comme tour de rôle.

6. Le Directeur juge par tous moyens quelconques l'état d'indigence des postulants.

7. Le Directeur en cas d'empêchement peut déléguer ses fonctions à un membre de la commission.

8. La commission prendra les mesures nécessaires à l'exécution du présent règlement.

La Conférence conserve actuellement son existence complétement indépendante du bureau des consultations gratuites dont elle est sortie. Elle a son administration, ses ressources, son local distincts. Des institutions analogues ont été fondées dans les principaux barreaux du pays.

La fréquentation de la Conférence a toujours été libre et les stagiaires n'ont pas en général montré pour elle le zèle dont on aime à voir la jeunesse animée. Un grand nombre d'entre eux ne se sont pas fait inscrire sur ses listes, et parmi ceux qui ont rempli cette formalité il n'en est guère beaucoup qui ont suivi assidûment ses audiences. Qu'on nous pardonne de révéler ce mal dans l'espoir que notre franchise servira à le corriger.

A différentes reprises cette nonchalance des jeunes avocats à l'égard d'une institution qui seule, au Palais, leur appartient tout entière, et dont l'éclat rejaillirait sur eux s'ils voulaient lui donner la prospérité qu'elle peut acquérir, a attiré l'attention des anciens de l'Ordre. Nous avons dit qu'en 1855, M⁢ᵉ Fontainas avait demandé que la fréquentation de la Conférence fût déclarée obligatoire. Tout récemment deux membres du Conseil reprirent cette idée, et la combinant avec la nécessité de faire connaître aux stagiaires les règles, malheureusement trop ignorées, d'une profession dans laquelle tant d'entre eux pénètrent en aveugles, ils soumirent aux délibérations de leurs collègues un projet de règlement ainsi conçu :

Le conseil de discipline de l'ordre des avocats exerçant près la cour d'appel de Bruxelles ;

Vu le décret du 14 décembre 1810 sur l'exercice de la profession d'avocat, l'arrêté royal du 5 août 1836, et ses résolutions des 21 avril et 4 mai 1832, 10 décembre 1840 et 30 juillet 1862 ;

Arrête :

Les dispositions antérieures sur l'organisation et la fréquentation du bureau des consultations gratuites sont maintenues.

Après que le Bureau aura reçu les indigents et distribué les causes, les avocats stagiaires resteront réunis en conférence, à l'effet d'étudier les règles de la profession d'avocat et de se préparer à l'exercice de cette profession.

La Conférence sera présidée par le Bâtonnier, et, à défaut du Bâtonnier, par un avocat qu'elle aura élu et ayant exercé pendant dix ans au moins.

Outre les dispositions relatives au bureau des consultations gratuites, elle sera régie provisoirement par le règlement de la conférence du jeune barreau du 27 mars 1861.

Chaque année, il y aura au moins trois séances consacrées exclusivement à l'examen des droits, des devoirs et des prérogatives de l'Avocat.

Toute demande d'inscription au Tableau sera l'objet d'une instruction et d'un rapport écrit de l'un des membres du conseil de discipline.

Immédiatement après la formation annuelle du Tableau, le Conseil arrêtera une liste des avocats en stage près la cour d'appel.

Ce projet fut discuté à la séance du 22 juillet 1868. On n'y examina que la fréquentation obligatoire de la Conférence. Les autres points furent réservés. Cette fréquentation obligatoire fut de nouveau écartée comme contraire au décret de 1810 qui ne la mentionne point parmi les conditions du stage. Il est à souhaiter que les autres parties du projet aient un sort plus heureux : on peut l'espérer, puisqu'il ne paraît point qu'on puisse leur opposer la même fin de non-recevoir. Si le Barreau comprend ce qui lui est utile, et a une juste intelligence de ce qui sert à maintenir sa dignité et son lustre, il attendra avec impatience qu'il soit pris des résolutions conformes ou analogues à celles indiquées dans le projet (1).

_____

(1) Il serait difficile de reproduire tous les documents qui intéressent la Conférence. Forcés de nous limiter, nous n'ajouterons à ce qui précède qu'une circu-

§ 6. *La Bibliothèque des avocats.*

La bibliothèque du Barreau est une institution qui de jour
en jour est devenue plus importante.

On a vu que dans son règlement du 28 juin 1811 (art. 8), le
conseil de discipline avait déjà délégué à son trésorier les fonctions de bibliothécaire ; mais il faut aller jusqu'en 1842 pour
trouver des mesures générales d'organisation. Le 1er décembre,

laire, témoignage de la sollicitude d'un ancien de l'Ordre, qui compte aujourd'hui
parmi les membres distingués de la cour d'appel. Elle fut adressée, le 5 décembre 1863, à tous les membres de la Conférence.

« En vous rappelant que la Conférence a repris ses travaux et qu'elle se réunit
le samedi de chaque semaine, à l'issue de la séance du bureau des consultations
gratuites, permettez-moi d'appeler toute votre attention sur la nécessité d'une
fréquentation suivie de nos réunions, si nous voulons qu'elles répondent au but
de l'institution. Cette assiduité que je réclame est aussi nécessaire à celui qui
écoute, qu'à celui qui parle. Le premier apprend ce qu'une question bien traitée
peut lui offrir de ressources, ce qu'il faut emprunter à la manière de dire de ses
confrères, les imperfections dont il faut chercher à se garder ; le second trouve
dans la présence d'un auditoire nombreux le stimulant nécessaire à l'étude et au
développement de sa thèse. On s'observe davantage quand on se sait écouté, et
l'amour-propre aidant, on s'habitue à une correction de langage à laquelle
nous devons tous prétendre. Il serait désirable aussi que les assistants prissent
part aux débats après les plaidoiries et avant les conclusions du Ministère Public.
Cette intervention prêterait plus d'intérêt et plus d'animation aux discussions.

» J'appelle votre attention sur la nécessité de s'abstenir de réciter ou de lire les
discours. C'est là une habitude contraire dans ses effets au but que nous poursuivons. Ce qui est indispensable à celui qui parle, c'est d'avoir sous les yeux une
note sommaire, formée de propositions ou de mots destinés, comme autant de
jalons, à maintenir son discours dans l'ordre et l'enchaînement logiques qu'il veut
et doit suivre.

» J'ai cru utile encore de rappeler à votre souvenir, en rapportant leur texte
ci-contre, les articles du règlement de la Conférence qui comminent des amendes
pour les contrevenants. Bien que j'aime à penser que nous n'aurons point à les
invoquer, notre respect de la loi, à nous ses interprètes habituels, nous contraindrait néanmoins à en faire une rigoureuse application.

» La Commission avisera prochainement à de nouvelles mesures pour assurer
à vos travaux une activité et une régularité plus grandes, mais l'élément le plus
sérieux de succès, je l'attends de votre désir et de votre volonté sincères de participer à l'œuvre commune.

» Recevez, mon cher confrère, l'assurance de mes sentiments d'affection et de
dévouement.

» JAMAR. »

le Conseil arrêta un règlement ainsi conçu, qui a servi de base aux résolutions ultérieures :

Art. 1. A partir du 5 décembre prochain, la Bibliothèque sera ouverte tous les jours d'audience de la Cour, depuis 10 heures du matin jusqu'à 2 heures de relevée.

2. Les avocats qui ont souscrit pour la formation de la Bibliothèque, et ceux qui souscriront, auront seuls le droit de la fréquenter.

3. Il est permis aux souscripteurs de se servir des livres de la Bibliothèque aux audiences de la Cour, du tribunal de première instance et du tribunal de commerce.

L'avocat qui voudra faire emploi d'un ouvrage, devra en donner récépissé sur un registre destiné à cet effet, et le réintégrer au sortir de l'audience.

4. Il est strictement défendu d'emporter des livres de la Bibliothèque hors du local de la Cour et des tribunaux.

La dernière disposition n'est plus aujourd'hui en usage. On permet d'emporter à domicile les ouvrages qui ne font point partie d'un recueil périodique.

La Bibliothèque s'augmente par des achats et par les dons des membres du Barreau.

Son administration est devenue assez compliquée pour nécessiter la nomination d'un bibliothécaire spécial, pris en dehors du Conseil. Le 2 juin 1858, le règlement fut revisé. Le 1er août 1860, Me Roussel fit rapport au Conseil sur la situation de la Bibliothèque. Il constata qu'elle avait 225 abonnés, alors que quelques années auparavant, elle n'en avait que 94. Le 30 juillet 1852, le Conseil défendit de faire servir le local aux séances arbitrales, mais depuis cette défense est tombée en désuétude.

La bibliothèque du barreau de Bruxelles compte aujourd'hui plus de 5,000 volumes catalogués.

Nous avons cru utile de nous y arrêter, parce qu'une institution de ce genre, quand elle est administrée avec intelligence, quand elle écarte les ouvrages inutiles pour ne laisser à la portée de ceux qui la fréquentent qu'un choix de livres d'une autorité méritée, contribue dans les plus larges proportions à répandre la science du droit parmi le Barreau qui la possède. Aujourd'hui, en effet, et depuis longtemps, la bibliographie juridique a pris une extension qui défie les efforts qu'un seul homme tenterait pour l'embrasser tout entière. Seule l'association peut triompher des obstacles qu'elle a amoncelés, seule elle peut mettre à la disposition du jurisconsulte studieux cet arsenal de livres, où il pourra trouver tous les instruments nécessaires à l'exercice complet de son ministère.

§ 7. *Projet de loi d'organisation du Barreau.*

Depuis 1836, les dispositions législatives qui régissaient le barreau belge n'avaient pas été modifiées, lorsqu'en 1864, le Gouvernement déposa un projet de loi d'organisation judiciaire (1) dont le titre IV, chapitre Ier, avait la prétention de refondre les dispositions existantes relatives à la Profession. Pour quiconque est pénétré des règles et des traditions de celle-ci, ce projet démontre l'ignorance de ceux qui l'ont rédigé. Il n'améliore pas le passé; s'il essaye de le codifier, il le fait maladroitement. Il ne résout pas les controverses délicates.

Déjà le Conseil s'en est préoccupé en chargeant deux de ses membres d'en faire rapport. Mais il importe d'attirer sur ce point l'attention du Barreau tout entier pour qu'il veille à la conservation de ses usages et de ses prérogatives, et empêche des mains profanes de les mutiler.

Nous ne sommes pas les seuls à juger le projet de loi inopportun. Le rapport fait au nom de la commission par M. Orts (2), propose d'ajourner indéfiniment le titre IV.

§ 8. *Conflit avec le tribunal de commerce.*

Nous ne pouvons terminer ce rapide historique, sans raconter le conflit qui se produisit en 1852 entre le Barreau et le tribunal de commerce de Bruxelles. Les détails en sont consignés aux procès-verbaux des séances du conseil de discipline des 4, 6, 16 décembre 1852 et 5 janvier 1853.

(1) Séance du 17 novembre, Ann. Parl., Docum., année 1864-65, p. 108.
(2) Ann. Parl , Doc., année 1866-67, p. 188.

Le 2 décembre 1852, M⁰ V... fut prié de demander au tribunal de commerce une remise dans une affaire où un client de M⁰ X... était demandeur. M⁰ X... était alors absent. Cette cause avait été introduite, sans que l'huissier en eût donné connaissance à ce dernier. Quand la remise fut sollicitée, l'avocat du défendeur, M⁰ L..., éleva la voix en disant : Il ne s'agit que de trois francs. — Le Président l'entendit et dit : Un avocat qui assigne pour trois francs est un avocat qui ne se respecte pas. — M⁰ V... observa qu'il ne connaissait rien du procès, qu'il était simplement chargé de solliciter une remise, que les pièces étaient destinées à M⁰ X... — Si M⁰ X..., reprit le Président, a fait assigner pour trois francs, c'est un avocat qui ne se respecte pas. — M⁰ V... protesta au nom de son confrère absent, ainsi publiquement attaqué. — Taisez-vous, vous n'avez pas la parole, dit le magistrat. — L'avocat répondit : On a toujours la parole pour relever des allégations semblables. — Sur ces mots, le Président s'écria : Huissier, faites sortir ! — Et comme l'huissier s'avançait, M⁰ V... se retira.

Le conseil de discipline fut saisi de ces faits, et le 6 décembre, il prit une décision, dans laquelle, après avoir rappelé ce qui s'était passé, il s'exprima comme suit (1) :

« Considérant qu'il n'entre ni dans les vues, ni dans les attributions du Conseil de méconnaître les droits conférés par la loi aux présidents des tribunaux, mais que la précipitation avec laquelle M. le président du tribunal de commerce de Bruxelles s'est emparé d'une allégation de M⁰ L..., pour jeter dans le public comme axiome, une proposition fort contestable au moins dans sa généralité et qui contient un outrage aux sentiments de délicatesse traditionnelle du Barreau ; que le maintien réitéré de cette proposition avec application à un membre du Barreau, non présent, et qui ne pouvait se défendre ; que le refus de la parole à l'avocat présent, alors que l'Ordre tout entier venait d'être frappé dans la personne d'un de ses membres le plus justement considérés ; que le dernier outrage enfin, cette expulsion sans motif et sans avertissement préalable, d'un avocat remplissant son devoir ; que tous ces faits posés par M. le président du tribunal de commerce de Bruxelles, inutiles à la bonne administration de la justice, constituent un abus évident du pouvoir modérateur qui lui est accordé par la loi ; qu'ils sont une atteinte à la dignité du Bar-

---

(1) Ce document est reproduit tout entier *Belg. Jud.*, X, 1852, p. 1589.

reau, le Conseil n'ayant pas la mission de rechercher s'ils sont compatibles avec la dignité de la magistrature elle-même;

» Considérant que d'autres faits de nature analogue ont été posés antérieurement à l'égard d'autres avocats par le même magistrat consulaire ;

» Considérant que le Conseil est chargé par la loi de veiller à la dignité de l'Ordre, non-seulement par le maintien d'une exacte discipline, mais aussi par la défense de ses droits et de ses titres à la considération dont il doit jouir et à laquelle il vient d'être porté une si grave atteinte;

» Par ces motifs, le conseil de discipline du barreau exerçant près la cour d'appel de Bruxelles :

» Proteste hautement et énergiquement contre les faits ci-dessus exposés.

» Et les dénonce à M. le Premier Président et à M. le procureur général près la cour d'appel de Bruxelles, afin qu'il soit agi comme en justice il appartiendra. »

Cette décision avait été prise à l'unanimité.

La situation devint grave. Le Barreau ne plaidait plus au tribunal de commerce. L'administration de la justice en souffrait sensiblement. Ce conflit rappelait celui survenu entre le barreau de Paris et le premier président Seguier, en 1844 (1).

Le premier président de la Cour s'interposa. En sa présence et devant le Bâtonnier, le président du tribunal de commerce déclara qu'il n'avait jamais eu l'intention de porter la moindre atteinte à la dignité du Barreau qu'il tenait en estime, ni à la considération dont jouissaient MM[es] V... et X...; qu'il regrettait que l'interprétation donnée à ses paroles eût provoqué sur ce point vis-à-vis de Me V... une mesure à laquelle il n'eût sans doute pas recouru, s'il avait été mieux compris, et qui devait être regardée comme le résultat d'une erreur.

Le Conseil voulut qu'il fût donné à ces explications un caractère public. A l'audience du tribunal de commerce du 21 décembre 1852, le conseil de discipline en costume, ayant à sa tête le Bâtonnier, Me Verhaegen aîné, se présenta devant le Tribunal. Le Président dit aux avocats qui encombraient la salle : Messieurs, je suis charmé de revoir MM. les avocats à la barre. — Le Bâtonnier répondit : Monsieur le Président, comme

_____

(1) **MOLLOT,** t. II, p. 483, éd. de 1866.

bâtonnier de l'Ordre, je suis heureux de voir qu'à la satisfaction de tous, la bonne harmonie est rétablie entre vous et le Barreau, et que notre dignité ait pu nous permettre de revenir à votre barre.

Le Conseil, soutenu par le Barreau, montra dans cette circonstance que les membres de l'Ordre peuvent compter sur sa protection et que ce n'est pas impunément que l'on porterait atteinte à ses droits.

Si nous n'avions pas résolu de restreindre autant que possible cet historique aux faits qui se sont produits dans le barreau de Bruxelles, nous pourrions entretenir nos lecteurs de deux autres conflits qui ont eu lieu : le premier à Liége, en 1847, entre le Barreau et la Cour, et qui fut provoqué par un débat sur une question d'honoraire ; le second à Anvers, en 1857, entre les avocats et le tribunal de commerce, au sujet d'une pétition que les premiers avaient adressée à la législature pour obtenir la réforme des juridictions consulaires. Mais contraints par la brièveté du programme que nous nous sommes fixé, et nous imposant silence à contre-cœur, nous nous bornons à renvoyer ceux que tentera une curiosité légitime, à la *Belgique Judiciaire*, où les principaux détails en ont été rapportés (1).

§ 9. *Taxe communale sur les avocats à Liége.*

Un événement d'une autre nature, que nous rapportons quoiqu'il se soit passé à Liége, parce qu'il est sans précédents en Belgique, est l'établissement, d'une taxe communale frappant l'exercice de la profession d'avocat.

Le conseil de discipline du barreau liégeois protesta, dès qu'il fut question de la décréter, par une délibération du 7 décembre 1867, qui fut répandue en brochure (2) après avoir été adoptée le 9 dans une assemblée générale de l'Ordre. Mais les autres barreaux du pays restèrent indifférents.

Par délibération du 6 janvier 1868, le conseil communal

(1) *Belg. Jud.*, V, 1847, p. 356, et XVII, 1859, p. 398.
(2) Liége, 1867, chez Carmanne, in-8° de 27 pages. Reproduit dans la *Belg. Jud.*, XXVI, 1868, p. 177.

vota l'impôt ; il était fixé à 100 fr. pour les avocats faisant partie ou ayant fait partie du conseil de discipline, et à 25 fr. pour les autres.

Cette délibération ayant été soumise à l'approbation de la députation permanente du conseil provincial, celle-ci émit un avis défavorable. Le Gouvernement ayant également refusé de sanctionner la mesure, spécialement en ce qui concernait la classification indiquée plus haut, le collége des bourgmestre et échevins proposa au conseil communal de substituer à la taxe précédemment votée une taxe uniforme de 25 fr. ; cette modification fut accueillie par délibération du 6 mars 1868, et le Gouvernement l'approuva.

Le Bâtonnier, Me Dewildt, forma opposition devant la Députation permanente, se fondant sur l'art. 136 de la loi communale et l'illégalité de la taxe. Me Dewildt se présentait comme agissant en nom personnel ; mais au fond, c'était comme bâtonnier de l'Ordre ayant reçu le dépôt des droits de celui-ci et obligé par sa qualité à les sauvegarder de toute atteinte. Par délibération du 10 septembre 1868, la Députation se déclara incompétente.

Les choses en sont là. La question sera portée devant le tribunal compétent par l'un des membres du conseil de discipline dès qu'il aura reçu un avertissement de payer. La difficulté reste donc entière.

Cette taxe a en général été qualifiée de patente, quoique ses promoteurs eussent pris soin de ne pas lui donner cette dénomination, moins par respect pour une vieille immunité de l'Avocat, que pour éviter le reproche de violer la loi du 21 mai 1819, dont l'article 3, litt. D, déclare les avocats exemptés de la patente. Sans cette circonstance, on fut entré sans doute ouvertement dans la voie inaugurée par la loi française du 18 mai 1850, qui y avait soumis expressément le Barreau.

Cette mesure nous paraît regrettable, parce qu'elle tend à enlever à la Profession le caractère de désintéressement qui en est la base et l'honneur, et à l'assimiler à une profession commerciale ou industrielle. On ne songe pas assez que pour l'exercer comme elle doit l'être, cette idée de désintéressement doit rester sans cesse présente à l'Avocat ; que l'infirmité de la nature humaine ne pousse que trop à l'oublier pour n'écouter que des instincts de lucre, et qu'en supprimant les signes matériels qui sont à la fois un conseil et un avertissement, on facilite l'entrée dans une voie nuisible à ceux que tant de circonstances ne poussent déjà que trop à l'oubli des saines traditions. Cette vérité a été comprise de tout temps ; aussi, voit-on, le magistrat, l'artiste, l'écrivain, le professeur, le soldat, exempt de ce droit de patente, marque distinctive des professions intéressées, que chacun d'eux considérerait à bon droit comme un signe de déchéance. Si par une erreur on y a soumis les médecins, ce n'est pas une raison pour en commettre une nouvelle. L'Avocat a beaucoup d'envieux ; espérons que la taxe dont on commence à le frapper n'est pas le résultat de ce sentiment si bas, ni l'œuvre d'hommes, habiles, comme le disait M. Dupin, à rapetisser tout ce qu'ils touchent. (Comp. Mollot, T. 1, p. 522.)

§ 10. *Conclusion.*

Nous terminerons ici ce court exposé, dans lequel nous n'avons touché qu'aux événements les plus importants de l'histoire de notre Barreau. On retrouvera dans le cours de cet ouvrage les décisions du Conseil relatives aux règles de la Profession. Ce que nous avons dit aura pu paraître intéressant au point de vue anecdotique ; mais pour nous, son utilité principale réside dans la lumière qui en rejaillit sur un passé dont la durée et la force, malgré des défaillances passagères, attestent la vitalité présente de notre Ordre et lui promettent un avenir encore meilleur.

Ce n'est pas que le Barreau tel qu'il est organisé n'ait subi des attaques, parfois très-vives. Nous ne voulons point parler de celles qu'une critique mal éclairée, parfois mêlée d'envie ou de rancune, a de tout temps dirigé contre lui sans pouvoir l'amoindrir. Mais il est arrivé chez nous que des avocats, animés d'intentions respectables, discutant avec dignité, et croyant faire chose utile, ont soutenu que le Barreau devrait perdre son caractère d'Ordre attaché à la justice. C'est ainsi qu'en 1850, M. Lucien Jottrand, dans deux articles publiés par la *Belgique*

Judiciaire (1) et répandus sous forme de brochure, a soutenu que la constitution belge de 1830 avait aboli l'ordre des avocats. C'est ainsi encore que dans une brochure éditée à Mons (2), en 1867, M. l'avocat Francart a soutenu une thèse analogue, allant même jusqu'à critiquer quelques-unes des traditions les plus profondément enracinées de notre profession.

Nous ne voulons point prendre parti dès aujourd'hui sur la question de maintien de l'Ordre même, comme institution réglementée par la loi. Nous nous déclarons insuffisamment éclairés. Mais ce que nous défendons de toutes nos forces, ce sont ces règles, consacrées par une élaboration de plusieurs siècles, qui placent notre profession à un si haut degré de dignité et d'indépendance. Vouloir les supprimer ou les amoindrir, c'est vouloir nous ravaler. Dans notre conviction profonde, il n'est pas sans elles d'avocat possible, dans la haute et presque sublime acception du mot. Il semble même permis de dire que leur abolition fût-elle décrétée, elles sont tellement unies à la nature de la Profession, que celui qui voudrait la pratiquer noblement, les observerait par la seule force des choses et qu'elles renaîtraient en quelque sorte d'elles-mêmes. N'est-ce pas ce qu'on a vu en France, de 1790 à 1804, quand le Barreau était supprimé, et que le groupe des avocats respectables formait une église à part qui se signalait par son honorabilité en même temps que par son inébranlable persévérance à suivre les traditions? N'est-ce pas aussi ce qu'on a vu chez nous en 1832, quand les avocats, tenant pour abrogé le décret de 1810, se constituèrent en association libre, et qu'un de leurs premiers soins fut d'adopter des statuts tout imprégnés de ces mêmes traditions?

(1) Tome VII, 1850, p. 241 et 257.

(2) Chez Manceaux. Voir une polémique au sujet de cette brochure dans le journal *la Liberté*, année 1867, nᵒˢ 14 et 15, reproduite dans la *Belgique Judiciaire*, t. XXV, p. 510 et 622.

DEUXIÈME PARTIE.

LÉGISLATION EN VIGUEUR.

D'après les lois actuelles, la profession
d'avocat n'est ni une fonction publique ni un
privilège. Ce n'est point une fonction publique
car l'Avocat ne reçoit pas l'investiture du Roi
ni celle des délégués du Roi. Ce n'est point un
privilège, car s'il n'est permis d'exercer notre
profession qu'à ceux qui sont licenciés en droit
et inscrits sur le Tableau, la loi a eu pour
unique objet par ces conditions, de s'assurer de
la capacité et de la moralité des individus dans
un intérêt général.

MOLLOT.

14 décembre 1810. — *Décret contenant règlement
sur l'*EXERCICE DE LA PROFESSION D'AVOCAT *et la* DISCIPLINE
DU BARREAU (1).

PRÉAMBULE.

NAPOLÉON. — Lorsque nous nous occupions de l'organisation
de l'ordre judiciaire, et des moyens d'assurer à nos cours la haute
considération qui leur est due, cette profession dont l'exercice
influe puissamment sur la distribution de la justice a fixé nos

(1) Ce décret, considéré à juste titre comme réactionnaire, a été abrogé en France
par l'ordonnance du 20 novembre 1822; voir l'art. 45 de cette ordonnance. En
Belgique, quelques-unes de ses dispositions ont été abrogées par l'arrêté du
5 août 1836; voir cet arrêté ci-après.

La loi du 22 ventôse an XII (13 mars 1804), en son art. 38, avait prescrit
depuis plus de six années la rédaction de ce décret. Sur les circonstances qui
décidèrent l'Empereur à le retarder et celles qui en amenèrent la promulgation,
voir **MOLLOT,** t. Ier, p. 270, éd. 1866.

4

regards ; nous avons en conséquence ordonné par la loi du
22 ventôse an XII, le rétablissement du tableau des avocats,
comme un des moyens les plus propres à maintenir la probité,
la délicatesse, le désintéressement, le désir de la conciliation,
l'amour de la vérité et de la justice, un zèle éclairé pour les faibles et les opprimés, bases essentielles de leur état (1).

En retraçant aujourd'hui les règles de cette discipline salutaire dont les avocats se montrèrent si jaloux dans les beaux
jours du Barreau, il convient d'assurer en même temps à la
magistrature la surveillance qui doit naturellement lui appartenir sur une profession qui a de si intimes rapports avec elle ;
nous aurons ainsi garanti la liberté et la noblesse de la profession d'avocat, en posant les bornes qui doivent la séparer de la
licence et de l'insubordination.

---

(1) Les termes de ce préambule attestent une fois de plus la haute dignité qui
de tout temps a été attachée à la profession d'avocat. De quelle autre profession le
législateur a-t-il jamais parlé avec plus d'égards? C'est d'autant plus significatif
qu'le pouvoir impérial, quand dans ses dépêches non officielles il dépouillait
toute contrainte, qualifiait les avocats de factieux, d'artisans de crimes et de
trahisons. S'agissait-il, au contraire, d'en parler publiquement, le respect sécu-
laire acquis à l'Ordre s'imposait, et on lui prodiguait les formules élogieuses.

Il est curieux, à cet égard, de comparer le langage public et le langage privé de
l'Empereur. La lettre à Cambacérès, si souvent invoquée contre le Barreau,
trouve sa réponse dans le préambule du décret de 1810.

LETTRE A CAMBACÉRÈS.	PRÉAMBULE DU DÉCRET.
(Octobre 1804.)	(13 décembre 1810)

Je reçois un projet de décret sur les avocats ; il n'y a rien qui donne au grand juge les moyens de les contenir. J'aime mieux ne rien faire que de m'ôter les moyens de prendre des mesures contre ce tas de bavards, artisans de révolutions, et qui ne sont inspirés presque tous que par le crime et la corruption. Tant que j'aurai l'épée au côté, je ne signerai jamais un décret aussi absurde; je veux qu'on puisse couper la langue à un avocat qui s'en servirait contre le Gouvernement.

NAPOLÉON.

NAPOLÉON. — Lorsque nous nous occupions de l'organisation de l'ordre judiciaire, et des moyens d'assurer à nos cours la haute considération qui leur est due, cette profession (d'avocat) dont l'exercice influe puissamment sur la distribution de la justice a fixé nos regards; nous avons en conséquence ordonné par la loi du 22 ventôse an XII (13 mars 1804, le rétablissement du tableau des avocats, comme un des moyens les plus propres à maintenir la probité, la délicatesse, le désintéressement, le désir de la conciliation, l'amour de la vérité et de la justice, un zèle éclairé pour les faibles et les opprimés, bases essentielles de leur état.

A ces causes, sur le rapport de notre grand juge, ministre de la justice,

Notre conseil d'État entendu,

Nous avons décrété et décrétons ce qui suit :

TITRE Ier.

Dispositions générales.

Art. 1er. En exécution de l'article 29 de la loi du 22 ventôse an XII, il sera dressé un tableau des avocats exerçant auprès de nos cours impériales et de nos tribunaux de première instance.

2. Dans toutes les villes où les avocats excèdent le nombre de vingt, il sera formé un conseil pour leur discipline (1). — (Art. 32 ci-après, art. 13 arr. 5 août 1836.)

TITRE II.

Du tableau des avocats et de leur réception ou inscription.

3. Dans les villes où siégent nos cours impériales, il n'y aura qu'un seul et même tableau et un seul conseil de discipline pour les avocats.

4. Il sera procédé à la première formation des tableaux par les présidents et procureurs généraux de nos cours impériales ; et dans les villes où il n'y a pas de cours impériales, par les présidents et procureurs impériaux des tribunaux de première instance. Les uns et les autres se feront assister et prendront l'avis de six anciens avocats, dans les lieux où il s'en trouve plus de vingt ; et de trois, dans les autres lieux (2).

---

(1) Le Proj. Org. Jud., art. 296, admet la formation d'un conseil de discipline, dès qu'il y a plus de dix avocats. Il y a lieu d'approuver cette disposition qui étend l'action du Barreau sur lui-même, en restreignant celle des tribunaux.

(2) Cette disposition est la première atteinte formelle portée au vieux principe que *l'Ordre est maître de son tableau*.

5. Seront compris dans la première formation des tableaux, à la date de leurs titres ou réceptions, tous ceux qui, aux termes de la loi du 22 ventôse an XII, ont droit d'exercer la profession d'avocat, pourvu néanmoins qu'il y ait des renseignements satisfaisants sur leur capacité, probité, délicatesse, bonne vie et mœurs.

6. Les tableaux ainsi arrêtés seront soumis à l'approbation de notre grand juge, ministre de la justice, ensuite déposés aux greffes (1).

7. A la première audience qui suivra l'installation des cours impériales, tous les avocats inscrits aux tableaux prêteront individuellement le serment prescrit par l'art. 14 ci-dessous.

Les avocats qui n'auront pu se trouver à cette audience auront le délai d'un mois pour se présenter, et prêter le serment à l'audience qui leur sera indiquée. — (Comp. art. 35 du décret du 6 juillet 1810.)

8. Chaque année, après la rentrée des cours et des tribunaux, les tableaux seront réimprimés avec les additions et changements que les événements auront rendus nécessaires.

9. Ceux qui seront inscrits au Tableau formeront seuls l'ordre des avocats.

10. *Les avocats inscrits au tableau dans une cour impériale seront admis à plaider dans toutes les cours et tribunaux du ressort.*

Ceux qui seront inscrits dans un tribunal de première instance plaideront devant la cour criminelle et devant les tribunaux de tout le département.

Les uns et les autres pourront néanmoins, avec la permission de notre grand juge, ministre de la justice, aller plaider hors du ressort de la cour impériale ou du département où ils sont inscrits. — (Comp. art. 295 C. instruction criminelle; — art. 12 arrêté du 5 août 1836 (2).)

---

(1) Cet article et les trois précédents sont de véritables dispositions transitoires. Ils ne s'appliquent qu'à la première formation des tableaux après le décret. Les articles suivants règlent la manière de dresser les tableaux annuels. Ce n'est plus la magistrature, mais l'ordre des avocats qui y procède.

(2) Voir cet art. 12 ci-après. Il abroge l'art. 10 en autorisant l'avocat inscrit au tableau d'une cour d'appel à plaider devant toutes les cours et tous les tribunaux du royaume. Cette disposition nouvelle est conforme à la pratique de

11. Les avocats des cours impériales qui s'établiront près des tribunaux de première instance y auront rang du jour de leur inscription au tableau de la cour impériale.

12. A l'avenir, il sera nécessaire, pour être inscrit au tableau des avocats près d'une cour impériale, d'avoir prêté serment, et fait trois ans de stage près l'une desdites cours, et, pour être inscrit au tableau près d'un tribunal de première instance, d'avoir fait pareil temps de stage devant les tribunaux de première instance (1) (2). — (Art. 31, al. 5, loi 4 août 1832.)

Le stage peut être fait en diverses cours ou tribunaux, mais sans pouvoir être interrompu plus de trois mois.

13. Les licenciés en droit qui voudront être reçus avocats se présenteront à notre procureur général au parquet ; ils lui exhiberont leur diplôme de licence et le certificat de leurs inscriptions aux écoles de droit, délivré conformément à l'article 32 de notre décret du 4 complémentaire an XIII.

14. La réception aura lieu à l'audience publique, sur la présentation d'un ancien avocat (3) et sur les conclusions du ministère public ; le récipiendaire y prêtera serment en ces termes : « Je jure obéissance aux constitutions de l'Empire et » fidélité à l'Empereur, de ne rien dire ou publier de contraire » aux lois, aux règlements, aux bonnes mœurs, à la sûreté de » l'État et de la paix publique ; de ne conseiller ou de défendre » aucune cause que je ne croirai pas juste en mon âme et » conscience (4). »

Le greffier dressera du tout procès-verbal sommaire sur un

l'ancien barreau français, qui permettait de plaider devant toute cour de même degré ou d'un degré inférieur (**Mollot,** t. Ier. p. 213, 64. 1866).

(1) On s'est demandé parfois s'il fallait dire avocat à la cour d'appel, ou avocat *près* la cour d'appel. La seconde expression, consacrée par la logique, puisque l'avocat ne fait point partie de la Cour, mais exerce *près* d'elle, est formellement consacrée par cet article du décret.

(2) A ces conditions l'art. 65 de la loi du 27 septembre 1835 ajoute l'obligation d'être reçu docteur en droit conformément à la loi, sauf les cas de dispense.

(3) Voir l'arrêté du 46 octobre 1839 ci-après.

(4) Ce serment est maintenu presque textuellement par l'art. 294 Proj. Org. Jud. Il semble cependant qu'il y avait là matière à réforme. Voir à ce sujet le discours prononcé le 7 novembre 1863, à la séance de rentrée de la conférence du jeune barreau de Bruxelles, par notre confrère Me Xavier **Olin**. (Poot, impr., Bruxelles, 1863, et *Belg. Jud.*, XXI, 1863, p. 1457.)

registre tenu à cet effet, et il certifiera, au dos du diplôme, la réception, ainsi que la prestation du serment.

15. La preuve du stage ou fréquentation assidue aux audiences, sera faite par un certificat délivré par le conseil de discipline, et là où il n'y en aura point, par notre procureur.

16. Les avocats pourront, pendant leur stage, plaider et défendre les causes qui leur seront confiées (1) (2).

17. Les avoués licenciés qui, ayant postulé pendant plus de trois ans, voudront quitter leur état et prendre celui d'avocat, seront dispensés du stage, en justifiant d'ailleurs de leurs titres et moralité (3).

18. La profession d'avocat est incompatible :

1° Avec toutes les places de l'ordre judiciaire, excepté celle de suppléant;

2° Avec les fonctions de préfet et de sous-préfet;

3° Avec celle de greffier, de notaire et d'avoué (4);

4° Avec les emplois à gages et ceux d'agent comptable;

5° Avec toute espèce de négoce. En sont exclues, toutes personnes faisant le métier d'agent d'affaires. — (Reproduit textuellement par l'art. 42 ordon. 1822.)

TITRE III.

Des conseils de discipline.

19. *Les conseils de discipline seront formés de la manière suivante :*

L'ordre des avocats sera convoqué par le Bâtonnier, et nom-

---

(1) Art. 34 Ord. 20 novembre 1822 : « Les avocats stagiaires ne pourront plaider ni écrire dans aucune cause, qu'après avoir obtenu de deux membres du conseil de discipline appartenant à leur colonne, un certificat constatant leur assiduité aux audiences pendant deux années. Le certificat sera visé par le conseil de discipline. » Dans la pratique, cet article n'est pas appliqué. (MOLLOT, t. I, p. 447.)

(2) L'art. 293 du projet de loi d'organisation judiciaire abroge cet article. Il porte, en effet, que nul ne peut exercer les fonctions d'avocat près les cours et tribunaux, *s'il n'est porté au Tableau.* Les stagiaires ne sont pas portés au Tableau.

(3) Art. 37 Ord. 1822 : Les avoués licenciés en droit qui, après avoir donné leur démission, se présenteront pour être admis dans l'ordre des avocats, *seront soumis au stage.*

(4) Le Proj. Org. Jud. ajoute les huissiers.

mera, à la pluralité des suffrages de tous les avocats inscrits au Tableau, un nombre double de candidats pour le conseil de discipline; ces candidats seront toujours choisis parmi les deux tiers plus anciens dans l'ordre du Tableau.

Cette liste de candidats sera transmise par le Bâtonnier, à notre procureur général près nos cours, lequel nommera. sur ladite liste, les membres du conseil de discipline au nombre déterminé ci-après (1).

20. Si le nombre des avocats est de cent ou au-dessus, les conseils seront composés de quinze membres.

Ils seront composés de neuf, si le nombre des avocats est de cinquante ou au-dessus.

De sept, si les avocats sont au nombre de trente au plus.

De cinq, si le nombre des avocats est au-dessus de trente.

Les membres du Conseil pourront être réélus.

21. *Notre procureur général nommera parmi les membres du Conseil un Bâtonnier, qui sera le chef de l'Ordre, et présidera l'assemblée générale des avocats lorsqu'elle se réunira pour nommer les conseils de discipline (2).*

L'assemblée générale ne pourra être convoquée et réunie que de l'agrément de notre procureur général (3).

22. Les conseils seront renouvelés avant la fin de chaque année judiciaire, pour commencer leurs fonctions à la rentrée des tribunaux.

Le membre du Conseil, dernier inscrit au Tableau, remplira les fonctions de secrétaire du conseil de l'Ordre (4).

23. Le conseil de discipline sera chargé :

De veiller à la conservation de l'honneur de l'ordre des avocats ;

De maintenir les principes de probité et de délicatesse qui font la base de leur profession ;

---

(1) Abrogé par l'art. 4 de l'arrêté du 5 août 1836, qui remplace le système d'élection *limitée* du décret de 1810 par celui de l'élection parfaitement libre. — Comp. art. 7, Ordon. 1822, et art. 1er, Ordon. 27 août 1830 (en France). Le premier de ces deux articles faisait entrer au Conseil les anciens bâtonniers. C'était une vieille coutume.

(2) Abrogé par l'art. 4, al. 3, de l'arrêté de 1836.

(3) Abrogé par l'art. 2 du même arrêté. — La nomination du Bâtonnier par l'Ordre, le droit de se réunir sans l'assentiment d'aucun pouvoir, étaient des principes incontestés de l'ancien barreau français.

(4) Abrogé par l'art. 1 de l'arrêté de 1836.

De réprimer ou de faire punir, par voie de discipline, les infractions et les fautes, sans préjudice de l'action des tribunaux, s'il y a lieu.

Il portera une attention particulière sur les mœurs et la conduite des jeunes avocats qui feront leur stage ; il pourra dans le cas d'inexactitude habituelle ou d'inconduite notoire, prolonger d'une année la durée de leur stage, même refuser l'admission au Tableau (1).

24. Le conseil de discipline pourvoira à la défense des indigents, par l'établissement d'un bureau de consultation gratuite, qui se tiendra une fois par semaine.

Les causes que ce bureau trouvera justes, seront par lui envoyées, avec son avis, au conseil de discipline, qui les distribuera aux avocats par tour de rôle (2).

Voulons que le bureau apporte la plus grande attention à ces consultations, afin qu'elles ne servent point à vexer des tiers qui ne pourraient, par la suite, être remboursés des frais de l'instance.

Les jeunes avocats admis au stage seront tenus de suivre exactement les assemblées du bureau de consultation.

Chargeons expressément nos procureurs de veiller spécialement à l'exécution de cet article, et d'indiquer eux-mêmes, s'ils le jugent nécessaire, ceux des avocats qui devront se rendre aux assemblées du bureau, en observant, autant que faire se pourra, de mander les avocats à tour de rôle. — (Comp. en France la loi du 22 janvier 1861 sur l'*Assistance Judiciaire* (3). — Art. 11 arrêté 5 août 1836.)

---

(1) Comp. art. 14 et 52 Ord. 1822.

L'art. 14 de l'ordonnance de 1822 est d'une rédaction plus laconique et moins élevée : « Les conseils de discipline sont chargés de maintenir les sentiments de fidélité à la monarchie constitutionnelle et les principes de modération, de désintéressement et de probité, sur lesquels repose l'honneur de l'ordre des avocats. Ils surveillent les mœurs et la conduite des avocats stagiaires. »

(2) Dans la pratique du barreau de Bruxelles, le renvoi au Conseil avec l'avis du bureau n'a pas lieu. C'est le bureau qui décide seul de la justice de la cause et qui la distribue directement aux stagiaires.

(3) Cette loi n'accorde au Conseil qu'un droit restreint de choisir les membres qui composent le bureau. Le Tribunal ou la Cour les nomme pour la plupart. Le bureau décide si la cause mérite l'assistance judiciaire. C'est ensuite le Bâtonnier qui désigne l'avocat. — Nous préférons notre organisation qui laisse au Barreau

25. Le conseil de discipline pourra, suivant l'exigence des cas, avertir, censurer, réprimander;

Interdire pendant un temps qui ne pourra excéder une année;

Exclure ou rayer du Tableau (1).

26. Le conseil de discipline n'exercera le droit d'avertir, censurer ou réprimander, qu'après avoir entendu l'avocat inculpé.

27. Il ne pourra prononcer l'interdiction qu'après avoir entendu et appelé au moins deux fois, à huit jours d'intervalle, l'avocat inculpé.

28. Si un avocat commet une faute grave qui paraisse exiger qu'il soit rayé du Tableau, le conseil de discipline ne prononcera qu'après avoir entendu ou appelé au moins trois fois, à huit jours d'intervalle, l'avocat inculpé, qui pourra demander un délai de quinzaine pour se justifier : ce délai ne pourra lui être refusé.

29. L'avocat censuré, réprimandé, interdit ou rayé du Tableau, pourra se pourvoir, si bon lui semble, à la cour impériale par la voie d'appel (2).

Dans le cas de radiation du Tableau, si l'avocat rayé ne se pourvoit pas, la délibération du conseil de discipline sera remise au premier président et au procureur général, pour qu'ils l'approuvent; et en ce cas elle sera exécutée sur le tableau déposé au greffe (3). — (Compar. art. 8 et 9 arr. de 1836.)

30. *Il sera donné connaissance, dans le plus bref délai, à notre grand juge, ministre de la justice, par nos procureurs, des avis, délibérations et jugements intervenus sur l'interdiction et sur la radiation des avocats* (4). — (Compar. art 7 et 10 arrêté de 1836.)

seul le soin de veiller à l'accomplissement d'une mission de dévouement à laquelle il n'a jamais failli.

(1) L'art. 18 de l'ordonnance de 1822 a virtuellement supprimé la censure en France. Le Proj. Org. Jud. supprime la réprimande.

(2) Le Proj. Org. Jud. contient un article (319) ainsi conçu : « L'appel est porté devant la chambre présidée par le Premier Président en chambre de conseil, à moins que l'inculpé n'en demande la publicité. »

(3) Alinéa abrogé par l'art. 1er de l'arrêté de 1836. Il en avait été de même en France par l'ordonnance de 1822.

(4) Abrogé par l'art. 1er de l'arr. de 1836.

31. Tout avocat qui après avoir été deux fois suspendu ou interdit de ses fonctions, soit par arrêt ou jugement, soit par forme de discipline, encourrait la même peine une troisième fois, sera, de droit, rayé du Tableau.

32. *Dans les siéges où le nombre des avocats n'excédera pas celui de vingt, les fonctions du conseil de discipline seront remplies par le Tribunal. Lorsqu'il estimera qu'il y a lieu à interdiction ou radiation, il prendra l'avis par écrit du Bâtonnier; entendra l'inculpé dans les formes prescrites par les articles* 26, 27 *et* 28, *et prononcera, sauf l'appel* (1). — (Comp. art. 13 arrêté de 1836.)

TITRE IV.

Des droits et des devoirs des avocats.

33. *L'ordre des avocats ne pourra s'assembler que sur la convocation de son bâtonnier, et pour l'élection des candidats au conseil de discipline, ainsi qu'il est dit art.* 19.

Le Bâtonnier ne permettra pas qu'aucun autre objet soit mis en délibération. Les contrevenants à la présente disposition pourront être poursuivis et punis conformément à l'article 293 *du Code pénal, sur les associations ou réunions illicites* (2). — (Comp. art. 2 arr. de 1836.)

34. Si tous ou quelques-uns des avocats d'un siége se coalisent pour déclarer, sous quelque prétexte que ce soit, qu'ils n'exerceront plus leur ministère, ils seront rayés du Tableau, et ne pourront plus y être rétablis (3).

(1) Abrogé par l'art. 1er de l'arr. de 1836.

(2) Abrogé par art. 1er arrêté 1836. Voir aussi art. 19 Constitution : Les Belges ont le droit de s'assembler paisiblement et sans armes. — La même disposition a été abrogée en France par l'ordonnance de 1822. (**MOLLOT**, t. 1er, p. 283.)

(3) Cet article n'a pas été abrogé par l'arrêté de 1835. On peut s'en étonner. L'ordonnance de 1822 l'a supprimé en France. Il tend à empêcher l'exercice d'une faculté dont le Barreau n'a jamais fait qu'un noble usage quand il s'est agi de sauvegarder sa dignité. Voir le mémorable exemple de 1844, rapporté par **MOL-LOT**, t. II. n° 731 des *Précédents*. On peut en citer un plus célèbre encore, celui de 1602, quand tous les avocats au Parlement de Paris donnèrent leur démission parce qu'on avait voulu les contraindre à mentionner au bas de leurs écrits les honoraires qu'ils avaient reçus. — Cette disposition contraire à la liberté a été maintenue par l'art. 324 Proj. Org. Jud.

35. Les avocats porteront la chausse de leur grade de licencié ou de docteur; ceux inscrits au Tableau seront placés dans l'intérieur du parquet.

Ils plaideront debout et couverts; mais ils se découvriront lorsqu'ils prendront des conclusions, ou en lisant des pièces du procès.

Ils seront appelés, dans les cas déterminés par la loi, à suppléer les juges et les officiers du ministère public, et ne pourront s'y refuser sans motifs d'excuse ou empêchement. — (Voir art. 12 décr. 2 juillet 1812.)

36. Nous défendons expressément aux avocats de signer des consultations, mémoires et écritures qu'ils n'auraient pas faits ou délibérés; leur faisons pareillement défenses de faire des traités pour leurs honoraires, ou de forcer les parties à reconnaître leurs soins avant les plaidoiries, sous les peines de réprimande pour la première fois, et d'exclusion ou radiation en cas de récidive.

37. Les avocats exerceront librement leur ministère pour la défense de la justice et de la vérité; nous voulons en même temps qu'ils s'abstiennent de toute supposition dans les faits, de toute surprise dans les citations, et autres mauvaises voies, même de tous discours inutiles et superflus.

Leur défendons de se livrer à des injures et personnalités offensantes envers les parties ou leurs défenseurs, d'avancer aucun fait grave contre l'honneur et la réputation des parties, à moins que la nécessité de la cause ne l'exige, et qu'ils n'en aient charge expresse et par écrit de leurs clients ou des avoués de leurs clients, le tout à peine d'être poursuivis ainsi qu'il est dit dans l'article 371 du Code pénal.

38. Leur enjoignons pareillement de ne jamais s'écarter, soit dans leurs discours, soit dans leurs écrits, ou de toute autre manière quelconque, du respect dû à la justice; comme aussi de ne pas manquer aux justes égards qu'ils doivent à chacun des magistrats devant lesquels ils exercent leur ministère. — (Comp. art. 10 et s., art. 88 et s. C. proc. civ.)

39. Si un avocat, dans ses plaidoiries ou dans ses écrits, se permettait d'attaquer les principes de la monarchie et les constitutions de l'Empire, les lois et les autorités établies, le

tribunal saisi de l'affaire prononcera sur-le-champ, sur les conclusions du ministère public, l'une des peines portées par l'article 25 ci-dessus; sans préjudice des poursuites extraordinaires, s'il y a lieu.

Enjoignons à nos procureurs et à ceux qui en font les fonctions, de veiller, à peine d'en répondre, à l'exécution du présent article (1).

40. *Notre grand juge, ministre de la justice, pourra, de son autorité et selon les cas, infliger à un avocat l'une des peines portées en l'article ci-dessus cité* (2).

41. Si, en matière civile, une partie ne trouvait point de défenseur, le tribunal lui désignera d'office un avocat, s'il y a lieu.

42. L'avocat nommé d'office pour défendre un accusé, ne pourra refuser son ministère, sans faire approuver ses motifs d'excuse ou d'empêchement.

43. A défaut de règlements, et pour les objets qui ne seraient pas prévus dans les règlements existants, voulons que les avocats taxent eux-mêmes leurs honoraires avec la discrétion qu'on doit attendre de leur ministère. Dans les cas où la taxation excéderait les bornes d'une juste modération, le conseil de discipline le réduira, eu égard à l'importance de la cause et à la nature du travail; il ordonnera la restitution, s'il y a lieu, même avec réprimande. En cas de réclamation contre la décision du conseil de discipline, on se pourvoira au Tribunal.

44. Les avocats feront mention de leurs honoraires au bas de leurs consultations, mémoires et autres écritures; ils donneront aussi un reçu de leurs honoraires pour les plaidoiries (3).

45. Les condamnations prononcées par les tribunaux en

---

(1) Cet article a été maintenu avec certaines modifications par l'art. 43 de l'ordonnance de 1822.

(2) Abrogé par l'art. 1 arr. 1836.

(3) Cet article et le précédent n'ont jamais été exécutés au barreau de Paris. On les a considérés comme *contraires a tous les usages et subversifs de la dignité du ministère* (**MOLLOT,** t. I, p. 287). — Le Proj. Org. Jud., art. 360, maintient la disposition en termes presque identiques. Ici, plus qu'ailleurs, on peut se demander, par qui ce projet, étrange à plus d'un titre, a été rédigé.

vertu des dispositions du présent titre seront sujettes à l'appel ; et néanmoins elles seront exécutées provisoirement.

46. Notre grand juge, ministre de la justice, est chargé de l'exécution du présent décret.

2 juillet 1812. — *Décret sur* LA PLAIDOIRIE *dans les cours impériales et dans les tribunaux de première instance* (1).

Art. 1er. Dans toutes les cours impériales de notre empire, les causes portées à l'audience seront plaidées par les avocats inscrits sur le tableau des avocats de la Cour, ou admis au stage, conformément à l'article 16 de notre décret du 14 décembre 1810. — (Cet art. n'abroge pas les art. 85 et 86 C. proc. civ.)

2. Les demandes incidentes qui seront de nature à être jugées sommairement, et tous les incidents relatifs à la procédure, pourront être plaidés par les avoués postulants en la cour, dans les causes dans lesquelles ils occuperont.

3. Il en sera de même dans les tribunaux de première instance séant aux chefs-lieux des cours impériales, des cours d'assises et des départements; les avoués pourront y plaider dans toutes les causes sommaires. Dans les autres tribunaux de première instance, ils pourront plaider toute espèce de cause dans laquelle ils occuperont (2). — (Voir art. 9 ci-après.)

4. *Il n'est point dérogé à la disposition du décret du 14 décembre 1810, portant que les avocats pourront, avec la permission du grand juge, ministre de la justice, aller plaider hors du ressort de la cour impériale ou du département où ils sont inscrits* (3).

5. En l'absence ou sur le refus des avocats de plaider, les avoués, tant en cour impériale qu'en première instance, pour-

(1) Le but principal de ce décret était de diminuer la concurrence que les avoués faisaient aux avocats en usant des droits que leur donnait la loi organique du 22 ventôse an XII.

(2) Comp. art. 32 loi du 22 ventôse an XII : il permettait aux avoués de plaider et d'écrire dans toute espèce d'affaires, pour lesquelles ils postulaient.

(3) Abrogé par l'art. 12 arrêté de 1836. Voir *supra* la note à l'art. 10 du décret de 1810.

ront être autorisés par le Tribunal à plaider en toute espèce de cause. — (Comp. art. 32 loi 22 ventôse an XII.) (1)

6. Lorsque l'avocat chargé de l'affaire et saisi des pièces ne pourra, pour cause de maladie, se présenter le jour où elle doit être plaidée, il devra en instruire le président par écrit, avant l'audience, et renvoyer les pièces à l'avoué; en ce cas la cause pourra être plaidée par l'avoué, ou remise au plus prochain jour.

7. Il en sera de même, lorsqu'au moment de l'appel de la cause, l'avocat sera engagé à l'audience d'une autre chambre du même tribunal, séant dans le même temps.

8. Hors de ces deux cas, lorsque l'avocat chargé de l'affaire et saisi des pièces ne se sera pas trouvé à l'appel de la cause, et que, par sa faute, elle aura été retirée du rôle et n'aura pu être plaidée au jour indiqué, il pourra être condamné personnellement aux frais de la remise, et aux dommages-intérêts du retard envers la partie, s'il y a lieu (2).

9. Les avoués qui, en vertu de la loi du 22 ventôse de l'an XII, jusqu'à la publication du présent décret, ont obtenu le grade de licencié, et ont acquis ce droit à eux attribué par l'article 32 de ladite loi, continueront d'en jouir comme par le passé.

10. Les présidents des chambres de discipline des avoués, tant de cour impériale que de première instance, seront tenus de déposer au greffe du tribunal près duquel ils exercent, dans un mois, à compter de la publication du présent décret, et chaque année à la rentrée des cours et tribunaux, une liste signée d'eux, et visée, pour les cours impériales, par notre procureur général, et, pour les tribunaux de première instance, par notre procureur impérial, contenant les noms des avoués auxquels s'appliquera l'article ci-dessus, avec la date de leur réception.

11. Les dispositions des articles 37, 38 et 39 de notre décret du 14 décembre 1810, seront applicables aux avoués usant du droit de plaider.

(1) Cet article avait surtout pour but de suppléer à l'absence d'avocats, résultant de coalitions entre eux. Voir art. 33 décret de 1810.

(2) Texte emprunté aux anciennes ordonnances. Nous ne connaissons pas d'exemple de l'application des pénalités comminées par cet article.

12. Les avocats seuls porteront la chausse et parleront couverts, conformément à l'article 35 du décret du 14 décembre 1810. — (Voir art. 6 décret 2 nivôse an XI.)

13. Notre grand juge, ministre de la justice, est chargé de l'exécution du présent décret.

27 septembre 1835, *n° 652. — Loi organique de l'instruction publique.*

Art. 65. Nul ne peut pratiquer en qualité d'avocat..... s'il n'a été reçu docteur conformément aux dispositions du chapitre premier du présent titre. — (Art. 12, décr. 14 décembre 1810.)

Art. 66. Le Gouvernement peut accorder des dispenses aux étrangers munis d'un diplôme de licencié ou de docteur, sur un avis conforme du jury d'examen.

5 août 1836. — *Arrêté contenant règlement sur la* PROFESSION D'AVOCAT *et sur la* DISCIPLINE DU BARREAU.

Léopold, etc.

Vu les art. 29 et 38, n° 7, de la loi du 22 ventôse an XII, ainsi conçus :

Art. 29. « Il sera formé un tableau des avocats exerçant près » les tribunaux. »

Art. 38. « Il sera pourvu par des règlements d'administra- » tion publique à l'exécution de la présente loi, et notamment » à ce qui concernera :

» 1° Etc.

» 7° La formation du tableau des avocats et la discipline du » barreau (1). »

Vu le décret du 14 décembre 1810, porté en exécution de cette loi ;

Voulant apporter à ce décret les modifications que réclame

(1) Ce sont ces mêmes articles qui avaient déjà servi de base au décret du 14 décembre 1810. Ce furent eux encore qui servirent, le 31 décembre 1836, de base à l'arrêté sur la discipline des avocats à la Cour de Cassation. Voir ci-après.

l'esprit de nos institutions nationales, ainsi que la dignité de la profession d'avocat, et assurer l'exécution des dispositions réglementaires sur la discipline du Barreau (1);

Vu l'article 67 de la Constitution ;

Sur la proposition de notre ministre de la justice,

Nous avons arrêté et arrêtons :

Art 1er. Les art. 10, 19, 21, le § de l'article 22, le § de l'article 29, et les art. 30, 32, 33 et 40 du décret du 14 décembre 1810 sont abrogés.

2. L'ordre des avocats est convoqué par le Bâtonnier ; il peut l'être également par notre procureur général (2).

3. Le tableau des avocats est formé par le conseil de discipline.

4. Les membres du conseil de discipline sont élus directement par l'assemblée de l'Ordre, à laquelle sont convoqués tous les avocats inscrits au Tableau. — (Art. 19, déc. 1810);

L'élection a lieu par scrutin de liste à la majorité relative des membres présents ;

Le Bâtonnier est élu par la même assemblée et par scrutin séparé, à la majorité absolue et avant l'élection des autres membres du conseil de discipline. — (Art. 21, déc. 1810) (3);

Si les deux premiers scrutins (4) ne produisent pas cette ma-

(1) Le décret de 1810 contenait des dispositions évidemment réactionnaires. Il tendait à soumettre l'ordre des avocats au pouvoir. Dès le 20 novembre 1822, une ordonnance l'avait abrogé complètement en France. Ce n'est qu'en 1836 qu'on y pensa en Belgique. On ne refit pas un règlement entièrement nouveau On procéda par l'abrogation partielle des dispositions les plus choquantes. Le reste fut maintenu.

(2) Le Proj. Org. Jud. ajoute, art. 307 : « La présence de la majorité des membres de l'Ordre est nécessaire pour constituer l'assemblée générale. » Cette disposition, qui ne se justifie du reste par aucun motif sérieux, dénote une grande ignorance de ce qui se passe d'ordinaire. Il est très-rare, à Bruxelles notamment, que la majorité des avocats se rendent aux assemblées générales. Édicter cette mesure, serait rendre souvent les assemblées impossibles.

(3) Le Proj. Org. Jud., art. 305, admet également le secrétaire aux honneurs d'un scrutin préalable et séparé, comme le Bâtonnier. C'est évidemment donner à cette fonction secondaire une importance qui n'a jamais été dans la pensée du Barreau.

(4) Le Proj. Org. Jud., art. 3 5, supprime le deuxième tour de scrutin qui complique et allonge souvent inutilement l'élection, et qui a le désavantage d'enlever parfois injustement aux candidats qui ont obtenu le plus de voix au premier tour le bénéfice qu'ils avaient ainsi acquis.

jorité, il est procédé à un scrutin de ballottage entre les deux candidats qui, au second tour, ont obtenu le plus de voix;

Dans tous les cas de parité de suffrage, le plus ancien est préféré.

5. Dans les siéges où il n'existe pas de conseil de discipline, constitué conformément aux lois et règlements, les avocats inscrits au Tableau, ou, à défaut de tableau, les avocats ayant prêté serment depuis plus de trois ans, sont convoqués par notre procureur général, à l'effet de concourir aux élections mentionnées en l'article précédent.

Le plus âgé des avocats présents préside l'assemblée; les deux plus âgés après lui remplissent les fonctions de scrutateurs; le plus jeune remplit celles de secrétaire.

6. La liste des membres composant le conseil de discipline est transmise, dans la huitaine de l'élection, à notre procureur général dans le siége des cours d'appel, et au procureur du roi dans les autres siéges.

7. Le Bàtonnier est le chef de l'Ordre; il préside l'assemblée générale des avocats et le conseil de discipline.

Le secrétaire du conseil de discipline remplit également les fonctions de secrétaire de l'Ordre.

8. Le conseil de discipline statue, sauf appel à la cour du ressort (1), sur toutes les plaintes des parties, ainsi que sur les réquisitions écrites du ministère public.

9. Toute décision du conseil de discipline portant interdiction, exclusion ou radiation du tableau des avocats est transmise par le Bàtonnier dans les 8 jours de sa prononciation, à notre procureur général, qui en assure l'exécution. — (Art. 14, arr. 31 décembre 1836, art. 30 déc. 1810) (2).

10. Notre procureur général pourra également demander une expédition de toute décision par laquelle le conseil de dis-

---

(1) Le Proj. Org. Jud. fixe à dix jours, à compter de la notification, le délai de l'appel en matière disciplinaire. Ce délai pourra paraître bien court. Pourquoi ne pas conserver l'ancien délai de trois mois qui n'a jamais produit d'inconvénient?

(2) L'art. 321, Proj. Org. Jud., porte que toute décision du conseil de discipline est notifiée à l'inculpé par le procureur général. Disposition inutile, qui autorise l'immixtion d'un pouvoir étranger à l'Ordre. Il suffit que, conformément à une pratique constante, la notification se fasse par les soins du secrétaire de l'Ordre.

cipline aurait prononcé l'absolution de l'avocat inculpé. —
(Art. 14, arr. 31 décembre 1856, art. 30 déc. 1810.)

11. La désignation des avocats dont il est parlé au dernier
paragraphe de l'art. 24 du décret du 14 décembre 1810 sera
faite par le Bâtonnier.

12. Les avocats inscrits au Tableau, dans les villes où siégent les cours d'appel, peuvent plaider devant toutes les cours
et tous les tribunaux du royaume. — (Art. 10, déc. 1810) (1).

13. Dans tous les sièges où, lors de la rentrée des cours et
tribunaux, le conseil de discipline n'est pas légalement formé
ou renouvelé, les fonctions en seront remplies par les tribunaux de première instance. — (Art. 32, déc. 1810.)

Notre ministre de la justice (M. Ernst) est chargé de l'exécution du présent arrêté.

5 février 1851. — *Arrêté relatif aux* AVOCATS DU
DÉPARTEMENT DES FINANCES (2).

Vu l'arrêté royal du 25 août 1817, instituant des avocats
chargés de la défense des intérêts de plusieurs administrations
du département des recettes :

Art. 1er. La défense des intérêts des différentes administrations ressortissant au département des finances, devant les
cours et tribunaux, est confiée à des avocats spéciaux qui prendront le titre d'*avocats du département des finances* et seront
désignés par le ministre, savoir : trois pour la province de
Brabant et un pour chacune des autres.

---

(1) Le Proj. Org. Jud. ajoute : « Ils ne peuvent néanmoins plaider devant la
Cour de Cassation que lorsqu'ils sont docteurs en droit depuis six ans au moins. »
Cette restriction ne se justifie pas. Comment expliquer qu'un avocat capable de
plaider le droit et le fait devant une cour d'appel, ne serait pas capable de plaider
le droit devant la Cour de Cassation et qu'il lui faudrait trois ans, non pas de
stage, mais de doctorat de plus. Il y a ici une confusion. L'art. 31 de la loi du
4 août 1832 exige six ans de doctorat pour devenir avocat, c'est-à-dire *officier
ministériel* à la Cour de Cassation, ce qui se comprend puisqu'il s'agit d'un emploi
public. Les auteurs du projet auront confondu cette qualité officielle avec le droit
de plaider. Ce n'est pas la seule inadvertance de cette œuvre singulière.

(2) Consultez sur les avocats de l'administration, **TIELEMANS,** *Rép. droit
administratif,* vᵒ Avocats.

2. Les avocats du département des finances choisissent, au chef-lieu de chaque arrondissement judiciaire, autre que celui de leur résidence, un délégué pour les suppléer au besoin.

3. Le ministre agrée également..... à Bruxelles, s'il y a lieu, un avocat de la Cour de Cassation chargé de représenter le département.

4. Les avocats du département des finances, leurs délégués..... sont rétribués par abonnement fixe (1).

Au moyen de cet abonnement, les délégués..... et l'avocat en cassation prêtent leur ministère gratuit dans toutes les affaires où l'administration est condamnée définitivement aux dépens.

Les déboursés faits par eux pour actes de procédure sont seuls remboursés sur états.

5. Lorsqu'un avocat est chargé, en vertu d'une disposition spéciale, de devoirs hors la province, il reçoit une indemnité de déplacement égale à celle fixée pour les directeurs dans les provinces (2).

6. L'allocation annuelle pour l'abonnement dont parle l'art. 4 est fixée comme maximum à 55,500 francs.

Toutefois, en attendant la réduction des avocats dans les limites fixées par l'article 1er, cette allocation sera portée à 63,000 francs.

7. La répartition des sommes allouée par l'art. 6 sera faite par le ministre.

8. Un règlement déterminera l'intervention des avocats et des délégués dans les affaires contentieuses.

9. La rétribution accordée aux avocats, à leurs délégués..... ne sera pas considérée comme constituant un traitement ou des émoluments à charge du trésor dans le sens de la loi générale sur les pensions du 21 juillet 1844.

Notre ministre des finances (M. Frère-Orban) est chargé de l'exécution du présent arrêté.

(1) Sur le point de savoir si l'avocat peut recevoir des administrations un honoraire *fixe*, voir **MOLLOT,** t. 2, p. 77, à la note. Il se range à l'opinion affirmative.
(2) Voir arrêté du 1er janvier 1820.

4 août 1832. — *Loi organique de l'ordre judiciaire.*
AVOCATS A LA COUR DE CASSATION (1).

Art. 31. Sont établis, près la Cour, des officiers ministériels portant le titre d'avocats.

Ils ont le droit de plaider et exclusivement celui de postuler et de prendre des conclusions.

Les avocats à la Cour de Cassation sont nommés par le Roi, sur la présentation de la Cour.

Leur nombre est déterminé par le gouvernement, sur l'avis de la Cour (2).

Ils ne peuvent être nommés si, depuis six ans au moins, ils ne sont docteurs ou licenciés en droit (3).— (Art. 12, déc. 14 déc. 1810.)

Les avocats à la Cour de Cassation peuvent plaider devant les cours d'appel et les tribunaux de première instance.

Les avocats près les cours d'appel pourront également plaider à la Cour de Cassation. — (Art. 10 déc. 14 décembre 1810 et 32 arr. 5 août 1836.)

(1) Les avocats à la Cour de Cassation forment un ordre à part. Ils sont officiers ministériels, remplissant des fonctions analogues à celles des avoués de première instance et d'appel, auxquels les dispositions réglementaires de leur profession les assimilent fréquemment. Ils ont un bâtonnier, un conseil de discipline, un tableau particuliers; voire même une bibliothèque et un bureau de consultations gratuites. Ils ne figurent pas au tableau des avocats à la Cour d'Appel dont leur nom disparaît dès qu'ils sont nommés à la Cour de Cassation.

Notre but étant surtout de nous occuper de ce qui constitue le *Barreau* dans son ancienne acception, nous aurions pu les passer sous silence. Ils se rattachent cependant à ce barreau par tant de liens de confraternité et de communauté dans les sentiments d'honneur et de délicatesse, que nous n'avons voulu nous y résoudre.

Cette unité, malgré des différences incontestables, a fait naître souvent l'idée de confondre les deux barreaux en un seul. Si cette innovation était possible, elle rendrait au barreau de la Cour d'Appel quelques-uns des membres qui l'illustraient, et ferait disparaître les dernières traces du conflit que nous avons raconté dans l'introduction historique (*sup.* p. 29 et s.).

(2) Voir arrêté 4 octobre 1832 ci-après, page suivante.

(3) Le Proj. Org. Jud., art. 332, ajoute : Les avocats à la Cour de Cassation sont tenus de résider à Bruxelles.

4 octobre 1832. — *Arrêté relatif aux propositions pour* LA FIXATION DU NOMBRE *et pour la* NOMINATION DES AVOCATS A LA COUR DE CASSATION (1).

Art. 1. Les avis sur le nombre des avocats près la Cour de Cassation,..... ainsi que les présentations de candidats, auront lieu par une délibération prise dans une assemblée générale de cette cour.

2. Les noms, prénoms, âge et demeure des candidats présentés à notre nomination, seront indiqués dans la délibération ; et les pièces propres à justifier qu'ils réunissent les conditions prescrites par les lois et les règlements en vigueur, seront jointes aux présentations.

3. Ces avis et présentations seront adressées à notre ministre de la justice.

4. Dans le mois qui suivra son installation, la Cour de Cassation émettra son avis sur le nombre d'avocats dont elle croira la nomination nécessaire, et formera la liste des candidats qu'elle présentera à notre nomination.

6. Avant d'entrer en fonctions, les avocats à la Cour de Cassation,..... prêteront le serment prescrit par la loi, devant la Cour..... auprès de laquelle ils seront établis (2).

8 février 1833. — *Arrêté concernant les requêtes en obtention d'une* PLACE D'OFFICIER MINISTÉRIEL *près les cours et tribunaux* (3).

Art. 1. Toute requête pour obtenir une place d'officier ministériel près d'une cour..... nous sera adressée.

(1) Cet arrêté s'occupe des avoués de première instance et d'appel en même temps que des avocats près la Cour de Cassation. La similitude des dispositions relatives aux uns et aux autres est marquée.

(2) Ce serment est celui qu'impose aux avocats le décret du 14 décembre 1810 combiné avec le décret du 20 juillet 1831 [(**SCHEYVEN**, *Pourvois en cassation*, p. 41).

(3) Applicable aux avocats près la Cour de Cassation, par l'article unique de l'arrêté du 20 mars 1834, n° 213.

2. Ces requêtes seront transmises par les soins de notre ministre de la justice, et l'intermédiaire de nos officiers du parquet, à la cour..... dont la place est vacante.

3. La Cour....., après avoir délibéré en assemblée générale sur le mérite desdites requêtes, adressera à notre ministre de la justice une expédition de sa délibération.

4. Toute présentation sera faite au moyen d'une liste triple pour chaque place vacante.

5. Les délibérations et présentations ci-dessus mentionnées seront toujours annexées aux propositions que nous fera notre ministre de la justice à l'effet de pourvoir aux places dont il s'agit.

31 décembre 1836. — *Arrêté contenant règlement sur la* DISCIPLINE DES AVOCATS PRÈS DE LA COUR DE CASSATION (1).

Vu les articles 29 et 38, n° 7, de la loi du 22 ventôse an XII, ainsi conçus :

« Art. 29. Il sera formé un tableau des avocats exerçant » près les tribunaux.

» Art. 38. Il sera pourvu par des règlements d'administra» tion publique à l'exécution de la présente loi, et notamment » à ce qui concernera :

» 7° La formation du tableau des avocats et la discipline du Barreau (2). »

Vu, etc.;

Art. 1er Les avocats de la Cour de Cassation se réunissent tous les ans, dans la première quinzaine du mois d'août, pour élire le conseil de discipline de leur ordre.

Ce conseil est composé de cinq membres, y compris le bâtonnier et le secrétaire. — (Comp. art. 19 et 20, déc. 14 déc. 1810.)

2. L'élection a lieu à la majorité absolue des suffrages. — (Art. 3, al. 2, arr. 5 août 1836.)

(1) L'analogie entre cet arrêté et celui du 5 août 1836 relatif à la discipline du barreau des cours d'appel est frappante. La plupart des dispositions sont identiques.

(2) C'est en vertu de ces deux articles qu'avait déjà été pris le décret impérial du 14 décembre 1810 pour les avocats près les cours d'appel.

Le plus âgé des avocats présents préside l'assemblée ; les deux plus âgés après lui remplissent les fonctions de scrutateurs ; le plus jeune remplit celles de secrétaire. — Art. 5, al. 2, arr. 5 août 1836.)

Le Bâtonnier est élu avant les autres membres du Conseil et par scrutin séparé. Si les deux premiers tours de scrutin ne produisent pas la majorité absolue, soit pour l'élection du Bâtonnier, soit pour celle des autres membres du Conseil, il est procédé à un scrutin de ballottage entre les candidats qui, au deuxième tour, ont obtenu le plus de voix. La liste de ces candidats contient deux fois autant de noms qu'il y a de personnes à élire. — (Art. 4, al. 3 et 4, arr. 5 août 1836.)

Dans tous les cas de parité de suffrage, le plus âgé est préféré. — (Art. 4, al. fin., arr. 5 août 1836.)

3. La première élection aura lieu dans les huit jours de la mise en vigueur du présent arrêté.

4. Le conseil de discipline dresse chaque année un tableau sur lequel les avocats à la Cour de Cassation sont inscrits dans l'ordre de leur prestation de serment. — (Art. 8, déc. 14 décembre 1810.)

5. Dans la huitaine de la formation du tableau de l'ordre des avocats, il est envoyé par le Bâtonnier à notre procureur général à la Cour de Cassation, qui le transmet à nos procureurs généraux, près les cours d'appel. Ce tableau est et demeure affiché dans les greffes et parquets des cours et tribunaux. — (Art. 6, arr. 5 août 1836.)

6. L'ordre des avocats à la Cour de Cassation est convoqué par le Bâtonnier ; il peut l'être également par notre procureur général. — (Art. 2, arr. 5 août 1836.)

7. Le Bâtonnier est le chef de l'Ordre et préside l'assemblée générale des avocats et le conseil de discipline, sauf ce qui est dit dans l'article 2. — (Art. 7, arr. 5 août 1836.)

En cas d'absence ou d'empêchement, il est remplacé par le membre du conseil le plus ancien dans l'ordre du Tableau. Si ce dernier est secrétaire du Conseil, ses fonctions sont remplies par le membre du Conseil le moins âgé.

8. Le plus jeune des membres du conseil de discipline en est le secrétaire. Il remplit les mêmes fonctions dans les assem-

blées générales de l'Ordre, sauf le cas prévu par l'art. 2. — (Art. 7, al. 2, arr. 5 août 1836.)

9. La présence de la majorité des membres de l'Ordre est nécessaire pour constituer l'assemblée générale.

10. Le conseil de discipline peut délibérer au nombre de trois membres. En cas de partage des voix, celle du président est prépondérante.

Néanmoins, s'il s'agit de poursuites disciplinaires, le partage des voix emporte acquittement.

11. Le conseil de discipline est chargé de veiller à la conservation de l'honneur de l'Ordre ; de maintenir les principes de probité et de délicatesse qui sont la base de la profession d'avocat ; de punir disciplinairement les infractions et les fraudes commises par les membres de l'Ordre, sans préjudice de l'action des tribunaux, s'il y a lieu. — (Art. 23, déc. 14 décembre 1810.)

12. Le conseil de discipline statue sur toutes les plaintes des parties, ainsi que sur les réquisitions écrites de notre procureur général. — (Art. 8, arr. 5 août 1836.)

13. Il peut, suivant l'exigence des cas, avertir, censurer ou réprimander les membres de l'Ordre. — (Art. 25, déc. 14 décembre 1810.)

14. Notre procureur général peut se faire délivrer expédition de toutes les délibérations de l'assemblée générale et des décisions du conseil de discipline ; celles qui portent avertissement, censure ou réprimande ; celles qui prononcent l'acquittement d'un membre de l'Ordre, lui seront transmises immédiatement par le Bâtonnier et sans demande préalable. — (Art. 9 et 10, arr. 5 août 1836.)

15. Le procureur général et l'avocat intéressé ont respectivement le droit d'interjeter appel devant la Cour de Cassation des décisions du conseil. — (Art. 8, arr. 5 août 1836, art. 29 déc. 14 décembre 1810.)

16. Les règlements actuellement en vigueur, concernant l'ordre des avocats et les fonctions des conseils de discipline, seront observés par l'ordre des avocats à la Cour de Cassation, en tout ce qui n'est pas contraire au présent arrêté.

16 octobre 1839. — *Arrêté relatif à la* PRÉSEN-
TATION DES JEUNES AVOCATS AU SERMENT.

Léopold, etc. Vu l'article 38 de la loi du 22 ventôse an XII, l'article 14 du décret du 14 décembre 1810, et l'article 31 de la loi du 4 août 1832 ; — Revu nos arrêtés des 5 août et 31 décembre 1836, portant règlement sur la discipline de l'ordre des avocats;

Considérant que notre arrêté du 31 décembre 1836 ne contient aucune disposition sur la présentation des jeunes docteurs en droit au serment devant les cours et tribunaux ; mais qu'il déclare applicable à l'ordre des avocats près la Cour de Cassation tous les règlements en vigueur sur la discipline du Barreau ; — Considérant que le droit de plaider des avocats a été étendu par la loi du 4 août 1832, et par nos arrêtés précités, et qu'il est juste de reconnaître dans les mêmes limites le droit de présenter au serment;

Sur la proposition de notre ministre de la justice;

Nous avons arrêté et arrêtons :

Le droit de présenter au serment les jeunes docteurs en droit accordé aux anciens avocats par l'article 14 du décret du 14 décembre 1810, peut être exercé par eux devant tous les corps judiciaires devant lesquels ils ont droit de plaider.

Notre ministre de la justice (M. Raikem) est chargé de l'exécution du présent arrêté.

TROISIÈME PARTIE.

ORGANISATION ET RÈGLEMENT DE LA PROFESSION D'AVOCAT.

—

TITRE I.

De l'avocat.

CONDITIONS REQUISES POUR EXERCER LA PROFESSION.

1. Pour pouvoir exercer la profession d'avocat il faut :
1° Être docteur en droit ;
2° Avoir prêté serment ;
3° Être inscrit au tableau de l'Ordre, ou tout au moins être en stage.

§ 1. *Être docteur en droit.*

2. La loi du 22 ventôse an XII, art. 24, et le décret du 14 décembre 1810, art. 13, exigeaient, pour être reçu avocat, un diplôme de licencié en droit, délivré conformément aux lois du pays.

La loi du 27 septembre 1835 a remplacé le diplôme de licencié par celui de docteur. L'article 65 est ainsi conçu : « Nul ne peut pratiquer en qualité d'avocat.....s'il n'a été reçu docteur, conformément aux dispositions du chapitre premier du présent titre. »

3. Sous le régime hollandais comme sous le régime français, le Gouvernement pouvait accorder des dispenses aux candidats munis d'un diplôme étranger ; il pouvait même dispenser l'aspirant de la présentation d'un diplôme.

Un décret de l'Empereur, datant de 1812, avait exempté un sieur X... de la nécessité du diplôme, à raison des fonctions de commissaire de police qu'il avait exercées. X... fut admis à prêter serment en 1814 ; seulement, le conseil de l'ordre du barreau de Bruxelles refusa d'inscrire le sieur X... au tableau des avocats exerçants, parce que le décret n'avait pas été publié en Belgique avant notre séparation de la France. (Décision du 1ᵉʳ août 1814.)

Aujourd'hui, semblable pouvoir de dispense n'appartient au Roi que d'une manière limitée.

Le Gouvernement ne peut plus autoriser l'exercice de la profession d'avocat par celui qui ne serait porteur d'aucun diplôme ; il ne peut pas même accorder des dispenses à un Belge porteur d'un diplôme étranger, mais il a ce droit en faveur d'un étranger muni d'un diplôme étranger de licencié ou de docteur, sur un avis conforme du jury. (V. articles 66 et 67 de la loi du 27 septembre 1835.) (1)

4. De telles dispenses rendent seulement apte à prêter serment le candidat, qui reste soumis à toutes les autres conditions requises pour exercer la Profession (2).

§ 2. *Avoir prêté serment.*

5. Les docteurs en droit qui veulent être reçus avocats, doivent d'abord se présenter au Procureur Général au parquet, pour lui exhiber leur diplôme. (Art. 13 déc. du 14 déc. 1810.)

La réception a lieu, ensuite, à l'audience publique de la Cour

_____

(1) C'est en vertu de ce droit que M. Baze, ancien bâtonnier du barreau d'Agen, fut inscrit il y a quelques années au tableau des avocats exerçant près la cour de Liége.

(2) V. **DALLOZ**, *Rép.*, vᵒ Avocat, nᵒ 76.

ou du Tribunal, sur la présentation d'un ancien avocat et sur les conclusions du ministère public.

Le récipiendaire prête serment en ces termes : « Je jure » fidélité au Roi, obéissance à la Constitution et aux lois du » peuple belge ; je jure de ne rien dire ou publier de contraire » aux lois, aux règlements, aux bonnes mœurs, à la sûreté de » l'État et à la paix publique ; de ne jamais m'écarter du res- » pect dû aux tribunaux et aux autorités publiques, de ne con- » seiller ou défendre aucune cause que je ne croirai pas juste » en mon âme et conscience. »

6. Toute personne majeure ou mineure, munie d'un diplôme en règle, doit être admise à prêter le serment d'avocat.

Ce principe ne comporte que quelques exceptions.

1° Les femmes. Toutefois, elles peuvent se présenter en justice pour y plaider leur propre cause (1).

2° Les interdits. Leur serment serait nul. (Art. 502 C. civ.) — Mais aucun texte de loi n'écarte les prodigues (2).

7. On a soulevé en France la question de savoir si un ecclésiastique était apte à exercer la profession d'avocat.

Cette question a été résolue négativement contre le père Lacordaire, par arrêté du conseil de l'ordre de Paris, du 15 mars 1831.

En Belgique, ni la loi ni la nature des choses ne nous semblent autoriser cette solution. Nous pensons qu'un ecclésiastique peut être admis au Barreau, à moins qu'il ne se trouve dans un des cas d'incompatibilité dont nous parlerons plus loin (3).

8. L'étranger porteur d'un diplôme belge peut-il être reçu au serment?

En 1843, le procureur général près la cour d'appel de Bruxelles, ayant demandé l'avis du conseil de l'Ordre sur cette question, le Conseil, à l'unanimité, conclut, au rapport de

(1) Excepté devant la Cour de Cassation. Voir **Scheyven**, *Traité des pourvois en cassation*, p. 40.

(2) Un sourd, un aveugle, peut-il être avocat? On doit répondre affirmativement. A Rome un aveugle pouvait être juge, mais pas avocat ; on en donne pour *cause* l'aventure d'un Publius qui continua à plaider, quoique le juge eût levé l'audience.

(3) V. n°s 97 et suiv.

M. Orts, à l'admission de l'étranger, et répondit en ce sens au Procureur Général. (Décision du 26 octobre 1843.)

A la suite de cet avis, la cour de Bruxelles admit au serment sans opposition M. B., docteur en droit, né à l'étranger, mais gradué en Belgique (1).

9. La réception d'un avocat, avons-nous dit, a lieu sur la présentation d'un ancien avocat et sur les conclusions du ministère public.

La loi, en exigeant que le candidat soit présenté par un Ancien, a confié aux membres de l'Ordre la mission de s'enquérir de la moralité de leur nouveau confrère, parce que plus que personne, ils sont intéressés à veiller à l'honneur du Barreau.

A Bruxelles, dès les premiers temps de la mise en vigueur du décret de 1810, le conseil de l'Ordre avait pris la décision suivante :

> « Aucun individu ayant droit d'exercer la profession d'avocat aux termes
> » de la loi de ventôse an XII, ne sera présenté à la Cour par un avocat
> » pour être admis au serment et inscrit au Tableau, sans en avoir préa-
> » lablement fait la demande au Conseil, qui émettra son opinion sur la
> » question de savoir, s'il y a lieu ou non, à le présenter et à l'admettre,
> » d'après les renseignements qui lui auront été donnés sur sa capacité
> » probité, délicatesse, bonne vie et mœurs. » (Décision du 9 octo-
> bre 1813.)

Le Procureur Général ne visait aucun diplôme et ne requérait aucune admission sans avoir au préalable reçu les observations du Conseil.

Cette coutume tomba malheureusement en désuétude après la révolution de 1830.

10. Aujourd'hui, le droit de présentation appartient indistinctement à tous les *Anciens*, c'est-à-dire à tous les avocats qui exercent au moins depuis dix ans.

Ce droit a été même accordé par arrêté royal du 16 octobre 1839, aux avocats près la Cour de Cassation, qui ont rang d'ancienneté.

(1) V. *Belg. Jud.*, I, 1843, p. 1645.

11. Il n'est pas possible de se soustraire à la nécessité de la présentation.

Si un candidat ne trouvait personne parmi les Anciens qui voulût le prendre sous son patronage et lui servir de parrain, il ne pourrait s'adresser à la Cour dans le but d'obtenir la désignation d'un avocat chargé d'office de le présenter au serment.

La Cour repousserait cette demande, « attendu, comme le dit un arrêt de Bruxelles du 11 septembre 1832 (1), que la mesure provoquée n'est autorisée par aucune disposition législative. »

12. Le patronage d'un Ancien n'enlève cependant pas aux magistrats de la Cour ou du Ministère Public le droit d'examiner à leur tour le candidat avant de le recevoir.

En effet, le Ministère Public, ayant en vertu de l'art. 14 du décret de 1810, à prendre des conclusions à chaque réception, doit rester libre de s'entourer de tous les renseignements nécessaires pour empêcher qu'un indigne ne parvienne à s'insinuer dans une carrière dont la loi, dans un intérêt élevé, protége spécialement l'honneur et la moralité.

Quant aux juges qui accueillent le récipiendaire, ce n'est pas une simple formalité qu'ils remplissent, mais une décision qu'ils prennent. Ils déclarent que le candidat est apte à exercer la profession d'avocat. De même qu'ils ont le pouvoir de le rejeter, s'ils le trouvent sans droit, de même ils ont le droit de ne point le recevoir s'ils le trouvent indigne.

Le système contraire est suivi en France. (Cass. fr. 3 mars 1840, J. P. 1. 1840. 251.)

13. Le docteur en droit ayant prêté serment devant un tribunal, doit-il de nouveau prêter serment devant la Cour où il se présente pour faire son stage ?

Résolu affirmativement par arrêt de Bruxelles du 18 juillet 1832. (Pas., p. 226.)

14. Un stagiaire qui a prêté serment devant une cour, doit-il prêter serment devant une autre cour, près de laquelle il irait se fixer ?

Nous pensons que le serment prêté une fois suffit, puisqu'il s'agit de juridictions du même ordre (2).

(1) Pas. p. 250.
(2) V. *Gaz. des Trib.*, 29 nov. 1830.

§ 3. *Être inscrit au Tableau, ou être en stage.*

C'est-à-dire faire partie de l'ordre des avocats.
Nous allons en parler au titre suivant.

TITRE II.

De l'ordre des avocats.

I. CARACTÈRE DE L'ORDRE.

15. L'ensemble des individus porteurs d'un diplôme de docteur en droit, qui, après avoir prêté serment, sont admis au stage ou au Tableau, constituent l'ordre des avocats.

Il est vrai que le décret de 1810, art. 9, ne considère comme membres de l'Ordre que les avocats qui sont inscrits au Tableau, mais les traditions ont toujours accordé ce titre aux simples avocats stagiaires, bien qu'ils ne jouissent pas de la plénitude des droits qui y sont attachés.

16. L'ordre des avocats ne constitue ni un corps, ni une corporation, selon la signification qu'on attache ordinairement à ces mots. L'entrée en est essentiellement accessible à tous ceux qui réunissent les conditions requises. Ses membres n'y perdent pas leur caractère privé pour revêtir une charge publique; ils ne sont ni des fonctionnaires, ni des officiers ministériels; dans l'exercice de leur profession, ils conservent toute leur liberté et ne relèvent que d'eux-mêmes. S'ils se soumettent à une espèce de discipline, il ne faut pas oublier que celle-ci n'a été pendant longtemps que l'effet d'une convention volontaire, faite dans l'intérêt de l'honneur de la Profession. Plus tard, à une époque de domination centralisatrice, l'autorité publique a donné à l'Ordre une organisation légale et obligatoire, dans le but d'exercer une continuelle surveillance sur des hommes qui pouvaient, par leurs allures indépendantes, la contrarier dans ses projets. Mais il n'en est pas moins vrai que les avocats ont toujours résisté à ces attaches, qu'ils les ont brisées sitôt qu'ils l'ont pu, et qu'aujourd'hui, l'ordre des avocats est dans cette situation, qu'ayant une existence et une organisation légales, il n'en constitue pas moins une réunion de personnes qui répudient tout caractère public pour revendiquer toute liberté.

II. DES ASSEMBLÉES DE L'ORDRE.

17. Le décret de 1810, art. 33, défendait aux avocats de se réunir sans l'autorisation du Procureur Général. Le Bâtonnier ne pouvait convoquer l'Ordre qu'avec la permission de ce magistrat, et seulement pour procéder aux élections.

Toute autre assemblée était considérée comme illicite. Ceux qui y avaient pris part pouvaient être poursuivis, conformément à l'art. 293 du code pénal de 1810.

La constitution belge, en proclamant la liberté d'association et de réunion, abrogea cet article 33 ; l'Ordre recouvra le droit absolu de s'assembler comme anciennement, non-seulement pour s'occuper des nominations au Conseil, mais encore pour discuter toutes questions qu'il jugeait utiles à ses intérêts.

Ce droit lui fut un instant contesté (1). Mais on dut bientôt reconnaître qu'on s'était trompé.

L'art. 1 de l'arrêté du 5 août 1836, en abrogeant expressément l'art. 33 du décret, vint au surplus confirmer cette liberté.

§ 1. *Convocations des assemblées.*

18. Par suite de l'abrogation de l'art. 33 du décret de 1810, l'arrêté de 1836 avait à déterminer qui posséderait le droit de convoquer valablement le Barreau.

L'arrêté revint aux traditions et confia ce pouvoir au Bâtonnier, mais il retint quelque chose du décret français en ajoutant

_____

(1) Voir l'Introduction historique, p. 22 et s.

que l'Ordre pourrait être également convoqué par le Procureur Général (1).

L'utilité de ce pouvoir du Procureur Général se comprend dans certains cas, par exemple, lorsqu'un bâtonnier donne sa démission dans le courant de l'année ou lorsqu'il refuse de convoquer l'Ordre pour procéder aux élections.

19. La loi n'accorde pas au Conseil le droit de faire une convocation. Le Bâtonnier en est seul chargé; il est donc seul juge de l'opportunité de la réunion.

Cependant, dans la pratique, à Bruxelles, le Conseil décide le jour de l'élection et charge le Bâtonnier de convoquer. Si en dehors des élections, le Conseil jugeait convenable de réunir l'Ordre pour un débat quelconque, le Bâtonnier aurait mauvaise grâce à ne point exécuter cette décision (2).

20. Si le Conseil n'a pas été renouvelé à l'expiration de l'année judiciaire, conformément à l'art. 13 de l'arrêté de 1836, par qui l'Ordre sera-t-il convoqué pour le reconstituer? Par le Procureur Général ou par le Bâtonnier de l'année précédente?

La question a été soulevée à Liége. La Cour de cette ville a décidé que le conseil de discipline est illégalement constitué lorsqu'il a été renouvelé après la rentrée des cours et tribunaux, sur la convocation faite par le secrétaire au nom du Bâtonnier de l'année précédente. (Arr. du 26 juillet 1843, Pas. 1844, p. 20.) (3)

21. Comment se fait la convocation?

La loi ne détermine aucune forme de convocation. Il a été jugé implicitement qu'une convocation à domicile n'est pas nécessaire et qu'un avis inséré dans les journaux les plus répandus de la province, signé par le secrétaire seul, agissant d'après les instructions du Bâtonnier, était une convocation

(1) Ce droit n'a été exercé qu'une seule fois à Bruxelles, par le Procureur Général. Voir l'Introduction historique, p. 27.

(2) Voir n° 42.

(3) Cet arrêt qui statuait également au fond ayant été cassé pour un vice de forme, la cour de Bruxelles fut saisie du fond de l'affaire, sans qu'on soulevât devant elle l'exception qui avait été adoptée par la cour de Liége. (V. Pas., 1847, p. 299.) — Est-ce parce que l'appelant n'eut plus confiance dans ce moyen; est-ce parce qu'il préféra se défendre au fond plutôt que d'avoir recours à une exception de droit? Nous l'ignorons.

légale et suffisante. (Liége, 26 juillet 1843, Pas. 1844, p. 20.)

Nous croyons que cette façon de procéder est vicieuse. Si elle a pu subsister jusque dans ces derniers temps, c'est à cause de l'indifférence générale. Sur une moyenne de 250 avocats inscrits au tableau de Bruxelles, les assemblées ne comptaient guère, il y a quelques années, que 30 à 40 avocats présents. Depuis, il s'en présente une centaine. Si le Barreau tient à maintenir ses prérogatives, sa discipline et sa réputation, il doit comprendre qu'il n'y pourra parvenir qu'en faisant un choix sérieux de ceux qu'il place à sa tête, et en n'y mettant que des hommes qui, à leur probité et leurs talents, joignent une fermeté de caractère assez grande pour ne pas faiblir dans l'accomplissement de leur mission.

Il faut donc que l'Ordre s'occupe des candidats au Conseil, qu'il songe à celui qu'il nommera bâtonnier ; qu'avant le jour des élections il cherche et délibère, qu'au moment du scrutin il se rende en nombre au Palais. Rien n'est plus précieux que le droit d'élection. C'est lui qui est la source de la force de l'Ordre. En concourant au choix des membres du Conseil et du Bâtonnier, les avocats leur confèrent une autorité d'autant plus utilement influente qu'ils sont plus nombreux à la leur déléguer.

Mais pour que les avocats assistent aux élections, il faut qu'ils soient tous individuellement avertis du jour et de l'heure auxquels il y sera procédé ; il ne suffit pas d'imprimer dans des journaux un avis qu'on n'a pas toujours la chance de lire, ou de l'afficher au Palais où on peut ne pas le remarquer ; il faut une convocation à domicile, il faut aussi un délai suffisant entre la convocation et le jour de l'élection.

Sur tous ces points, la loi est muette en Belgique comme en France. Dans ce dernier pays, les cours jugent souverainement en fait si les délais ont été suffisants. (Grenoble, 10 déc. 1835, J. P. 1. 1836. 408. — Agen, 20 fév. 1838, J. P. 2. 1838. 410.)

Ajoutons cependant qu'à Bruxelles, depuis trois ans, le Bâtonnier convoque les avocats par lettres-circulaires adressées à chacun d'eux.

§ 2. *Objet des assemblées de l'Ordre.*

22. L'ordre des avocats peut s'occuper dans ses assemblées générales de tous les objets intéressant le Barreau, qu'il juge convenable de mettre en délibération.

Nous avons vu dans l'introduction historique qu'il a quelquefois fait usage de cette prérogative pour prendre des mesures propres à sauvegarder les droits des citoyens. (P. 27.)

Mais, depuis 1836, l'Ordre n'a plus guère été réuni que pour procéder à la nomination du Bâtonnier et du Conseil (1).

23. Cependant, à cette occasion, l'assemblée s'est, à différentes reprises, occupée d'autres soins. Ainsi, en 1859, les élections étant faites, le Bâtonnier sortant adressa une allocution sur la manière dont les jeunes avocats doivent se conduire lorsqu'ils plaident devant la magistrature, et sur l'utilité de la part des jeunes et des anciens confrères, de se communiquer, avant la plaidoirie, les conclusions et moyens qu'ils comptent développer dans les affaires où la loi n'ordonne pas cette communication avant les débats (séance du 6 août 1859).

24. Dans l'assemblée générale du 4 août 1860, le Bâtonnier rendit compte de ce qu'avait fait le Conseil pendant l'année écoulée; il dit que le conseil de discipline, comme juridiction répressive, n'avait eu à appliquer aucune peine, pas même le simple avertissement; puis il passa successivement en revue la situation de la bibliothèque, du bureau de consultation gratuites, de la conférence du jeune barreau, etc. (2).

Cette innovation n'a pas malheureusement été observée régulièrement les années suivantes (3).

(1) V. cependant n° 54.
(2) En 1858 semblable compte rendu de l'année avait été fait pour la première fois en séance du Conseil.
(3) En 1863, le Bâtonnier sortant prononça à l'assemblée générale quelques mots de regret à la mémoire de MM. Verhaegen et Fontainas. (V. *Belg. Jud.*, 1863, p. 1377.)

TITRE III.

Du conseil de l'Ordre.

CHAPITRE I.

Historique.

24. L'ordre des avocats n'étant pas un corps de fonctionnaires publics, son administration et sa discipline intérieure lui appartiennent. Pendant longtemps, l'Ordre entier fut appelé à délibérer sur ses intérêts. Plus tard, quand il devint impossible à une assemblée trop nombreuse de discuter en connaissance de cause sur des affaires qui n'étaient pas en état, il s'établit à Paris un usage nouveau : comme les avocats avaient l'habitude de se rassembler au Palais près des différentes boutiques ou bancs qui garnissaient la salle des Pas-Perdus, il s'était formé dans l'Ordre différents groupes dont les membres avaient entre eux des relations plus fréquentes qu'avec leurs autres confrères. Dès lors chacun de ces groupes ou bancs nommait deux avocats destinés à préparer les matières avec les anciens bâtonniers et à disposer les objets sur lesquels le corps entier prononçait.

En 1781, on s'aperçut que les bancs étaient formés d'un nombre très-inégal d'avocats : tel banc en comprenait une centaine qui n'était représenté que par deux députés, tel autre, tout en n'ayant que vingt membres, envoyait également deux représentants.

Pour remédier à cet inconvénient, l'Ordre se partagea en dix colonnes égales, choisissant chacune deux députés qui furent chargés de soutenir à la députation les vœux de leurs commettants.

La députation avait à exercer une surveillance sur tout ce qui intéressait le Barreau, non-seulement sur ses droits et prérogatives, mais encore sur la conduite des avocats, ainsi que sur celle des stagiaires.

Napoléon changea tout cela, afin « *de rétablir les règles de* » *cette discipline salutaire dont les avocats se montraient si* » *jaloux dans les beaux jours du Barreau, et de garantir la* » *liberté et la noblesse de la Profession en posant les bases qui* » *doivent la séparer de la licence et de la subordination* (1), il absorba au profit du pouvoir les coutumes anciennes, impérialisa l'Ordre, et en confia la discipline non pas à un conseil librement élu par le Barreau et jugeant souverainement, mais à un conseil de discipline nommé par le Procureur Général, dont les décisions pouvaient être déférées à la censure des cours impériales ou à l'autorité omnipotente du ministre de la justice.

L'Empereur alla même plus loin : dans les siéges inférieurs, c'est-à-dire dans les siéges où le nombre des avocats n'excédait pas vingt, il saisit avec empressement le prétexte d'éviter l'effet des jalousies et des coteries des petites localités, pour transporter directement aux tribunaux le soin de surveiller la conduite du Barreau (2).

25. Après les premières secousses et les premiers étonnements de notre révolution, il fut reconnu que l'ordre des avocats restait compatible avec nos nouvelles institutions, mais qu'il avait le droit de revendiquer des libertés plus larges que celles que lui avait laissées le régime français.

Un arrêté royal du 5 août 1836 vint en modifier la constitution et lui rendit sinon la totalité, au moins une partie de son ancien caractère; en effet, d'après cet arrêté, dans les siéges supérieurs comme dans les siéges inférieurs, c'est exclusivement à l'assemblée de l'Ordre qu'incombent le droit et le devoir d'élire son conseil de discipline (art. 4).

Dans tous les siéges où, lors de la rentrée des cours et tribunaux, le conseil de discipline n'est pas légalement formé ou renouvelé, les fonctions en sont remplies par les tribunaux de première instance (art. 13).

Ce n'est donc qu'en cas de négligence ou d'impossibilité

---

(1) Préambule du décret de 1810, *supra* p. 49.

(2) Cette usurpation ne fut cependant pas complète, puisque le § 2 de l'art. 32 déc. 1810 obligeait les tribunaux à prendre l'avis par écrit du Bâtonnier, quand il s'agissait d'interdiction ou de radiation.

légale de former un conseil que la gestion des intérêts de l'Ordre retourne à l'autorité judiciaire (1).

La réforme introduite par l'arrêté de 1836 est une œuvre aussi libérale que juste.

Rendre à l'Ordre le droit de former lui-même son conseil, c'est surtout conserver à la répression disciplinaire son véritable caractère. Celle-ci n'est et ne doit être en effet qu'une correction de famille : *castigatio domestica*.

Ceux qui exercent la Profession sont évidemment les meilleurs juges pour réprimer les fautes qu'on peut commettre dans son exercice.

Que si les avocats eux-mêmes abandonnaient ce droit, s'ils étaient assez négligents pour ne pas choisir leurs juges parmi leurs pairs et que l'on transportât alors la surveillance de l'Ordre au pouvoir judiciaire, ils seraient mal venus à s'en plaindre.

CHAPITRE II.

Composition du Conseil.

26. L'art. 20 du décret de 1810 règle la composition du conseil de l'Ordre de la façon suivante :

Si le nombre des avocats inscrits est de cent ou au-dessus, les conseils seront composés de quinze membres.

Ils seront composés de neuf, si le nombre des avocats est de cinquante ou au-dessus.

De sept, si les avocats sont au nombre de trente ou plus.

De cinq, si le nombre des avocats est au-dessous de trente.

D'après l'art 21, le Procureur Général devait choisir parmi les membres du Conseil un bâtonnier.

(1) Il y a impossibilité légale lorsqu'il ne se trouve pas au Tableau un nombre suffisant d'avocats (six) pour élire le Conseil qui doit au moins comprendre cinq membres (art. 20 décret de 1810.) — Cependant le nombre des avocats inscrits au Tableau fût-il insuffisant pour nommer un Conseil, les avocats n'en auraient pas moins le droit d'élire un Bâtonnier. Il a été décidé en ce sens en France que dans un chef-lieu d'arrondissement où il n'existe que quatre avocats inscrits, c'est à ces avocats et nullement au tribunal qu'appartient le droit d'élire le Bâtonnier (Amiens, 5 janv. 1839, J. P. 2. 1841. 423).

L'arrêté de 1836 ayant rendu au Barreau le droit de nommer son chef, et ne s'étant pas expliqué sur le nombre de membres constituant le Conseil, il en est résulté la question de savoir si le Bâtonnier doit être compris dans la composition de l'art. 20 du décret de 1810 (1).

A Bruxelles, on nomme quatorze membres et un bâtonnier.

Cette manière de procéder nous semble la seule légale, puisque le Bâtonnier fait partie du Conseil, comme le président du tribunal fait partie du tribunal. Sous l'empire du décret de 1810, c'était dans le sein du Conseil qu'on prenait le chef de l'Ordre. Lorsque le législateur fixait à quinze le nombre des membres, il avait donc l'intention d'y comprendre le Bâtonnier; aujourd'hui que le mode de nomination est changé, celui-ci n'en reste pas moins membre du Conseil et comme tel doit être compté.

D'ailleurs si l'on agissait autrement, on arriverait à former des conseils composés en nombre pair, ce qui serait contraire au but de la loi qui les a formés en nombre impair pour éviter les partages égaux dans les votes.

27. Les membres fonctionnaires du Conseil sont :

1° Le Bâtonnier ;

2° Le Secrétaire ;

3° Le Trésorier ;

4° Les commissaires de la Bibliothèque.

Avant d'examiner quelles sont les attributions du Conseil et celles de ces différents titulaires, nous allons faire connaître les règles qui déterminent leur nomination.

CHAPITRE III.

Nomination du Conseil et de ses titulaires.

28. *Nomination des membres du Conseil.* — D'après l'article 4 de l'arrêté de 1836, tous les avocats inscrits au

---

(1) Cette question s'est également présentée en France par suite de changements analogues apportés au décret impérial. Dans certains barreaux, à Lyon et à Caen par exemple, on nomme neuf membres, plus un bâtonnier. A Paris, on pense que le Bâtonnier doit être compris dans le nombre des membres à élire. V. **DAL-LOZ,** v° Avocat, n° 391. — *Revue du droit français et étranger,* année 1843, p. 529.

Tableau sont appelés à prendre part aux élections pour la nomination du Conseil (1), non-seulement ceux qui figurent au tableau imprimé, mais encore ceux qui, après la publication, ont été admis dans le courant de l'année : les droits de l'avocat ne dérivent pas de la publicité donnée à la résolution du Conseil, mais de cette résolution elle-même.

29. Les avocats stagiaires ne peuvent point participer à l'élection, sous peine de nullité (Bourges, 12 mars 1834, S. 34. 2. 669, et Agen, 17 mai 1837, S. 37. 2. 314).

Si, par erreur, un ou deux d'entre eux avaient voté, « je pense, dit Mollot, que leurs votes devraient être annulés, mais partiellement et pour le cas où ils serviraient à former la majorité dans l'élection » (2).

30. L'élection des membres du Conseil a lieu par scrutin de liste séparé et à la majorité relative des membres présents. (Art. 4 arrêté de 1836.)

La loi ne demande pour cette nomination que la majorité relative, tandis que pour la nomination du Bâtonnier elle exige la majorité absolue.

On comprend cette différence en songeant à la difficulté de se mettre d'accord sur un grand nombre de membres à élire, et à l'impossibilité de terminer une élection, si les électeurs s'obstinent à maintenir leurs votes.

31. L'article 4 parle de *membres présents :* nous verrons plus loin (n° 39) si cette expression est exacte.

32. *Nomination du Bâtonnier.* — Le décret de 1810 confiait au Procureur Général le soin de nommer le Bâtonnier dans le Conseil.

Ce fut l'ordonnance du 27 août 1830 qui rendit au barreau français le droit d'élire lui-même directement son bâtonnier ; vu l'importance de cette nomination, l'ordonnance ajouta que le Bâtonnier serait élu par scrutin séparé, à la majorité absolue, et avant l'élection des membres du Conseil (3).

(1) Un avocat étranger peut-il faire partie du Conseil? V. *Belg. Jud.*, XXI, p. 977.

(2) T. I, p. 491. Édition 1866.

(3) Louis Napoléon, président de la république, considérant que les formes de l'ordonnance du 27 août 1830 n'offraient point une suffisante garantie de la sincé-

En Belgique, les statuts de l'association de 1832 donnaient au conseil de discipline le droit de choisir dans son sein son président qui était en même temps bâtonnier de l'Ordre.

L'arrêté de 1836 ne sanctionna pas ce système, et rendit, à l'imitation de l'ordonnance française de 1830 et des coutumes anciennes, la nomination du chef de l'Ordre à l'assemblée générale.

Si la principale fonction du Bâtonnier est de présider le Conseil, il n'en est pas moins vrai, comme nous le verrons plus loin, que le Bâtonnier doit exercer au dehors une très-grande influence : représentant et chef de l'Ordre, il ne peut espérer acquérir une autorité sérieuse qu'autant qu'il ait été nommé directement par tous les avocats.

33. D'après l'article 4, l'élection du Bâtonnier doit se faire avant l'élection des autres membres du Conseil, par scrutin séparé et à la majorité absolue. Si un premier scrutin ne produit pas de majorité, on procède à un deuxième tour de scrutin, et ce n'est qu'après ce deuxième vote, qu'on arrive à un scrutin de ballottage entre les deux candidats qui, au deuxième tour, ont obtenu le plus de voix.

34. Dans tous les cas de parité de suffrage, le plus ancien est préféré (art. 4 arrêté de 1836).

Cette règle s'applique à l'élection des membres du Conseil (1), comme à celle du Bâtonnier.

Elle s'applique également au premier tour de scrutin, comme au scrutin de ballottage.

L'ancienneté se détermine d'après l'inscription au Tableau ; la date de cette inscription seule doit être prise en considération.

35. Si la concurrence s'établissait entre deux membres inscrits le même jour, nous croyons qu'il faudrait préférer le plus âgé.

---

rité du choix, décréta que le Bâtonnier devait être élu par le conseil de discipline, à la majorité absolue des suffrages, et qu'il ne pouvait être choisi que parmi les membres du Conseil (décret 22 mars 1852).

(1) En 1843, MM. Orts fils et Delongé obtinrent chacun 18 suffrages pour le conseil de discipline. Le plus ancien, M. Orts fils, fut proclamé membre du Conseil.

Il n'y a pas de précédent au barreau de Bruxelles. Cependant, dans un cas qui n'est pas sans analogie avec l'hypothèse que nous supposons, on a adopté cette solution.

En 1832, le nouveau conseil de discipline de l'Ordre devait procéder, conformément aux statuts de l'Association, à l'élection du Bâtonnier. Au premier tour de scrutin, MM. Wyns et Gendebien obtinrent le même nombre de suffrages ; au deuxième tour, même résultat. Il fut procédé alors à un scrutin de ballottage qui maintint la même situation. Le Conseil délibéra sur les moyens de vider le partage. On vota au scrutin secret pour savoir si le sort ou l'âge déciderait. La majorité se prononça pour l'âge : M. Wyns fut nommé. (Séance du 22 juillet 1832.)

36. *Nomination du secrétaire et des autres titulaires.* — Le Secrétaire est le seul titulaire qui, avec le Bâtonnier, ait reçu des règlements une nomination officielle.

D'après le § 2 de l'article 22 du décret de 1810, le membre du Conseil, dernier inscrit au Tableau, remplissait ces fonctions. Cet article fut abrogé par l'arrêté de 1836 qui se borna à le remplacer par le § 2 de l'article 7, ainsi conçu : « Le secrétaire du conseil de discipline remplira également les fonctions de secrétaire de l'Ordre, » sans s'expliquer sur la nomination du secrétaire du Conseil. Dans la pratique, c'est le Conseil qui choisit son secrétaire : il le prend ordinairement parmi ses membres les plus jeunes (1).

37. Le trésorier et les membres de la commission de la bibliothèque sont également désignés par le Conseil.

38. *Forme des élections.* — En l'absence de toute disposition spéciale sur la forme des élections, il faut nécessairement recourir aux principes généraux consacrés en matière électorale.

Ainsi, les opérations seront dirigées par un bureau composé du Bâtonnier, du secrétaire de l'assemblée et de trois membres du Barreau faisant fonctions de scrutateurs ; l'appel se fera d'après l'ordre du Tableau ; il y aura un réappel.

Le nombre de bulletins sera vérifié avant le dépouillement ;

_____

(1) Le projet d'organisation judiciaire transporte cette nomination à l'assemblée générale.

s'il est plus grand ou moindre que celui des votants, il faudra, après le dépouillement, voir si la différence rend une nomination douteuse : dans ce cas, il y aura lieu à un scrutin de ballottage.

Les bulletins devront être annulés si les votants se sont fait connaître ou si les bulletins ne sont pas écrits à la main.

Les bulletins nuls n'entreront pas en compte pour déterminer la majorité absolue ou relative. Seront considérés comme nuls, les suffrages qui ne porteront pas une désignation suffisante. Les bulletins blancs seront également traités comme bulletins nuls.

39. Ce sont là les principes qu'on a suivis jusqu'ici sans trop grande difficulté. D'ailleurs, chaque fois qu'il y a eu contestation, on s'en est référé à l'assemblée générale.

Ainsi à Bruxelles, à l'assemblée générale d'août 1857, pour la nomination du Bâtonnier, il y avait 69 votants : Me Mersman obtint 34 voix, Me Vervoort 14, Me Lavallée 12, Me Mascart 5 ; il y eut en outre 4 bulletins blancs. Si les bulletins blancs étaient comptés comme valables, la majorité absolue était de 35 ; il fallait donc procéder à un nouveau scrutin. Si on les considérait comme nuls, le nombre des votants tombait à 65, la majorité absolue était de 33 et Me Mersman devenait Bâtonnier.

Pour résoudre le cas, on mit aux voix la question de savoir si les 4 billets blancs seraient considérés comme bulletins nuls; sur 64 votants, 50 répondirent oui, 6 non; 8 membres s'abstinrent. En conséquence, M. Mersman fut proclamé bâtonnier.

La question soumise à l'assemblée était très-discutée. La Chambre des représentants avait successivement adopté l'une et l'autre opinion (V. Tielemans, v° Élections générales, p. 26). Cet auteur enseigne même qu'un billet blanc doit être considéré comme valable et entrer en compte pour fixer le nombre des votants (1); cependant la solution contraire, admise par le Barreau, est universellement reconnue aujourd'hui (2).

(1) Page 31.
(2) V. *Moniteur*, 8 mai 1834. V. aussi art. 37 loi commun.; art. 26 loi prov.; art. 44 loi de la garde civique. Belg. Jud., XV, p. 1054.

Ce qui, dans l'espèce, pouvait jeter quelque doute sur la solution, c'est que l'arrêté de 1836 parle pour la nomination du Conseil *de la majorité relative des membres présents*, tandis que, pour l'élection du Bâtonnier, il dit : « Le Bâtonnier est élu par la même assemblée *à la majorité absolue*. »

On prétendait en inférer qu'il s'y agissait de la majorité *absolue des membres présents*.

Mais les partisans de l'opinion contraire répondaient que l'arrêté de 1836 n'avait eu en vue que de rendre au Barreau le droit d'élire son Conseil et son chef, sans songer à édicter des principes spéciaux pour leur élection, les expressions invoquées n'ayant d'autre portée que de permettre, après avoir convoqué *tous* les avocats du Tableau, de passer outre aux élections quel que fut le nombre des avocats présents.

CHAPITRE IV.

Renouvellement du Conseil et de ses titulaires.

40. Les conseils sont renouvelés avant la fin de chaque année judiciaire et commencent leurs fonctions à la rentrée des tribunaux (art. 22 décret 1810).

41. Le Bâtonnier et les membres du Conseil sont-ils rééligibles ?

Quant au Bâtonnier :

D'après les anciens usages, les fonctions de bâtonnier ne duraient qu'un an. Ce n'était que dans des conjonctures particulières que l'on renommait un ancien bâtonnier.

Sous l'empire du décret de 1810, le Procureur Général choisissait d'ordinaire chaque année le même bâtonnier ; il se conformait ainsi à l'esprit du décret, dont l'art. 10 § 2, autorisait la rééligibilité des membres du Conseil dans le but de concentrer la direction de l'Ordre entre les mains de quelques privilégiés.

Cette coutume de renommer le bâtonnier sortant se généralisa en Belgique ; elle continua même après que l'arrêté de 1836 eût rendu à l'Ordre le droit de choisir son chef. La non-réélection d'un bâtonnier sortant était considérée comme une marque d'hostilité contre lui : pour ne pas paraître injustes ou ingrats, les avocats renouvelaient donc chaque année un mandat qui ne finissait d'ordinaire que par la renonciation expresse ou par le décès du titulaire.

Dans quelques barreaux cependant on dut à d'honorables initiatives la modification de cet état de choses.

A Bruxelles, Me Gendebien ayant rempli les fonctions de bâtonnier sans interruption depuis 1834 jusqu'en 1847, se décida à ne plus accepter le nouveau mandat que ses confrères étaient encore prêts à lui conférer, et fut remplacé par Me Barbanson (1).

Me Gendebien, en refusant sa réélection, fit la proposition de rendre les fonctions de bâtonnier annuelles (2).

L'assemblée décida qu'elle ne pouvait s'occuper de cette décision officiellement, mais qu'elle s'en occuperait officieusement, et officieusement il fut entendu que chaque année, on élirait un bâtonnier autre que le titulaire sortant. Depuis lors, cette pratique a été observée.

L'usage suivi à Bruxelles n'interdit pas la réélection d'un ancien bâtonnier, il ne concerne que le bâtonnier sortant (3).

Le Bâtonnat est la belle récompense d'une longue carrière parcourue honorablement et laborieusement. Il est légitime que tout avocat qui la mérite puisse espérer l'obtenir. En décidant, comme on l'a fait à Bruxelles, que ces fonctions ne sont pas immédiatement rééligibles, les avocats se sont imposé le

---

(1) A Gand, Me Metdepenningen fut longtemps bâtonnier. En août 1861, il fut remplacé par Me Deconinck, en vertu d'une convention arrêtée par l'Ordre, le 28 mai 1861. (V. *Belg. Jud.*, XIX.)

(2) En 1843 une proposition de Me Gendebien au Conseil pour faire déclarer que le Bâtonnier ne serait rééligible qu'après un an d'intervalle, ne fut pas adoptée.

(3) A Paris, on a coutume, depuis 1830, de réélire le Bâtonnier une seconde année. Après deux ans de bâtonnat, il n'est plus jamais rééligible.

De cette façon, le Bâtonnier n'a pas à abandonner ses fonctions au moment où il commence à s'en pénétrer et peut réaliser les réformes que l'expérience de la première année lui a fait entrevoir.

Mais ce système n'est possible que dans les barreaux suffisamment nombreux.

devoir de relire chaque année le Tableau, afin de les confier à ceux qui les méritent et qui n'en ont pas encore été honorés (1).

12. Les membres du Conseil sont-ils rééligibles?

En 1846, le barreau de Bruxelles décida pour la première fois, de tirer au sort parmi les anciens membres du Conseil, trois noms qui ne seraient pas réélus pour faire place à de nouveaux confrères.

Aux élections de 1847, on suivit le même procédé, mais on renomma les trois avocats qui l'année précédente avaient été déclarés non rééligibles.

De même en 1848, ceux que le sort désigna furent remplacés par les trois titulaires de l'année antérieure, et ainsi les années suivantes.

Dans un barreau composé de plus de deux cents membres, il était étrange que les élections ne portassent que sur dix-huit noms, et se fissent pour ainsi dire mécaniquement; trois sortants, trois rentrants, quinze élus, toujours les mêmes. Telles étaient pourtant chaque année les élections du Barreau.

Des avocats (2) comprirent en 1854 qu'il était indispensable d'élargir un cercle aussi restreint; ils se dirent que si la nomination au Conseil est un honneur, il fallait que cette récompense fût déférée successivement à tous ceux qui en

_____

(1) Voici la liste des Bâtonniers de l'ordre des avocats du barreau de Bruxelles :

1832 à 1833.	.	MM. Wyns.	1857	. .	MM. Mersman.
1834 à 1847.	.	Gendebien.	1858	. .	Vervoort.
1847	. .	Barbanson.	1859	. .	Verhaegen.
1848	. .	Duvigneaud.	1860	. .	Barbanson.
1849	. .	Mascart.	1861	. .	Duvigneaud.
1850	. .	Orts père.	1862	. .	Allard.
1851	. .	Stevens.	1863	. .	Dequesne.
1852	. .	Verhaegen.	1864	. .	A. Roussel.
1853	. .	Gendebien.	1865	. .	F. Jamar.
1854	. .	Fontainas.	1866	. .	Lavallée.
1855	. .	Allard.	1867	. .	A. Picard.
1856	. .	Dequesne.	1868	. .	Dequesne.

(2) MM. Lavallée et Bastiné.

étaient dignes; aussi renoncèrent-ils avec autant de modestie que de désintéressement à toute candidature nouvelle (1).

Malheureusement, cet exemple ne fut pas suivi. La mesure
prise en 1846, n'ayant pas produit le résultat qu'on en espérait,
l'assemblée de l'Ordre l'a récemment rapportée (séance du
29 juillet 1868). En reprenant sa liberté d'action et en
n'admettant plus dorénavant des membres rééligibles et des
membres non rééligibles, l'assemblée a cru qu'elle parvien-
drait plus aisément, aujourd'hui que l'indifférence tend à
disparaître, à faire entrer au Conseil des noms nouveaux, sans
froisser personne.

D'ailleurs, pour stimuler l'attention des votants et éviter des
réélections en bloc, l'assemblée a décidé dans la même séance
d'annuler tout bulletin portant ces mots « les membres sortants. » Il faut que chaque candidat soit désigné nominative-
ment.

Dans quelques autres barreaux, on a suivi l'exemple de ce
qui se fit à Bruxelles en 1846. A Louvain, aux élections de
1846-1847, les membres de l'ancien conseil prirent l'initiative
d'une proposition qui fut adoptée. Elle avait pour objet de
faire déclarer chaque année, d'après un roulement, deux membres non rééligibles.

A Gand, l'Ordre prit également une décision en date du
28 mai 1861 pour arriver au renouvellement du conseil de
discipline par voie de roulement.

Dans d'autres siéges, aucune convention n'est intervenue et
les mêmes membres continuent à figurer par habitude au
Conseil.

Sans répéter ici ce que nous avons déjà dit au numéro précédent, nous ajouterons que s'il est désirable de voir chaque
année de nouveaux confrères entrer au Conseil, c'est aussi
parce que les nominations nouvelles ont l'avantage de propager
la connaissance des règles de notre profession : en effet, bien
que l'avocat apprenne à les connaître par l'exercice de son ministère, il les étudiera avec plus de soin, les méditera et les

_____

(1) V. *Belg. Jud.*, XII, p. 1011, et XXVI, p. 1072.

approfondira avec plus de zèle lorsqu'il sera chargé de les appliquer.

Mais comme les traditions de l'Ordre se conservent autant dans la mémoire des Anciens que dans nos archives, comme notre code n'est pas un code écrit et qu'il se compose principalement de coutumes qui se transmettent par traditions, on comprend qu'il serait dangereux de procéder chaque année à un renouvellement complet du Conseil.

43. A quelle époque les élections doivent-elles se faire?

La loi ne détermine pas cette époque. L'art. 22 du décret de 1810 se borne à dire que les Conseils seront renouvelés avant la fin de chaque année judiciaire.

D'après l'art. 13 de l'arrêté de 1836, ils doivent l'être lors de la rentrée des cours et tribunaux.

Il est incontestable que des élections qui auraient lieu pendant les vacances, en l'absence de plusieurs avocats, seraient nulles, « parce que dans le temps des vacations, les avocats comme les magistrats désirent et peuvent se livrer plus habituellement aux soins et à la surveillance de leurs propres affaires, et au délassement nécessité par un travail long et pénible » (1).

A Bruxelles, les élections générales se font d'ordinaire pendant la dernière quinzaine de juillet.

44. Que décider pour les places devenues vacantes dans le courant de l'année?

Nous pensons qu'il faut y pourvoir dans le plus bref délai (2), car la loi fixe le nombre des membres du Conseil, et ajoute que s'il n'est pas légalement formé, ses fonctions sont remplies par le Tribunal. Or, un Conseil n'ayant pas le nombre de membres déterminé par le législateur, serait-il légalement formé? Tous les principes relatifs à la composition du Conseil sont d'ordre public; les Cours qui ont à connaître des appels interjetés contre les décisions disciplinaires, peuvent d'office

_____

(1) Arr. de la cour d'Agen, 20 fév. 1838. J. P. 38. 2. 410.

(2) C'est ce qui se fait à Bruxelles. M. F. Jamar, membre du Conseil, fut nommé conseiller à la Cour pendant les vacances de 1867. Immédiatement après la rentrée, le Conseil assembla l'Ordre pour pourvoir à son remplacement (assemblée générale du 9 nov. 1867).

examiner cette question (1). Bien que la loi n'exige pas la présence de tous les membres pour prendre une décision valable, il pourrait arriver qu'on mît à néant la décision d'un conseil qui n'aurait pas sur sa liste le nombre de membres voulu par la loi.

45. La liste des membres composant le conseil de discipline doit être transmise dans la huitaine de l'élection au Procureur Général dans le siége des cours d'appel, et au Procureur du Roi dans les autres siéges (art. 6 de l'arrêté de 1836).

Le Procureur Général est intéressé à connaître cette liste, puisqu'il doit, dans certains cas, assurer l'exécution des décisions du Conseil (art. 9 de l'arrêté de 1836).

46. L'arrêté de 1836 ne parle que de la *liste* des membres élus, et non pas du procès-verbal d'élection.

Cette rédaction serait suffisante pour le cas où le Procureur Général n'aurait pas capacité pour introduire une demande en nullité de l'élection du Bâtonnier ou des membres du Conseil; mais si on adopte la solution contraire (2), il faut nécessairement qu'on transmette à ce magistrat un procès-verbal complet de l'élection, ou du moins qu'on ne s'empare point de l'expression de l'art. 6 pour lui en refuser expédition quand il la demande.

CHAPITRE V.

Du recours contre les élections.

47. Quand peut-on se pourvoir contre les élections?

Une demande en nullité des élections peut être formulée pour différents motifs : par exemple, parce que des stagiaires auraient pris part au vote, parce que les convocations n'auraient pas été faites en temps utile, parce que l'Ordre n'aurait pas été rassemblé par la personne compétente, parce que des bulletins

(1) C. de Liége, 26 juillet 1843, *Pas.*, 44, p. 20. — C. de Br., 8 avril 1846, *Pas.*, 47, p. 297.

(2) Voir n° 48.

auraient été annulés indûment, parce que la majorité aurait été mal fixée, etc., etc.

Aucune règle spéciale n'étant écrite dans nos règlements, il faut s'en référer aux principes généraux.

48. Par qui les demandes en nullité peuvent-elles être formées ?

La jurisprudence française décide que la demande en nullité des élections peut être formée par le Procureur Général, aux termes soit du décret de 1808, art. 79, soit du décret du 20 avril 1810, art. 46, tous deux chargeant le Procureur Général de veiller à l'exécution des lois et règlements (Bourges, 13 mars 1834, J. P. à sa date, et Agen, 17 mai 1837, J. P. 37. 1. 619).

Et ce, même après l'installation du Conseil (Grenoble, 10 décembre 1835, J. P. 36. 1. 408).

49. Les avocats ont-ils personnellement le droit d'introduire une demande en nullité des élections ?

Ils peuvent évidemment provoquer cette nullité par voie d'exception.

Ils peuvent aussi le faire par voie d'action ; dans l'un et l'autre cas, ils ont un intérêt égal. L'avocat poursuivi disciplinairement a le droit de discuter la qualité du Conseil qui prétend sévir contre lui. Comme membre de l'Ordre, participant au maintien de la dignité et des prérogatives du Barreau, il doit avoir le droit d'empêcher que celles-ci restent confiées à des personnes qui ne seraient pas régulièrement investies du pouvoir de les surveiller.

50. Quand l'annulation de l'élection est poursuivie par voie d'exception, est-il nécessaire d'appeler à la décision les membres dont l'élection est contestée ou les membres du conseil de discipline précédent ?

Un arrêt de Bourges du 13 mars 1834 (1) enseigne la négative.

Cependant le Bâtonnier et les membres du Conseil dont l'élection est contestée ont le droit d'intervenir (2).

Sur ce fondement, on a admis le droit de tierce opposition

(1) V. **DALLOZ,** vᵒ Avocat, nᵒ 383.
(2) V. **MORIN,** *Discipline des Cours et Trib.,* nᵒ 133, t. 1.

en faveur d'un membre du Conseil dont l'élection avait été annulée, sans qu'il eût été appelé (Grenoble, 10 décembre 1835. Sirey, 32, 2, 12).

51. Quelle est l'autorité compétente pour décider les questions de nullité des élections?

Les cours d'appel, par les motifs indiqués dans l'arrêt suivant :

« Attendu que les cours exercent sur l'ordre des avocats et les conseils de discipline une surveillance générale ; que les délibérations prises par le conseil de discipline sont soumises à la juridiction des cours, soit que les membres de l'Ordre ou le Procureur Général en attaquent les dispositions ;

» Attendu que dans ce droit de surveillance et dans le pouvoir de juger les actes du conseil de discipline, se trouve nécessairement compris celui de vérifier l'élection du Bâtonnier et du conseil de discipline, lorsque cette élection est attaquée par plusieurs membres de l'Ordre; que s'il en était autrement, il ne serait jamais possible de faire juger la validité d'une élection contestée, quels que fussent le mode et les moyens qui auraient été employés. » (Agen, 20 février 1848.) (1)

CHAPITRE VI.

Attributions des titulaires du Conseil.

I. DU BATONNIER.

52. « Le Bâtonnier est le chef de l'Ordre. » (Art. 21 décret de 1810, et art. 7 arrêté de 1836.)

En s'exprimant ainsi, le décret et l'arrêté se servent d'un langage conforme à l'histoire du Barreau.

Mais la question de savoir si ces règlements ont conservé au Bâtonnat en Belgique le caractère et les droits que la tradition lui a attribués en France et que la jurisprudence y consacre encore de nos jours, présente plus d'une difficulté.

Autrefois, en qualité de chef de l'Ordre, le Bâtonnier en était

(1) **DALLOZ**, vᵒ Avocat, nᵒ 386.

le véritable représentant, et le défendait dans toutes les contestations que le Barreau pouvait avoir.

Le décret de 1810, tout en conférant au Bâtonnier le titre de chef de l'Ordre ne lui donna cependant pour attributions que le droit : 1° de convoquer les avocats pour procéder à la confection de la liste sur laquelle le Procureur Général nommait les membres du Conseil (art. 19) ; — 2° de présider l'assemblée générale à l'époque des élections (art. 21), — et 3° dans les siéges où le tribunal faisait fonction de conseil de discipline, de donner son avis par écrit, lorsque ce conseil estimait qu'il y avait lieu à interdiction ou à radiation (art. 32). — Quoique ces attributions ne fussent point limitatives, cependant dans l'esprit du décret, le Bâtonnier, était plutôt le représentant de l'autorité, placé à la tête du Barreau pour le surveiller, qu'un chef auquel ses pairs confiaient la haute mission de pourvoir à leurs intérêts.

De nos jours, le Bâtonnat a retrouvé son ancienne importance. « Le Bâtonnier, dit Mollot (1), rendu à nos libres suf-
» frages est le chef de la famille ; il est notre modèle, *primus*
» *inter pares*.

» Si le Bâtonnat est pour l'avocat l'honneur suprême, s'il
» lui est permis de s'en faire gloire, il comprendra que cette
» dignité lui impose de grands devoirs à remplir. Il ne lui
» suffit point d'offrir ses conseils et son appui à chacun de ses
» confrères, ni de leur ouvrir à tous des réunions qui resserrent
» et charment les liens de la confraternité, ni de leur montrer
» dans sa personne l'exemple le plus parfait de toutes les qua-
» lités qui distinguent la Profession : des obligations publiques
» commencent pour lui. Comme chef de l'Ordre, il doit veiller
» avec sollicitude, sans relâche, à ses intérêts généraux. Il
» doit, dans le sein du Conseil, presser l'expédition des affaires,
» réunir les commissions, qu'il est appelé à présider toutes, faire
» exécuter les décisions rendues, lui communiquer son zèle et
» ses inspirations.

» En dehors du Conseil, il tient le gouvernail de notre petite
» république. C'est son œil vigilant qui en éclaire et dirige la

(1) T. I, p. 134. Éd. 1866.

» marche; c'est sa prudente fermeté qui en prévient ou en règle
» les oscillations; c'est son influence morale qui en protége les
» droits. Il se doit aux affaires de l'Ordre avant les siennes
» propres; il est comptable du relâchement qui pourrait arri-
» ver, du bien qui ne se fait pas. »

Et pour donner au Bâtonnier le moyen de tenir le gouvernail
de cette petite république, Mollot ajoute (1) :

« Comme chef de l'Ordre, le Bâtonnier le représente seul,
» activement et passivement dans toutes les instances judi-
» ciaires, de telle sorte que les autres avocats, même les mem-
» bres du Conseil, sont non-recevables à intervenir, fût-ce en
» leur nom personnel. » (Cass. fr. 5 avril 1841, J. P. 41. 1. 657.)

En effet, il n'est pas douteux, en France, que pour sauvegarder les droits que les lois et ordonnances accordent aux
avocats, l'Ordre peut former des demandes en justice, ou intervenir dans les procès qui l'intéressent (2).

Le Bâtonnier qui a qualité pour défendre en justice les droits
de l'Ordre a également charge de le représenter dans ses intérêts civils. Ainsi, par exemple, c'est le Bâtonnier qui, conformément aux décisions du Conseil, accepte ou répudie les
legs qui sont faits au Barreau.

53. Les attributions du Bâtonnier sont donc intimement liées
au caractère de l'Ordre. Les différentes difficultés que ce sujet
soulève chez nous se résument dans la solution de la question
suivante : l'ordre des avocats constitue-t-il un établissement
public — est-il une personne morale, capable d'acquérir, d'aliéner, d'ester en justice?

Par ce que nous venons de dire, on voit que la question est
résolue affirmativement en France. Non-seulement l'Ordre a le
droit de plaider, et il plaide souvent pour le maintien de ses
droits, mais encore il a capacité d'aliéner et d'acquérir (3).

A Paris, par exemple, l'Ordre possède des propriétés et des
revenus. Ces propriétés sont une bibliothèque remarquable, le
mobilier qui s'y trouve et quelques rentes sur l'État, acquises

(1) T. I, p. 507 et s. Éd. 1866.
(2) Cass. fr., 5 avril 1841, J. P. 41. 1. 657, — Rép. J. P., vᵒ Bâtonnier,
nᵒ 48.
(3) V. **ROLLAND DE VILLARGUES**, vᵒ Établissem. publ., art. 2, nᵒ 27.

successivement et inscrites au nom de l'Ordre, avec les écono-
mies de chaque année et le produit des legs, qui sont acceptés
par le Bâtonnier en se conformant à l'art. 910 du Code civil.

En Belgique, les textes qui régissent la Profession sont à peu
près les mêmes qu'en France. L'arrêté de 1836 n'a guère apporté, soit à l'organisation de l'Ordre, soit aux attributions du
Bâtonnier, des modifications suffisantes pour justifier une solution différente.

Cet arrêté, en effet, n'altère en rien le caractère général de
l'Ordre. Il le laisse avec son organisation française, c'est-à-dire
ayant à sa tête un conseil et un chef : un conseil chargé de veiller
à la conservation de ses intérêts, un chef dont l'arrêté, à l'exemple des règlements français, énonce quelques attributions (1).

Mais, pas plus que les règlements français, l'arrêté de 1836
n'est limitatif.

Nous ne pensons pas qu'on soit en droit d'invoquer la Constitution pour prétendre que l'Ordre n'a plus le caractère d'établissement public. Il a été reconnu que le principe de l'art. 6
de cette Constitution ne nuisait pas à l'existence de l'ordre des
avocats. Celui-ci ne constitue ni une corporation, ni une classe
politique ayant des priviléges au détriment des autres citoyens.

54. Mais cet établissement public a-t-il les avantages de la
personnification civile ; peut-il ester en justice, acquérir et
aliéner ?

Jusqu'ici la question ne s'est pas encore présentée.

Dans toutes les contestations qui ont surgi relativement aux
droits des avocats, l'Ordre n'est jamais intervenu officiellement.

En 1841, le Ministère Public ayant interjeté appel d'une décision concernant deux avocats du barreau de Bruxelles, prise
par le Conseil à la suite d'une instruction à laquelle le Procureur Général était resté complétement étranger, il surgit devant
la cour d'appel la question de savoir, d'abord si la Cour avait
compétence, ensuite si le Ministère Public avait capacité d'appeler (2).

---

(1) Il préside les assemblées et le Conseil (art. 7) ; il transmet au Procureur
Général chargé d'en assurer l'exécution toute décision du Conseil, portant interdiction, exclusion ou radiation (art. 9) ; il désigne les avocats pour former le bureau
de consultation gratuite (art. 11).

(2) V. *Pasicr.*, Cass. 1842, p. 299.

C'était là évidemment une cause qui intéressait au plus haut point le Barreau tout entier.

Le conseil de discipline délibéra sur la conduite qu'il avait à tenir, et décida qu'il n'y avait pas lieu d'intervenir officiellement (décision du 22 octobre 1841). Le Bâtonnier et deux autres membres du Conseil se présentèrent, il est vrai, à la barre pour soutenir l'exception, mais il est à remarquer qu'ils plaidèrent non pas au nom de l'Ordre, comme partie intervenante, mais simplement au nom des avocats inculpés.

La cour de Bruxelles, ayant rejeté l'exception, l'assemblée générale de l'Ordre fut réunie par le Bâtonnier et décida « qu'il était de l'intérêt du Barreau en général d'engager MM. X. et Y. de se pourvoir en cassation (1) » ; mais devant la cour suprême le Bâtonnier conserva l'attitude de simple conseil qu'il avait prise en appel.

D'ailleurs les conflits de l'Ordre avec la magistrature ont été très-rares (2).

D'après les précédents de l'Ordre, il n'aurait donc pas encore fait usage en Belgique de son droit d'ester en justice.

Quant à sa capacité d'aliéner ou d'acquérir, l'Ordre n'a pas encore eu non plus l'occasion de l'exercer officiellement.

Quoi qu'il en soit, nous croyons qu'il serait difficile, le cas échéant, de trouver dans notre législation des arguments spéciaux pour refuser à l'ordre des avocats le caractère et les droits qu'on lui reconnaît en France, et par conséquent au Bâtonnier, chef de l'Ordre, les droits qui appartiennent naturellement au représentant légal d'un établissement public.

II. DU SECRÉTAIRE.

55. Le Secrétaire est le second fonctionnaire qui ait reçu des règlements un caractère officiel.

Il est non-seulement le secrétaire du Conseil, mais aussi le secrétaire de l'Ordre (art. 7 arrêté de 1836).

Ses fonctions consistent à tenir la plume au Conseil et aux

(1) Séance du 16 janvier 1862.
(2) Voir Introduction historique, p. 42 et s.

assemblées générales, à signer les procès-verbaux de leurs
séances; à signer les convocations, les lettres d'appel devant le
Conseil adressées aux avocats inculpés et aux témoins, la mi-
nute et l'expédition des décisions prises par le Conseil qui doivent être notifiées, les certificats d'inscription au stage ou au
Tableau, certificats qui se donnent ordinairement sur le diplôme;
en un mot à signer toutes les pièces de l'administration de
l'Ordre.

III. DU TRÉSORIER.

56. Le conseil de l'Ordre nomme un trésorier pour régler
les dépenses d'administration, telles que les frais de bureau,
d'impression du Tableau, d'entretien du local où il tient ses
séances et de celui où se donnent les consultations gratuites,
les frais de la Bibliothèque, etc.

Les dépenses de la Bibliothèque sont couvertes à Bruxelles
par une cotisation annuelle de 10 fr., que chaque avocat paye
pour avoir le droit de la fréquenter (1).

Pour subvenir aux frais de l'administration générale de l'Ordre, le Conseil est obligé, en l'absence de tout revenu, de recourir à différents moyens tels que souscriptions, amendes infli-
gées aux membres du Conseil qui n'assistent pas aux séances (2),
demandes de subsides, vente du Tableau.

A plusieurs reprises, le Conseil a essayé de se créer un revenu fixe en imposant un droit d'inscription au Tableau.

D'après le règlement d'ordre intérieur arrêté le 28 juin
1811, chaque avocat inscrit devait payer annuellement une cotisation de 10 fr. Une décision du 4 janvier 1813 portait « qu'à

---

(1) Le compte de la Bibliothèque est distinct de celui de l'Ordre.

(2) Le 21 octobre 1846, le Conseil établit une amende de 1 franc pour les membres qui seraient plus de 10 minutes en retard ; de 2 fr. pour les membres plus de
20 minutes en retard ; de 3 fr. pour ceux qui manqueraient aux séances.

Tout membre, présent à une séance, qui la quitte sans autorisation paye
l'amende comme s'il n'y avait pas assisté (décision du 14 janvier 1831).

L'amende à payer par les absents est due dans tous les cas, le Conseil n'admettant aucune excuse et considérant l'amende plutôt comme un impôt pour subvenir
aux besoins de l'Ordre que comme une pénalité (décision du 2 août 1838). Ainsi
les membres des Chambres qui font partie du Conseil et n'assistent pas à ses
séances, ne peuvent alléguer comme excuse leurs fonctions législatives. Voir Intr.
hist., p. 15, note 1. (décision du 4 mars 1852).

défaut par les avocats d'avoir payé ladite somme, ils seraient présumés vouloir renoncer à faire partie des avocats exerçant près la Cour », mais cette mesure ayant rencontré de l'opposition, il n'y fut pas donné suite (décision du 1er mars 1813).

Le 7 novembre 1814, le Conseil arrêta qu'il serait fait réclamation auprès du Gouvernement pour l'engager à établir une imposition de 25 fr. sur chaque prestation de serment devant la Cour, à l'exemple de ce qui se passait à Paris où un décret impérial du 3 octobre 1811, spécial au barreau de cette ville, autorisait semblable perception (1).

Mais cette résolution n'ayant pas eu plus grand succès que la précédente, les membres du Conseil furent réduits à payer de leurs propres deniers les dépenses d'administration.

En 1844, on fit une nouvelle tentative d'imposition directe. Cette fois, le Conseil décida de percevoir des avocats non pas une cotisation annuelle, mais une simple somme de 10 francs à payer lors de l'inscription au Tableau.

Cet impôt qu'aucune loi ne sanctionnait, ne subsista pas longtemps.

L'avocat qui prête serment est passible, à la vérité, d'un droit d'enregistrement de 15 francs et de quelques droits de greffe (loi du 22 frim. an VII, art. 68, § 6, 4°, et décret du 31 mai 1807) (2) ; mais ces sommes sont perçues au profit du fisc. — Le Conseil a été saisi le 5 janvier 1859 de la question de savoir si l'Ordre n'a pas le droit de recueillir une partie de ces frais.

Rien n'a encore été décidé à ce sujet.

Comme on le voit, les finances de l'Ordre ne sont pas dans un état très-prospère. Il a fallu recourir à des subsides du Gouvernement et à des souscriptions particulières pour faire les dépenses d'ameublement des salles que le Barreau occupe au Palais (3).

(1) Cet impôt s'appelait anciennement droit de chapelle.

(2) L'acte de prestation de serment prescrit aux avocats par les décrets des 31 mai 1807 et 6 juillet 1810 n'est pas passible du droit fixe de 15 francs, lorsque l'avocat est déjà entré en fonctions et avait prêté un premier serment ; cet acte n'est passible que du droit fixe d'un franc (17 avril 1806. Cass. S. 17. 1. 21).

(3) Le conseil de l'ordre de Bruxelles vient en aide quelquefois à des confrères nécessiteux. En 1843, une souscription avait été faite dans ce but ; une partie en fut donnée à un confrère malheureux, l'autre partie fut versée entre les mains du trésorier pour constituer un fonds spécial de secours.

IV. *Des commissaires de la Bibliothèque.*

57. Il y a à Bruxelles une bibliothèque à l'usage du Barreau, fondée en 1842 à l'aide de souscriptions recueillies parmi les avocats (1).

L'institution nouvelle ayant été placée immédiatement sous le patronage du conseil de discipline, le nombre des adhérents augmenta chaque année. La bibliothèque s'enrichit aussi par quelques legs et dons qui furent acceptés sans aucune formalité.

La bibliothèque est administrée par une commission de quatre avocats désignés tous les ans par le Conseil et présidée par le Bâtonnier.

Le Conseil nomme également un bibliothécaire salarié.

La bibliothèque est entretenue :

1° Au moyen de souscriptions ordinaires ;

2° Au moyen de dons et souscriptions extraordinaires.

La souscription ordinaire est de 10 fr. par an. Les souscripteurs ont seuls droit à la fréquentation des locaux.

Voici au surplus le règlement de la Bibliothèque et des locaux affectés au barreau de Bruxelles :

TITRE I.

Des locaux.

ART. 1. La salle affectée à la Bibliothèque ne peut recevoir d'autre destination, si ce n'est la réunion hebdomadaire du Bureau de consultation gratuite et les assemblées générales de l'Ordre.

2. La salle consacrée aux délibérations du conseil de discipline peut être mise à la disposition de MM. les avocats qui en feront la demande deux jours d'avance, et ce pour y tenir des audiences d'arbitrage.

La même salle pourra servir à des conférences entre avocats, tous les jours de la semaine, pendant les heures d'audience de la Cour.

3. Le bibliothécaire est chargé, sous la direction du Bâtonnier, de la surveillance et de la police des locaux.

(1) V. *Belg. Jud.*, t. 1, p. 35.

TITRE II.

De la Bibliothèque.

CHAPITRE I. — ADMINISTRATION.

4. La Bibliothèque est administrée par une commission de quatre avocats, désignés tous les ans par le conseil de discipline et présidée par le Bâtonnier. L'un des membres de cette commission remplit les fonctions de trésorier.

La commission choisit et désigne les livres à acheter, rédige et fait imprimer le catalogue, ordonne les dépenses et les payements et fait un rapport annuel au conseil de discipline.

5. Un bibliothécaire, nommé par le conseil de discipline, est chargé, sous la surveillance de la commission administrative, de la conservation de la Bibliothèque, de la manutention des livres et de la police du local ; à cet effet, il est présent durant les heures d'ouverture de la Bibliothèque et dans les cas indiqués à l'art. 2 ci-dessus.

6. Le traitement du bibliothécaire est fixé par le conseil de discipline et prélevé sur les fonds de la Bibliothèque.

CHAPITRE II. — VOIES ET MOYENS. — POLICE.

7. La Bibliothèque est entretenue et augmentée 1° au moyen de souscriptions ordinaires parmi les avocats du barreau de Bruxelles ; 2° au moyen de dons et souscriptions extraordinaires.

La souscription ordinaire est de 10 francs, payable par anticipation, à partir du 15 juillet de chaque année.

Il y aura dans la salle de la Bibliothèque un tableau sur lequel seront annotés les noms des donateurs.

8. Les souscripteurs, dont la souscription s'élève au moins au taux ordinaire, ont seuls droit à la fréquentation de la Bibliothèque et aux autres avantages indiqués à l'art. 2 ci-dessus.

9. Le silence est obligatoire dans le local de la Bibliothèque.

Le bibliothécaire est chargé d'indiquer les livres aux avocats qui désirent les consulter. Chaque souscripteur recevra, au prix d'un franc, le catalogue imprimé des livres de la Bibliothèque.

10. La Bibliothèque est ouverte tous les jours d'audience, depuis 9 1/2 heures du matin jusqu'à 2 heures de relevée.

11. Aucun livre ne peut être emporté hors du local du Palais de Justice, sans l'autorisation d'un membre de la commission administrative, et à charge de mentionner la sortie et le retour sur le registre à ce destiné. Le déplacement ne pourra durer plus de trois jours, à peine d'une amende de 50 centimes contre le contrevenant, pour chaque jour de retard. Les amendes, immédiatement recouvrées par le Bibliothécaire, entreront dans la caisse de la Bibliothèque.

Le présent article ne fait pas obstacle à l'emploi, par les souscripteurs, dans le local du Palais et aux audiences, des livres composant la Bibliothèque; mais ces livres doivent être immédiatement réintégrés, à peine de l'amende ci-dessus indiquée. La sortie, même momentanée, du local de la Bibliothèque, ainsi que la rentrée, seront consignées au registre.

Tout signataire du registre est responsable du livre sorti sous sa signature et non réintégré dans les cas de deux paragraphes qui précèdent.

Adopté en séance du conseil de discipline de l'ordre des avocats exerçant près la cour d'appel de Bruxelles, le 2 juin 1858.

Le Bâtonnier,

J. MERSMAN.

Le Secrétaire,

LOUIS DEFRÉ.

A qui appartient la bibliothèque? A l'ordre des avocats? Ou bien n'est-elle qu'une propriété commune à tous les souscripteurs réunis en société civile?

Nous nous bornons à poser cette question qui sort du cadre de notre ouvrage (1).

CHAPITRE VII.

Des attributions du conseil de l'Ordre.

58. Le conseil de l'Ordre a différentes attributions que nous diviserons en deux catégories principales.

Dans l'une, nous mettrons tout ce qui concerne la juridiction que le Conseil exerce comme pouvoir disciplinaire, dans l'autre toutes les attributions étrangères à ce pouvoir.

La plupart de ces dernières concernent l'administration de l'Ordre.

59. La division que nous nous proposons de suivre n'est que théorique.

On a essayé de distinguer entre les attributions judiciaires du Conseil et ses attributions administratives en attachant à ce classement une conséquence importante; on a prétendu que les secondes attributions s'exerçaient sans contrôle et sans re-

_____

(1) Voir d'autres détails relatifs à la Bibliothèque, Introd. hist., p. 40.

cours, tandis que les autres pouvaient donner lieu à appel dans quelques cas déterminés (1).

Nous n'avons pas cru pouvoir nous rallier à cette doctrine qui manque de fondement légal : comme nous le verrons plus loin (2), certaines décisions du Conseil qui touchent plus à l'administration qu'à la discipline de l'Ordre, sont susceptibles d'être déférées à la censure de la Cour, tandis que d'autres décisions, dites judiciaires, sont prises souverainement.

60. Comme pouvoir disciplinaire, le Conseil est chargé de réprimer, en appliquant les mesures de discipline autorisées par les règlements, toutes infractions professionnelles commises par des avocats en exercice.

Comme pouvoir administratif ou réglementaire, le Conseil s'occupe de tout ce qui intéresse l'Ordre en général : spécialement il a dans ses attributions légales ce qui concerne le stage, le Tableau, le bureau de consultation gratuite, et dans une certaine mesure les règlements d'honoraires.

Nous allons commencer par cette deuxième catégorie.

SECTION I.

Attributions administratives.

DU STAGE.

61. Le stage est un temps d'épreuve imposé à l'avocat qui désire entrer au Barreau.

Pendant ce temps, l'avocat ne fait pas, aux termes de l'art. 9 du décret 1810 (3), partie de l'Ordre en ce sens qu'il ne jouit pas dans toute leur plénitude des droits et prérogatives réservés aux membres inscrits au Tableau.

62. Ainsi il y a au Barreau deux classes d'avocats : l'une comprenant les avocats stagiaires, l'autre, les avocats inscrits au Tableau.

---

(1) **MOLLOT**, *Abrégé*, p. 47, et éd. 1866, t. I, p. 320.
(2) Voy. nos 90 et s.
(3) V. cependant nº 15.

Il y a encore une troisième catégorie de personnes qui portent le titre d'avocat, mais elles n'ont pas le droit d'en exercer les fonctions : ce sont celles qui, après avoir prêté serment, ne sont inscrites ni sur la liste des stagiaires, ni au tableau de l'Ordre.

§ 1. *De l'inscription au stage.*

63. L'avocat qui a prêté serment, doit pour être inscrit au stage, en faire la demande au conseil de l'Ordre.

Cette demande devrait se faire par écrit, à cause de son importance; cependant selon un usage que nous ne saurions approuver, au barreau de Bruxelles elle se fait verbalement par l'intermédiaire du secrétaire.

64. Le Conseil a-t-il le pouvoir d'examiner à nouveau les droits et la moralité de l'avocat qui vient d'être reçu au serment? peut-il lui refuser son admission au stage?

L'art. 13 de l'ordonnance du 20 novembre 1822, qui donne formellement aux Conseils des barreaux français le droit de statuer sur l'admission au stage, nous est complétement étranger. Ni le décret de 1810, ni l'arrêté de 1836 ne parlent d'un semblable pouvoir.

L'art. 23 du décret de 1810 emploie même des termes qui semblent exclusifs de cette idée : « *qui feront leur stage*, dit-il, et non « *qui seront admis à faire leur stage.* »

Lors de sa réception au serment, le candidat déclare à la Cour dans quel barreau il entend faire son stage, et la Cour lui donne acte de sa déclaration. S'il lui faut ensuite adresser au Conseil une demande d'inscription, c'est uniquement pour faire constater qu'il commence effectivement son stage, et mettre le Conseil en état d'exercer à son égard la surveillance à laquelle il est soumis (art. 15 du décret de 1810).

Quand le serment a été régulièrement prêté, le Conseil entérine la demande et inscrit le nouvel avocat sur la liste des avocats stagiaires.

Dans la pratique, les choses se sont toujours passées de cette manière.

Nous ne connaissons aucune décision du Conseil refusant

d'inscrire au stage le candidat reçu par la Cour (1). D'autre part, nous pouvons citer à l'appui de notre opinion l'art. 12 du règlement du 28 juin 1811 (2) qui portait ce qui suit : « Il sera formé un registre particulier sur lequel le secrétaire inscrira les nom, prénoms, lieu de naissance et domicile des avocats qui voulant faire leur stage près de cette Cour, lui auront exhibé leur diplôme portant le certificat mentionné en l'art. 14 du décret de 1810. »

Avant 1830, le Conseil considérait si bien le droit d'être inscrit au stage comme une conséquence de la réception au serment, qu'il demandait au Procureur Général de ne plus requérir cette réception sans avoir au préalable pris des informations près du Conseil, et qu'il défendait aux anciens de présenter au serment sans son autorisation (3).

65. Le système suivi en Belgique nous semble préférable au système français.

En France, la Cour reçoit au serment tout individu porteur d'un diplôme régulier, sans examiner sa moralité. Ce soin est réservé au Conseil qui statue sur l'admission au stage. Or, la réception au serment donnant le titre d'avocat, il en résulte qu'un individu, non admis au stage, conserve cependant, de droit, le titre d'une profession qu'il ne peut exercer.

En Belgique, la Cour, croyons-nous, a le pouvoir d'exercer un contrôle complet sur le candidat qui se présente ; si ce candidat est admis à jurer, il y a présomption qu'il jouit d'une bonne moralité : dès lors il n'y a plus lieu de lui refuser son admission au stage.

66. Tous ceux qui veulent entrer au Barreau doivent subir le temps d'épreuve que leur impose la loi (4).

A ce principe le décret fait une exception, qui découle de l'art. 17 ainsi conçu : « Les avoués licenciés qui ayant postulé

---

(1) La décision citée au n° 3 est relative à une demande d'inscription au tableau des avocats exerçants.
(2) Voir l'Introduction historique, p. 16.
(3) V. ci-dessus, n° 9.
(4) Par décision du 15 nov. 1816, le conseil de Bruxelles admit cependant au Tableau le sieur D., qui n'avait pas fait de stage en Belgique, mais qui en avait fait un à la cour de Douai.

pendant plus de trois ans, voudront quitter leur état et prendre celui d'avocat, seront dispensés du stage, en justifiant d'ailleurs de leurs titres et moralité. »

Cette exception s'explique jusqu'à un certain point : la loi du 22 ventôse an XII, art. 31, exige de tout avoué la prestation d'un serment semblable à celui des avocats. Durant l'exercice de leurs fonctions, les avoués restent soumis à la juridiction disciplinaire des chambres d'avoués; d'autre part, quoique ces officiers ministériels ne possèdent qu'exceptionnellement le droit de plaider, cependant leurs fonctions n'en sont pas moins importantes : un exercice de trois ans dans cette carrière peut donc équivaloir à un stage.

67. Remarquons toutefois que ce droit de passer au Barreau n'appartenait qu'aux avoués licenciés, et n'appartient aujourd'hui qu'aux avoués porteurs d'un diplôme de docteur en droit.

68. Le conseil de l'ordre de Bruxelles a refusé d'exempter du stage M., quoiqu'il eut postulé, pendant trois ans, comme avoué devant le tribunal de Tournai, par le motif que les art. 12 et 17 du décret de 1810 autorisent bien l'admission d'un avoué de première instance au tableau des avocats du tribunal près duquel il a postulé, mais nullement au tableau des avocats d'une cour (décision du 8 novembre 1854).

69. Le temps passé dans la magistrature compte-t-il pour le stage?

Le décret de 1810 ne fait pas à l'égard des magistrats l'exception qu'il admet en faveur des avoués. Il y a là une anomalie que le Conseil n'a pas cependant, selon nous, le droit de réformer.

§ 2. *Durée du stage.*

70. Pour être inscrit au tableau des avocats près d'une cour d'appel, il faut avoir fait un stage de trois ans près l'une de ces cours. Pour être inscrit au tableau d'un tribunal de première instance, il faut avoir fait pareil temps de stage devant les tribunaux de première instance (art. 12 du décret de 1810).

71. Le stage peut être fait en divers cours ou tribunaux, mais sans pouvoir être interrompu pendant plus de trois mois (art. 12 du décret de 1810).

72. Le stage fait devant un tribunal ne compte pas pour passer au barreau d'une cour. Cela résulte d'une décision du conseil de l'ordre de Bruxelles du 7 juin 1838 ainsi conçue :

Attendu que l'art. 12 du décret de 1810 dispose : « A l'avenir il sera nécessaire pour être inscrit au tableau des avocats près d'une cour impériale d'avoir prêté serment et fait trois ans de stage près l'une desdites cours » ;

Attendu que le décret établit une distinction formelle entre le stage fait devant les tribunaux de première instance et celui fait devant les cours du royaume ;

Que s'il est vrai qu'aux termes du décret l'avocat inscrit au tableau de la Cour, qui s'établit devant un tribunal de première instance, y prend rang du jour de son inscription au tableau de la Cour, il n'en est pas de même de l'avocat près d'un tribunal de première instance, ayant fait son stage près de ce tribunal, qui viendra s'établir près d'une cour royale ;

Attendu que le décret ni dans son esprit ni dans ses termes ne l'autorise nulle part à se prévaloir de ce stage pour être porté directement au tableau de l'ordre des avocats exerçant près de ladite cour (1).

73. Le conseil de Bruxelles, à différentes reprises, a décidé qu'il n'avait pas le droit d'abréger le stage (2). Cependant il n'a pas toujours maintenu cette jurisprudence avec la même rigueur (3).

74. Mais le décret de 1810, art. 23, donne au Conseil le pouvoir de prolonger le stage d'une année en cas d'inexécution des obligations incombant aux avocats stagiaires. (V. n° 79.)

§ 3. *Obligations des stagiaires.*

75. La première obligation des avocats en stage est de fréquenter assidûment les audiences (art. 15, décret de 1810).

Pour s'assurer de cette fréquentation, le conseil de l'ordre

---

(1) Le 24 octobre 1844, le Conseil refusa de porter au Tableau M., parce qu'il n'avait fait de stage que devant le tribunal de Charleroi.

(2) V. décision du 17 oct. 1861.

(3) V. décision du 2 nov. 1843, et décision du 8 nov. 1854.

de Bruxelles avait proposé, en 1812, au Premier Président, de ne permettre l'entrée du Barreau qu'aux avocats, aux avoués, aux parties pendant la plaidoirie de leur cause, et aux personnes y appelées par les magistrats. Cette mesure ne fut pas longtemps observée; aussi le Conseil ne veilla qu'imparfaitement à l'exécution de l'article 15 du décret.

Le certificat de fréquentation des audiences dont il est parlé en cet article, est aujourd'hui remplacé, en fait, par un certificat de fréquentation du bureau de consultation gratuite dont nous parlerons au n° 129.

76. A Paris, le Conseil a pris une mesure très-simple pour remplir sa mission de surveillance. D'après l'arrêté du 6 mai 1851, dû à l'initiative de M⁰ Gaudry, bâtonnier en exercice, le Conseil répartit les stagiaires en dix sections, à la tête desquelles il nomme deux membres anciens. Ceux-ci sont chargés de se mettre personnellement en rapport avec les débutants, pour s'assurer de leur assiduité et de leur zèle, et éclairer le Conseil sur la façon dont ils fréquentent les audiences.

D'ailleurs (1), sous la direction des anciens, cette fréquentation se fait avec intelligence et fruit; les stagiaires ne s'en vont pas, poussés plus par la curiosité que par le désir de s'instruire, glaner, de chambre en chambre, les détails plus ou moins intéressants d'une affaire, de manière à ne prendre des procès que leurs faces plaisantes ou dramatiques et à négliger le côté sérieux et difficile. Non : choisissant les causes les plus importantes, ils les suivent avec attention depuis leur introduction jusqu'à leur dénouement, observant la stratégie de la procédure et la manière de faire de l'avocat; discutant, dans l'intervalle des séances, le procès comme s'il leur appartenait, et cherchant dans la comparaison de la façon dont ils le conduiraient avec celle des maîtres, des enseignements utiles, honoraires, que leur rapporte une clientèle fictive, cent fois plus précieux que l'argent que quelques-uns d'entre eux ont trop grande hâte de gagner.

77. La deuxième obligation qui incombe aux stagiaires, résulte de l'art. 24 du décret de 1810 et consiste à suivre exac-

(1) Voir *Belg. Jud.*, t. XXI, p. 1441.

tement les assemblées du bureau de consultation. Nous en parlerons au n° 129.

78. Les avocats entrés nouvellement au Barreau ont l'habitude de s'adresser à un Ancien pour se mettre sous son patronage et suivre son cabinet.

Cette coutume est ancienne dans notre pays, mais elle ne constitue pas une obligation réglementaire (1) (2).

79. Le décret de 1810, art. 23, charge spécialement le Conseil de veiller avec soin sur les mœurs et la conduite des avocats stagiaires. En cas d'inexactitude habituelle ou d'*inconduite notoire*, le Conseil peut prolonger la durée du stage ; il peut même refuser l'admission au Tableau.

80. D'ailleurs, le Conseil, dans les limites de sa compétence, peut prendre à l'égard des stagiaires pour toutes autres infractions professionnelles, telle décision qu'il juge convenable.

Ce point a été tranché par une décision du Conseil en date du 2 septembre 1857, ainsi conçue :

Attendu que le sieur X, diplômé à Louvain le 16 mai 1834 et ayant prêté serment le 7 juillet de la même année, s'est présenté pour le stage le 22 janvier 1842 et n'a point jusqu'ores sollicité son admission au tableau des avocats exerçant près de la cour d'appel de Bruxelles ;

Attendu qu'aux termes de l'art. 16 du décret de 1810 les avocats peuvent pendant leur stage plaider, et défendre les causes qui leur sont confiées ;

Attendu d'ailleurs qu'en fait X exerce à Bruxelles la profession d'avocat depuis plusieurs années ;

Que dès lors il est passible des peines comminées à l'art. 25 pour les fautes et infractions qu'il peut commettre dans l'exercice de sa profession ;

Attendu que la répression ne saurait consister, au cas actuel, ni dans la prolongation d'un stage qui dure plus de seize ans, ni dans le refus d'une admission au Tableau, qui n'est point sollicitée ;

Qu'en effet, ces deux peines ne sont particulièrement édictées par l'art. 23 du décret de 1810 que pour inexactitude habituelle ou incon-

---

(1) V. *Belg. Jud.*, t. XXI, p. 1441.

(2) Dans l'intérêt des avocats stagiaires on a, à Bruxelles, institué définitivement en 1848 et réorganisé en 1862 la Conférence du Jeune Barreau. Son but est de former les jeunes avocats aux discussions judiciaires et parlementaires. Les débats sont présidés par un membre du barreau choisi pour un an en dehors de la Conférence. Une commission de cinq membres élus dans son sein fait tous les

duite notoire des jeunes avocats stagiaires, sur les mœurs desquels le même article appelle le Conseil à veiller ;

Que ces peines n'ont pas trait, par conséquent, aux infractions commises dans l'exercice même de la profession d'avocat ;

Par ces motifs le Conseil prononce à l'unanimité l'interdiction de X pendant un terme de six mois.

Par décision, en date du 10 mai 1858, le Conseil, s'appuyant sur l'art. 25 du décret, prononça la révocation dudit X du stage et son exclusion du tableau des avocats près la cour d'appel de Bruxelles (1).

§ 4. *Droits des avocats stagiaires.*

81. Les avocats en stage ne sont pas moins avocats que ceux inscrits au Tableau. Les uns et les autres reçoivent ce caractère après leur serment ; les uns et les autres sont liés par les mêmes fonctions comme par les mêmes devoirs : « Ils plaident, ils consultent et communiquent ensemble, » disait

actes d'administration intérieure, fixe le taux de la contribution mensuelle qui ne peut excéder un franc, dresse les rôles d'audience, décide sur l'admission des questions tant judiciaires que parlementaires que chaque membre est tenu de présenter pour la discussion ; enfin répartit par la voie du sort les fonctions de demandeur, de défendeur et de ministère public que chaque membre doit remplir. Les discussions s'engagent devant un tribunal composé du président, de deux juges désignés par lui à chaque audience, et d'un greffier. Les débats parlementaires sont dirigés par le président assisté des membres de la Commission.

Les séances ont lieu une fois par semaine dans la salle que la Cour de Cassation, rendant hommage à cette institution, a mis à la disposition du jeune barreau.

Ce qui a contribué beaucoup à soutenir l'existence de la Conférence et à favoriser son développement, c'est l'habitude qu'on y a prise depuis 1852, de faire chaque année une audience solennelle de rentrée, dans laquelle un membre choisi par ses confrères de la Conférence est chargé de prononcer un discours sur un sujet qui est laissé au choix de l'auteur.

C'est un beau jour pour le jeune barreau que celui de la réouverture de la Conférence : les membres les plus éminents de la magistrature, le Bâtonnier, les anciens, une foule de confrères parmi les meilleurs et les plus distingués, ont coutume d'assister à cette fête de famille, et par leur présence comme par leurs exhortations, apportent à cette œuvre un affectueux encouragement.

Nous avons rapporté dans notre Introduction historique les différentes tentatives essayées par quelques confrères pour donner à la conférence un caractère officiel et réglementaire. On y trouvera aussi d'autres détails (p. 35 et s.).

(1) V. également décision du 15 juin 1853, confirmée par arrêt de Bruxelles du 21 novembre 1853. — Arr. de Liége, 9 fév. 1842. *Pas.*, 1842, p. 117.

l'ancienne constitution du Barreau. C'est ce qui a été maintenu par l'art. 16 du décret de 1810.

82. Le droit de plaider était, avant 1836, exercé par les
avocats stagiaires dans les limites que l'art. 18 du décret déter-
minait pour l'avocat inscrit. L'arrêté de 1836 (art. 12) ayant
étendu l'usage de ce droit au profit des avocats des cours d'appel (1), les avocats stagiaires ont profité de cette extension.
Aucun texte de loi ne pourrait plus être invoqué contre eux
pour les empêcher de plaider hors du ressort de la Cour où ils
sont en stage. Dans la pratique, il n'est jamais arrivé qu'une
cour ou un tribunal ait refusé à un avocat stagiaire étranger
au ressort la faculté de plaider.

83. Quant au droit de signer des consultations, les stagiaires le possèdent au même titre que leurs confrères de
l'Ordre, à moins que la loi n'exige formellement, comme pour
le cas de la requête civile, la signature d'avocats *anciens*.

84. Restrictions imposées aux avocats stagiaires :

Les avocats stagiaires n'ont pas le droit de prendre part aux
élections, ni de voter aux assemblées générales de l'Ordre.

Ils n'ont pas le droit non plus de suppléer les magistrats empêchés.

II. Du Tableau.

§ 1er. *Utilité du Tableau.*

85. Il est formé un tableau des avocats exerçant auprès
de nos cours d'appel ou de nos tribunaux de première instance (art. 1er, décret de 1810).

86. Le tableau des avocats a une triple utilité : il donne
au public la possibilité de choisir les défenseurs de ses droits
et de ses intérêts ; aux magistrats, la possibilité de connaître
ceux qui doivent être reçus à plaider devant eux ; aux avocats
eux-mêmes, la possibilité de se compter et de s'accorder mutuellement les priviléges de la confraternité.

(1) V. nº 271 et s.

Target, dans son livre de *la Censure*, explique ainsi l'objet du Tableau :

« En publiant la liste, le corps semble dire aux citoyens : ne craignez rien ; portez vos droits à soutenir, vos intérêts à ménager, vos secrets à garder, vos titres à faire valoir, votre confiance pleine et sans réserve dans la demeure de ces hommes laborieux et purs qui se sont consacrés au soin pénible de votre défense. Ils méritent d'être abordés sans inquiétude et de devenir les dépositaires de vos pensées les plus intimes. Quel que soit l'adversaire qu'on vous oppose, on le choisira dans cette liste. Ce sera un noble ennemi qui ne confondra pas la violence avec le zèle, les injures avec l'énergie, l'astuce avec une adresse légitime, le fiel et l'amertume avec la force et la vigueur ; cette fraternité que vos démêlés ne doivent pas éteindre, rapprochera les deux champions ; vos titres passeront des mains qui les tiennent de vous dans celles qui doivent vous combattre, ils y passeront sans autre caution que la bonne foi et la droiture ; mais ne tremblez point : l'honneur se nourrit par la confiance ; c'est un gage plus assuré que toutes les signatures, et depuis cinq cents ans, grâce à notre vigilance, il n'a jamais trompé personne. »

87. Il s'est établi, à Gand et à Liége, l'usage d'inscrire à la suite du tableau des membres de l'Ordre, le nom des avocats stagiaires inscrits dans ces siéges (1). L'ordonnance du 20 novembre 1822, en France, contenait une disposition de la même nature (art. 39), mais cet article qui, d'ailleurs, ne reçut pas d'exécution à Paris, fut abrogé en 1830.

Ni le décret de 1810, ni l'arrêté du 5 août 1836 ne prescrivent la publication des noms des avocats stagiaires. Cette publication n'a aucune raison d'être et n'offre aucun avantage important.

Elle ne peut être, pour le public ou pour les membres de l'Ordre, une garantie sérieuse, puisque les avocats qui y figurent se trouvent précisément soumis à un temps d'épreuve, au terme duquel l'Ordre décidera s'ils sont dignes d'être recommandés.

Les magistrats n'y trouvent pas non plus un moyen certain de vérification, car semblable liste est constamment sujette à de

_____

(1) Cet usage était autrefois également suivi à Bruxelles. V. Intr. hist., p. 39.

nombreux changements. D'ailleurs, la publication de la liste
des stagiaires peut avoir cet inconvénient de rendre publiques
les décisions du Conseil ordonnant prolongation de stage, décisions qui doivent essentiellement rester dans le domaine de
l'intérieur, dans le cercle de la famille.

§ 2. *Formation du Tableau.*

88. Le droit de former le Tableau appartient au conseil
de l'Ordre et constitue une de ses attributions les plus importantes (art. 3, arrêté de 1836).

Chaque année, après la rentrée des cours et tribunaux, les
tableaux sont réimprimés avec les additions et les changements
que les événements ont rendus nécessaires (art. 8 du décret de
1810). Ils sont publiés et distribués aux autorités judiciaires et
aux différents barreaux du pays.

89. Une des questions les plus graves que présente la
matière est celle de savoir si l'Ordre est maître de son tableau ;
en d'autres termes, le conseil de discipline a-t-il le droit de
juger souverainement et sans appel des admissions au Tableau?

Presque tous les auteurs français qui ont écrit sur la profession dénient, non-seulement au Procureur Général toute
qualité pour critiquer l'inscription d'un avocat au tableau de
l'Ordre, mais encore au candidat lui-même le pouvoir d'appeler
des décisions qui refusent de l'inscrire.

La jurisprudence française, sur la question de savoir si le
Procureur Général peut s'occuper de la formation du Tableau,
est unanime à consacrer la négative (1) ; mais sur les droits des
candidats refusés, il y a divergences et distinctions.

S'agit-il de l'appel d'un stagiaire, qui, après avoir terminé
les formalités préliminaires, se voit écarté du Tableau, le conseil de discipline de Paris hésitait encore, en 1842, sur cette
question délicate. La cour de Paris avait rejeté l'omnipotence
du Conseil et admis l'appel par arrêté du 20 janvier 1848, con-

(1) Arr. de Grenoble, 17 juillet 1823, J. P. 1824. 1. 193; d'Amiens, 28 janv.
1824, J. P. à sa date; Cass. fr. 23 juin 1828, J. P. 1828. 2. 579; 3 fév. 1829, J. P.
1830, 1. 18.

trairement à un arrêté du 8 mars 1814, ainsi qu'à plusieurs arrêts d'autres cours.

Mais la Cour suprême, délibérant solennellement, cassa le dernier arrêt de 1848 sur les conclusions conformes de M. Dupin (22 janvier 1850, D. P. 50. 1. 17).

S'agit-il d'un avocat qui a déjà été inscrit au Tableau et demande soit à y être replacé, soit à être transporté sur le tableau d'un autre barreau : la Cour de Cassation, à la même date, déclare également l'omnipotence du Conseil, mais plus tard elle changea de jurisprudence et consacra l'admissibilité de l'appel par quatre décisions successives : 6 mai 1860, — 3 juillet 1861, — 16 décembre 1862, D. P. 62. 1. 497, — 15 février 1864, D. P. 64. 1. 67.

90. En Belgique, on ne s'est guère occupé de cette question. Ni la jurisprudence des Cours ni celle du conseil de discipline de Bruxelles, ne nous fournissent de grands éclaircissements.

Sous le régime hollandais, le conseil de l'ordre de Bruxelles, loin de soutenir l'inadmissibilité de l'appel interjeté par un avocat refusé, ne croyait pas même pouvoir revendiquer les droits de l'Ordre à l'égard du Procureur Général; celui-ci exerçait annuellement un contrôle actif sur la formation du Tableau.

Depuis la réorganisation de l'Ordre par l'arrêté de 1836, le Conseil n'a eu, qu'à de rares intervalles, l'occasion de refuser une inscription; jamais il n'a été appelé de ses décisions, si ce n'est cependant une fois : en 1843, un sieur P... déféra à l'appréciation de la juridiction d'appel, une décision de ce genre. La cour de Bruxelles, sur les conclusions d'office de M. l'avocat général d'Anethan, admit l'appel par arrêt du 8 février 1843 (1).

91. Nous croyons devoir nous ranger à cette opinion. Il nous semble, en effet, impossible de soutenir que la législation moderne ait entendu donner aux avocats le pouvoir exorbitant de dresser le Tableau en maîtres souverains. Si, anciennement, ils ont pu revendiquer ce droit, c'est que le Tableau n'avait pas le caractère qu'il possède aujourd'hui. Les avocats étaient libres

(1) *Belg. Jud.*, Ire an. 1843, p. 256 et 338.

d'en faire ou de ne pas en faire; il n'était pas absolument nécessaire d'y figurer pour exercer la Profession. Aujourd'hui il
en est autrement. Le refus d'inscrire un avocat entraîne des
conséquences analogues à celles qui résultent d'une interdiction ou d'une radiation. Il atteint l'avocat dans ses droits, dans
son avenir, dans son honneur. Or, sous le décret de 1810, le
conseil de discipline n'avait que des pouvoirs très-limités;
presque toutes ses décisions, même celles qui ne comportaient
qu'une peine légère, étaient à charge d'appel. Il n'est donc pas
raisonnable de prétendre que sous un tel régime, le Conseil
eût été investi du droit d'accorder ou de refuser, sans recours
possible contre sa sentence, l'entrée du Barreau à ceux qui
avaient été reçus au serment par la Cour. Il faudrait tout
au moins un texte pour justifier semblable soutènement. —
Or, la lettre du décret est muette sur ce point.

Ce que le législateur de 1810 n'octroya pas à l'Ordre, l'arrêté de 1836 le lui accorda-t-il? L'arrêté de 1836 répara sans
doute, en grande partie, les injustices blessantes du décret et
restitua à la Compagnie une certaine somme de liberté et de dignité; mais l'arrêté n'augmenta pas les attributions du Conseil
en ce qui concerne la confection du Tableau. En disant textuellement, dans son art. 3, que le tableau des avocats est formé
par le Conseil de discipline, l'arrêté règle, en termes explicites,
ce que le décret ne réglait qu'en termes implicites; mais cet
article n'ajoute pas que le Conseil forme le Tableau *souverainement;* en tirer cette conclusion, ce serait résoudre la question par la question.

D'ailleurs, le système du pouvoir omnipotent nous conduirait
à des conséquences inadmissibles; en effet, si le Conseil avait
droit de souveraineté sur le Tableau, il le posséderait dans tous
les cas, puisque l'arrêté de 1836 ne distingue pas. Le Conseil
ne serait donc plus même tenu de respecter les droits acquis et
pourrait, sans motif et sans appel, refuser la réinscription d'un
avocat qui a été supprimé du Tableau pour cause d'incompatibilité momentanée, ou l'inscription d'un avocat venant d'un
autre barreau, conséquence qui est aujourd'hui rejetée, même
par la jurisprudence française.

92. Mais le Ministère Public a-t-il aussi le droit d'interjeter appel d'une décision du Conseil, relative au maintien ou à l'inscription d'un avocat au Tableau?

En faveur de l'affirmative, on peut dire qu'ayant le droit d'appeler des décisions disciplinaires, chose très-contestable comme nous le verrons n° 240, il doit avoir celui d'appeler des autres décisions du Conseil qui affectent la position des avocats; que particulièrement chargé de veiller à l'exécution des lois et des règlements, il a, en conséquence, à veiller à ce qu'on ne maintienne pas au Tableau des personnes sans titre ni droit.

Pour la négative, on rappelle que le Ministère Public n'a en principe d'action directe ou de pouvoir d'appel qu'en matière pénale, et *par exception* en matière civile, quand la loi le lui donne expressément; que rien dans les règlements du Barreau, ne confère au Ministère Public semblable mission : le décret de 1810 ne contient aucun texte ayant cette portée, l'arrêté de 1836 n'a pas eu l'intention d'innover à ce sujet.

La solution négative est unanimement adoptée en France.

§ 3. *Conditions requises pour être inscrit au Tableau.*

93. Nous avons déjà vu que pour être inscrit au Tableau il fallait avoir fait son stage et jouir d'une bonne moralité.

Faut-il résider dans l'arrondissement? Cette dernière question est controversée?

Anciennement on exigeait que les avocats inscrits au Tableau résidassent au chef-lieu du ressort de la Cour ou du Tribunal près desquels ils entendaient exercer.

Le décret de 1810 ne parlait pas de la nécessité de résider au chef-lieu. A Paris, cependant, le Conseil n'en continua pas moins à exclure, avec une sévérité excessive, les avocats habitant la banlieue. Dans les autres barreaux français on admettait généralement qu'il était peu convenable et peu utile d'empêcher un avocat d'habiter une campagne voisine de la Cour ou du Tribunal, et on inscrivait au Tableau des avocats résidant dans des communes rurales (1) (2).

(1) **DALLOZ,** v° Défense, § 111.

(2) Les avocats en Hollande sont tenus de résider dans l'arrondissement où siége le corps judiciaire près duquel ils exercent. La cour de La Haye a sanctionné

Cependant, il n'était pas permis de résider hors du ressort du tribunal de première instance du lieu où l'on était inscrit.

Cette défense, partout appliquée en France, se fondait, non-seulement sur les traditions, mais encore sur l'esprit général du décret, qui a voulu circonscrire chaque collége d'avocats dans le rayon judiciaire de la loi : si la résidence dans l'arrondissement judiciaire du Tribunal n'était pas nécessaire, un tableau particulier à chaque tribunal deviendrait inutile; celui de la Cour comprendrait tous les avocats des différents arrondissements qui voudraient acquérir le droit de plaider dans tout le ressort.

94. En Belgique, pendant longtemps, on ne procéda pas de la même manière (1). Non-seulement les conseils de discipline n'exigèrent pas la résidence au chef-lieu de l'arrondissement, mais ils ne demandèrent pas même la résidence dans le ressort du Tribunal ; du moment qu'un avocat réunissait les qualités requises par les articles 12, 13 et 14 du décret, il était inscrit au Tableau, sans qu'on s'occupât du lieu de sa résidence : ainsi l'avait décidé le Ministre de la justice; cela résulte d'une communication faite au conseil de l'ordre de Bruxelles en sa séance du 3 novembre 1813. Jusqu'en 1815, la presque totalité des avocats plaidants, domiciliés dans les sept départements du ressort de la cour de Bruxelles, s'étaient fait inscrire sur le tableau des avocats de cette cour pour pouvoir, d'après l'art. 10 du décret, plaider dans toutes les cours et tribunaux du ressort.

Cet usage continua à subsister, même après l'arrêté de 1836 ; seulement, il y eut, dans l'exécution, une légère modification : à Bruxelles et à Liége, on divisa le Tableau en deux parties : dans la première, on mit tous les avocats domiciliés dans les ressorts des tribunaux de Bruxelles et de Liége ; dans la seconde, on inscrivit ceux qui résidaient hors du ressort. A Gand, au contraire, les avocats des deux catégories continuèrent à être placés sur un tableau unique d'après l'ordre d'inscription.

sévèrement cette obligation dans son assemblée générale du 7 octobre 1843, en ordonnant la radiation d'un membre de son barreau qui habitait l'arrondissement de Leyde, (*Belg. Jud.*, t. 1, p. 1641.)

(1) V. Séance du conseil de Bruxelles, 23 octobre 1813.

Ce système produisit des inconvénients, car il arriva que des avocats se firent inscrire au tableau de la Cour en même temps qu'au tableau du tribunal de leur résidence.

Cette double inscription les rendait justiciables de deux conseils de discipline et faisait ainsi naître des conflits de juridiction.

Par crainte d'empiéter sur les attributions d'un autre conseil, le conseil de l'ordre de Bruxelles se vit quelquefois dans la nécessité de s'abstenir dans l'accomplissement de sa mission disciplinaire.

Aussi, en 1845, ayant été saisi de deux demandes d'inscription, formées par deux avocats domiciliés à Louvain, le Conseil examina sérieusement cette question de résidence.

Me Orts, chargé du rapport, conclut au rejet de la demande (1).

Le Conseil adopta ces conclusions.

Ce changement de jurisprudence devait nécessairement entraîner la suppression de la seconde partie du Tableau ; mais comme les avocats qu'atteignait cette mesure n'avaient été ni prévenus ni entendus, comme il s'agissait de leur enlever, sinon un droit acquis, au moins une position de fait, le Conseil se borna à arrêter provisoirement le Tableau sans l'annexe, et remit à plus tard toute décision définitive.

La suppression momentanée du tableau annexé souleva de nombreuses et vives réclamations (2). Aussi le 4 novembre 1846 le Conseil revint-il, en ces termes, sur cette détermination :

Vu les observations adressées au Conseil par divers avocats domiciliés hors du ressort de l'arrondissement de Bruxelles ;

Ouï le rapport de Me Orts fils sur ces observations ;

Attendu que la position des avocats domiciliés hors de l'arrondissement de Bruxelles n'a pas été modifiée depuis la confection du dernier tableau où ils ont figuré ;

Que l'inscription d'un avocat au Tableau constitue un droit acquis que des faits postérieurs à l'inscription peuvent seuls détruire ;

Le Conseil arrête :

Que le tableau accessoire contenant les noms des avocats domiciliés

(1) V. ce rapport, *Belg. Jud.*, III° an. 1845, p. 1673.
(2) V. *Belg. Jud.*, IV° an. 1846, p. 33.

hors de l'arrondissement de Bruxelles sera rétabli dans la forme suivie jusqu'à l'année judiciaire 1845-1846.

95. Cependant, depuis lors, on n'admit plus au tableau de l'ordre de Bruxelles que des avocats résidant dans l'arrondissement (1). Si la partie annexée continue à subsister, elle ne reçoit plus de noms nouveaux.

Mais à Gand et à Liége, on suit encore aujourd'hui les anciens usages.

De cet état de choses, contraire à l'esprit et aux termes de la loi, résultent plusieurs difficultés dont les unes ont été tranchées par la jurisprudence et dont les autres sont encore sans solution (2).

Le projet d'organisation judiciaire régularise la situation, en proposant de dire que nul ne peut être inscrit, *s'il n'est établi réellement dans l'arrondissement judiciaire où siége la Cour ou le Tribunal près duquel il exerce*. De cette façon, la double inscription ne sera plus possible et les conflits de juridiction disparaîtront.

96. Une dernière condition requise pour figurer au Tableau est de n'exercer aucune fonction qui soit incompatible avec la profession d'avocat.

C'est ce que nous allons examiner au paragraphe suivant.

§ 4. *Des incompatibilités.*

97. La loi, en instituant dans un intérêt public le titre d'avocat, en a subordonné l'obtention à certaines conditions de *capacité*.

En chargeant le Conseil de veiller à la conservation de l'honneur du Barreau, la loi lui a donné le droit d'écarter de l'Ordre ceux qui, quoique capables, ne sont pas *dignes* d'y entrer ou d'y rester.

Enfin, pour fortifier la constitution et la valeur de la Profession, le législateur a pensé que certaines personnes, à la fois

---

(1) V. décisions du Conseil en date du 21 octobre 1858 et 27 nov. 1861.
(2) V. arrêt de Cass., 29 mai 1854 (*Belg. Jud.*, XII° an. 1855, p. 1592).

capables et dignes, ne pouvaient cependant l'exercer à raison de diverses *incompatibilités*.

Il y a donc :

1° Des cas d'incapacité ;

2° Des cas d'indignité ;

3° Et des cas d'incompatibilité.

Le décret de 1810 ne parle que des incompatibilités. Il ne s'occupe ni des incapacités, ni de l'indignité. Nulle part, le législateur ne règle en termes précis les principes de cette matière. Cependant, la distinction que nous venons d'établir résulte de la nature des choses ; faute de l'avoir faite, on est tombé dans plus d'une erreur.

98. Déterminons les différences entre l'*incapacité*, l'*indignité* et l'*incompatibilité*.

L'incapacité suppose un manque de *droit* ; une personne incapable ne peut pas être reçue dans l'Ordre, elle ne peut pas même être reçue avocat. La Cour ne peut l'admettre à la prestation de serment.

L'indignité a été créée en faveur de l'Ordre. Elle est un obstacle au maintien d'un avocat au Tableau, mais dans l'état de la législation actuelle, elle ne le dépouille pas de son titre.

La question de savoir s'il y a indignité est une question de fait, laissée à l'appréciation du Conseil et de la Cour.

L'incompatibilité suppose, elle, capacité et moralité. Elle n'empêche que le cumul de la profession d'avocat avec certaines autres professions. Elle doit être prévue par la loi, et cesse par l'abandon des fonctions déclarées incompatibles.

99. Nous avons vu aux nᵒˢ 6 et s. les cas d'incapacité.

100. Quant aux cas d'indignité, les plus anciens règlements de l'Ordre excluaient de la profession les indignes et les infâmes.

A Athènes, on n'admettait pas les infâmes, tels que ceux qui avaient manqué de respect envers leurs parents ; ceux qui avaient refusé de se charger de la défense de la patrie ou avaient décliné certaines fonctions publiques ; ceux qui faisaient un commerce honteux ou qui avaient été vus dans les lieux de débauche.

En France, après la révocation de l'édit de Nantes, on considérait comme indignes tous ceux qui n'étaient pas de la religion catholique, apostolique et romaine.

Le principe, appliqué en tous temps, qu'il fallait être de bonnes vie et mœurs, est encore vrai aujourd'hui. Seulement, les applications qu'on en fait ont naturellement subi l'influence du siècle, et tel aurait été jadis déclaré indigne à Athènes ou à Paris, qui ne le serait plus aujourd'hui.

C'est au conseil de l'Ordre qu'appartient essentiellement le droit de juger les questions d'indignité.

Une condamnation à laquelle se rattacherait un caractère infamant, et même celle qui impliquerait l'indélicatesse du condamné, rentrerait dans ce cas d'exclusion.

Il y a aussi quelquefois des motifs suffisants d'exclusion dans le fait d'avoir exercé certaines professions peu relevées : nous y reviendrons au nº 127.

101. *Des incompatibilités proprement dites.* — La matière des incompatibilités est des plus difficiles à traiter, car il est impossible de prévoir toutes les hypothèses qui peuvent se présenter ; d'autre part, les nombreuses décisions intervenues n'ont pas un caractère d'homogénéité suffisant pour fixer les idées.

Toute loi créant une incompatibilité devrait déterminer en termes précis le cas qu'elle a en vue, car toute loi de ce genre devrait être de stricte interprétation. Mais une énumération détaillée des nombreuses positions qui ne sont pas compatibles avec les exigences de la profession d'avocat, n'est guère possible.

Le législateur ne peut donc que poser les principes et les éclairer par quelques exemples.

C'est ce que fait le décret de 1810 pour le barreau belge, comme l'ordonnance de 1822 pour le barreau français.

Seulement, il est arrivé que, poussé par des considérations toutes traditionnelles, on a étendu en France les termes de la loi bien au delà de la pensée qui les avait inspirés, et qu'on a proclamé des incompatibilités d'une sévérité excessive ; en revanche, en Belgique, on a été animé d'un esprit contraire, et l'on s'est montré tellement tolérant à ce sujet, que la loi y est devenue, pour ainsi dire, une lettre morte.

102. Au milieu de ces tendances opposées, il est bon de rechercher les principes.

Il ne faut pas perdre de vue que la profession d'avocat est surtout instituée dans un intérêt public; qu'il est donc nécessaire que le législateur prenne des mesures propres à maintenir la force, l'indépendance et la dignité du Barreau.

Si on laissait s'introduire dans cette profession des gens qui n'en feraient qu'une occupation secondaire ou accessoire, il serait à craindre de voir les avocats, soit négliger les études si longues et si nécessaires dont ils doivent sans cesse se nourrir, soit entraver les affaires dans lesquelles ils interviennent et auxquelles ils ne pourraient plus accorder ni leurs soins, ni leur temps. « La Profession veut son homme tout entier, » disait-on autrefois; cette maxime nous semble encore vraie aujourd'hui.

Cependant, il ne faut pas en exagérer l'application et dénier à l'avocat la liberté de s'occuper d'autres soins que de ceux de son ministère. Tout ce qu'on peut lui demander, c'est que la profession qu'il annonce, en figurant au Tableau, soit réelle, c'est-à-dire qu'elle ne soit pas remplacée ostensiblement et visiblement par une autre qui l'absorbe. La limite sera quelquefois difficile à saisir et la doctrine ne peut qu'émettre cette règle : *la profession d'avocat est, en général, incompatible avec toute autre profession qui fait ou peut faire l'occupation principale d'un homme.*

103. Il est d'intérêt général, avons-nous dit, que la Profession reste indépendante; l'avocat doit conserver constamment sa liberté d'action. Pour éviter toute restriction à l'immunité de son ministère, il doit s'abstenir avec soin de tout ce qui pourrait l'astreindre à une intervention obligatoire, le soumettre à une responsabilité matérielle, ou l'exposer à la crainte de compromettre ses intérêts, en subordonnant aux devoirs de sa profession l'accomplissement de certains devoirs étrangers.

De là, une deuxième source d'incompatibilités : celles qui résultent de toute espèce de négoce ou de toute charge érigée en titre d'office qui entraîne des devoirs forcés.

104. Un troisième principe à noter est de sauvegarder la dignité du Barreau, car cette dignité est solidaire de celle de la justice.

Toutes places qui rendent subalternes sont donc incompatibles avec la Profession.

On considère généralement, *à priori*, comme telles les places auxquelles des gages ou un traitement sont attachés, et l'on réserve la qualification contraire pour celles qui sont occupées gratuitement.

Cependant, le *criterium* de la rémunération n'est pas toujours vrai. Certaines fonctions rétribuées par l'État, la province ou la commune, ou par des sociétés particulières, n'engagent en rien la dignité de ceux qui en sont revêtus ; si ces fonctions n'entrent pas dans un autre cas d'incompatibilité, nous ne voyons aucune raison pour les défendre à l'avocat. Par exemple, les professeurs d'une université de l'État ou d'une université libre peuvent assurément être reçus au Barreau.

Par contre, certaines fonctions non rétribuées ont été considérées, à juste titre, comme contraires à la dignité de l'Ordre ; ainsi, la qualité d'attaché au ministère de l'intérieur, encore qu'aucun traitement ne soit alloué, a été considérée comme incompatible.

105. Il ne faut pas confondre l'incompatibilité avec l'indignité. Certains emplois subalternes n'ont rien qui entache le caractère et l'honneur d'un homme; tant que cet homme exerce cet emploi, il ne lui est pas permis, pour des motifs de haute convenance, d'entrer au Barreau ; mais dès qu'il s'en est dépouillé, l'incompatibilité disparaît, et avec elle ses effets.

Mais il y a d'autres emplois qui laissent après eux des traces difficiles à oublier et empêchent celui qui les a exercés de figurer au Tableau. C'est ainsi que l'on refuse généralement, en France, l'inscription aux anciens huissiers, commissaires de police, agents d'affaires et agréés au tribunal de commerce.

Mollot, pour expliquer ces décisions, crée toute une théorie : il distingue entre les incompatibilités absolues et les incompatibilités relatives ; les premières ne mettent obstacle à l'exercice de la Profession que pour un temps, c'est-à-dire pendant que subsiste la cause d'incompatibilité ; les autres sont à jamais exclusives de la Profession.

A l'appui de cette distinction, cet auteur cite l'article 42 de l'ordonnance de 1822, qui, à l'exemple de l'article 18 du décret

de 1810, déclare que la profession d'avocat est *incompatible*
avec toutes les places de l'ordre judiciaire....., et finit en disant :
en *sont exclues* toutes personnes exerçant la profession d'agents
d'affaires.

La distinction de Mollot ne nous paraît justifiée ni par le
texte, ni par l'esprit de la loi. Le législateur ne parle pas
d'incompatibilités absolues : si, à l'égard des agents d'affaires,
il emploie un mot plus expressif, il ne dispose cependant que
pour ceux qui voudraient cumuler les deux professions : « En
sont exclues toutes personnes *exerçant* le métier d'agents
d'affaires. »

Quand le Conseil voit dans l'ancienne profession d'un candidat un motif d'exclusion, il y est déterminé par des considérations personnelles à ce candidat ; il se pourrait que, dans la
même hypothèse, il émît un avis contraire en faveur d'un autre
postulant par des raisons également personnelles. Rien n'y fait
obstacle.

C'est une simple question de fait. Il s'agit dans ce cas non
pas d'incompatibilité, mais, en réalité, d'indignité.

106. Voyons maintenant comment le décret et la jurisprudence ont réglé les incompatibilités.

L'article 18 est ainsi conçu : « La profession d'avocat est
incompatible :

1° Avec toutes les places de l'ordre judiciaire, excepté celle
de suppléant ;

2° Avec les fonctions de préfet et sous-préfet ;

3° Avec celles de greffier, de notaire ou d'avoué ;

4° Avec les emplois à gages et ceux d'agents comptables ;

5° Avec toute espèce de négoce ;

6° En sont exclues toutes les personnes faisant le métier
d'agents d'affaires. »

Cet article qui, au lieu de poser nettement les principes, procède par exemples, a soulevé de nombreuses controverses.
Nous n'avons pas l'intention de les reproduire en détail. Nous
nous bornerons à faire connaître quelques-unes des décisons
intervenues.

107. Le conseil de Bruxelles biffe les noms des avocats
qui restent étrangers au Barreau ; cependant, quand les inté-

ressés réclament contre semblable décision, le Conseil ne fait pas grande difficulté pour les réinscrire.

Quelquefois aussi le Conseil maintient au Tableau, à titre honorifique, des avocats qui occupent des fonctions temporaires élevées dans l'ordre politique. (V. décision du 23 octobre 1857.)

108. Le Conseil avait décidé, le 18 juin 1821, que la Profession était incompatible avec l'emploi de comptable ou receveur des hospices, contrairement à l'avis de la commission qui avait présidé à la formation du premier tableau.

Mais un arrêté royal, en date du 30 novembre 1822, pris en vertu de l'article 6 du décret de 1810, réintégra le sieur X..., receveur des hospices, dans sa profession d'avocat. En conséquence, le Conseil l'inscrivit au tableau de l'Ordre (19 mars 1823).

109. Le Conseil décide qu'il n'y a pas d'incompatibilité avec les fonctions de trésorier de la fabrique de l'église de Sainte-Gudule.

« Attendu que, suivant un avis du conseil d'État du 21 mars 1825, les émoluments éventuels de ces fonctions ne doivent être considérés que comme une simple indemnité et non comme un traitement » (21 novembre 1866).

110. Par décision de la même date, l'acceptation des fonctions de secrétaire de la chambre de commerce n'empêche pas le maintien au Tableau.

111. Il n'y a pas incompatibilité avec les fonctions de professeur de droit à l'université de Bruxelles (4 mars 1841).

112. Ni avec les fonctions d'attaché au bureau du contentieux au Ministère de la justice, ces fonctions étant gratuites et n'astreignant pas ceux qui les remplissent à fréquenter les bureaux conformément aux règlements généraux. (24 novembre 1852).

113. Mais le Conseil décide qu'il y a incompatibilité :

Avec les fonctions de chef de division à l'hôtel de ville (12 mai 1842 et 6 novembre 1858);

Avec les fonctions d'employés dans des administrations publiques auxquelles est attaché un traitement annuel (4 novembre 1857);

Avec les fonctions de chef de bureau au Ministère de la justice (4 novembre 1857) ;

Avec les fonctions de chef de bureau des référés au même ministère (10 novembre 1852) ;

Avec la qualité de stagiaire pour le notariat (21 novembre 1866) ;

114. Le Conseil décide qu'il y a incompatibilité avec les fonctions de secrétaire du parquet de la Cour de Cassation.

Attendu que par ordonnance émanée de M. le procureur général à la Cour de Cassation, en date du 7 nov. 1859, M. X a été nommé secrétaire chef de bureau pour le parquet de la Cour de Cassation, fonction qu'il occupe encore aujourd'hui ;

Attendu que la loi du 27 ventôse an VIII porte, art. 69 : « Il y aura un commis de parquet nommé et révocable par le commissaire du Gouvernement », et art. 75 : « Le traitement du commis du parquet sera de 2,400 francs » ;

Attendu que l'arrêté du gouvernement provisoire du 12 oct. 1830 (*Bulletin officiel*, n° 10), visé par M. le procureur général à la Cour de Cassation dans son ordonnance précitée du 7 nov. 1859, « supprime les fonctions de secrétaire du parquet près les cours supérieures de justice dont le gouvernement précédent s'était attribué la nomination, sans qu'aucun texte de la loi lui ait conféré cette attribution » ;

Attendu que la qualité de secrétaire chef de bureau du parquet de la Cour de Cassation est incompatible avec la profession d'avocat, d'après les principes généralement admis dans le Barreau et d'après l'art. 18 du décret du 14 déc. 1810 ;

Qu'en effet, l'on considère comme incompatibles avec la profession d'avocat les autres professions dont les occupations spéciales mettent obstacle à l'accomplissement régulier et quotidien des devoirs du Barreau ; que le chef de bureau du parquet de la Cour de Cassation doit se trouver au parquet, tous les jours, aux mêmes heures où la présence de l'avocat peut être requise à la barre des cours et tribunaux ; et qu'il doit être d'ailleurs très-difficile, sinon impossible, de concilier des obligations d'une nature si différente ;

Attendu que le chef de bureau d'un parquet se trouve placé sous les ordres immédiats et directs du Procureur Général, et que, toute honorable que soit cette position, la soumission qu'elle impose est inconciliable avec l'indépendance de l'avocat, laquelle n'a d'autres limites que la loi et les règlements professionnels ;

Attendu d'ailleurs que les incompatibilités déterminées par l'art. 18 du décret de 1810 n'ont pas de caractère limitatif, ce que démontrent l'esprit et le but de cet article, et surabondamment les énonciations des n°s 2, 4, 5 et 6 ; qu'en excluant certaines fonctions administratives, le décret a voulu exclure, à plus forte raison, des emplois administratifs d'un ordre moins élevé; et qu'en déclarant l'incompatibilité des emplois à gage avec la profession d'avocat, il a par cela même établi l'incompatibilité de la même profession avec celle de secrétaire d'un parquet, cette dernière profession étant accompagnée d'un traitement annuel et fixe, qui n'a pas la moindre analogie avec les honoraires de l'avocat;

Par ces motifs, etc. (6 juin 1866.)

115. Le Conseil décide qu'il y a incompatibilité avec les fonctions de directeur d'une société commerciale (21 octobre 1857).

Cette décision fut confirmée par arrêt de la cour de Bruxelles du 28 décembre 1857. (*Pas.* 1858, p. 175.)

116. Le Conseil décide qu'il y a incompatibilité avec l'exercice habituel de tout mandat qui ne concerne pas directement la Profession.

Attendu que le mandat que le sieur X prétend lui avoir été conféré par le sieur V, de vendre une maison appartenant à ce dernier pour un prix déterminé et même de la faire voir aux amateurs, est la base de l'action en payement d'honoraires intentée;

Attendu qu'un semblable mandat ne rentre nullement dans l'exercice de la profession d'avocat, parce que, d'une part, il pouvait être conféré à toute personne, et que, d'autre part, il constituerait s'il était habituellement accepté, l'exercice du métier d'agent d'affaires, métier incompatible avec la profession d'avocat;

Attendu que la rémunération qui pourrait résulter d'un pareil mandat ne peut, en aucune façon, être assimilée aux honoraires que les membres du Barreau sont en droit de réclamer et dont la taxation peut être, aux termes de l'art. 41 du décret de 1810, l'objet des délibérations du Conseil;

Par ces motifs, le Conseil se déclare incompétent. (1er août 1860.)

117. Voici une autre décision dans le même sens :

Attendu que, suivant l'art. 18 du décret du 14 déc. 1810, la profession d'avocat est incompatible avec les emplois à gages et ceux d'agents comptables;

Attendu que rigoureusement interprété, ce texte impliquerait la défense pour l'avocat d'accepter aucun mandat salarié, l'obligeant au maniement de deniers dont il devrait compte;

Attendu que les usages du barreau belge ont admis un tempérament dans l'interprétation de ce texte, en ne consacrant l'interdiction d'un pareil mandat que lorsqu'il rend impossible à l'avocat l'exercice réel de sa profession dans les conditions voulues d'indépendance et de dignité ;

Attendu que la stricte observation de ces conditions imprimant seule à ce mandat un caractère de légitimité, le Conseil de discipline est appelé à veiller au maintien de ces mêmes conditions et à intervenir dans le cas où elles sont méconnues. (Du 21 déc. 1864.)

118. Un grave question, soulevée par le Barreau, est de savoir s'il y a incompatibilité entre la profession d'avocat et les fonctions de curateur aux faillites.

Lorsque les faillites étaient réglées par le Code de commerce, le conseil de discipline avait, à plusieurs reprises, décidé que les avocats pouvaient exercer les fonctions de syndic. Il y a notamment sur ce point une décision du 2 mars 1812 et une autre du 6 janvier 1847, dont voici la teneur :

« Attendu qu'en ce pays les fonctions de syndic n'ont jamais été considérées comme incompatibles avec la profession d'avocat; que c'est généralement à des avocats qu'elles y ont toujours été conférées sans qu'on ait jusqu'ici regardé leur acceptation comme contraire à l'art. 18 du décret du 14 décembre 1810, ces fonctions ne pouvant être confondues ni avec les emplois à gages et ceux d'agents comptables, ni avec le métier d'agent d'affaires dont parle cet article » (6 janvier 1847).

La loi du 18 avril 1851 réorganisa l'administration des faillites et remplaça les syndics par des liquidateurs assermentés, véritables officiers ministériels (1) institués par le Gouvernement, sur l'avis conforme des cours d'appel, près des tribunaux où le nombre et l'importance des faillites l'exigeaient (art. 455).

Aux termes de l'art. 456 de cette loi, dans les arrondissements où étaient établis ces liquidateurs assermentés, les curateurs aux faillites ne pouvaient être choisis que parmi eux, sauf quelques exceptions prévues par ledit article.

Dans les autres arrondissements au contraire, le tribunal de commerce pouvait prendre les curateurs parmi les créanciers comme parmi toutes autres personnes.

---

(1) Voir Rapport de la Commission spéciale de la Chambre des représentants. (**RENOUARD,** *Traité des faillites,* n° 187.)

La question de savoir si les fonctions de liquidateurs assermentés pouvaient être conférées à des avocats ne présentait
aucun doute. Il y avait évidemment incompatibilité, car il
entrait dans l'intention du législateur de considérer et de traiter
ces liquidateurs comme de véritables agents, monopolisant
une charge érigée en titre d'office.

Mais il arriva qu'au lieu de créer de semblables fonctionnaires, le tribunal de commerce de Bruxelles conféra directement le titre de curateur à quelques personnes qu'il chargea
alternativement de la liquidation des faillites.

Des membres du Barreau ayant cru pouvoir accepter cette
position, le conseil de l'Ordre s'en émut et, sur le rapport de
M. Orts, adopta la décision suivante :

Attendu qu'il est constant en fait que, depuis la publication de la loi
du 18 avril 1851, sur les faillites, banqueroutes et sursis, les fonctions
de curateur, telles qu'elles sont établies par cette loi, ont été conférées
par le tribunal de commerce de Bruxelles, alternativement à six personnes, dans toutes les faillites ouvertes depuis cette époque ;

Que parmi ces personnes, dont deux sont étrangères au Barreau, se
trouvent quatre avocats inscrits au Tableau, dont trois, savoir MM. X,
Y et Z, ont continué à prendre part à ces délégations permanentes,
tandis que le quatrième, M. R., a déclaré, par lettre adressée au Conseil
sous la date du 20 janvier 1854, qu'il a résigné les fonctions de curateur
depuis plus d'un an et demi et qu'il est bien décidé à ne plus les
reprendre ;

Attendu que la position dans laquelle l'acceptation et l'exercice de ces
fonctions placent les trois avocats prénommés, au point de vue de la
dignité, de l'indépendance et des devoirs de l'avocat, a dû fixer sérieusement l'attention du conseil de discipline, auquel l'art. 23 du décret du
14 décembre 1810 a confié le dépôt de tout ce qui tient aux intérêts de
l'Ordre ;

Attendu que l'art. 18 de ce décret, au n° 5, établit que la profession
d'avocat est incompatible avec toute espèce de négoce, et qu'en sont
exclues toutes personnes faisant le métier d'agent d'affaires ;

Attendu qu'il s'agit, dès lors, d'examiner si ces caractères d'incompatibilité ou d'exclusion se rencontrent dans l'exercice des fonctions de
curateur aux faillites, telles que les a réglées la loi du 18 avril 1851 ;

Attendu que si, d'après les art. 455 et 456 de cette loi, les curateurs
aux faillites doivent être choisis, sauf quelques cas d'exception, parmi
les liquidateurs assermentés, la circonstance que MM. X, Y et Z ne
sont pas revêtus de ce titre ne doit influer en rien sur la solution de la
question, puisque le dernier paragraphe de l'art. 456 dispose : que les

curateurs pris en dehors des liquidateurs assermentés auront les mêmes droits, les mêmes attributions et seront soumis à la même surveillance et aux mêmes obligations que s'ils avaient été choisis parmi les liquidateurs assermentés ;

Attendu qu'en décrétant l'institution nouvelle des curateurs, la loi leur a confié une gestion permanente et continue, en concentrant sur ces agents toutes les attributions dont le Code de commerce avait, dans un ordre successif, investi les agents, les syndics provisoires et les syndics définitifs ;

Qu'en effet, sous l'empire de cette législation, nul ne pouvait être nommé agent deux fois dans le cours de la même année, à moins qu'il ne fût créancier; la gestion provisoire de l'agent ne pouvait durer que quinze jours, sauf prolongation d'une quinzaine si le Tribunal le jugeait nécessaire ;

Le syndic provisoire devait être choisi par le Tribunal dans une liste triple présentée par les créanciers, et le syndic définitif était nommé directement par les créanciers assemblés pour la formation d'un contrat d'union, tandis que le curateur, qu'il soit pris parmi les liquidateurs assermentés ou en dehors de cette corporation, reçoit du tribunal de commerce, sans aucune intervention des créanciers, un mandat qui embrasse tout le cours de la liquidation de la faillite, mandat que le Tribunal peut faire cesser, soit en révoquant le curateur en fonctions, soit en le remplaçant par un autre (art. 462);

Attendu que l'art. 461 de la nouvelle loi statue, par une disposition commune aux deux espèces de curateurs, que leurs honoraires seront réglés par le tribunal de commerce suivant la nature et l'importance de la faillite, d'après les bases qui seront établies par un arrêté royal ; qu'il suit de là que les honoraires de ces curateurs sont, comme ceux des officiers ministériels près des cours et tribunaux, soumis à un tarif arrêté par un règlement général d'administration publique ;

Attendu que, si ces considérations paraissent déjà suffisantes pour établir qu'à raison de l'origine de leur mandat, de la nature et de l'étendue de leurs attributions, de la rémunération tarifée de leur travail, les curateurs doivent être envisagés comme de véritables agents d'affaires, il est d'autres dispositions dans la loi du 18 avril 1851 qui leur font, dans certains cas, la position de personnes exerçant le négoce, autre cause d'incompatibilité signalée par l'art. 18 du décret prérappelé et présentant un nouveau caractère de cette agence d'affaires qui, aux termes du même article, constitue un motif d'exclusion ;

Qu'ainsi l'art. 479 de la loi, en ordonnant aux curateurs de verser à la caisse des consignations tous les deniers provenant des ventes et recouvrements qu'ils auront faits, sous déduction des sommes arbitrées par le juge commissaire, et ce endéans les huit jours de la recette effectuée, les soumet au payement des intérêts *commerciaux* des sommes qu'ils n'auraient pas versées, sans préjudice aux art. 459 et 462, c'est-à-dire sous peine de révocation ou de remplacement;

Attendu qu'après avoir répété cette disposition à l'art. 528 qui traite de la vente des immeubles et des marchandises dans le cas de liquidation définitive de la faillite, s'il n'est pas intervenu de concordat, le législateur statue (art. 529) : « que les créanciers pourront *donner* mandat, soit *aux curateurs,* soit à un tiers sous la surveillance des curateurs, pour *continuer l'exploitation de l'actif* » ; le même article ajoute : que la délibération qui leur conférera ce mandat en déterminera la durée et l'étendue, et fixera les sommes que les curateurs pourront garder entre leurs mains à l'effet de pourvoir aux frais de dépenses ;

Attendu qu'un pareil mandat donné à un curateur de faillite constitue celui-ci exploitant d'un fonds de commerce, tandis que l'art. 18 du décret précité interdit à l'avocat *toute espèce* de négoce ;

Attendu qu'il résulte de ce qui précède que les attributions de cette espèce sont inconciliables avec la dignité, avec l'indépendance, avec les devoirs spéciaux de l'avocat, qui doit son temps, ses études, ses soins, non pas à des agences d'affaires de la nature des curatelles organisées par la loi du 18 avril 1851 et à toutes les opérations et démarches qui en sont inséparables, mais aux intérêts généraux de la société, à la défense de tous et dans toute cause fondée en justice et en équité ;

Attendu que ces considérations doivent avec d'autant plus de raison s'appliquer aux avocats dont le Conseil s'occupe en ce moment, que dans plus de cent cinquante faillites ouvertes depuis le 15 avril 1851, ils ont été nommés habituellement et alternativement avec M⁰ R. et deux personnes étrangères au Barreau, curateurs à ces faillites, soit liquidées, soit en cours de liquidation, ce qui rend applicable à ces curateurs le § 5 de l'art. 18 du décret du 14 décembre 1810 ;

Par ces motifs, le conseil de discipline déclare que les fonctions de curateur aux faillites, telles qu'elles sont déterminées par la loi du 15 avril 1851, sont incompatibles avec l'exercice de la profession d'avocat, en conséquence le Conseil ordonne à MM. d'opter dans les quinze jours.

Appel fut interjeté sur lequel intervint un arrêt de la cour de Bruxelles, du 17 mai 1856 (1), ainsi conçu :

Sur la décision qui ordonne aux appelants d'opter dans les quinze jours entre les fonctions de curateurs dans toutes les faillites qui leur ont été déférées par le tribunal de commerce de Bruxelles et la profession d'avocat inscrits au Tableau comme exerçant près cette cour :

Attendu qu'il ne peut être question, dans l'espèce, de décider par forme de disposition réglementaire s'il y a incompatibilité entre l'exercice de la profession d'avocat inscrit au Tableau et les fonctions de

(1) *Pas.,* 1857, p. 35.

curateur aux faillites, telles qu'elles sont déterminées par la loi du 18 avril 1851, mais bien de savoir si les fonctions de curateur conférées par le tribunal et telles qu'elles sont remplies par MM. X, Y et Z, sont compatibles avec la profession d'avocat;

Attendu que la décision du conseil de discipline de l'ordre des avocats déclare d'une manière absolue que les fonctions de curateurs aux faillites, telles qu'elles sont déterminées par la loi du 18 avril 1851, sont incompatibles avec l'exercice de la profession d'avocat;

Attendu que cette décision contient une disposition générale et réglementaire en contravention formelle avec la prohibition prononcée par l'art. 5 du Code civil, obligatoire pour les conseils de discipline comme pour les tribunaux ordinaires; que de ce premier chef il y a donc lieu de réformer la décision dont appel;

Attendu que, si les curateurs aux faillites nommés en dehors des liquidateurs assermentés et permanents, doivent cependant, aux termes de l'art. 456, paragraphe dernier, de la loi du 18 avril 1851, avoir les mêmes droits, les mêmes attributions et être soumis à la même surveillance que les liquidateurs, ils n'ont pas le caractère de permanence auquel la décision déférée à la Cour semble attacher une des causes d'incompatibilité reprochées à ces fonctions; qu'il n'échoit donc pas d'examiner ici quelle pourrait être sa portée réelle, puisque les appelants ne se trouvent pas dans cette position;

Attendu que toute gestion de faillite entraîne nécessairement l'examen de nombreuses questions pour la solution desquelles la connaissance des lois est indispensable; que très-souvent encore les contestations qu'elles soulèvent exigent le recours aux voies judiciaires, que dès lors l'art. 452, § 2, en exigeant que les curateurs soient choisis parmi les personnes qui offriront le plus de garanties pour l'intelligence et la fidélité de leur gestion, semble indiquer plus spécialement ceux qui, possédant la connaissance des lois, peuvent plus facilement résoudre les difficultés qui se présentent ou les exposer devant les tribunaux sans devoir recourir à des conseils étrangers, recours toujours plus lent, plus dispendieux et ainsi contraire au double but d'économie de temps et de frais que la loi nouvelle voulait atteindre;

Attendu que la loi du 18 avril 1851, en simplifiant la liquidation des faillites, ne présente dans l'ensemble de ses dispositions relatives aux curateurs, rien qui puisse les faire considérer comme placés, quant à la nature des fonctions, dans une position différente de celle des agents et des syndics sous la loi ancienne, et que ceux-ci n'ont jamais été ni dû être considérés comme ne pouvant cumuler ces fonctions avec l'exercice de la profession d'avocat;

Attendu que, lors de la discussion de la loi du 18 avril au Sénat, le Ministre de la justice, interpellé par un sénateur sur l'incompatibilité qu'on lui avait dit croire exister entre les fonctions de curateur aux faillites et l'exercice de la profession d'avocat, a formellement déclaré que cette incompatibilité n'existait pas, et que s'il avait été possible de l'induire des dispositions du décret du 14 décembre 1810, il aurait fallu modifier ce dernier ;

Que cette déclaration du ministre qui présentait et défendait la loi devant le Sénat, qui devait en connaître l'esprit et la portée, ne peut, dans les circonstances dans lesquelles elle a été faite, n'être considérée que comme l'expression d'une opinion purement personnelle, puisque l'auteur de l'interpellation y a formellement adhéré et que cette adhésion a été confirmée, quant aux autres membres du Sénat, par l'absence de toute observation contraire ;

Attendu que la disposition du Code de commerce qui défendait de conférer deux fois dans une année les fonctions d'agent à une même personne, ne se trouve plus reproduite dans la loi nouvelle, que dès lors on ne voit pas comment des fonctions jugées compatibles avec la profession d'avocat perdraient ce caractère, parce qu'elles seraient exercées fréquemment, voire même habituellement ;

Attendu que si le mandat donné aujourd'hui aux curateurs est conféré directement par le tribunal de commerce, il n'en change pas pour cela de nature, et que loin de pouvoir y trouver rien qui puisse blesser l'indépendance ou la dignité de l'avocat, le choix fait par un tribunal ne peut qu'ajouter à sa considération ;

Attendu que le mot *honoraires* dont s'est servie la loi du 18 avril 1851, pour la rémunération due aux curateurs pour leur gestion, indique encore qu'on n'a pas voulu confondre ces fonctions de confiance avec une agence d'affaires, et qu'il a été employé sous la préoccupation de ce qui se pratiquait sous la loi ancienne, sous laquelle ces fonctions étaient presque généralement confiées à des membres du jeune barreau ;

Attendu que le règlement des honoraires des curateurs n'a rien qui soit contraire à l'indépendance de l'avocat, qui d'ordinaire taxe lui-même ses honoraires, parce que cette faculté n'est pas absolue ; qu'elle reste soumise, en cas de réclamations, au contrôle du conseil de discipline, et des tribunaux, en cas d'appel de la décision de ce conseil ;

Attendu d'ailleurs que la disposition de l'art. 461 de la loi du 18 avril 1851 ne fait que reproduire la disposition de l'art. 484 du Code de commerce, et que dans les deux lois les bases de l'honoraire dû, soit au syndic, soit au curateur, établies par un règlement d'administration publique ou par un arrêté royal, ne font autre chose que prévenir toute réclamation et par suite tout recours de ce chef ;

Attendu qu'il n'est point articulé dans l'espèce, que les appelants auraient continué l'exploitation de l'actif des faillites leur confiées ; qu'ainsi le fait n'existant pas, il n'y a pas lieu d'en apprécier les conséquences ;

Que d'ailleurs la faculté laissée aux créanciers par l'art. 529 de donner mandat soit aux curateurs, soit à un tiers, sous la surveillance des curateurs, de continuer l'exploitation de l'actif, n'entraîne pas pour ces derniers une obligation d'accepter ce mandat qui, dans tous les cas, ne les soumet pas aux conséquences des engagements commerciaux, et que la surveillance de la gestion du tiers choisi par les créanciers n'a rien qui puisse être assimilé à un négoce ;

Attendu que vainement on voudrait trouver dans l'obligation imposée aux curateurs par la loi nouvelle de verser à la caisse des consignations dans un délai fixé, à peine d'en devoir les intérêts, les sommes dont ils sont dépositaires, une mesure peu compatible avec la dignité de la profession de l'avocat ; qu'en effet la caisse des consignations est ici substituée à la caisse à deux clefs où les fonds devaient être déposés sous la loi ancienne ; que cette prescription est une mesure sage, dans l'intérêt des créanciers ; que rien ne justifierait la conservation des fonds par les curateurs, alors qu'ils seraient improductifs d'intérêts ; qu'enfin le payement d'intérêts commerciaux, c'est-à-dire plus élevés que l'intérêt ordinaire, pour la rétention volontaire de capitaux commerciaux, n'est qu'une sanction d'une obligation que la loi a voulu empêcher d'enfreindre impunément, disposition qui n'a rien de plus contraire au caractère de l'avocat que celle de l'art. 455 du Code civil, à laquelle le soumettrait cependant la qualité de tuteur dont il pourrait être revêtu ;

Attendu que sous la loi du 18 avril 1851, la surveillance des curateurs aux faillites est attribuée par l'art. 459 au *tribunal* de commerce, tandis que sous le Code de commerce elle appartenait au juge-commissaire ; que c'est là encore une position plus honorable faite aux curateurs, puisque le corps entier du tribunal est substitué à l'un de ses membres ; que cette surveillance n'a d'ailleurs rien de blessant étant exercée par un corps judiciaire, et ce d'autant moins qu'elle s'exerce comme celle attribuée aux conseils de discipline et aux tribunaux sur tous et chacun des membres du Barreau ;

Attendu qu'il résulte des considérations qui précèdent que ni les obligations imposées par la loi nouvelle aux curateurs aux faillites ici appelants, ni les actes posés par ceux-ci en cette qualité, ne constituent des causes d'incompatibilité qui puissent les soumettre à opter entre la conservation de ces fonctions et leur maintien au tableau de l'ordre des avocats ;

Par ces motifs, M. le premier avocat général Cloquette entendu, etc. (C. de Br., 17 mai 1856.)

S'appuyant sur cet arrêt, plusieurs avocats ont continué d'accepter les fonctions de curateur ; cependant nous devons ajouter que le plus grand nombre ont pensé comme le Conseil et ont mis la dignité de leur profession au-dessus du désir de profiter des gains que peuvent rapporter ces fonctions. Nos anciens surtout ont tenu à honneur de consacrer par leur exemple les principes élevés dont l'Ordre se glorifie à juste titre : non-seulement ils se sont toujours abstenus de figurer parmi les curateurs, mais encore ils ont inspiré aux stagiaires auxquels ils accordaient leur patronage, la résolution de les imiter.

Pendant longtemps, l'Ordre a refusé les honneurs du Conseil aux élus du tribunal de commerce : encore de nos jours, il lui faut des considérations personnelles puissantes pour déroger à cette coutume (1).

119. Nous avons rapporté dans l'introduction historique (2) les controverses qui se sont élevées au Palais sur la question de savoir s'il y a incompatibilité entre les fonctions d'avocat à la Cour de Cassation et celle d'avocat près la Cour d'appel.

La loi du 4 août 1832, art. 31, en autorisant les avocats à la Cour de Cassation à plaider devant toutes les juridictions, a tranché la question.

Si les avocats à la Cour de Cassation ne figurent pas au tableau des avocats de la Cour d'appel, c'est qu'ils forment un Barreau distinct ayant son tableau spécial.

120. L'incompatibilité empêche-t-elle seulement l'exercice de la Profession ou bien va-t-elle jusqu'à interdire de prendre le titre d'avocat ?

D'après la législation en vigueur, il nous semble impossible de refuser le titre d'avocat aux docteurs en droit qui ont prêté serment, qu'ils soient ou non inscrits au Tableau ou pour le stage. En effet, la loi du 22 ventôse an XII et le décret de 1810 distinguent entre les avocats et ceux qui font partie de l'ordre des avocats.

L'art. 29 de la loi de ventôse et l'art. 1er du décret de 1810 disent qu'il sera formé un tableau *des avocats exerçant auprès de nos cours et tribunaux de première instance.*

L'art. 12 du décret porte que pour être inscrit au Tableau il faut avoir prêté serment et fait un stage. *Les avocats inscrits* forment seuls l'ordre des avocats (art. 9), tandis que pour être avocat, il suffit de prêter serment. « *Les licenciés qui voudront être reçus avocats.....* » (art. 13).

(1) Voir d'autres détails, Intr. hist., p. 34.
(2) V. p. 29.

D'ailleurs les déductions que l'on peut tirer de ces différents textes sont d'accord avec les traditions.

Depuis les temps les plus reculés, on a distingué entre *les avocats en parlement*, c'est-à-dire ceux qui n'ont que le titre, et *les avocats au parlement*, c'est-à-dire ceux qui se livrent à l'exercice de la Profession.

D'après d'Aguesseau, « ce qui fait et constitue l'avocat, c'est la licence en droit civil ou canonique prise en une université, l'admission au serment et la prestation de ce serment » (Maximes tirées des ordonnances, t. V, p. 631).

On peut donc avoir le titre sans exercer la profession.

Le doute ne commence que lorsqu'il s'agit de savoir si un avocat peut allier son titre à celui d'une profession incompatible, ou s'il a le droit de le conserver quand il devient incapable ou indigne (1).

La cour de Bruxelles a tranché cette question dans un sens négatif à l'égard d'un notaire (9 février 1863) (2).

Mais nous ferons remarquer que cette solution, possible à l'égard d'un notaire, d'un avoué ou de tout autre fonctionnaire soumis à une juridiction disciplinaire, resterait sans force ni sanction à l'égard d'un commerçant, d'un agent d'affaires, d'un employé (3).

En effet il est jugé que l'usurpation du titre d'avocat ne constitue point par elle seule un délit (tribunal de la Senne, 24 octobre 1842, D. P. 43. 4. 241). A plus forte raison, on ne saurait atteindre ceux qui l'ayant acquis légalement continuent à le porter lorsqu'ils sont écartés du Tableau.

Sans doute il y a là une anomalie. La loi qui interdit l'exercice de la Profession dans certains cas pour en protéger la dignité, ne devrait pas permettre que le premier venu se prévale impunément du titre, car le public ne distingue pas toujours entre les avocats inscrits et ceux qui ne le sont pas.

(1) Par décision du Conseil en date du 23 octobre 1857, il a été décidé qu'un avocat biffé du Tableau, parce qu'il exerçait les fonctions de chef de bureau au Ministère de la justice, pouvait cependant conserver son titre d'avocat.

(2) *Belg. Jud.*, XXIe an., 1863, p. 503.

(3) Un *arrêté royal*, en date du 22 avril 1863, déclare concessionnaire d'un chemin de fer le sieur L., *avocat à la cour d'appel de Bruxelles*. Le titre y est en toutes lettres. V. *Moniteur*, 24 avril 1863.

§ 5. *Rang du Tableau.*

121. Il n'est pas indifférent d'assigner telle ou telle place aux avocats sur le Tableau. L'ordre dans lequel ils y sont inscrits confère certains droits et priviléges, sanctionnés par la loi ou les usages, et justifiés par cette présomption que l'expérience et la capacité s'augmentent à mesure que la vie s'écoule dans l'exercice de la Profession.

C'est dans l'ordre du Tableau que la loi appelle les avocats à remplacer les juges ou les officiers du Ministère Public (art. 10, l. 22 ventôse an XII, 84 C. pr., 35 déc. de 1810); et qu'à parité de voix dans les élections pour le Bâtonnat ou le Conseil, elle donne la préférence au plus ancien (art. 4, arrêté de 1836) (1).

C'est aussi l'ordre du Tableau qui règle le rang de préséance entre confrères, sans égard à leur âge. L'ordre du Tableau et le rang de l'avocat sont en corrélation intime : l'avocat occupe au Barreau la place qu'il a au Tableau.

122. Telles sont du moins les traditions anciennes. Aujourd'hui ces traditions tendent à s'effacer : on semble traiter avec indifférence les prérogatives du rang de chacun.

A Bruxelles, le Conseil étendant outre mesure l'art. 5 du décret de 1810, qui ne s'appliquait qu'à la première formation des tableaux, a pris l'habitude de dresser la liste annuelle en assignant à l'avocat la place déterminée, non par la date de son admission, mais par celle de son diplôme.

Ainsi celui qui après avoir passé ses examens, est resté pendant longtemps étranger au Barreau, se voit inscrit quand il y entre, avant tous ceux qui porteurs d'un diplôme de date plus récente, le précèdent cependant dans la carrière.

Cette manière de procéder nous paraît présenter des inconvénients. L'ordre du Tableau n'indique plus le rang de l'avocat. Le pêle-mêle des inscriptions induit le public en erreur en lui indiquant comme anciens des membres qui ne le sont pas. Pour ce qui concerne la suppléance, on serait obligé, si l'on

---

(1) Voir n° 34.

s'en tenait aux termes de la loi, d'appeler au fauteuil des licenciés de vieille date, nouvellement reçus avocats, de préférence aux anciens du Barreau, moins anciennement diplômés.

123. Le système le plus légal et le meilleur, d'après nous, serait de fixer l'inscription au jour où le Conseil a jugé remplies les conditions requises pour figurer au Tableau (1). Comme c'est à la fin du stage que l'avocat a droit d'y être inscrit, c'est par conséquent à partir de ce moment qu'il faudrait tenir compte du rang qu'il y prend. (Voir dans ce sens arrêt de Bourges du 30 mai 1822, S. 23. 2. 105.)

124: Les avocats près la Cour d'appel qui s'établissent près des tribunaux de première instance y ont rang du jour de leur inscription au tableau de la Cour (art. 11 du décret de 1810): il serait injuste d'enlever à celui qui va s'établir dans un siège inférieur, le bénéfice du rang qu'il a acquis dans un siège supérieur.

125. Mais quelle est la position de l'avocat qui après avoir été inscrit près un Tribunal vient s'établir près la Cour?

Actuellement à Bruxelles, il est rangé à la date de son diplôme (2). De cette façon on élude la difficulté, mais, il faut bien le dire, on méconnaît les règlements. Selon l'esprit du décret de 1810, l'avocat d'un Tribunal étant dans une position inférieure à celle de l'avocat d'une Cour, le premier ne devrait pas avoir le droit de conserver vis-à-vis du second le rang qu'il occupait au barreau du Tribunal, et ne pourrait être placé au tableau de la Cour qu'à la date de sa nouvelle inscription.

Nous sommes loin cependant d'approuver le système du décret. L'avocat qui a longtemps pratiqué avec honneur en première instance a acquis une expérience et un talent qui ne l'abandonnent pas quand il se transporte au chef-lieu d'une Cour. Nous ne voyons aucune raison pour ne pas le placer avant ceux qui ont moins d'années de pratique.

---

(1) A Paris les avocats sont inscrits à la date de leur *admission au stage*. Si le stage a été interrompu, le Conseil en constatant l'interruption, règle d'après les circonstances, le jour qui servira de point de départ pour le rang au Tableau. — Ce système n'a rien de fixe.

(2) Après qu'il a fait son stage à la Cour. V. n° 86.

126. S'il en doit être ainsi à l'égard de l'avocat passant d'un tribunal à la Cour, *a fortiori* faudrait-il adopter la même solution pour le confrère qui arriverait d'une autre Cour (1).

127. Il y a plus de difficulté lorsqu'il s'agit de régler le rang de celui qui, après avoir été inscrit au Tableau, abandonne la Profession pour exercer des fonctions judiciaires, ou pour se livrer à d'autres travaux; puis demande sa réinscription.

Le conseil de l'ordre de Bruxelles ne distingue pas les motifs qui ont déterminé la retraite de l'avocat, et le replace invariablement, comme nous l'avons dit n° 122, à la date de son diplôme. (Voir en ce sens la réponse que le Conseil fit au secrétaire de l'ordre de Charleroi, qui l'avait consulté sur ce point, séance du 5 déc. 1860 (2).)

Quand un avocat abandonne sa profession pour des occupations incompatibles avec nos travaux, il devrait, sans profiter du temps passé loin du Barreau, n'avoir droit qu'à la place que lui assigne la date de sa réinscription. S'il perd les bénéfices d'une inscription antérieure, il ne s'en prendra qu'à lui-même, car il s'est volontairement rendu étranger au Palais.

Mais s'il a été appelé à des fonctions judiciaires, il a conservé et augmenté la somme d'expérience et de connaissances que donne la pratique : la présomption de capacité qui fixe le rang subsiste à son égard; dès lors il serait logique de replacer le magistrat redevenu avocat à la place qu'il occupait anciennement.

128. Par les mêmes raisons, l'avocat qui, après avoir échangé son titre contre celui d'avoué, abandonne ses fonctions ministérielles pour rentrer au Barreau, devrait également y être rétabli à son premier rang (3).

_____

(1) A Paris, les confrères qui viennent d'une autre cour impériale n'ont rang que du jour de leur demande à fin d'admission au Tableau (**MOLLOT**, II, p. 156).

(2) En 1813, le conseil de l'ordre de Bruxelles s'adressa au Procureur Général pour savoir à quel rang un avocat qui avait été rayé pour incompatibilité devait être inscrit, cette incompatibilité venant à cesser? (Séance du 3 nov. 1813.) Le Procureur Général répondit qu'il devait l'être à la date de *son nouveau serment*. (Séance du 1er août 1814.)

(3) V. séance du conseil de discipline de Bruxelles du 4 avril 1860.

III. DU BUREAU DE CONSULTATION GRATUITE.

129. Le décret de 1810 impose au Conseil l'obligation de pourvoir à la défense des indigents par l'établissement d'un bureau de consultation gratuite.

Aider les pauvres est une vieille coutume du Barreau. Les avocats au parlement de Paris s'assemblaient tous les mercredis à la bibliothèque du Palais pour donner des consultations aux indigents. A ces conférences assistaient surtout les stagiaires qui délibéraient avec les anciens et rédigeaient ensuite les avis.

La Belgique possédait des institutions analogues.

Citons d'abord la confrérie de Saint-Yvon, établie à Gand, dans le but de défendre gratuitement les causes des pauvres qui avaient été trouvées justes par deux ou trois confrères, et dont les frais de poursuite présumés ne dépassaient pas les profits espérés. La confrérie de Saint-Yvon devint une institution civile, en vertu d'un édit du 23 mars 1684, rendu sur l'avis du conseil de Flandre.

Le 16 novembre 1733, la confrérie s'adressa au souverain pour obtenir la procédure gratuite dans les procès suivis au nom des indigents, et par décret du 28 novembre, « Sa Ma- » jesté ordonna à tous magistrats et colléges de justice, » secrétaires, greffiers, huissiers, messagers, sergents et offi- » ciers, d'expédier les apostilles, appointements, enquêtes » et autres actes de justice requis pour l'instruction, poursuites » et décisions des causes et procès des personnes misérables, » reçues sous la clientèle de la confrérie de Saint-Yvon, sans » salaire et payement. »

Les actes de procédure de la confrérie, portaient en tête : *Pro Deo et sancto Yvone* (1).

La confrérie subsista jusqu'à l'invasion française.

Au pays de Liége, au comté de Namur comme sous la coutume de Malines, les pauvres avaient le droit de plaider gra-

_____
(1) V. *Belg. Jud.*, t. XII, p. 1006.

tuitement et les avocats devaient également leur prêter leur ministère *Pro Deo* (1).

130. Le décret de 1810 rétablit cet ancien usage dans les termes suivants :

« Le conseil de discipline pourvoira à la défense des indi-
» gents, par l'établissement d'un bureau de consultation gra-
» tuite qui se tiendra une fois par semaine.

» Les causes que ce bureau trouvera justes seront par lui
» envoyées, avec son avis, au conseil de discipline, qui les
» distribuera aux avocats par tour de rôle.

» Voulons que le Bureau apporte la plus grande attention à
» ses consultations, afin qu'elles ne servent point à vexer des
» tiers qui ne pourraient par la suite être remboursés des frais
» de l'instance.

» Les jeunes avocats admis au stage seront tenus de suivre
» exactement les assemblées du bureau de consultation.

» Chargeons expressément nos procureurs de veiller spé-
» cialement à l'exécution de cet article, et d'indiquer eux-
» mêmes, s'ils le jugent nécessaire, ceux des avocats qui
» devront se rendre à l'assemblée du Bureau, en observant,
» autant que faire se pourra, de mander les avocats à tour de
» rôle. » (Art. 24.)

Ce dernier paragraphe était la conséquence du système du décret qui soumettait le Barreau au pouvoir.

En 1836, il fut remplacé par l'article 11 de l'arrêté du 5 août, ainsi conçu :

« La désignation des avocats dont il est parlé au dernier
» paragraphe de l'art. 24 du décret de 1810, sera faite par le
» Bâtonnier. »

131. Dans la pratique, le bureau de consultation de Bruxel-les ne fonctionne pas exactement selon les termes de la loi.

Une décision du Conseil de l'Ordre du 7 décembre 1836, autorisa le bureau de consultation à juger lui-même de l'op-portunité de poursuivre les affaires contentieuses qui lui sont soumises, et de désigner également lui-même l'avocat à charger de cette poursuite.

---

(1) V. *Belg. Jud.*, t. III, p. 1309. — V. également Introduction historique, p. 12.

Le Bureau est composé d'un président, pris parmi les membres du Conseil, et de quatre assesseurs. Dans les premiers temps, ces cinq membres étaient délégués pour une année, mais en vertu d'une décision du 22 octobre 1840, on ne renouvelle aujourd'hui annuellement que le président et deux assesseurs.

Le bureau de consultation se réunit tous les samedis dans une des salles du Palais. Les jeunes avocats qui sont tenus de le fréquenter pour obtenir leur inscription au tableau de l'Ordre (1) s'y rendent également, apposent leur signature sur un registre de présence et attendent que le Bureau leur distribue les causes des indigents qui se présentent (2).

Le stagiaire chargé d'une affaire fait venir le client chez lui, écoute ses explications et présente au Bureau, à la séance suivante, un rapport avec conclusion. Après la lecture de ce rapport, si le Bureau décide qu'il y a lieu à suivre, l'avocat conserve ordinairement l'affaire. Le Bureau lui délivre une cédule constatant sa mission de demander au Tribunal le bénéfice du *Pro Deo* pour intenter l'action.

Quand l'avocat a obtenu le *Pro Deo*, il fait le procès en s'aidant des conseils de ses patrons, sans que le bureau de consultation intervienne davantage.

132. Le stagiaire doit pour figurer au Tableau, justifier au moins de soixante présences au bureau de consultation (3).

---

(1) V. décision du 7 déc. 1836.

(2) « Le conseil de discipline de l'ordre des avocats exerçant près la cour d'appel de Bruxelles, voulant que les opérations du bureau de consultation gratuite aient lieu avec la dignité qu'exige une œuvre de bienfaisance et que réclame la présence des indigents ;

A pris la résolution suivante :

Les avocats stagiaires attachés au bureau de consultation gratuite sont tenus d'observer le silence pendant toutes les opérations dudit bureau. Le trouble qui y serait apporté, soit par des conversations, soit de telle autre manière, sera puni par le Bureau, la première fois d'une annulation de présence, et en cas de récidive d'une annulation de présence avec rappel à l'ordre inséré au procès-verbal.

Après deux rappels à l'ordre à charge du même avocat, le Bureau transmettra un extrait du procès-verbal au conseil de discipline, lequel statuera (30 juillet 1862). »

(3) V. décision du 5 mai 1858.

IV. DES HONORAIRES.

§ 1. *Des honoraires en général et du droit de les réclamer en justice.*

133. Le quatrième objet que nous avons classé parmi les attributions dites administratives du Conseil, est le règlement des honoraires. (Art. 43 décret de 1810.)

En cette matière, le Conseil agit en double qualité. Il peut, à l'occasion, invoquer son pouvoir disciplinaire pour reprendre l'avocat dont les prétentions seraient blâmables. Mais toute question de répression écartée, le Conseil agit encore comme pouvoir gracieux, comme juge conciliateur ou appréciateur.

134. Sénèque (*De Beneficiis*, VI, 17) dit, en parlant des médecins et des professeurs, et il aurait pu dire la même chose des avocats : « Celui-là est un ingrat qui s'imagine ne rien devoir au delà de ce qu'il a payé aux personnes qui se sont vouées à ces professions relevées qui ont pour but de conserver ou d'embellir notre existence : ce n'est pas tout d'avoir payé le prix de la peine, il reste encore le prix du cœur. *In optimis vero artibus quæ vitam aut conservant aut excolunt, qui nihil se plus existimat debere quam pepigit, ingratus est. Pretium operæ solvitur; animi debitur.* »

Cette pensée sert de base à la théorie romaine des honoraires. Certaines professions ne s'exercent que dans l'intention de gagner de l'argent. Les services qu'elles rendent, sont utiles sans doute, à ceux qui les demandent, mais ceux-ci sont complétement libérés en payant une somme d'argent équivalente à ces services. Celui qui les exerce ne vous oblige que pour son intérêt et non pour le vôtre : *totus ad se spectat et nobis prodest quia aliter sibi prodesse non potest.* Le contrat qui intervient est un contrat de louage : *locatio conductio operarum.* Le prix s'appelle *merces.* Ceux qui le reçoivent sont des *mercenarii*; ils ont une action pour en poursuivre le payement : *actio locati.*

D'autres professions sont plus nobles, plus élevées : elles

présupposent plus de dévouement. Les services qu'elles procurent ne sont pas uniquement inspirés par un désir intéressé, il y a en elles l'amour de l'humanité ou l'ambition de la gloire.

Aux professions que les idées romaines rangeaient dans cette catégorie, on donnait le nom de *operæ liberales* (Maynz, cours de droit romain, § 301, 2ᵉ éd.).

Le contrat qu'elles engendraient était un mandat, *mandatum*, et la récompense du mandataire s'appelait d'un nom plus relevé que *merces* : elle s'appelait *honorarium*. Comme l'essence du mandat était sa gratuité, le mandataire n'avait aucune action en justice pour réclamer le prix de ses services et ne pouvait accepter qu'une récompense volontairement offerte. « *Quædam enim tametsi honeste accipiantur, inhoneste tamen petuntur.* »

La profession d'avocat occupait à Rome une place particulière parmi les professions libérales. Non-seulement les avocats ne pouvaient réclamer en justice des honoraires pour leurs plaidoiries, mais il leur fut même d'abord défendu d'en recevoir de leurs clients. Cette défense fut, plus tard, abrogée en ce sens que les avocats purent accepter les honoraires qui leur étaient offerts soit en argent comptant, soit en promesses et obligations, pourvu qu'ils n'excédassent pas mille sesterces.

135. Le droit coutumier français s'empara souvent des traditions romaines, mais l'esprit simple et primesautier du peuple ne sut pas facilement s'assimiler ces théories élevées.

Pendant longtemps on ne fit aucune difficulté pour régler judiciairement les honoraires que le défenseur n'avait pas eu la précaution de stipuler par convention expresse, ou pour contraindre par jugement les clients à reconnaître les soins que leurs affaires avaient reçus.

Ce ne fut qu'au xviiiᵉ siècle que s'introduisirent au parlement de Paris d'autres errements. Brillon rapporte (1) qu'un avocat ayant plaidé le 23 février 1702 pour obtenir payement d'honoraires, M. Panard, ancien avocat, prit la parole pour demander acte du désaveu qu'il faisait, au nom de ses confrères, d'une demande d'honoraires pour lesquels il n'avait point

_____

(1) V. Brillon, Dictionnaire des arrêts, vᵒ Avocat.

d'action. La sentence qui intervint donna acte du désaveu.

Le 9 mai 1723 un bâtonnier disait à ses confrères : « Ceux » qui auraient la témérité de demander des honoraires seraient » retranchés du Tableau. » La délicatesse était poussée plus loin encore, car le Bâtonnier ajoutait : « Mais il ne doit pas nous » suffire de ne point former des demandes en justice, nous » devons éviter d'obliger nos clients par nos manières envers » eux, pendant qu'ils ont actuellement besoin de nos secours, » à nous récompenser au delà de ce qu'ils ont résolu. » (Camus, 1re lettre.)

Il ne faut pas conclure de ces paroles que les avocats n'eussent pas d'action pour le payement des honoraires. Le contraire est prouvé par de nombreux arrêts, dont plusieurs émanent du parlement de Paris. Dans quelques parlements, on voyait, quelquefois, le Ministère Public conclure d'office au payement des honoraires.

Au parlement de Bordeaux on allait plus loin : non-seulement on admettait les demandes d'honoraires, mais on refusait d'écouter les exceptions que les clients y opposaient sous le prétexte qu'elles étaient excessives (1).

D'ailleurs, ajoutons que les avocats avaient droit, en dehors de leurs honoraires, de faire taxer leurs écritures : celles-ci, qui constituaient une partie importante de leurs fonctions, tombaient à la charge des plaideurs succombant. (V. un arrêt de règlement du parlement de Paris du 17 juillet 1693; Journal des audiences, t. IV, p. 42.)

136. En Belgique, le grand conseil de Malines, le conseil souverain de Brabant, le conseil de Flandre et celui de Mons donnaient également action pour les honoraires : ceux-ci se réglaient d'après des tarifs spéciaux à chaque juridiction et étaient soldés par la partie condamnée aux frais. *Expensæ lites*, dit Christyn, *sunt salaria advocatorum, procuratorum* (2).

---

(1) « Quelque excessifs que paraissent aux parties les honoraires fixés par ces messieurs, dit **SALVIAT,** p. 167, le Parlement a assez d'égard pour la Compagnie pour ne les modérer jamais. On trouve plusieurs arrêts qui ont rejeté les plaintes à ce sujet, sans examiner si elles étaient fondées. Le plus sûr est de s'adresser à la Compagnie elle-même qui s'empressera toujours de rendre justice à qui elle est due. »

(2) V. **DE GHEWIET,** p. 245. — Voir discours de M. de Bavay sur les

Les avocats ne pouvaient rien exiger au delà de la taxe des honoraires (1).

Les chartes des pays et comté de Hainaut permettaient de faire payer au double toutes les vacations dans les causes des abbayes, des villes et des colléges (corporations) de toutes espèces (2).

Dans les affaires ordinaires, les honoraires étaient réglés par le greffier taxateur. En cas de contestation par la partie, le greffier en référait au rapporteur de la cause.

La taxe du greffe n'avait toutefois pas force d'arrêt. On en pouvait revenir par simple requête à la Cour. (V. résolution des chambres assemblées de Flandre, le 23 juin 1689.)

Les avocats qui avaient travaillé dans leurs propres causes, étaient en droit, lorsqu'ils avaient gagné leur procès, d'exiger des honoraires et de les porter en dépens.

Il en était ainsi au grand conseil de Malines et au parlement de Flandre.

D'après l'ordonnance d'Albert et d'Isabelle du 13 avril 1604 réglant le style et la manière de procéder au conseil souverain ordonné en Brabant (chap. 11), les avocats pouvaient, dans les affaires extraordinaires, excéder les limites des tarifs, avec la permission du Conseil. La taxe extraordinaire ne retombait cependant jamais à la charge de la partie succombante.

L'honoraire une fois fixé, l'avocat avait action en justice, comme en France, pour le réclamer. La question de savoir si la créance de l'avocat était privilégiée, faisait l'objet d'une sérieuse contestation (3) (4).

137. La matière est réglée de nos jours par l'art. 43 du décret de 1810, qui s'exprime de la façon suivante : « A défaut de

---

Règlements judiciaires d'autrefois, Belg. Jud., XXIVᵉ an., 1866, p. 1329, particulièrement, p. 1334 *in fine*.

(1) **TULDENUS,** ad lib. 3, t. 16.

(2) **DE GHEWIET,** p. 4, t. I, art. 5; **JOTTRAND,** p. 24.

(3) V. Introduction historique, p. 9, quelques autres détails.

(4) Un avocat de New-York ne pouvant obtenir de la famille d'Orange-Nassau payement de 42,000 dollars d'honoraires pour les soins qu'il avait pris dans l'affaire du vol des diamants commis à Bruxelles en 1829, adressa le 2 janvier 1850 une requête au Congrès américain pour obtenir l'intervention même armée de son pays, afin d'avoir raison du refus de payement de la famille d'Orange (*Belg. Jud.*, IX, 1815, p. 111).

règlement, et pour les objets qui ne seraient pas prévus dans les règlements existants, voulons que les avocats taxent eux-mêmes leurs honoraires avec la discrétion qu'on doit attendre de leur ministère. Dans le cas où la taxation excéderait les bornes d'une juste modération, le conseil de discipline la réduira, eu égard à l'importance de la cause et de la matière du travail; il ordonnera la restitution, s'il y a lieu, même avec réprimande. En cas de réclamation contre la décision du conseil de discipline, on se pourvoira au Tribunal. »

L'art. 44 ajoute : « Les avocats feront mention de leurs honoraires au bas de leurs consultations, mémoires et autres écritures; ils donneront aussi un reçu de leurs honoraires pour les plaidoiries. » Cet article renouvelle cette fameuse disposition de l'ordonnance de Blois qui souleva tant d'orages sous le ministère de Sully et à laquelle le Barreau ne se soumit jamais (1).

En outre, l'art. 80 du tarif des frais et dépens décrété le 16 février 1807, donne à l'avocat, à l'instar des anciens tarifs, un droit d'honoraires pour la plaidoirie, qui est mis à la charge de la partie perdante. Il est d'usage d'abandonner cette somme à l'avoué.

138. Le droit de réclamer des honoraires en justice n'est pas contesté. Seulement la jurisprudence, en admettant une telle action, a coutume de la désapprouver : parfois même elle l'a qualifiée d'odieuse (V. Bruxelles, 11 décembre 1814, *Pas.* à sa date) (2) (3).

139. Au barreau de Paris, le conseil de discipline interdit, actuellement encore, toute demande judiciaire en payement d'honoraires, sous peine de radiation du Tableau.

Cette coutume a souvent été critiquée :

« Jamais il n'est honteux, a-t-on dit, de réclamer et d'obte-

_____

(1) V. **Dupin**, *De la profession d'avocat*. Éd. belge de 1834, p. 78.

(2) Un arrêt de la cour de Bruxelles du 23 février 1863 (*Belg. Jud.*, XXV, p. 711) constate *in terminis* qu'elle est contraire aux traditions du Barreau.

(3) La poursuite d'une action en honoraires a donné lieu en 1847 à un conflit important entre l'ordre des avocats à Liége et la première chambre de la Cour, dont on trouve les détails dans la *Belgique Judiciaire*, 1847, p. 356.

nir par quelque voie que ce soit, le prix de son travail. Il faut que les avocats aient un moyen d'empêcher une ingratitude dont les exemples ne sont que trop communs. L'interdiction de ce droit si naturel, si légitime, lui impose la nécessité d'exiger ses honoraires à l'avance et lui permet d'être exigeant à l'excès. »

Ces observations ne sont pas dépourvues de justesse. Certes, l'avocat qui, après avoir reçu les confidences de son client pour le défendre, se retourne contre lui et abuse des secrets qu'il a reçus pour le soumettre à ses exigences, commettrait plus qu'un manquement aux règles de sa profession, il se rendrait coupable d'un acte malhonnête, même d'un délit, et pour ce fait il serait rayé du Tableau.

Certes, un avocat inhumain qui, sans considération pour la pauvreté de son client, poursuivrait les honoraires qu'il lui doit, et pour des sommes relativement minimes lui occasionnerait des frais onéreux, serait répréhensible et aurait à répondre de sa conduite au Conseil.

Ce sont là des abus qui peuvent accompagner l'exercice d'un droit, mais ne vicient pas le droit lui-même.

Toute hypothèse de ce genre écartée, il nous semble difficile d'interdire, en thèse générale et d'une manière absolue, toute action en honoraire, sous peine disciplinaire.

Sans doute, le sentiment de pudeur qui pousse l'avocat à abandonner ce qu'il a gagné plutôt que de débattre le prix de la reconnaissance de son client, honore et l'homme qui le ressent et la corporation dont il fait partie. Sans doute, il est plus noble de faire des ingrats que d'arracher par contrainte la rémunération d'un service et de s'exposer à des récriminations injustes que suscite chez un individu de mauvaise foi le désir d'échapper au payement de sa dette ; mais nous ne saurions oublier qu'il n'est pas loisible à tout le monde de réaliser ces principes de généreuse charité, et nous ne voudrions pas ajouter à l'amertume de celui qui se trouvera dans la triste nécessité d'avoir recours à justice, pour forcer des gens oublieux à reconnaître ses soins, la répulsion de ses confrères et le blâme du Conseil.

140. Le conseil du barreau de Bruxelles a, au surplus,

formulé le principe qui doit nous guider en cette matière, de la façon suivante :

« Attendu que s'il est facultatif aux avocats de poursuivre leurs clients en payement des honoraires qui leur sont dus, il est de leur devoir de ne commencer et de n'exercer cette poursuite qu'avec toute la circonspection qu'exigent les sentiments d'honneur et de délicatesse qui forment la base de leur profession. » — (10 février 1842.)

Cette décision, remarquons-le, ne permet qu'exceptionnellement l'action en justice : celle-ci ne peut être exercée, comme le dit le Conseil, qu'avec toute la circonspection qu'*exigent les sentiments d'honneur et de délicatesse* qui sont indispensables à notre ministère. Aussi ajoutons à l'honneur du barreau de notre pays, que s'il lui a paru impossible de proscrire impitoyablement semblable action, il est cependant passé en usage généralement observé de s'en abstenir.

§ 2. *Compétence et procédure pour l'action en honoraires.*

141. Sous prétexte que les honoraires dus à l'avocat étaient des frais de justice semblables à ceux régis par l'art. 60 C. pr. et que le tribunal qui avait connu de l'affaire était le plus capable d'en apprécier la hauteur, plusieurs arrêts avaient décidé que c'était devant ce tribunal qu'il fallait, nonobstant la règle *actor sequitur forum rei*, assigner le client récalcitrant (1).

Ni les principes généraux, ni les termes de la loi n'autorisaient cette jurisprudence. L'art. 60 C. pr. ne s'occupe que des frais dus aux officiers ministériels. Or, nous savons que les avocats ont toujours repoussé cette qualification.

La deuxième raison invoquée, quelque bonne qu'elle puisse paraître à première vue, ne suffirait pas pour permettre une dérogation que la loi n'a pas sanctionnée.

D'ailleurs s'il est vrai que le tribunal devant qui l'avocat a plaidé est particulièrement apte à juger des honoraires promérités, tout autre tribunal peut aussi bien, d'après l'exposé de

---

(1) V. Bruxelles, 24 décembre 1829, *Pas.*, p. 343. — V. aussi loi 5 septembre 1807, art. 2, 2°, qui l'admet ainsi pour un cas spécial.

l'affaire et la production des pièces, résoudre cette question ; le législateur l'a tellement pensé ainsi qu'il renvoie au conseil de discipline, et non au tribunal, pour la taxation en cas de contestation. Aussi la jurisprudence est-elle aujourd'hui unanime pour soumettre cette action au droit commun (1).

142. L'art. 45 du décret de 1810 dit : « Dans le cas où la » taxation excéderait les bornes d'une juste modération le con- » seil de discipline la réduira...

» En cas de réclamation contre la décision du conseil de dis- » cipline on se pourvoira au tribunal. »

Donc l'avocat doit lui-même fixer ses honoraires, voilà le point de départ.

143 Dans les premiers temps de la mise en vigueur du décret, des avocats s'étaient adressés au Conseil pour faire taxer l'état à présenter, mais le Conseil rejeta cette demande :

« Vu l'art. 43 du décret de 1810 ;

» Considérant que les avocats taxent eux-mêmes leurs honoraires et qu'il ne peut appartenir au Conseil de réduire leurs taxations que lorsque sur la réclamation des parties ou autrement, il est trouvé qu'elles excèdent les bornes d'une juste modération,

» Déclare qu'il n'y a pas lieu jusqu'ores à délibérer. » (5 avril 1813.)

V. décisions dans le même sens du 3 nov. 1829 et du 10 déc. 1840.

144. Si le client trouve que la somme est excessive, l'avocat ou le client peuvent, l'un ou l'autre, avoir recours au Conseil.

Quand il y a réclamation pour honoraires, le Conseil essaye ordinairement de concilier les parties et délègue à cet effet le Bâtonnier ou tout autre membre (décision du 5 août 1811). En cas de non-conciliation, le membre délégué fait rapport et le Conseil décide.

145. Si le client appelé devant le Conseil déclare ne pas accepter la médiation du Conseil, celui-ci refuse d'ordinaire de donner suite avant qu'il y ait un jugement de renvoi (décision du 26 mai 1862).

(1) V. Br., 26 janvier 1839, *Pas.* p. 20 ; — Br., 16 nov. 1842, *Pas. B.*, p. 313 ; — Termonde, 24 juin 1859 (*Belg. Jud.*, XVII, 1859, p. 1008) ; — Tournai, 2 juillet 1860 (*Belg. Jud.*, XVIII, 1860, p. 1511).

146. L'avocat déterminé à poursuivre, assigne alors son client en justice. Le tribunal compétent, celui du *forum rei*, renvoie d'ordinaire les parties à se pourvoir devant le Conseil.

Avant de statuer, le Conseil se fait produire le jugement du tribunal en vertu duquel il est saisi (décision du 16 mars 1840).

Quand ce jugement est produit, le Conseil, après avoir instruit l'affaire, fixe la somme d'après le mode qui lui paraît convenable et dont au surplus il est seul juge (décision du 14 novembre 1849).

147. Si le client ne se soumet pas à ce chiffre, l'avocat revient devant le tribunal, qui seul a compétence pour contraindre le client à s'exécuter.

En effet le conseil de discipline n'ayant aucune juridiction sur ce dernier, ne peut prendre à son égard une décision qui l'oblige. D'ailleurs cette décision ne lie pas davantage les tribunaux.

Nous ne pensons pas même que l'avis du Conseil lie l'avocat, en ce sens que celui-ci a le droit de soumettre au tribunal saisi de l'affaire la question de savoir s'il ne lui revient pas une somme supérieure à celle fixée par le Conseil. En effet le paragraphe final de l'art. 43 du décret, ne fait aucune distinction et accorde à l'avocat comme au client le droit de se pourvoir au tribunal.

148. D'après l'art. 43 le Conseil peut ordonner la restitution de ce qui a été payé au delà de la mesure d'une juste modération ; mais il va de soi que le Conseil n'est plus admis à faire usage de ce pouvoir quand les honoraires ont été arrêtés par justice (décision du 1er mars 1848) (1).

§ 3. *Décisions diverses sur les honoraires.*

149. *Affaires du bureau de consultation.* — L'avocat chargé d'une affaire par le bureau de consultation gratuite, n'a pas le droit de réclamer des honoraires. Toutefois, si avant d'avoir été désigné par le bureau, il avait déjà accepté des hono-

_____

(1) A Tunis, le bey fit bâtonner un avocat et l'expulsa hors de la régence, parce qu'il demandait trop d'honoraires. (*Belg. Jud.*, IV, p. 1174.)

raires, il aurait le droit de les conserver. (Décision du 8 novembre 1848.)

150. *Affaires d'office.* — Un avocat nommé d'office peut-il recevoir des honoraires ? Il le peut quand il ne s'agit pas d'indigents.

Considérant qu'aucune loi n'interdit de réclamer des honoraires au cas de l'art. 41 du décret du 14 décembre 1810, et qu'il est de plus établi que le sieur X n'entendait point demander gratuitement le ministère des deux avocats qui lui ont été successivement désignés. — (Décision du 19 janvier 1848.)

151. *Pro Deo.* — Un avocat qui obtient le *Pro Deo* pour un client, peut-il réclamer des honoraires ? Cette question a reçu différentes solutions. Dans le sens de la négative, nous citerons deux décisions du Conseil, ainsi conçues :

Attendu que l'avocat qui demande et obtient le *Pro Deo* pour un client doit comme conséquence nécessaire du *Pro Deo* lui prêter gratuitement son ministère ; qu'il n'a donc pas le droit d'exiger des honoraires, même en cas de gain du procès. — 1er juin 1853.

152. Attendu qu'il est prouvé que l'avocat X. s'est chargé volontairement de remplir les formalités nécessaires pour faire prononcer par l'officier de l'état civil le divorce de la dame D. autorisé par jugement du tribunal civil de Bruxelles ;

Attendu que toute la procédure qui a eu lieu au sujet de ce divorce a été faite *Pro Deo*, la dame D. ayant justifié de son indigence ; que cependant l'avocat X. s'est fait promettre une somme de 20 francs pour accomplir les seules formalités qui restaient à remplir après la prononciation du jugement, c'est-à-dire la signification et l'assignation du mari devant l'officier de l'état civil ;

Attendu qu'il y a de l'indélicatesse à exiger des honoraires d'un client pauvre et qui a obtenu le Pro Deo *pour poursuivre ses droits en justice.*

9 avril 1845.

153. Dans le sens de l'affirmative, nous avons trouvé la décision suivante :

Attendu qu'il est avéré que le sieur X. a spontanément chargé Me Y. de poursuivre une demande en divorce contre l'épouse dudit X ;

Que Me Y. a poursuivi cette instance et obtenu le divorce ;

Que le *Pro Deo* a été demandé sur le conseil de celui-ci pour épargner à son client des avances et des frais ;

Que dans l'occurrence cette circonstance n'est point de nature à modifier le droit pour Mᵉ Y. de réclamer des honoraires. — (5 mars 1862.)

154. Cette décision fut confirmée implicitement par une autre décision en date du 15 juillet 1863.

Vu l'art. 43 du décret de 1810 ;

Ouï Mᵉ Dequesne en son rapport ;

Attendu qu'un avocat qui n'est point désigné d'office pour défendre un indigent peut en droit strict, lorsqu'il obtient gain de cause, encore bien que le *Pro Deo* ait été accordé, réclamer des honoraires, mais que le chiffre doit en être très-modéré. — (5 août 1846.)

155. *Pièces*. — Si la discrétion en taxant ses honoraires est un devoir pour l'avocat, la délicatesse dans les moyens de les obtenir est un devoir plus impérieux encore. Ainsi il ne pourrait, sans compromettre la dignité du Barreau, retenir les pièces du procès ou les sommes qu'il aurait reçues pour le compte de son client, afin de contraindre celui-ci à reconnaître ses soins. C'est la jurisprudence constante du Conseil (décisions du 11 juillet 1844 et du 4 mars 1863).

156. L'avocat a cependant le droit de retenir, jusqu'à payement de ses honoraires, les mémoires et les écrits de procédure qui sont son œuvre.

Attendu que la loi n'ayant pas refusé aux avocats une action en justice pour le payement de leurs honoraires, doit nécessairement leur avoir donné tous les moyens pour parvenir à ce but ;

Que les pièces de la procédure sont les éléments propres à établir le fondement de leur action ;

Que c'est de cette manière qu'ils peuvent prouver les devoirs qu'ils ont faits et les émoluments qu'ils ont mérités ;

Qu'il est juste et rationnel qu'ils ne puissent être forcés de se dessaisir de ces moyens de preuve que contre payement de ce qui leur est dû.

(17 avril 1838. Tribunal de Gand. — *Belg. Jud.*, XIII, p. 350.)

157. En ce qui concerne l'offre faite par la partie H. de restituer les pièces réclamées par la partie B. contre le payement de ses débours et honoraires et sans prestation de serment ;

Attendu que relativement à ces titres et pièces que l'auteur de la partie B. aurait remis à la partie H., la remise de ces pièces constituant un véritable dépôt qui doit être rendu au déposant et à sa première réclamation, rien ne saurait autoriser un avocat à retenir ces pièces jusqu'à ce qu'il soit payé de ses honoraires ; mais qu'il n'en peut être de même des actes et pièces de procédure, mémoires et écrits de l'avocat ; que ces écrits et mémoires étant son ouvrage, il est juste qu'il ne puisse être tenu de s'en dessaisir que contre payement de ce qu'il a mérité et déboursé.

(C. de Gand, 7 fév. 1842. — *Pas.*, 1842, p. 89.)

158. Lorsque des avocats exercent les fonctions de curateurs à une faillite, ils n'en doivent pas moins rester fidèles aux principes de délicatesse de notre profession. Ce point a été décidé récemment par un arrêt de la cour d'appel de Bruxelles du 11 août 1868 (inédit), ainsi conçu :

Attendu qu'il est constant, en fait, que la Banque de . . . . . . , établie à . . . , ayant été déclarée en faillite le . . . . , les deux intimés furent nommés curateurs à sa faillite conjointement avec le sieur Z et prêtèrent serment en cette qualité ;

Que, le. . . . . . , ladite Banque obtint de ses créanciers un concordat qui fut homologué par le tribunal de commerce de. . . , le. . . . . , et qu'une assemblée fut fixée au 12 février pour la reddition du compte des curateurs ;

Que la veille de cette assemblée, les intimés et Z firent faire par le caissier de la banque faillie, le sieur M, une assignation sur la Banque Nationale pour la somme de 72,318 fr. 65 c. formant, d'après eux, le montant de ce qui leur restait dû en déboursés et honoraires à titre de la gestion qu'ils avaient eue de ladite faillite ;

Qu'en même temps ils remirent au sieur M un état collectif et acquitté de ces déboursés et honoraires s'élevant à 76,318 fr. 65 c., sur lesquels 4,000 francs avaient été touchés antérieurement et dans lesquels les honoraires des trois curateurs figuraient pour la somme globale de 75,000 francs ;

Que cet état n'avait été soumis ni au tribunal de commerce de. . . , ni même au juge commissaire à la faillite ;

Que, sans avoir prévenu celui-ci, les trois curateurs firent encaisser par l'un d'eux l'assignation susmentionnée et s'en partagèrent le produit, de manière à attribuer à chacun d'eux 25,000 francs d'honoraires, le tout dans la matinée du 12 février, avant l'heure fixée pour la reddition de leur compte ;

Qu'à l'assemblée qui eut lieu pour ce dernier objet, ils portèrent en un poste aux dépenses énoncées dans leur compte ladite somme de 76,318 fr. 65 c.;

Que le sieur V, au nom de la banque faillie dont il avait été le directeur, demanda à faire une réserve sur ce poste, mais que les curateurs s'y refusèrent ; que l'intimé X ajouta que, si la réserve était faite, il ne pourrait accepter les fonctions de membre exécutif du concordat, ce qui aurait été de nature à compromettre celui-ci ; après quoi le sieur V approuva purement et simplement le compte présenté par les curateurs ;

Attendu qu'à l'époque à laquelle remontent ces faits, les intimés étaient inscrits, comme ils le sont encore, au tableau des avocats exerçant près le tribunal de . . . . ;

Attendu que si les fonctions de curateur à une faillite *ne sont pas absolument incompatibles* avec celles d'avocat, il est au moins certain que l'avocat, dans le cumul de ces fonctions, doit rester fidèle aux principes de délicatesse qui font la base de sa profession ;

Attendu que les intimés ont manqué à ces principes et se sont écartés des traditions dont s'honore le Barreau, par la conduite qu'ils ont tenue dans les circonstances prérappelées, notamment en se payant eux-mêmes et de leur propre autorité la somme à laquelle ils avaient taxé leurs honoraires, avant même d'avoir rendu compte de leur gestion ;

Attendu qu'ils ne se sont pas mieux conformés, dans l'occurrence, aux prescriptions de la législation spéciale sur les faillites ;

Qu'en effet l'art. 461 de la loi du 18 avril 1851 dispose en termes généraux que les honoraires des curateurs sont réglés par le tribunal de commerce, suivant la nature et l'importance de la faillite ;

Attendu que, pût-on admettre, dans certains cas, une dérogation à ce principe, quand après l'obtention d'un concordat le failli et le curateur ont réglé à l'amiable les honoraires revenant à ce dernier, il ne saurait être question d'une semblable dérogation dans l'espèce, puisqu'au moment où les intimés se sont payé eux-mêmes leurs honoraires, il n'était intervenu aucun règlement à ce sujet entre eux et la banque faillie et que celle-ci n'était pas même rentrée alors dans la libre disposition de ses droits et de ses biens, le jugement qui avait homologué le concordat n'étant passé en force de chose jugée que quelques jours plus tard ;

Attendu que, d'autre part, il résulte de la teneur des art. 479 et 480 de la loi précitée que l'obligation imposée aux curateurs de verser les deniers de la faillite à la caisse des consignations, a pour objet de les empêcher de disposer de ces deniers sans l'intervention du juge-commissaire ;

Attendu que, si l'abstention des intimés d'effectuer des versements à cette caisse à partir du . . . . . . , peut trouver sa justification dans les circonstances où ils ont été placés, du moins il ne leur a pas été permis d'éluder le but desdits articles, en appliquant à leur profit, sans consulter le juge-commissaire, une partie des fonds qu'ils n'avaient pas consignés ;

Attendu qu'en outre les intimés n'ont pas donné de motif plausible de leur refus d'accepter la réserve proposée par le sieur V à l'assemblée du 12 février, réserve d'autant plus juste que, d'après la manière dont les curateurs avaient présenté leur état d'honoraires, il était impossible à la banque faillie d'apprécier alors en connaissance de cause le mérite de cet état et par conséquent d'approuver ou de contester celui-ci ;

Attendu, en ce qui concerne spécialement l'intimé X, que sa conduite ne s'excuse pas suffisamment par le fait que le chiffre des honoraires que lui-même a perçus, n'a été l'objet d'aucune critique ; que son tort le plus grand a été en effet d'avoir participé à la présentation d'un état collectif de 75,000 fr. d'honoraires pour les trois curateurs et d'avoir ainsi acquiescé à la perception par les sieurs Y et Z, de 50,000 francs d'honoraires, sur lesquels 35,000 francs ont été restitués à la banque faillie ;

Attendu que toutefois dans l'appréciation de la peine disciplinaire à infliger à chacun des deux intimés, aux termes des art. 23 et 25 du décret du 14 décembre 1810, il y a lieu de tenir compte à X de ses antécédents très-honorables et de ce que les faits qui lui sont reprochés n'ont pas eu pour conséquence de lui procurer personnellement un lucre illégitime, et à Y, de ce qu'il s'en était rapporté à ladite banque pour la fixation définitive de ses honoraires antérieurement à la poursuite du Ministère Public ;

Par ces motifs,

La Cour, ouï M. l'avocat général Mesdach en ses réquisitions et les intimés en leurs moyens de défense, reçoit l'appel de M. le Procureur Général et y faisant droit, met à néant la sentence dont est appel, rendue en cause par le conseil de discipline des avocats exerçant près le tribunal de . . . ; émendant, prononce contre l'intimé X la peine disciplinaire de la censure et contre l'intimé Y, celle de la réprimande ; condamne les intimés par corps aux dépens.

159. *Privilége.* — 1° La créance de l'avocat pour honoraires en matière civile n'est pas privilégiée. (Trib. de Paris, 28 février 1843. *Belg. Jud.*, I, p. 620.)

2° En matière criminelle il en est autrement. La loi du 5 septembre 1807 a établi au profit des défenseurs un privilége pour les honoraires de la défense devant tous les degrés de la juridiction pénale, tant en cas d'acquittement qu'en cas de condamnation, tant contre la masse créancière en cas de faillite que contre le débiteur directement en cas de simple déconfiture. Ce privilége prend rang immédiatement après tous les priviléges spéciaux et généraux, mais avant celui du trésor public pour les frais de justice résultant de la poursuite.

Il s'exerce sur les meubles et sur les immeubles, mais ne vient sur ces derniers qu'après les hypothèques.

Ces questions rarement examinées en jurisprudence l'ont été davantage par la doctrine.

L'existence du privilége a été contestée; mais il résulte, d'après nous, de l'examen attentif du texte, des discussions et de l'esprit de la loi de 1807 mis en rapport avec les principes ae notre droit.

Voir au surplus les développements de cette question traitée par M. Ed. Picard dans la *Belgique judiciaire*, année 1869 : on y trouvera l'indication de toute la doctrine et de la jurisprudence.

160. *Solidarité.* — Les clients sont solidairement tenus des honoraires de l'avocat en vertu de l'art. 2002 C. c., quand l'affaire est commune. (Trib. de Gand, 19 décembre 1843. *Belg. Jud.*, I, p. 179.)

161. *Saisie-arrêt.* — Les honoraires de l'avocat constituent une créance personnelle dont le payement peut être poursuivi par les mêmes voies que toute autre créance ordinaire; il s'ensuit que l'avocat peut procéder par voie de saisie-arrêt en vertu de la permission du juge. (Liége, 5 mai 1846. *Belg. Jud.*, IV, 1840, p. 1730.)

162. *Traitement et abonnement.* — Si l'avocat ne peut d'avance engager son ministère ni traiter de ses honoraires avant de les avoir mérités, rien ne s'oppose pourtant à ce qu'il accepte un abonnement fixe et annuel. (Br., 23 février 1856, *Pas.*, 56, p. 142.)

Cet abonnement lorsqu'il est payé par une administration publique, jouit du bénéfice de la loi du 21 ventôse an IX, qui ne permet pas de saisir le traitement pour le tout. (Brux., 23 février 1852, *Pas.*, 52, p. 208) (1).

SECTION II.

Attributions disciplinaires.

§ 1. *Des limites du pouvoir disciplinaire du Conseil.*

163. L'art. 23 du décret de 1810 charge le Conseil « de veiller à la conservation de l'honneur de l'Ordre et de maintenir les principes de probité et de délicatesse qui font la base de la Profession. » Pour l'accomplissement de cette mission, il lui

---

(1) Sur l'abonnement, voy. ci-dessus p. 66, et la note 5, p. 67.

donne le droit de réprimer par voie de discipline les infractions et les fautes, sans préjudice de l'action des tribunaux, s'il y a lieu.

164. La principale question que cet article soulève est de savoir quelles sont les limites de ce pouvoir disciplinaire.

Le Conseil n'a-t-il juridiction que pour les faits qui se rattachent à la Profession, ou bien peut-il surveiller et juger tout acte de la vie privée ou publique de l'avocat?

Les deux systèmes trouvent des partisans qui présentent de part et d'autre de sérieux arguments.

165. Le pouvoir disciplinaire, disent les uns, est un tribunal intime, omnipotent dans ses investigations. C'est un censeur à qui rien ne doit échapper, qui prévient ou confirme les sentences de cet autre censeur toujours libre dans ses jugements et tout-puissant dans ses arrêts, qui s'appelle l'opinion publique.

Pour conserver l'honneur de l'Ordre, le Conseil doit nécessairement surveiller la vie privée comme la vie publique des avocats qui, pour rester dignes de concourir à la distribution de la justice, doivent se distinguer non-seulement par leurs talents et leur science, mais encore et surtout par les qualités et les vertus individuelles.

D'ailleurs il est impossible de séparer l'homme du praticien : l'honneur de l'un ne se comprend pas sans l'honneur de l'autre.

Il n'y a pas plus deux espèces d'honneur qu'il n'y a deux espèces de morale ou deux espèces de justice. La première condition pour que l'homme soit honorable dans son état, c'est qu'il soit honorable en lui-même.

Le Barreau ne peut permettre qu'un individu reproché et reprochable souille par sa présence le Tableau sur lequel il figure. L'indignité de l'avocat rejaillit sur l'Ordre tout entier, comme la dignité de l'Ordre s'accroît de celle de chacun de ses membres.

De cette loi de solidarité indiscutable résulte le devoir pour la Compagnie de rejeter de son sein, sous peine de ne plus rester, « un ordre aussi noble que la vertu, » comme le disait le chancelier d'Aguesseau, quiconque aurait perdu la considération et l'estime de ses semblables.

Ce système a été consacré par l'arrêt suivant de la cour de
Bruxelles, rendu chambres réunies :

Attendu que l'art. 23 du décret de 1810 encore actuellement en vigueur charge expressément le conseil de discipline de l'ordre des avocats de veiller à la conservation de l'honneur de l'Ordre et de maintenir
les principes de probité et de délicatesse qui font la base de la profession d'avocat ;

Attendu que ce n'est pas seulement au talent dont un grand nombre
d'avocats a fait preuve, mais encore à la pratique constante et sévère
des principes de probité et de délicatesse dans tous les actes de la vie,
que l'ordre des avocats doit la juste considération dont il jouit ; que c'est
donc aux qualités individuelles de chacun de ses membres que l'Ordre a
dû et doit encore le rang distingué où il se trouve placé ;

Attendu que les principes de probité et de délicatesse doivent régler
toutes les actions de l'avocat, soit qu'il agisse dans l'exercice de sa profession, soit qu'il pose des actes de la vie privée et dans son intérêt
personnel; que l'inobservation de ces principes, quelque part qu'elle se
fasse sentir, frappe l'homme qui n'y reste pas fidèle d'une déconsidération méritée qui rejaillit sur sa vie entière ;

Attendu que cette déconsidération de l'individu blesserait l'honneur
d'un ordre que la sévérité de ses principes doit rendre recommandable
entre tous, s'il devait conserver dans son sein un de ses membres qui
aurait méconnu les principes qui font la base de sa profession; qu'ainsi
le conseil de discipline, en recevant la mission de veiller à la conservation de l'honneur de l'ordre des avocats, de maintenir les principes de
probité et de délicatesse, a nécessairement reçu le droit de réprimer
tout ce qui pouvait y porter atteinte, dans quelque circonstance qu'ait
été commise l'infraction, l'honneur de l'homme comme celui de l'Ordre
étant indivisible. (Br., 8 avril 1846; *Pas.*, 1847, p. 299.)

166. Les partisans de l'opinion contraire raisonnent de la
façon suivante :

« L'homme a dans la société des devoirs de diverses natures
à remplir : devoirs de famille, comme fils, comme père, comme
époux ; devoirs politiques, comme citoyen ; devoirs particuliers,
comme attaché à quelques-unes des professions de la vie civile.
Chacune de ces obligations a sa sanction et aussi son tribunal
particulier.

» Ce qui regarde la famille, n'appartient qu'à la juridiction
domestique. L'homme politique est justiciable de l'opinion publique. Les lois pénales frappent les délits. Chaque corporation peut avoir sa discipline et ses juges spéciaux. En un mot,

tout ce qui est de nature à blesser l'ordre social se trouve soumis à une juridiction appropriée à sa nature. Confondre ces divers pouvoirs serait jeter la confusion dans la société.

» De même que les lois pénales ne peuvent s'introduire au sein de la famille, que l'homme politique n'est soumis au contrôle de l'opinion publique que pour sa vie publique, de même le pouvoir disciplinaire des diverses professions ne peut s'attacher qu'aux actes de la profession. Lui donner une compétence plus étendue serait le dénaturer et le compromettre. Il pourrait finir par usurper tous les pouvoirs de la vie publique et privée et dégénérer en une intolérable tyrannie (1). »

167. Cette dernière remarque nous semble contenir un argument très-sérieux. Dans le premier système, où est la limite du pouvoir disciplinaire? Quelle sécurité reste-t-il à l'avocat contre l'envahissement du Conseil?

Faut-il admettre avec un arrêt de Caen du 8 janvier 1830 (2), « que la censure est un véritable pouvoir discrétionnaire qui ne connaît de limites que dans le sens intime de ceux qui l'exercent et ne trouve de bornes que dans l'autorité souveraine des Cours? » S'il en était ainsi, les affaires de famille, les pratiques religieuses, les opinions et les écrits politiques pourraient être recherchés par le Conseil, et l'avocat serait exposé à être privé de sa profession, soit pour des faits domestiques indifférents à la société, soit pour des actes que garantissent nos libertés constitutionnelles.

La crainte de voir les conséquences de ce système poussées à leurs dernières limites semblera peut-être puérile et inopportune. La jurisprudence a proclamé depuis longtemps l'omnipotence du pouvoir disciplinaire, et cependant les abus redoutés ne se sont pas produits. Cela est vrai : nous assistons, à ce singulier spectacle d'une autorité effrayée de sa puissance, qui s'abstient d'en user.

Mais cette puissance, si calme dans les temps ordinaires, pourrait se réveiller à des époques de trouble et de fermentation.

L'argument que les partisans de la première opinion invo-

(1) V. Consultation de **DUPIN**, *Profession d'avocat.* Édition belge, 1834, p. 395.

(2) *Journ. Pal.*, à sa date.

quent le plus volontiers, se base sur l'indivisibilité de l'honneur, qui ne permet aucune distinction entre l'homme et l'avocat.

Si on entend par honneur cette qualité qui inspire sans cesse des actions nobles, courageuses, loyales, désintéressées, sans contredit l'honneur de l'homme est indivisible : ni le renégat politique, ni le pamphlétaire astucieux, ni le tartufe religieux, ni le faiseur habile, ni le fourbe, ne sont des gens d'honneur, quels que soient d'ailleurs leurs mérites, leurs talents et leur science.

Mais s'agit-il d'ériger le conseil de l'Ordre en tribunal auguste, sévère réformateur de la vertu et de la grandeur de l'homme, c'est une toute autre question.

Nous croyons, quant à nous, qu'il n'est pas raisonnable d'investir une autorité humaine quelconque du droit de remplir un pareil rôle.

Un conseil de discipline ne peut pas plus aspirer à accomplir cette mission que tout autre tribunal politique.

L'état de nos institutions et de nos mœurs n'est guère compatible avec l'existence d'inquisitions qui ne s'arrêteraient devant aucune borne.

Mais si nous n'acceptons pas le système absolu d'un pouvoir discrétionnaire et omnipotent, nous ne voulons pas cependant confiner le Conseil dans l'examen des fautes exclusivement professionnelles.

Réduit à ce point, le Conseil ne s'acquitterait pas convenablement de la tâche qui lui a été confiée. Certaines actions de l'homme, tout en échappant à la fois à la justice des tribunaux et aux devoirs de la Profession, impriment à celui qui les a commises une marque de déshonneur.

Lorsque des faits *publics* et *notoires* viennent flétrir la réputation d'un avocat, nous ne voyons aucun inconvénient à confier au conseil de l'Ordre le soin d'écarter du Tableau celui que la société a mis au ban de l'opinion.

Ce moyen terme entre deux extrêmes nous semble concilier les droits de l'individu avec les besoins de la société.

168. Voici quelques décisions du conseil de l'ordre de Bruxelles qui semblent indiquer qu'il n'entend pas sortir facilement du cercle des fautes professionnelles :

— Un créancier d'un avocat s'étant adressé au Conseil pour obtenir payement, le Conseil se déclara incompétent (4 novembre 1811).

— Un avocat ayant eu un différend avec un confrère, et s'étant adressé au Conseil pour savoir la conduite qu'il avait à tenir, le Conseil déclina sa compétence :

« Attendu que le conseil de discipline, dans la juridiction dont il est investi, n'est point appelé à donner de simples avis sur les questions qu'il peut plaire à un membre du Barreau de lui soumettre. » (7 mars 1837.)

— Décision dans le même sens le 7 novembre 1839.

— Le Conseil a aussi décliné sa compétence pour des faits qui, s'ils étaient vrais, se rattacheraient à une convention formée comme particulier et non comme avocat (11 juillet 1849).

§ 2. *Différence entre l'action disciplinaire et l'action publique. Influence de ces actions l'une sur l'autre.*

169. L'action publique tend à la répression d'une infraction aux lois pénales, par l'application d'une peine proprement dite ; l'infraction ayant causé un dommage à l'ordre social, c'est le Ministère Public qui poursuit la réparation.

L'action disciplinaire au contraire ne produit que de simples mesures disciplinaires contre l'avocat qui a méconnu les règles de son ordre. Cette action reste étrangère à la société ; elle n'appartient qu'à la corporation. L'avocat est poursuivi comme tel et non comme citoyen.

170. Distincte par ses formes de procéder comme par son but, la poursuite disciplinaire est donc entièrement indépendante de la poursuite criminelle. Le même fait peut engendrer ces deux actions : l'une et l'autre peuvent s'exercer cumulativement, sans que la maxime *non bis in idem* y fasse obstacle. S'il n'en était pas ainsi, ou aboutirait à des conséquences absurdes : une condamnation criminelle empêcherait toute mesure disciplinaire ; d'autre part, une poursuite de discipline suffirait pour enrayer la répression générale (1). En somme, il n'y a ni

(1) Un avocat atteint par une condamnation qui entache son honneur prévient la poursuite disciplinaire en demandant lui-même sa radiation. En pareil cas, le

identité de parties, ni identité de cause, ni identité de demande (art. 23 décret de 1810) (1).

171. Mais si le principe de l'indépendance des deux actions est incontestable, il souffre cependant certains tempéraments.

Quoique l'action disciplinaire ne soit pas éteinte par l'action criminelle, la poursuite disciplinaire doit néanmoins se garder de démentir ou contredire directement les décisions de la justice répressive. Les faits tenus pour vrais devant cette dernière juridiction doivent l'être également pour l'autre. Ainsi il a été décidé à l'égard d'un notaire que, lorsqu'un arrêt motivé déclare positivement que tel acte, argué de faux, a été passé et reçu avec la régularité et la sincérité voulues par la loi et les règles de la profession, cette déclaration juridique ne permet pas l'exercice d'une action disciplinaire qui serait uniquement fondée sur le reproche ainsi écarté. (Cas. fr., 24 juillet 1822, J. P. 1823, 105; Merlin, Rép., v° Notaire, p. 590.) Aussi pour éviter toute contradiction, il est prudent pour le conseil de discipline de surseoir à prononcer jusqu'à ce que le tribunal saisi de l'affaire ait statué (V. séance du conseil de Bruxelles du 1er fév. 1837) (2).

172. Les décisions de non-lieu ou d'absolution n'exercent aucune influence sur l'action disciplinaire; car elles impliquent seulement qu'il n'y a pas de charges suffisantes pour constater la fraude, ou que le fait tel qu'il est avéré ne tombe pas sous le texte de la loi pénale.

173. Cependant le conseil de Bruxelles a décidé récemment que l'extinction de l'action publique en matière d'adultère avait pour conséquence l'extinction de l'action disciplinaire. L'espèce mérite d'être rapportée : le Procureur Général avait requis le Conseil de rayer du Tableau un avocat contre lequel le Ministère Public avait dirigé une poursuite en adultère, poursuite qu'il avait dû abandonner par suite du désistement du mari. L'avocat appelé devant le Conseil puisa dans cette circonstance

Conseil peut éviter tout nouveau scandale et admettre la radiation sans formalité. (V. décision du 5 fév. 1854.)

(1) V. Grenoble, 26 déc. 1828; Agen, 24 fév. 1844, J. P. 1844, 2, 547; décision du Conseil de Bruxelles du 17 fév. 1846.

(2) Le conseil de l'ordre de Bruxelles a été jusqu'à rayer *provisoirement* un avocat renvoyé devant la cour d'assises. (Décision du 4 déc. 1821.)

une fin de non-recevoir sur laquelle le Conseil statua de la façon suivante :

Attendu qu'il y a lieu tout d'abord d'examiner si l'extinction de l'action criminelle entraîne dans l'espèce l'extinction de l'action disciplinaire ;

Attendu qu'il résulte des art. 336, 337, 338, 339 du C. p. et 272 du C. c. que l'adultère est un délit *sui generis* pour la répression duquel l'action publique ne peut être exercée que sur la plainte du mari qui reste toujours maître d'en arrêter le cours ;

Que le droit du mari est absolu ; que lui seul en sa qualité de chef de la famille et de gardien de l'honneur de son nom, de celui de sa femme et de ses enfants, a le droit de lever le voile qui couvre la vie privée et les faits qui ont pu porter atteinte à la sainteté du mariage et du foyer domestique ;

Qu'il résulte même des articles 337 § 2 C. p. et 272 C. c. que le législateur s'est montré favorable à la réconciliation des époux et à l'oubli des fautes de la femme, dans l'intérêt de la moralité publique, comme dans l'intérêt de la famille ;

Attendu qu'il est de doctrine et de jurisprudence que le désistement ou le pardon du mari n'a pas seulement pour effet d'arrêter les poursuites, mais qu'il constitue la preuve légale de l'innocence de la femme ;

Que c'est ainsi que la cour de Bruxelles dans son arrêt du 13 fév. 1849 (*P.* 51, 356) décide : « ..... 6° Que la réconciliation des époux profite au complice, puisqu'il en résulte non-seulement un désistement réel, mais une présomption d'innocence ; »

Et par son arrêt du 7 avril 1823 (D., 1. 367 ; S., 23, 382) : « Que le pardon du mari ou sa réconciliation avec sa femme doivent toujours être accueillis comme une *preuve* légale que *l'adultère n'a point été commis*, et comme une fin de non-recevoir contre toute poursuite ; »

Attendu que toute action disciplinaire reposant sur les faits d'adultère qui ont fait l'objet d'une plainte suivie d'un désistement formel, soulève l'examen de faits que la loi couvre d'une présomption d'innocence et sur lesquels elle interdit toute espèce d'investigation ; que cette action disciplinaire permettrait au Ministère Public de parvenir indirectement à la répression de faits que la loi, dans un intérêt supérieur de moralité et d'ordre public, a voulu soustraire à la publicité ;

Qu'on ne voit pas d'ailleurs la différence essentielle qu'il y aurait entre une poursuite disciplinaire dirigée contre un avocat du chef d'adultère en l'absence de toute plainte du mari et le cas où cette plainte aurait été retirée ;

Qu'en effet, les procès-verbaux des officiers de police judiciaire ne sont pas les seuls éléments à l'aide desquels un adultère peut être prouvé à l'égard d'un com,.. ce de la femme ;

Qu'il n'est donc pas possible d'admettre le principe énoncé dans la lettre de M. le Procureur Général, à savoir : « quoique le désistement du mari vienne à mettre un terme à la poursuite du Ministère Public, les faits constatés par la procédure n'en restent pas moins clairement établis ; »

Qu'en effet le désistement du mari ne met pas seulement un terme à la poursuite du Ministère Public, mais il efface le délit lui-même et que d'ailleurs les faits constatés par la procédure ne l'ont été que dans une instruction *secrète et préparatoire,* laquelle ne peut plus servir de base à une procédure définitive ; que par conséquent les faits ne sont pas légalement constatés ;

Qu'il est à remarquer que le secret de l'instruction préparatoire a été établi non-seulement dans l'intérêt de cette instruction elle-même, mais aussi dans l'intérêt des inculpés ;

Attendu que si l'on comprend que des faits qui n'ont pu faire l'objet d'une poursuite criminelle ou motiver une condamnation, peuvent cependant justifier une poursuite disciplinaire, c'est dans le cas où ces faits, bien que constatés, n'offrent point le caractère de criminalité prévu par la loi, tout en étant de nature à porter atteinte à l'honneur de celui qui en est l'auteur, mais qu'il ne peut en être ainsi lorsque les faits ne sont pas établis ou lorsque la loi en interdit la preuve ;

Attendu que l'on peut, dans l'espèce, appliquer à l'action disciplinaire les expressions suivantes employées à l'égard de l'action publique par la Cour de Cassation de France dans son arrêt du 8 mars 1850 (D. P., 1850, p. 95) : « *Il importe à l'intérêt des bonnes mœurs et à la paix des* » *familles qu'une action dirigée contre le prétendu complice ne puisse* » *pas détruire la présomption légale d'innocence qui résulte en faveur* » *de la femme de toute circonstance de nature à mettre obstacle à* » *l'action pénale contre elle ;* » — qu'en effet, dans ces circonstances, l'intérêt des familles forme en réalité l'ordre public et domine la répression tant ordinaire que disciplinaire ;

Attendu que, d'un autre côté, l'on peut ajouter avec le même arrêt que le prévenu de complicité serait dépouillé du droit d'opposer des exceptions péremptoires ou des défenses que la présence de la femme dans le procès pourrait faire naître ;

Attendu qu'il résulte de ce qui précède qu'une action disciplinaire fondée sur les faits qui font l'objet de la lettre de M. le Procureur Général... est non recevable. (15 déc. 1866.)

174. Il va sans dire que si la chose jugée ne réfléchit pas de l'action publique sur l'action disciplinaire, le principe général reprend toute sa vigueur lorsqu'il s'agit de savoir si une poursuite disciplinaire sur un fait peut être suivie d'une deuxième poursuite de même nature sur le même fait : on comprend qu'il serait injuste de ne pas appliquer alors la maxime *non bis in idem* (1) (2).

§ 3. *Qui peut mettre l'action disciplinaire en mouvement?*

175. L'action disciplinaire, en tant qu'elle concerne des corporations d'officiers ministériels, est confiée d'ordinaire à un de leurs membres faisant fonctions de Ministère Public, procédant par des réquisitions devant les chambres disciplinaires, où il soutient les poursuites en s'abstenant de les juger.

Au Barreau, rien de semblable : l'action disciplinaire appartient exclusivement au Conseil. Ici le Ministère Public n'a pas le droit de s'introduire ; personne non plus n'y fait son office. Cet état de choses, qui s'explique par la nature particulière de la discipline de l'Ordre, trouve sa confirmation dans l'article 8 de l'arrêté de 1836.

Le Conseil procède donc par lui-même. S'il le juge convenable, il délègue un rapporteur pour rechercher l'affaire, mais ce rapporteur n'agit point par réquisitions.

176. Ceux qui ont à se plaindre des procédés d'un avocat, peuvent s'adresser au conseil de l'Ordre (3) ; mais que la plainte émane d'un particulier, d'un confrère ou d'un officier du parquet, le Conseil, tout en étant tenu de statuer (art. 8 arrêté de 1836), conserve son omnipotence pour mettre l'action disciplinaire en mouvement, en ce sens qu'il reste seul juge de la convenance d'appeler devant lui l'avocat inculpé.

177. Les réquisitions écrites du Ministère Public, dont parle l'article 8, ne sont en définitive que de simples dénonciations. « Attendu, dit un arrêt de Cass. Belg. du 16 août 1842 (4), que le Ministère Public n'intervient jamais comme partie dans les instructions suivies devant le conseil de discipline auquel il ne peut que dénoncer par des réquisitions écrites les infractions parvenues à sa connaissance. »

(1) V. **MOLLOT,** t. 1, p. 415, éd. 1866.
(2) On peut consulter sur cette matière **MERLIN,** vᵒ Injure, § 6, nᵒ V, vᵒ Avocat, p. 281 ; **CHAUVEAU** et **HÉLIE,** t. II, p. 208 ; *Dict.* de **MORIN,** vᵒ Défense ; **DALLOZ,** vᵒ Défense, p. 215 ; **CHASSAN,** t. Iᵉʳ, p. 84 sq.
(3) Le Conseil refuse d'accueillir une plainte verbale et ordonne à la partie plaignante de l'adresser par écrit (séance du 4 juillet 1844).
(4) *Pas.,* p. 296.

Ainsi, pas plus qu'une partie, le Ministère Public n'a le droit de citer directement un avocat devant un conseil ou devant un tribunal faisant fonctions de conseil, dans le cas de l'article 13 de l'arrêté de 1836. C'est une mesure déjà sévère, de nature à blesser de respectables susceptibilités, que d'attraire un avocat au Conseil. On conçoit aisément qu'elle ne puisse émaner que de ceux dont il relève.

178. Mais en revanche, le Conseil est armé du pouvoir de prendre d'office l'initiative d'une poursuite.

Sentinelle vigilante placée à la tête de l'Ordre, il est de son devoir de rechercher et de réprimer tout fait susceptible de porter atteinte à la considération du Barreau, sans attendre une plainte qui, à raison de certains motifs personnels, n'oserait pas quelquefois se produire. Voir Bruxelles, 8 avril 1846 (*Pas.* 1847, p. 299) et 17 mai 1856 (*Pas.* 1857, p. 29).

179. Comme conséquence de ce pouvoir, en cas de plainte suivie de désistement, le Conseil n'est pas lié par ce désistement. (Décision du 14 janvier 1851.)

§ 4. *Mode de procédure suivi au Conseil.*

180. Avant de diriger une instruction contre une personne soumise à sa juridiction, le Conseil délibère, à l'imitation de la chambre du Conseil ou de la chambre des mises en accusation, sur le point de savoir si le fait est suffisamment qualifié pour que celui auquel on l'impute ait à répondre (1).

181. Quand le Conseil décide qu'il y a lieu de suivre, la première mesure à prendre est d'inviter l'avocat à comparaître.

En matière disciplinaire le droit de défense est aussi sacré qu'en toute autre matière : si l'action disciplinaire n'a pas un véritable caractère pénal, elle peut cependant entraîner des condamnations qui compromettent l'honneur ou la position de l'avocat.

Comme garantie du droit de défense, les articles 26, 27 et 28 du décret de 1810 prescrivent de n'exercer le droit d'avertir, de censurer ou de réprimander, et de ne prononcer aucune

---

(1) Voir Lettre du conseil de l'ordre de Bruxelles au Procureur Général en date du 23 mars 1854.

interdiction ni radiation, sans avoir entendu ou appelé, une ou plusieurs fois, l'avocat inculpé.

182. Comment faut-il appeler l'avocat au Conseil? Quel délai faut-il lui laisser entre le jour de la citation et le jour de la comparution?

Quant au mode de citation, le ministère d'huissier reste totalement étranger à la juridiction intime du Conseil. L'exploit est remplacé par une lettre du Bâtonnier et du secrétaire, ordinairement chargée à la poste (1).

Cette lettre doit contenir les motifs de l'invitation : les faits qui font l'objet des poursuites, s'ils ont été accomplis de bonne foi, peuvent être sortis de la mémoire de l'avocat ou avoir échappé à son attention. Pour donner des explications sérieuses au Conseil, il aura aussi quelquefois besoin de consulter ses papiers ou de prendre des renseignements auprès d'autres personnes. Comment le ferait-il s'il ignorait ce dont il s'agit (2)?

183. Quant au délai, l'ordonnance française de 1822 donne à l'avocat appelé un délai de huitaine. Les Règlements en vigueur en Belgique ne stipulent rien à ce sujet. L'usage n'a pas, à notre connaissance, introduit de délai uniforme.

Tant qu'il ne s'agit que d'avertissement, de censure ou de réprimande, le délai de huitaine paraîtra sans doute suffisant pour permettre à l'inculpé de présenter sa défense. Cependant s'il en était autrement, le Conseil ne se refuserait pas à accorder une remise.

184. Quand un avocat a été appelé au Conseil, il est de son devoir de s'y rendre, à moins qu'il n'ait un motif d'excuse ou d'empêchement légitime. Le cas de non-comparution non justifiée, constitue un manquement susceptible d'être réprimé (décision du 16 février 1856).

185. Reste la question de savoir si l'avocat a le droit de faire opposition à une décision rendue en son absence.

---

(1) *Quid* en cas de domicile inconnu de l'avocat? Autrefois la citation se faisait par la voie des journaux, mode peu convenable, aujourd'hui abandonné. Le cas échéant, le Conseil peut rayer l'avocat par mesure administrative, puisqu'il n'est plus domicilié dans le ressort. Mais si le Conseil veut procéder disciplinairement, il doit observer par analogie les formes de l'art. 69, § 8, C. pr.

(2) Quand il y a des pièces à l'appui de la poursuite, la citation invite l'inculpé à en prendre communication chez le secrétaire.

Le Conseil, aux termes de l'art. 26 du décret, ne pouvant condamner qu'après avoir *entendu* l'avocat, il en résulte qu'une condamnation intervenue sans que l'avocat ait été entendu doit être considérée comme une condamnation par défaut, à laquelle l'opposition est de droit (1).

La Cour de Cassation de France a décidé, en effet, par arrêt du 20 février 1823 (2), que l'opposition à toute décision par défaut était de droit commun, puisque les jugements et arrêts par défaut peuvent être attaqués par cette voie qui est une suite et le complément nécessaire du droit de défense; qu'il n'est pas besoin qu'elle soit autorisée par une loi formelle, qu'il suffit qu'elle ne soit pas interdite par une loi spéciale (3).

186. Quand l'avocat appelé comparaît, le Conseil entend ses explications; si celles-ci ne suffisent pas pour terminer l'affaire, l'instruction se poursuit contradictoirement, c'est-à-dire qu'il est procédé à l'audition des témoins à charge et à décharge (4).

Les témoins sont convoqués à la requête du Bâtonnier par lettre portant la signature du secrétaire.

Quand les témoins sont domiciliés à l'étranger, le Conseil commet d'ordinaire, à charge de réciprocité, pour procéder à leur audition, le conseil de discipline de l'ordre des avocats près la Cour ou le Tribunal où résident ces témoins (5).

Les témoins sont entendus par le Conseil sous la foi du serment.

Procès-verbal est tenu de chaque déposition que signent les témoins, le Bâtonnier et le secrétaire.

Les enquêtes terminées, le Conseil entend de nouveau l'avocat et le plaignant s'il y en a un, ou leurs défenseurs respectifs, puis délibère et passe au vote. Dans la pratique, on ne considère pas comme nécessaire que tous les membres du Conseil qui

---

(1) Cependant la rédaction de l'art. 315 du semble Proj. Org. Jud. lui enlever ce droit.

(2) SIREY, t. XXIII, p. 179.

(3) V. MORIN, *De la discipline des cours et tribunaux*, n° 140.

(4) En matière disciplinaire, les causes de reproches prévues par le Code de procédure ne sont pas admissibles. Bruxelles, 26 juin 1855. (P., 1855, p. 360.) Mais on aura à ces dispositions tel égard que de raison.

(5) V. décision du Conseil de Bruxelles du 13 août 1849 qui commet à cette fin le conseil de l'ordre de Paris.

ont assisté à l'instruction soient présents pour voter. Mais il est inutile de dire qu'il n'y a que ces membres qui puissent prendre part à la délibération et au vote (1).

187. Quel est le nombre de membres nécessaire pour que le Conseil soit légalement constitué et prenne des décisions valables?

Un arrêt de Caen du 8 janvier 1830 (2) a fixé ce nombre aux deux tiers des membres dont se compose le Conseil. Cette décision n'est pas cependant unanimement acceptée.

A Paris on a pris pour règle de distinguer les objets à l'ordre du jour. S'agit-il d'une question disciplinaire, il faut au moins la moitié, plus un, des membres institués; s'agit-il d'une question de principe, le Conseil ne se contente pas de cette simple majorité et remet l'affaire à une autre séance en conviant spécialement tous les membres à y assister.

En Belgique on n'a pas non plus de règle bien fixe. En général cependant le Conseil ne délibère que si la majorité est présente (3).

188. Le projet sur la nouvelle organisation judiciaire propose de sanctionner législativement ce dernier système.

L'art. 309 du projet porte en effet « le conseil de l'Ordre » ne peut délibérer si la majorité des membres qui le composent » n'est présente.

» En cas de partage de voix, celle du Président est prépon- » dérante. Néanmoins s'il s'agit de poursuites disciplinaires, » le partage emporte acquittement. »

Cet amendement ne nous semble pas échapper à toute critique. En effet, un conseil de quinze membres pourrait délibérer avec huit membres; or, comme toute décision est prise à la majorité des membres présents, il ne faudrait que cinq voix pour prononcer une radiation. Si le conseil ne comprenait que neuf membres, la présence de cinq membres suffirait pour délibérer et trois membres décideraient. Dans le cas d'un conseil de sept avocats, la délibération pourrait avoir lieu entre quatre membres et la résolution être prise par trois; enfin dans

(1) Bruxelles, 28 déc. 1857 (*Belg. Jud.*, t. XX, 1862, p. 1066).
(2) **SIREY,** 31, 2, 77.
(3) Voir art. 4 du règlement du 28 juin 1811, Introduction historique, p. 15.

le cas d'un Conseil de cinq personnes, trois membres suffisant pour autoriser une délibération, le nombre nécessaire pour statuer se réduirait à deux.

Nous croyons que ces proportions ne sont pas suffisamment garantissantes. D'après nous il serait préférable d'appliquer le principe de l'art. 90 de la Constitution de l'an VIII, lequel exige la présence de deux tiers des membres de tout corps constitué pour qu'il y ait délibération valable. Pourquoi donner à l'ordre des avocats moins de garantie qu'à des corporations, dont quelques-unes lui sont inférieures dans la hiérarchie sociale.

188. La procédure que nous venons de résumer est généralement suivie par les conseils des barreaux régulièrement organisés.

Nous avons dit au n° 25 que dans certaines hypothèses les fonctions de conseil de discipline étaient remplies par le Tribunal. Quelles sont alors les formes à suivre?

Faut-il procéder comme en matière ordinaire? Ne faut-il pas plus tôt procéder sans bruit, sans éclat, sans la solennité inséparable de tout débat public?

Nous pensons qu'il faut répondre affirmativement à la dernière question. Le caractère du fait imputé et la position toute exceptionnelle de l'inculpé autorisent cette interprétation; il ne s'agit en définitive que d'une poursuite disciplinaire; le Tribunal siége comme juridiction de famille.

L'invitation de comparaître doit se faire par lettre du Président, le Ministère Public n'ayant pas le droit de citation directe en matière disciplinaire.

L'affaire s'instruit et se traite en chambre de conseil (1), suivant les formes en usage au Barreau.

190. Quand les faits qui donnent lieu à une poursuite disciplinaire sont assez graves pour nécessiter une interdiction ou une radiation, les mesures pour assurer le droit de défense deviennent plus compliquées.

L'art. 27 du décret de 1810 ne permet pas au Conseil de prononcer l'interdiction avant d'avoir entendu ou appelé au

---

(1) V. Lettre du Conseil de l'ordre de Bruxelles au Procureur Général, en date du 16 déc. 1843. (Séance du 7 déc. 1843.)

moins deux fois, à huit jours d'intervalle, l'avocat inculpé.

Si un avocat commet une faute grave qui paraisse exiger qu'il soit rayé du Tableau, le conseil de discipline ne prononce qu'après avoir entendu ou appelé au moins trois fois, à huit jours d'intervalle, l'avocat inculpé. Dans ce cas le décret donne à l'avocat le droit de demander un délai de quinzaine, qui ne pourra lui être refusé (art. 28).

191. Il s'est élevé une controverse sur l'interprétation de ces deux articles.

D'après quelques auteurs (1), quand il s'agit d'interdiction ou de radiation, l'avocat a le droit de proposer deux ou trois fois à huit jours d'intervalle, ses moyens justificatifs. Cette opinion est généralement suivie par le conseil de l'ordre de Bruxelles (2). Elle a été confirmée par un arrêt de la cour de Bruxelles du 10 déc. 1834 (3).

Mais des arrêts subséquents des cours de Liége et de Bruxelles ont repoussé cette doctrine : V. Liége, 9 fév. 1842 (*Pas.*, p. 117) et Bruxelles, 28 déc. 1857 (*Pas.*, 1858, p. 172). Ce dernier est ainsi conçu :

Attendu que d'après l'art. 28 du décret de 1810, le conseil de discipline de l'ordre des avocats ne peut prononcer la radiation du Tableau qu'après avoir entendu ou appelé au moins trois fois à huit jours d'intervalle l'avocat inculpé;

Attendu que le texte de cet article indique à suffisance que la phrase : au moins trois fois à huit jours d'intervalle, tombe exclusivement sur le mot *appelé* et exprime l'idée de cette alternative : ou après avoir entendu l'avocat inculpé, ou après avoir appelé celui-ci au moins trois fois à huit jours d'intervalle;

Attendu que s'il pouvait exister un doute à cet égard, il disparaîtrait en présence des motifs de l'article cité, dont le but unique est que l'avocat inculpé ou se défende, ou soit mis à même de se défendre, toute latitude lui étant laissée sur ce point, ainsi que le prouve la finale du même article portant qu'il pourra demander un délai de quinzaine pour se justifier et que ce délai ne pourra lui être refusé.

(1) **CARRÉ,** Lois de l'organisation, IIe part., Liv. I, Tit. III, Chap. V, art. 2.2.
(2) V. Séance du 30 juin 1837, 7 fév. 1843, 7 janv. 1846.
(3) V. *Pas.* 1834, p. 18.

§ 5. *Des peines.*

192. Le décret de 1810 établit cinq espèces de peines (art. 25) :

1° L'avertissement ;

2° La censure ;

3° La réprimande ;

4° L'interdiction temporaire ;

5° L'exclusion ou la radiation (1).

L'art. 23 donne en outre au Conseil le droit de prolonger la durée du stage et même de refuser l'admission au Tableau, en cas d'inexactitude habituelle ou d'inconduite notoire.

193. 1° L'avertissement est une véritable peine disciplinaire, peine minime qu'il faut réserver pour ceux qui jusqu'alors irréprochables, commettent une faute légère.

Par sa nature comme par son but, il convient que l'avertissement reste secret. L'avocat averti, pouvant réparer un moment d'oubli sans qu'il en résulte de déconsidération, saura gré à ses anciens de l'avoir rappelé à ses devoirs ; et le Conseil plus à l'aise pour faire entendre sa voix, n'aura pas à tolérer certains faits par crainte de blesser la réputation d'un confrère.

194. 2° La censure est l'improbation d'un acte : elle a toujours été considérée par le législateur comme ayant une valeur fixée et distincte de l'avertissement et de la réprimande.

L'art. 8 de la loi du 13 frimaire an IX, relatif aux avoués, place la censure entre le *rappel à l'ordre* qui correspond à l'avertissement, et *la censure avec réprimande* qui forme le troisième degré des peines disciplinaires édictées contre les officiers ministériels. (V. art. 50, loi 20 avril 1810.)

Quoique la peine de la censure ait disparu de l'ordonnance française de 1822, les conseils ont cependant continué à l'appliquer en France (2).

195. 3° La réprimande contient quelque chose de plus que la censure : à l'improbation que celle-ci implique, le Conseil

(1) Voy. p. 57, la note de l'article 25.

(2) V. **MORIN**, *De la Discipline*, n° 809.

ajoute une déclaration qu'il réprimande, c'est-à-dire qu'il reprend l'avocat.

196. Ces trois peines figurent dans presque tous les règlements disciplinaires qui régissent les magistrats et les officiers ministériels. Leur gradation est conforme aux sentiments qu'on éprouve naturellement avant d'en venir à des peines plus sévères.

Quelqu'un a-t-il commis un premier écart, une faute légère, il faut l'éclairer sur son infraction, le conseiller, l'avertir ; la faute se renouvelle-t-elle ou est-elle plus grave, l'avertissement ne suffit pas. On sent le besoin d'invoquer son autorité pour désapprouver, pour blâmer. Le Conseil ne réprimande pas encore, parce que l'inexpérience du confrère, sa bonne conduite habituelle, d'autres circonstances tempèrent la sévérité.

Mais persévère-t-il dans une route dangereuse, s'est-il oublié au point de commettre une faute plus sérieuse, alors vient la réprimande.

197. Le seul effet de ces trois peines est de rendre plus circonspect à l'avenir l'avocat qui en a été l'objet. Elles n'entraînent avec elles aucune privation de droit.

198. Le Conseil au lieu de prononcer l'avertissement, se borne quelquefois *à enjoindre simplement à l'avocat de mieux se pénétrer de ses devoirs, relativement au point sur lequel il y a eu instruction.*

Cette formule équivaut à peu près à l'avertissement. Comme elle n'entre pas dans la série des peines comminées par le décret, on peut la tenir comme une sorte d'avertissement paternel.

199. 4° L'interdiction et la radiation sont les peines les plus graves que puisse prononcer le Conseil.

L'interdiction est nécessairement temporaire ; une interdiction indéfinie équivaudrait à une radiation. Le décret de 1810 limite la durée de l'interdiction à une année.

200. 5° La radiation ou l'exclusion est le dernier degré de l'échelle des peines disciplinaires. Elle a pour objet d'effacer du Tableau celui qui a suffisamment manqué à ses devoirs pour être jugé indigne d'exercer la Profession.

201. Il ne faut pas confondre l'exclusion ou la radiation avec l'omission.

L'omission s'applique à l'avocat qui cesse d'être au Tableau pour des motifs qui n'ont rien de déshonorant, par exemple, pour cause de démission volontaire, d'incompatibilité, de changement de domicile, etc.

L'omission cesse avec la cause qui l'a fait naître.

Le conseil de l'ordre de Bruxelles n'a cependant pas toujours fait cette distinction et il a *radié* ou rayé parfois pour simple motif d'incompatibilité (décision du 1ᵉʳ mai 1858).

202. L'interdiction et la radiation créent une incapacité pour la plaidoirie.

203. L'avocat interdit ou rayé n'est-il privé du droit de plaider que dans le ressort du barreau qui l'a rejeté de son sein? Est-il frappé d'une incapacité plus générale et perd-il le droit de plaider devant tous autres Tribunaux et Cours du royaume, pendant la durée de sa peine?

Pour résoudre cette question, on s'est reporté aux anciennes traditions : autrefois un avocat rayé ou interdit n'était qu'un homme devenu temporairement ou indéfiniment désagréable à des confrères qui l'avaient admis parmi eux ; aussi conservait-il le droit de continuer toutes les fonctions de jurisconsulte qui n'exigeaient aucune communication avec eux. Il pouvait même se présenter à un autre barreau. Si les membres de cet ordre consentaient à l'accueillir, rien n'y faisait obstacle. Il n'y avait d'exception à cette règle que pour le cas où la radiation avait été prononcée pour cause d'infamie. (V. Dupin, *De la profession d'avocat*, p. 449, éd. belge 1834.)

Aujourd'hui encore, on a soutenu que l'avocat rayé ou interdit ne perdait que le droit de plaider devant la Cour ou le Tribunal près desquels il exerçait, et que s'il demandait son inscription dans un autre barreau, il ne devrait pas être nécessairement repoussé par l'exception de la chose jugée.

Nous ne croyons pas pouvoir adopter cette opinion.

L'inscription au Tableau a, de nos jours, une toute autre signification, une toute autre importance qu'autrefois. L'inscription au Tableau est une condition *sine quâ non* du droit de plaider devant une juridiction quelconque du Royaume.

Du moment que cette inscription n'existe plus le droit disparaît. L'avocat rayé perd donc le droit de plaider non-seulement dans le ressort où il a été rayé, mais dans le pays entier.

204. Peut-il demander une nouvelle inscription dans un autre barreau? Non, selon nous. La radiation est une peine définitive. C'est précisément ce caractère qui la différencie de l'interdiction qui n'est qu'une radiation temporaire. Si un Conseil n'était pas lié par la décision d'un autre Conseil, s'il pouvait accueillir celui qui a été exclu du barreau voisin, il s'ensuivrait que l'avocat ainsi réintégré au Tableau aurait le droit de se représenter pour plaider dans le ressort du barreau qui l'a rayé. Dès lors que deviendrait la décision de son Conseil?

D'ailleurs hésitât-on sur la question de savoir si la décision d'un Conseil lie un autre Conseil, le doute ne nous semble plus possible quand cette décision a été confirmée par la Cour. On ne comprendrait pas en effet qu'un arrêt n'eût pas force de chose jugée dans tout le royaume et fût exécuté dans telle province pour ne pas l'être dans telle autre. Quand la Cour confirme une radiation, elle déclare non-seulement que l'avocat rayé est indigne de faire partie d'un barreau déterminé, mais qu'il est indigne d'exercer sa profession et de se présenter en justice pour plaider pour autrui (1).

205. L'avocat interdit ou rayé, n'est plus apte à signer les consultations que la loi exige dans certains cas déterminés par les articles 467 et 2045 C. civ., 495 C. proc. (V. Morin, n° 128.)

206. L'avocat rayé ne peut prendre la qualité d'*avocat près la Cour*, mais seulement le titre d'avocat. Ainsi décidé par un arrêt de Lyon du 14 fév. 1834 (*Pas. franç.* 1834, p. 438).

207. D'après l'art. 31 du décret de 1810, tout avocat qui, après avoir été deux fois suspendu ou interdit de ses fonctions, soit par arrêt ou jugement, soit par forme de discipline, encourrait la même peine une troisième fois, sera de droit rayé du Tableau.

Cet article qui ménageait au Gouvernement une garantie contre la clémence des conseils de l'Ordre, n'a pas été aboli par l'arrêté de 1836 et reste maintenu par le projet de la nouvelle

(1) V. Décision du Cons. de Br., 6 mars 1861.

organisation judiciaire. Cependant cet article nous semble arbitraire ou inutile.

Si les faits ne plaident pas en faveur de l'avocat, les Conseils ont assez souci de l'honneur de l'Ordre pour rayer du Tableau celui qui se montre incorrigible.

Il n'est plus nécessaire d'enchaîner la conscience des juges et d'imposer à leurs décisions des conséquences qu'ils jugent trop sévères pour les décréter directement.

Le résultat le plus plausible d'un semblable système, est d'empêcher les Conseils de se prononcer en toute liberté, en les faisant reculer, pour en éviter les suites, devant l'application de la peine.

§ 6. *Notification des décisions du Conseil.*

208. Conformément aux principes de droit commun, les décisions de la juridiction disciplinaire doivent être notifiées aux parties, pour leur permettre de se rendre un compte exact des résolutions qui les intéressent comme aussi pour fixer un point de départ au délai d'appel.

209. Les règlements ne déterminent ni comment, ni quand cette signification doit se faire.

Voici de quelle manière on procède à Bruxelles :

Quand il s'agit d'avertissement, de censure ou de réprimande, parfois le Bâtonnier appelle chez lui les avocats inculpés, pour leur communiquer la décision du Conseil (séance du 29 mai 1838); parfois, le Conseil mande l'avocat et lui donne en séance lecture de la sentence (séance du 14 janvier 1851); le plus souvent cependant, le secrétaire notifie par lettre copie de la décision (séance du 8 août 1851).

210. En cas d'interdiction ou de radiation, le Conseil a cru, il y a quelques années, devoir employer des formes plus rigoureuses, et recourir au ministère d'un huissier, qui signifiait la sentence au nom du Procureur Général (séance du 12 août 1843).

Aujourd'hui il a abandonné ce mode de procéder et s'en tient, comme pour les peines minimes, à la notification par lettre du secrétaire.

211. Le décret de 1810 portait à l'art. 29 § 2 ce qui suit : « Dans le cas de radiation du Tableau, si l'avocat rayé ne se pourvoit pas, la délibération du conseil de discipline sera remise au Premier Président et au Procureur Général pour qu'ils l'approuvent, et, en ce cas, elle sera exécutée sur le Tableau déposé au greffe. »

D'après l'art. 30 du même décret, il devait être donné connaissance, dans le plus bref délai, au grand juge Ministre de la Justice, par les procureurs, des avis, délibérations et jugements intervenus sur l'interdiction et la radiation des avocats.

L'arrêté de 1836 abolit le § 2 de l'art. 29 et l'article 30 du décret, et les remplaça par une disposition ainsi conçue : « Toute décision du conseil de discipline portant interdiction, exclusion ou radiation du tableau des avocats, est transmise par le Bâtonnier, dans les huit jours de sa prononciation, à notre Procureur Général qui en assure l'exécution. » (Art. 9.)

Cet article ne s'occupe que des décisions portant interdiction ou radiation.

De là, la question de savoir si le Ministère Public a le droit de demander expédition des décisions n'emportant qu'avertissement, censure ou réprimande.

D'après la jurisprudence qui décide que le Ministère Public a le droit d'interjeter appel de toutes les décisions du Conseil (voir n° 217), il devrait logiquement avoir celui de requérir expédition de toutes ses décisions disciplinaires. Cependant ce droit est sujet à contestation en présence de l'art. 10 de l'arrêté de 1836 ainsi conçu : « Notre Procureur Général pourra également demander une expédition de toute décision par laquelle le conseil de discipline aurait prononcé l'absolution de l'avocat inculpé. » En donnant au Ministère Public le droit de requérir expédition en cas d'absolution, le législateur n'a-t-il pas eu l'intention de le lui refuser quand il y a avertissement, censure ou réprimande? *Qui de uno dicit, de altero negat.*

Ainsi il y a cette différence entre les sentences d'interdiction ou de radiation et celles prononçant les peines inférieures, que les premières doivent être notifiées dans les huit jours au Procureur Général, tandis que les secondes ne doivent pas l'être.

Expédition n'en est fournie au Ministère Public que lorsqu'il la demande (1).

L'art. 321 du projet de la nouvelle organisation judiciaire propose qu'à l'avenir *toute décision* soit transmise au Procureur Général. Nous croyons que c'est là un excès de procédure inutile.

La notification au Ministère Public de condamnations à l'exécution desquelles il n'intervient pas, constitue une sorte d'aggravation, en ce sens que de simples fautes sont ainsi portées officiellement à la connaissance de la magistrature. Cette notification serait tout au plus nécessaire dans le cas où le Procureur Général aurait dénoncé lui-même l'avocat.

212. Le Conseil ne fournit pas aux tiers expédition de ses archives sans une ordonnance de justice. (Décis. du 12 mai 1856.)

Cependant, en 1859, un sieur X. ayant demandé expédition d'une sentence rayant un avocat, il lui fut répondu par la simple énonciation de la date : « Expédition de cette sentence ne pouvant lui être transmise, à défaut par lui d'avoir indiqué le motif de sa demande et précisé l'usage auquel il destinait la copie sollicitée. » (9 novembre 1859.)

213. Quant au délai pour la notification, il est d'habitude de signifier dans le délai de huitaine. L'art. 9 de l'arrêté de 1836 le prescrit formellement pour les transmissions à faire au Procureur Général. Par analogie, on observe la même règle à l'égard des parties.

§ 7. *De l'appel des décisions du Conseil.*

214. 1° *Droit d'appel de l'avocat.* — Le droit d'interjeter appel des décisions disciplinaires appartient aux avocats, sauf en cas de simple avertissement (art. 29 du décret de 1810) (2).

_____

(1) V. *Gaz. Trib.*, 10 juillet 1835, 4 février 1836, 29 avril 1836.

(2) En France l'ordonnance de 1822, art. 24, a limité le droit d'appel aux décisions portant interdiction ou radiation.

Quelques auteurs ont critiqué ce système et ont réclamé le droit d'appel contre toutes les décisions du Conseil.

Nous pensons qu'il faut, dans l'intérêt même de la discipline, laisser au Conseil

L'art. 8 de l'arrêté de 1836 dit, il est vrai, que le Conseil statue *sauf appel des parties…* Il semble au premier abord que la rédaction générale de cet article a abrogé cette exception ; mais l'art. 1er du même arrêté résout négativement la question, puisque cet article abroge expressément le § 2 de l'art. 29 du décret et se tait sur le § 1.

215. Les décisions du Conseil prorogeant la durée du stage ou refusant l'admission du stagiaire au Tableau sont aussi susceptibles d'appel (Caen, 11 janvier 1837, *Pas. franç.*, 38, 2, 103).

216. L'appel de l'avocat ne produit pas chez nous les effets exceptionnels qu'il a en France. Là, il remet tout en question et permet à la Cour de prononcer une peine supérieure, même à défaut d'appel de la partie publique (art. 28, ordonnance 1822).

Cette conséquence est exorbitante du droit commun.

En matière civile comme en matière correctionnelle, l'appel de la partie succombante ne peut aggraver la condamnation, quand il n'y a pas d'appel incident ou *a minima* du Ministère Public.

Pourquoi en serait-il autrement pour l'avocat? Si la loi lui accorde un droit de recours, c'est dans son intérêt; ce droit ne saurait devenir un danger pour lui.

217. 2° *Droit d'appel du Ministère Public.*—Jusqu'en 1836, le Ministère Public n'avait aucun droit d'interjeter appel des décisions disciplinaires.

La raison s'en comprenait facilement. Dans le système du décret de 1810, semblable pouvoir eût été une véritable superfétation. Le décret donnait au Ministère Public une large part dans la formation du Conseil (art. 24), et concentrait dans la personne du Ministre de la Justice le droit immense d'infliger, de sa seule autorité, à l'avocat récalcitrant telle peine qu'il jugeait convenable (art. 40). Ainsi, l'avocat, tout en ayant la faculté d'interjeter, à l'exclusion du Procureur Général, appel des

une autorité personnelle et indépendante. Puisque l'on songe à reviser nos règlements, nous nous demandons s'il ne serait pas utile d'étendre les pouvoirs du Conseil, en lui attribuant le droit d'appliquer en dernier ressort toutes les peines disciplinaires qui n'affectent pas les droits de l'avocat.

décisions du Conseil, se trouvait néanmoins au pouvoir du Ministère Public : celui-ci n'avait qu'à provoquer l'action du grand juge, contre l'arrêt duquel il n'y avait pas de recours possible.

Ce mode de procéder, arbitraire et absolu, disparut en 1836. L'arrêté du 5 août abolit le pouvoir omnipotent du Ministre de la Justice et le remplaça par certains droits accordés au Ministère Public ; mais en quoi consistent ces attributions nouvelles?

Elles comprennent le droit de faire des réquisitions écrites ainsi que celui de demander expédition de toutes décisions prononçant l'absolution de l'avocat inculpé. A ces droits qui résultent de l'arrêté de 1836, on a voulu ajouter celui d'interjeter appel de toutes les sentences du Conseil.

Ce dernier point est vivement controversé.

Les avocats, pour combattre les prétentions du Ministère Public, soutiennent que l'arrêté de 1836 n'a eu d'autre but que d'étendre les prérogatives du Barreau en lui restituant l'indépendance dont il avait été dépouillé par l'Empire ; qu'il s'ensuit qu'on ne peut trouver dans cet arrêté un titre suffisant pour faire subir à l'Ordre une surveillance qui n'existait pas en 1810.

L'art. 29 du décret reconnaissait à l'avocat seul le droit de déférer à la censure de la Cour toute punition disciplinaire supérieure à l'avertissement. Si l'arrêté de 1836 avait voulu modifier ce principe, il aurait dû s'en expliquer formellement. Les mots « *sauf appel à la Cour du ressort,* » de l'art. 8 de l'arrêté s'en réfèrent seulement aux dispositions existantes ; sinon il en résulterait cette injustice, que l'avocat puni d'un simple avertissement n'aurait pas le droit d'appel, tandis que ce droit appartiendrait au Procureur Général.

Les réquisitions écrites du Ministère Public sont mises dans l'art. 8 sur la même ligne que les plaintes des parties; or il est incontestable que ces dernières n'ont pas le droit d'appeler des décisions du Conseil. D'ailleurs le silence complet de l'arrêté tant sur le délai que sur le mode d'appel, ne se comprendrait pas si l'on avait eu l'intention de créer quelque chose de nouveau. Enfin, il résulte de la combinaison des articles 9 et 10, que le Conseil n'a pas à faire connaître au Procureur

Général les sentences ne portant qu'avertissement, censure ou réprimande. Le Ministère Public se trouve donc dans l'impossibilité légale d'exercer convenablement son droit.

A cette argumentation on a répondu : Que si l'arrêté de 1836 a eu pour but d'abolir le pouvoir dictatorial du Ministre de la Justice, il entendait cependant « *assurer l'exécution des dispositions réglementaires sur la discipline du Barreau,* » comme le dit son préambule. Il devait en conséquence, en supprimant l'intervention du ministre qui avait charge de veiller à cette exécution, combler la lacune par un autre mode aussi efficace, mais moins arbitraire. C'est pour ce motif qu'il a donné au Ministère Public le droit d'interjeter appel.

Il suffit, ajoute-t-on, de lire le texte précis et général de l'art. 8 pour n'éprouver aucun doute sur sa portée. En disant que ce Conseil statue, *sauf appel,* sur les plaintes et les réquisitions, il est sensible qu'il veut dire que celui qui peut se plaindre ou requérir, peut appeler.

Si tel n'était pas le sens de l'article, celui-ci serait complétement inutile, puisque l'arrêté pouvait se borner à supprimer l'article 40 du décret.

D'ailleurs, en abrogeant le § 2 et en conservant le § 1ᵉʳ de l'article 29 du décret, l'arrêté n'a commis aucune contradiction : ce § 1ᵉʳ se concilie avec l'article 8 ; l'un reproduit spécialement pour les avocats ce que l'autre accorde à tout le monde : *quod abundat non vitiat.*

Quant à l'inégalité entre la position du Ministère Public et celle de l'avocat, relative au droit d'appel en cas d'avertissement, l'arrêté de 1836 ne l'a pas créée. L'arrêté n'a maintenu que ce qui existait. D'ailleurs, ne serait-il pas étrange d'interdire au Procureur Général le droit d'appel en cas d'avertissement, lorsque l'arrêté le lui reconnaît expressément en cas d'absolution ?

Un arrêt de la Cour de Cassation du 16 août 1842 a adopté cette dernière opinion (1). (V. aussi dans ce sens, arr. de la même Cour du 11 nov. 1862, Belg. Jud., XXI, 1863, p. 54.)

218. Qu'il nous soit maintenant permis de présenter sur

_____

(1) *Pas.*, 1842, p. 296.

l'utilité d'un droit d'appel à accorder au Ministère Public quelques réflexions générales, en vue de la révision de la législation existante.

Sans doute la dignité et la discipline du Barreau sont aussi nécessaires à la société tout entière qu'au Barreau lui-même, mais on oublie que le Barreau n'a jamais été une corporation de fonctionnaires soumis à l'autorité du Gouvernement. Ce sont les avocats qui se sont volontairement imposé leur discipline. Pourquoi cette noble résolution doit-elle aujourd'hui tourner contre eux ?

On dirait, à entendre les partisans du pouvoir, que la société courrait des dangers si elle restait désarmée vis-à-vis des membres du Barreau. Eh quoi, les parties ont recours à leur ministère pour les défendre et elles auraient besoin d'un défenseur contre leurs défenseurs !

On comprend qu'en 1810 Napoléon ait voulu tenir sous sa main cette corporation d'hommes libres qui pouvaient le troubler dans ses projets. On comprend aussi que ceux qui sont encore les partisans de la centralisation et du principe d'autorité, veuillent renouveler des liens désormais usés.

Mais pour nous qui avons la volonté d'être et de rester libres, nous sentons le besoin de protester contre ces tendances.

Sans le vouloir et presque sans le savoir, nous retournons peu à peu au régime antique de l'État : sous prétexte de garantir les droits des citoyens, nous abandonnons ces droits l'un après l'autre au profit d'un maître qui essaye sans cesse d'augmenter sa puissance absorbante.

Ne nous payons pas de mots, et demandons à ceux qui soutiendraient la nécessité de l'intervention du Ministère Public dans la discipline du Barreau, comment et en quoi les droits des citoyens ou de la société seraient compromis si on supprimait cette surveillance.

Est-ce que le droit commun n'atteint pas les avocats au même degré que toutes autres personnes ? Est-ce que les avocats ne sont pas, au contraire, à raison de leur profession, soumis à des obligations spéciales, garanties par nos codes. S'ils divulguent les secrets de leur ministère, ils tombent sous le coup de l'article 458 du Code pénal (nouveau); s'ils cherchent à obtenir, à leur profit, cession de leurs procès, il y a lieu à nullité et à dommages-intérêts (art. 1597 Code civil). Ce n'est certes pas pour les questions d'honoraires qu'ils sont armés de priviléges de nature à justifier l'intervention du Ministère Public. Celle-ci serait-elle par hasard nécessaire pour assurer la société contre le refus d'un avocat de prêter son concours à un citoyen accusé? Il nous semble que la protection de l'Ordre est suffisante et que, dans tous les cas, ce n'est pas celle du Ministère Public qui serait préférable.

On dit : les conseils de discipline ne sont pas infaillibles. Ils peuvent par esprit de corps laisser impunis des manquements aux devoirs de la Profession.

Mais les juridictions supérieures ne revendiquent pas non plus le don d'infaillibilité, et le Ministère Public pas davantage.

De quelque côté qu'on se tourne, on ne trouve donc aucune raison sérieuse pour justifier une surveillance qui dénote un esprit hostile au Barreau.

219. D'après la jurisprudence de notre Cour de Cassation :

1° Pour que le Ministère Public exerce son droit d'appel, il n'est pas nécessaire qu'il ait agi par réquisitions au Conseil (arr. du 16 août 1842, *Pas.*, p. 296).

2° L'appel du Ministère Public remet tout en question, même pour l'avocat averti.

220. 3° *Délai et forme pour interjeter appel.* — Les règlements sont muets sur ces deux points. Un principe non douteux, c'est que le délai ne peut être indéfini. Un autre principe également certain, c'est que ce délai ne peut courir, pour l'avocat comme pour le Ministère Public, qu'à partir du jour où communication leur a été donnée de la décision du Conseil.

L'art. 9 de l'arrêté de 1836 n'impose l'obligation au chef de l'Ordre de transmettre au Procureur Général les décisions du Conseil que lorsqu'elles portent interdiction, exclusion ou radiation. La communication se fait alors, comme nous l'avons déjà dit (1), dans les huit jours de la prononciation de la sentence.

(1) Voir n° 213.

Hors ces cas, le Conseil n'est pas astreint à communiquer ses décisions au Procureur Général, à moins que celui-ci n'en demande expédition. Encore l'arrêté de 1836 n'en fait-il un devoir pour le Conseil qu'en cas d'absolution de l'avocat inculpé (art. 10). Aucun délai n'est fixé par la loi pour cette demande d'expédition.

De ces prémisses il suit, qu'en l'absence de toute communication au chef du parquet, l'avocat averti, censuré, réprimandé, et l'avocat absous sont dans une éternelle incertitude sur la question de savoir si le Ministère Public interjetera appel.

221. Mais quand la communication a été faite à l'avocat ou au Procureur Général, quel est le délai d'appel?

Dans le silence de la loi il faut recourir au droit commun. L'action disciplinaire étant une action mixte, on pourrait hésiter entre les délais observés en matière civile et ceux en matière correctionnelle. Nous pensons que ce sont les premiers qu'il faut suivre.

222. Quant à la forme de l'appel, Mollot enseigne que l'appel de l'avocat est valablement interjeté par une lettre écrite au Bâtonnier. Il doit y avoir parité de forme entre l'appel et la signification de la décision (V. Mollot, t. I, p. 425). Dans ce sens il a été décidé que l'appel d'un avocat contre la décision du conseil de discipline qui prononce la radiation est valablement interjeté par lettre au Bâtonnier (Rouen, 13 janvier 1840) (1), surtout lorsque surabondamment l'avocat s'est adressé lui-même au Procureur Général, pour qu'il fût statué sur son appel (Agen, 29 fév. 1844); il a été décidé encore que l'appel est valable lorsqu'il est formé par simple lettre missive adressée par l'avocat condamné au Procureur Général lui-même (Orléans, 19 avril 1845, D. P., 47, 2, 8; Dalloz, v° Avocat, n° 467). Cependant l'avocat se pourvoit quelquefois par requête ou par exploit.

Le Ministère Public a l'habitude de faire notifier par huissier son acte d'appel.

223. 4° *Où se juge l'appel des décisions du Conseil.* — L'art. 29 du décret donne à l'avocat la faculté de se pourvoir

---

(1) *J. P.*, 1844, 1, 679.

à la Cour par voie d'appel, sans préciser de quelle manière la Cour statuera.

En 1833, M⁣ᵉ S. demanda à être, en vertu de l'art. 52 de la loi du 20 avril 1810, entendu dans la chambre du conseil, sur l'appel qu'il avait interjeté d'une décision du conseil du barreau de Bruxelles. La Cour, déterminée par le motif qu'aucune disposition n'étend aux avocats l'art. 52 précité, exclusivement applicable à la discipline que les cours et les tribunaux exercent sur leurs membres respectifs, rejeta la demande de M⁣ᵉ S. et ordonna que son appel serait plaidé en audience publique de la première chambre à laquelle il avait été distribué. (24 juin 1833, *Pas.*, 1833, p. 184.)

224. En France l'art. 27 de l'ordonnance de 1822 attribue expressément à l'assemblée générale de la Cour, en chambre du conseil, l'exercice de la juridiction disciplinaire sur les avocats.

Ce privilège est précieux, puisque le dernier mot sur la position d'un avocat n'appartient qu'aux chambres assemblées. Mais il entraîne la nécessité de se défendre à huis clos, ce qui présente des avantages et des inconvénients.

En effet, se défendant à huis clos d'une faute dont le public n'a pas été officiellement informé, l'avocat évitera le bruit et peut-être le scandale; mais si les faits mis à sa charge ont été répandus au dehors, il souffrira de ne pas produire sa justification en public et de ne pas se disculper devant l'opinion.

Le projet de la nouvelle organisation judiciaire propose de concilier tous les intérêts, en laissant à l'avocat le soin de demander ou de refuser l'audience à huis clos (V. art. 319 du projet).

225. Mais cet article 319 conserve comme juge d'appel la première chambre de la Cour.

Nous voudrions voir amender cet article dans le sens du système français, afin d'obtenir une juridiction d'appel pour certaines décisions qui y échappent aujourd'hui.

Dans le système actuel, une cour d'assises, par exemple, est investie du pouvoir de prononcer en dernier ressort sur la position de l'avocat qui plaide devant elle. Là où les émotions de l'audience sont ardentes, où dans la lutte qui s'engage entre le

13

Ministère Public et la défense, il est si facile à l'une ou à l'autre des parties de s'oublier, il dépend souverainement de trois magistrats qui ne sont pas même tous membres de la Cour, de faire disparaître le défenseur du Tableau !

Si l'appel des condamnations disciplinaires était déféré à la Cour, chambres réunies, ce tribunal solennel et supérieur aurait une compétence suffisante pour éviter les dangers de ce genre.

TITRE IV.

Du pouvoir des cours et tribunaux.

I. DES DÉLITS ET FAUTES D'AUDIENCE.

226. Le domaine du pouvoir disciplinaire embrasse deux ordres de faits distincts : ceux qui se passent à l'audience et ceux qui se passent en dehors.

Nous venons de voir comment le pouvoir disciplinaire est organisé pour la surveillance et la répression des faits de cette dernière catégorie. Il nous reste à parcourir tout ce qui concerne la répression des fautes et délits d'audience.

De tout temps le législateur a compris que pour protéger efficacement la justice, il devait donner aux juges un pouvoir spécial pour réprimer sur-le-champ toute atteinte à la magistrature, tout trouble à l'audience, ou tout délit commis sous les yeux du Tribunal.

Pour que l'offense envers la justice soit réprimée aussitôt que commise, la loi a fait des dérogations extraordinaires aux règles communes.

Elle a constitué les magistrats juges de leur propre injure ; elle a suspendu tous les principes de juridiction et confié un pouvoir répressif même aux tribunaux civils, en les dispensant de toutes formes d'instruction. En vertu des mêmes nécessités, les juges ont été également revêtus du droit de reprendre disciplinairement ceux qui exercent d'habitude une fonction devant eux, et par conséquent les avocats.

227. Tout ce qui concerne ce dernier point est réglé par les articles 10, 11, 89, 90, 91, 92, 1036 C. pr.; 181, 504, 505, 506, 507, 508 C. inst. crim. ; 452 nouveau C. pénal ; 103 décret du 30 mars 1808 ; 37, 38, 39 décret de 1810.

Pour bien comprendre ces différents textes, il faut distinguer entre les infractions, les personnes et les juridictions.

228. 1° Il y a d'abord ce qu'on peut appeler de simples fautes d'audience. Elles consistent en un manque de respect envers le juge, en ne parlant pas avec modération ; en interrompant le silence ; en donnant des signes d'approbation ou d'improbation, soit à la défense des parties, soit aux discours des juges ou du Ministère Public, soit aux interpellations, avertissements ou ordres des président, juge-commissaire, ou procureur du Roi, soit aux jugements ou ordonnances ; enfin en causant ou excitant du tumulte de quelque manière que ce soit.

Ces fautes peuvent être commises devant les tribunaux de paix, les tribunaux ordinaires et les tribunaux répressifs.

Elles peuvent émaner de personnes qui n'exercent aucune fonction devant ces tribunaux, ou de personnes investies d'un caractère officiel.

229. Quand elles ont lieu devant le juge de paix, le juge doit d'abord rappeler à l'ordre par un avertissement. En cas de récidive, il a le droit de condamner à une amende qui n'excède pas la somme de dix francs avec affiches du jugement, dont le nombre n'excède pas celui des communes du canton (art. 10 C. pr.).

Tels sont les pouvoirs de ce magistrat à l'égard *des parties.* Mais l'avocat qui plaide en justice de paix doit-il être traité comme *une partie?* doit-il être considéré comme un simple fondé de pouvoir de son client et être soumis, comme tout particulier, à l'article 10 C. pr.? Nous renvoyons pour la solution de cette question au n° 234.

230. Quand les fautes dont nous nous occupons sont commises devant les tribunaux ordinaires par un ou plusieurs individus, le président les fait d'abord avertir. Si après l'avertissement des huissiers, ils ne rentrent pas dans l'ordre sur-le-champ, il leur est enjoint de se retirer; les résistants sont saisis et déposés à l'instant dans la maison d'arrêt pour vingt-quatre heures ; ils y sont reçus sur l'exhibition de l'ordre du président, qui doit être mentionné au procès-verbal de l'audience. (Art. 89, Cod. pr.)

Si le trouble est commis par un individu remplissant une fonction près le Tribunal, il pourra, *outre la peine ci-dessus*, être suspendu de ses fonctions. La suspension, pour la première fois, ne pourra excéder le terme de trois mois.

Le jugement sera exécutoire par provision, ainsi que dans le cas de l'article précédent. (Art. 90, C. pr.)

231. Les dispositions de cet article 90 du Code de procédure s'appliquent aux avocats comme aux officiers ministériels : bien que les fonctions de l'avocat diffèrent de celles de ces agents, les avocats remplissent néanmoins des fonctions devant les tribunaux (1).

Cependant, il faut faire une restriction pour les tribunaux consulaires. L'art. 90 Cod. proc. doit leur rester étranger, puisque l'avocat n'occupe devant eux aucune position officielle. On comprend facilement que les juges consulaires, magistrats par occasion, échappant par leur position à la discipline intérieure qui régit les cours et tribunaux, ne sauraient convenablement posséder la plénitude du pouvoir disciplinaire sur les avocats, les suspendre ou les faire disparaître du tableau de la Cour près de laquelle il sont inscrits. (V. arrêt de Lyon, du 18 août 1841, J. P. 1841, 2, 585; Morin, *De la discipline*, etc., n° 737; trib. de Brux., 14 déc. 1849, *Belg. Jud.*, t. VIII, 1850, p. 48.)

232. Devant les tribunaux criminels, les mêmes fautes sont réprimées par l'art. 504, Cod. inst. crim. ainsi conçu : « Lorsqu'à l'audience ou en tout autre lieu où se fait publiquement une instruction judiciaire, l'un ou plusieurs des assistants donneront des signes publics soit d'approbation soit d'improbation, ou exciteront du tumulte de quelque manière que ce soit, le président ou le juge les fera expulser; s'ils résistent à ses ordres, ou s'ils rentrent, le président ou le juge ordonnera de les arrêter et conduire dans la maison d'arrêt; il sera fait mention de cet ordre dans le procès-verbal, et sur l'exhibition

_____

(1) V. **CARRÉ,** *Lois de la Procédure*, Q. 429.

qui en sera faite au gardien de la maison d'arrêt, les perturbateurs y seront reçus et retenus pendant vingt-quatre heures. »

D'après cet article, l'expulsion peut avoir lieu sans avertissement préalable. Sous ce rapport, cet article diffère de l'art. 89, Cod. de proc.

L'art. 504 Cod. inst. crim. s'applique à tous les assistants indistinctement; donc aussi aux avocats.

233. 2° Une seconde catégorie d'infractions d'audience comprend les insultes ou les irrévérences graves, les outrages et les menaces envers les magistrats, les tumultes accompagnés d'injures ou de voies de fait.

Lorsqu'une infraction de ce genre se produit devant un juge de paix, ce magistrat doit dresser procès-verbal et peut condamner à un emprisonnement de trois jours au plus (art. 11, Cod. proc.).

234. La question de savoir si les art. 10 et 11 du Code de procédure sont applicables aux avocats, a été discutée à la Cour de Cassation française dans les circonstances suivantes :

Le juge de paix du canton d'Ingouville avait condamné un avocat qui avait pris devant lui des conclusions dont les termes renfermaient à l'égard du juge un manque de respect, à la peine de l'avertissement par application des articles 16 et 45 de l'ordonnance française de 1822.

Pourvoi pour excès de pouvoir et fausse application de la loi :

1° En ce que l'avocat est un simple mandataire *ad litem* devant la justice de paix, où il n'y a que des parties et leurs fondés de pouvoirs (art. 9, Cod. proc.); 2° en ce que, par suite, il ne peut, s'il se rend coupable d'une faute d'audience, être puni de peines disciplinaires établies par le décret de 1810 et l'ordonnance de 1822, les juges de paix n'ayant pas juridiction sur l'ordre des avocats (1).

M. Mesnard, rapporteur à la Cour de Cassation, s'exprima en ces termes :

« Il est vrai que les parties ne sont pas tenues de se faire représenter par un avocat lorsqu'elles plaident devant un juge

_____

(1) Cass. fr., 23 avr. 1850, D. P., 50, 1, 315.

de paix, mais il ne leur est pas interdit d'avoir un pareil représentant. Lorsqu'un avocat ainsi muni des pouvoirs de la partie, défend ses intérêts en justice de paix, peut-on dire qu'il renonce à sa qualité et qu'il ne fait pas acte d'avocat? Il serait assez difficile d'admettre une pareille supposition. Que dans tous les agissements ordinaires de la vie privée, l'avocat ne porte pas sa qualité avec lui, on le conçoit sans peine; mais que cette qualité ne le suive pas quand il vient conclure et plaider devant un magistrat de l'ordre judiciaire, devant un tribunal organisé qui a sa compétence et sa juridiction déterminée, qu'il ne soit pas avocat au moment même où il en exerce la profession, on aurait peine à le concevoir. Il n'est que mandataire, dit-on? c'est vrai, mais ce mandat se lie si étroitement à l'exercice de sa profession, que quand il vient le remplir, on ne saurait oublier qu'en même temps il est avocat. Ce titre qui lui impose des devoirs, lui donne aussi des droits qu'il saurait bien faire respecter devant toutes les juridictions.

» Si le Juge de paix dans ces circonstances, au lieu de réprimer l'irrévérence du demandeur par la peine disciplinaire de l'avertissement, se fût avisé de lui appliquer les dispositions pénales des art. 10 et 11 du Cod. de proc., assurément le demandeur condamné à l'amende et à la prison, n'aurait pas manqué de se prévaloir de son titre, de soutenir qu'il n'était pas une partie, mais bien l'avocat de cette partie. Il aurait soutenu qu'en cette qualité, il se trouvait exposé à de simples peines disciplinaires et non au châtiment prononcé par le Code de procédure. En présence des faits offensants dont le juge avait à se plaindre, la condamnation disciplinaire n'a été pour ainsi dire que la confirmation du privilége qui couvrait l'auteur de l'offense. »

La Cour, par arrêt du 23 avril 1850, statua en ce sens :

Sur la première branche du moyen ;

Attendu que le demandeur en prenant la défense d'un plaideur devant le juge de paix, faisait un acte qui non-seulement se conciliait avec la profession d'avocat, mais qui même s'y attachait d'une manière trop intime, pour qu'il ne fût point réputé agir en qualité d'avocat : que par suite s'il avait à se prévaloir des immunités que lui assure cette qualité, il avait en même temps à remplir les devoirs qu'elle lui impose ;

Sur la deuxième branche du moyen ;

Attendu que tout tribunal, toute magistrature constituée a le droit de se faire respecter dans l'exercice de son pouvoir ; qu'il est de l'intérêt de la justice que dans toutes les juridictions où les avocats sont appelés à exercer leur profession, le magistrat puisse réprimer par des peines disciplinaires les fautes ou les écarts dont ils pourraient se rendre coupables : « *observandum est jus reddenti ut in adeundo quidem facilem se præbeat, sed contemni non patiatur* » (L. 19, § 1, *Dig. de off. præsid.*) ;

Qu'ainsi le juge de paix du canton d'Ingouville avait incontestablement le droit d'appliquer au demandeur la peine disciplinaire de l'avertissement, à raison de la faute ou du manquement qui lui est imputé.

Remarquons que cet arrêt s'appuie sur un texte de la loi romaine, ce qui laisse à supposer que la Cour hésitait à reconnaître le droit du juge d'invoquer le décret ou l'ordonnance de 1822 sur la Profession.

235. Jusqu'où va l'attribution que la Cour accorde aux juges de paix ? Ceux-ci pourront-ils, sous prétexte de maintenir le respect qui leur est dû, condamner l'avocat aux autres peines disciplinaires de l'art. 25 du décret ?

Nous connaissons un jugement rendu en Belgique par un de ces magistrats qui semble affirmer ce pouvoir. Ce jugement est ainsi conçu :

Vu les art. 25, 37, 38, 39 du décret du 14 déc. 1810 ;

Vu les art. 103 du décret de 1808, 377 C. pr., 1º, 36 C. pr. et 162 C. inst. crim. ;

Attendu que le tribunal de simple police est compétent pour réprimer les délits et manquements commis à ses audiences par les avocats dans leur plaidoirie ;

Par ces motifs, enjoignons à M. B. d'être plus circonspect à l'avenir. (V. *Belg. Jud.*, t. X, 1852, p. 1196.)

Ce jugement, tout en n'infligeant qu'un avertissement, invoque cependant le décret de 1810 et le décret de 1808 (1). Il en faut tirer la conséquence que dans l'esprit de son auteur, les juges de paix exercent sur les avocats la plénitude du pouvoir disciplinaire.

Nous ne pouvons nous rallier à cette opinion. Quoi qu'en ait

_____

(1) Appel fut interjeté de ce jugement, mais uniquement pour un motif de forclusion.

dit le rapporteur à la Cour de Cassation de France, l'avocat ne se présente pas en justice de paix avec son caractère officiel. Il n'y porte pas les insignes de sa profession. S'il conclut et s'il plaide, il ne fait en définitive que ce que le premier venu a le droit d'y faire. Ce n'est pas comme avocat, mais comme fondé de pouvoir qu'il se présente à la barre.

M. Mesnard croit que l'avocat aurait le droit d'invoquer les immunités de sa profession pour repousser l'application des art. 10 et 11 C. pr., que le juge voudrait faire à sa personne. S'il en était ainsi, on concevrait qu'il ne lui fût pas permis de se prévaloir, d'un côté, de son titre pour échapper au droit commun, de l'autre, de son caractère privé pour échapper à la répression disciplinaire. Mais nous estimons que cet argument, qui forme la base de l'opinion du rapporteur ainsi que de l'arrêt qui la sanctionne, est erroné, car nous ignorons le texte que l'avocat atteint par l'art. 10 et 11 du Code de procédure serait en droit d'invoquer pour faire casser semblable jugement. Les immunités de la Profession ? Mais où donc est-il dit que ces immunités vont jusqu'à repousser l'application de ces deux articles ? En cas de fautes commises devant les Tribunaux, le Code de procédure, comme nous l'avons vu, donne aux magistrats des droits extraordinaires réglés par l'art. 89. Est-ce que cet article n'est pas applicable aux avocats ? — Mais si. L'article suivant le dit en toutes lettres. Par analogie, on doit en conclure que les art. 10 et 11 du même Code les atteignent également.

S'il en est ainsi, on ne voit plus aucune nécessité de confier au juge de paix un pouvoir disciplinaire spécial.

Le système que nous combattons produirait d'ailleurs des conséquences absurdes. Le droit du juge de paix d'appliquer le décret de 1810 ou de 1808, entraînerait nécessairement le droit de suspendre ou de rayer un avocat. En effet ces décrets ne distinguent pas. En vain, pour échapper à cette conséquence inadmissible, dira-t-on que le juge de paix n'a pas ce droit extrême, parce qu'il n'exerce aucune juridiction sur l'ordre des avocats.

Cette raison prouve trop ou trop peu. Si ce magistrat ne possède aucune juridiction sur l'Ordre, en vertu de quel droit exerce-t-il une partie du pouvoir disciplinaire, en vertu de quelle autorité s'empare-t-il du décret de 1810? Du moment qu'on lui permet de puiser dans nos règlements le droit de nous infliger des peines spéciales, il faut nécessairement lui reconnaître celui d'en parcourir l'échelle complète, puisqu'aucune loi ne lui trace de limites.

236. Donc d'après nous, pour maintenir l'ordre de l'audience ou le respect de son autorité, le juge de paix ne peut prendre à l'égard de l'avocat que les mesures que la loi met à sa disposition vis-à-vis de toute autre personne, à moins qu'il ne préfère, par respect pour notre Ordre, renvoyer l'avocat devant son juge naturel, le conseil de discipline.

Cette manière de procéder entre dans les vœux de notre législation moderne : en effet le nouveau Code pénal, en s'occupant des écarts de parole commis par l'avocat à l'égard des parties en cause, donne pour ce cas au juge le droit de lui faire des injonctions, et ajoute qu'il pourra, le cas échéant, ordonner des poursuites disciplinaires (art. 452). Par analogie on peut appliquer cet article aux autres fautes et infractions d'audience.

237. Passons maintenant aux infractions de la seconde classe, se produisant devant les tribunaux ordinaires. L'art. 91 C. pr. régit la matière; il s'exprime de la façon suivante :

« Ceux qui outrageraient ou menaceraient *les juges ou les officiers de justice* dans l'exercice de leurs fonctions, seront, en vertu de l'ordonnance du président, du juge-commissaire ou du procureur du Roi, chacun dans le lieu dont la police lui appartient, saisis et déposés à l'instant dans la maison d'arrêt, interrogés dans les vingt-quatre heures et condamnés par le Tribunal, sur le vu du procès-verbal qui constatera le délit, à une détention qui ne pourra excéder le mois et à une amende qui ne pourra être moindre de vingt-cinq francs, ni excéder trois cents francs.

» Si le délinquant ne peut être saisi à l'instant, le Tribunal prononcera contre lui dans les vingt-quatre heures les peines ci-dessus, sauf l'opposition que le condamné pourra former dans les dix jours du jugement en se mettant en état de détention (1). »

(1) V. *Gaz. des Trib.*, 1829-1830.

Cet art. 91 protége les *juges et les officiers de justice*. Parmi les officiers de justice, il faut ranger : 1° les membres du Ministère Public ; 2° les greffiers ; 3° les huissiers de l'audience; 4° les officiers ministériels et 5° les avocats (Carré, *Lois de la Procédure*, Q. 430; Chassan, *Délits de la parole*, t. I, n° 2078, et t. I, n° 587).

238. Mais si la protection de cet article couvre les avocats, les avocats en supportent aussi l'application.

Il a même été jugé que l'avocat, déjà condamné par le Tribunal exerçant son droit de police à raison d'outrages envers lui, peut encore être poursuivi pour le même fait devant le même tribunal agissant comme conseil de discipline. (Grenoble, 26 déc. 1828, S., 29, 2, 212; V. Chassan, t. Ier, n° 124; Morin, *Discipl. jud.*, t. II, n° 681.)

239. L'art. 91 s'applique également comme loi générale aux audiences criminelles et correctionnelles, pour tous les cas non prévus par le Code d'instruction criminelle (1), dont l'art. 505 dit : « Lorsque le *tumulte aura été accompagné d'injures ou voies de fait* donnant lieu à l'application ultérieure de peines correctionnelles ou de police, ces peines pourront être, séance tenante, et immédiatement après que les faits auront été constatés, prononcées, savoir :

» Celles de simple police, sans appel de quelque tribunal ou juge qu'elles émanent et celles de police correctionnelle à la charge de l'appel, si la condamnation a été portée par un tribunal sujet à appel ou par un juge seul. »

240. 3° Enfin, lorsqu'un crime ou un délit ordinaire se commet dans l'enceinte des audiences, il y a lieu d'appliquer les articles 92 C. pr., 181, 507, 508 C. instr. crim.

Nous n'avons pas à nous arrêter à ces articles, qui appartiennent plus spécialement au droit criminel.

241. Toutefois, en cas de *diffamations*, d'*injures* ou de *calomnies* à l'adresse des parties, il y a des règles particulières qu'il nous importe d'examiner.

La nécessité d'assurer la liberté des discussions en justice a fait déroger aux principes de droit commun. Les plaideurs

---

(1) **CHASSAN**, t. Ier, n° 575.

doivent rester libres de dire ce qui convient à leur défense, sans se laisser arrêter par la crainte de nuire à la réputation ou à l'honneur de ceux qui sont en cause. S'il en était autrement, le recours aux tribunaux serait impossible. Car, en définitive, tout procès prend le plus souvent sa source dans des infractions aux lois et suppose des faits injurieux à celui à qui on les impute.

La loi qui pose en principe le droit de la libre défense, proclame en même temps, et comme conséquence, l'immunité des discours prononcés ou des écrits produits devant les tribunaux.

Mais si cette règle est générale, elle n'est point absolue. La liberté de la défense est susceptible également d'entraîner des abus qu'il est du devoir du législateur de réprimer. Notre nouveau Code pénal, s'inspirant de la loi française du 17 mai 1819, vient de consacrer pour cette matière un système beaucoup plus simple que celui du Code de 1810.

Voici comment est conçu l'art. 452, qui remplace l'art. 377 de l'ancien Code : « Ne donneront lieu à aucune poursuite répressive les discours prononcés ou les écrits produits devant les tribunaux, lorsque ces discours ou ces écrits sont relatifs à la cause ou aux parties.

» Néanmoins, les juges pourront, soit d'office, soit sur la demande de l'une des parties, prononcer la suppression des écrits calomnieux, injurieux ou diffamatoires.

» Les juges pourront aussi, dans le même cas, faire des injonctions aux avocats et officiers ministériels, ou même ordonner des poursuites disciplinaires.

» Les imputations ou les injures étrangères à la cause ou aux parties pourront donner lieu, soit à l'action publique, soit à l'action civile des parties ou des tiers. »

De cet article il résulte : 1° Que les juges saisis de la contestation principale sont les seuls compétents pour connaître des discours et écrits produits devant eux, lorsque ces écrits ou ces discours sont relatifs à la cause et aux parties.

Mieux que personne, ces juges sont à même de connaître les nécessités de la défense ; mieux que personne, ils peuvent en constater les excès. En partant de cette idée, le législateur a évité l'inconvénient grave de déférer à d'autres magistrats des faits que le tribunal où ils se sont produits, aurait cru ne pas devoir réprimer, et a empêché de renouveler devant d'autres juridictions des débats irritants.

242. 2° Les écrits et les discours injurieux, calomnieux ou diffamatoires, relatifs au procès et aux parties, ne sont plus sujets à l'application des peines du droit commun. Ils sont réprimés d'une manière spéciale. Les juges, soit d'office, soit sur la demande de l'une des parties, peuvent d'abord prononcer la suppression des écrits calomnieux, injurieux ou diffamatoires ; ils sont autorisés, ensuite, à faire des injonctions aux avocats et aux officiers ministériels ; enfin, si cette répression ne leur semble pas suffisante, ils ont le droit d'ordonner des poursuites disciplinaires.

243. Sous l'empire du Code de 1810, lorsque les imputations constituaient un délit, elles devenaient punissables des peines de ce délit. Par voie de conséquence, si les tribunaux qui les voyaient naître n'avaient pas compétence pour appliquer ces peines, force leur était de renvoyer le prévenu devant qui de droit.

Ainsi, par exemple, en cas d'injures ou de calomnies devant le tribunal de commerce, celui-ci ne pouvait que renvoyer les parties à la juridiction criminelle.

En restreignant la peine dans les limites nouvelles, la loi a donné aux juges consulaires comme à tous autres tribunaux, le droit de réprimer les écarts de la défense. L'article 452 du Code pénal nouveau est conçu en des termes trop formels pour en douter (1).

Il est vrai qu'il peut paraître étrange de voir les juges consulaires appliquer une peine disciplinaire à des avocats qui ne plaident à leur barre qu'en qualité de simples mandataires ; mais cette dérogation n'offre pas de grands dangers, car le Tribunal ne peut prononcer que de *simples injonctions*, c'est-à-dire une peine qui n'entraîne aucune diminution de droit. Pour le surplus, il est sans pouvoir et ne peut que renvoyer l'avocat devant son juge naturel, le conseil de discipline.

244. 3° Les tribunaux saisis de l'affaire principale peu-

(1) V. au surplus l'art. 1036 C. pr. c.

vent-ils condamner l'avocat qui s'est rendu coupable d'imputations délictueuses à des dommages et intérêts ?

L'art. 377 du Code de 1810 attribuait à ces tribunaux le droit de statuer *sur les dommages et intérêts :* on discutait la question de savoir à charge de qui les dommages et intérêts pouvaient être prononcés. D'après la contexture de l'art. 377, il semblait que les dommages et intérêts dont il s'y agissait, s'appliquaient aux avocats et officiers ministériels, et l'on en tirait cette conséquence que les injures et les calomnies proférées par les parties ou insérées dans des pièces signées d'elles seules, devaient être poursuivies selon les règles de la procédure commune.

Le projet de Code pénal admis primitivement par la Chambre des représentants portait ce qui suit :

« Ne donneront lieu à aucune poursuite principale en calomnie ou injure, les discours prononcés ou les écrits produits devant les tribunaux, lorsque ces écrits sont relatifs à la cause et aux parties.

» Néanmoins les juges pourront, soit d'office, soit sur la demande de l'une des parties, prononcer la suppression des écrits injurieux ou diffamatoires, *et condamner qui il appartiendra à des dommages et intérêts...* »

Au Sénat, M. le rapporteur d'Anethan demanda une rectification au § 2. Il proposa de dire : « Ils ne pourront être condamnés à des dommages et intérêts que si la demande en a été faite par la partie offensée. »

Le Ministre de la Justice se rallia à cette rédaction sans aucune observation. Elle fut adoptée (V. séance du Sénat, 10 mars 1866, Ann. parl., p. 366).

Mais au second vote du Sénat sur le projet, l'art. 452 lui fut présenté avec une rédaction nouvelle, celle qu'il a conservée définitivement. Or, cette rédaction diffère de celle admise au premier vote par les changements suivants :

1° Ne donneront lieu à aucune poursuite *répressive,* au lieu de : ne donneront lieu à aucune poursuite principale.

2° Suppression de la phrase : *ils ne pourront être condamnés à des dommages et intérêts que si la demande en a été faite par la partie offensée.*

Rien n'indique les motifs de ces changements. L'article nouveau fut adopté au Sénat (séance du 30 avril 1866, Ann. parl.,
p. 545) comme à la Chambre (séance du 26 fév. 1867, *ib.*,
p. 540) sans discussion aucune.

De ce qui précède, que faut-il conclure? Que le législateur
ait voulu enlever aux tribunaux saisis le droit de condamner
à des dommages et intérêts les coupables d'imputations délictueuses. — Nous ne le pensons pas.

M. d'Anethan, dans son premier rapport au Sénat (1) con-
statait que le droit de prendre des mesures disciplinaires *et de
condamner à des dommages et intérêts*, offrait des garanties
suffisantes contre les plaideurs téméraires, et c'est parce qu'il
y avait là des garanties suffisantes, qu'il proposait de rejeter
les peines de droit commun.

Or, jamais le Sénat n'a manifesté l'intention de renoncer à
l'une de ces garanties; on ne conçoit pas, en effet, la raison qui
aurait pu le pousser à prendre cette détermination.

Si la finale du § 2 de l'art. 452 a disparu au second vote, le
seul motif en est, nous semble-t-il, dans le désir d'obtenir une
rédaction plus convenable. En effet, le législateur se souvenant
qu'il fait un Code pénal, croit devoir s'occuper exclusivement
de répression. Les dommages et intérêts étant du domaine
civil, il lui semble d'une part illogique de présenter une condamnation à des dommages-intérêts comme une restriction au
principe du § 1, d'autre part inutile de proclamer en ces termes
un droit qui découle du Code civil.

Nous croyons donc que le juge qui est revêtu du droit de
statuer, à l'exclusion de tout autre, sur les allégations relatives
à la cause et aux parties, a également seul le droit de statuer
sur les dommages et intérêts.

Le projet portait que des dommages et intérêts seront prononcés à la charge *de qui il appartiendra*.

Quoique cette rédaction ait disparu, il n'est pas moins acquis
que l'intention du législateur était de tenir compte en cette
matière des immunités de notre profession. L'avocat qui plaide
au nom de son client, et qui vérifie autant qu'il est en son pou-

_____

(1) *Ann. parl. Sénat*, 1865-1866, p. XLVII.

voir la vérité ou la vraisemblance des accusations qu'il a mandat de produire, n'en peut être rendu responsable. A la partie seule incombe la charge des dommages et intérêts (art. 37 du déc. de 1810).

245. Tout ce que nous venons de dire ne s'applique qu'aux imputations relatives à la cause et aux parties.

Pour les imputations qui se rattachent à une autre affaire ou qui intéressent les tiers, on rentre dans le droit commun. L'article 452 C. p. nouv. n'y apporte aucune espèce d'obstacle. Cette disposition diffère du système français de la loi de 1819 en ce sens que, d'après les termes de l'article 23 de cette loi, les parties ne peuvent exercer une action civile distincte que lorsque le juge la leur a réservée. Chez nous cela n'est plus nécessaire. Les imputations ou les injures étrangères à la cause ou aux parties peuvent donner lieu soit à l'action publique, soit à l'action civile des parties et des tiers. (V. Rapport de M. d'Anethan.)

246. Mais l'avocat ne pourrait-il pas être condamné à des peines disciplinaires autres que celles que nous venons de voir?

Nous avons dit au n° 227 que le pouvoir disciplinaire des cours et tribunaux découlait aussi des articles 37, 38 et 39 du décret de 1810, ainsi que de l'article 103 du décret du 30 mars 1808.

Les articles 37, 38 et 39 du décret de 1810 ne font que confirmer la compétence des tribunaux pour les fautes commises à l'audience par les avocats. Ces articles renferment en outre des conseils qu'on a généralement regardés comme des épigrammes lancées par son auteur à l'adresse d'un corps qu'il n'aimait pas beaucoup. C'est pourquoi le projet de loi sur la nouvelle organisation judiciaire n'a pas jugé à propos de reproduire ces dispositions.

L'article 39 nécessite cependant une remarque particulière :
« Si un avocat, dit-il, dans ses plaidoiries ou dans ses écrits se permettait d'attaquer les principes de la monarchie et les constitutions de l'empire, les lois et les autorités établies, le tribunal saisi de l'affaire prononcera sur-le-champ, sur les conclusions du Ministère Public, l'une des peines portées par l'article 25 ci-dessus, sans préjudice des poursuites extraordinaires s'il y a lieu. »

Et l'article ajoute : « Enjoignons à nos procureurs et à ceux qui en font les fonctions, de veiller, à peine d'en répondre, à l'exécution du présent article. »

L'infraction, prévue dans les termes que nous venons de rapporter, est un délit spécial : attaques contre les lois, les institutions et les autorités de l'Empire. Contre de semblables attaques la législation impériale prenait des précautions toutes spéciales : il fallait qu'elles fussent immédiatement réprimées : à cet effet, les cours et tribunaux étaient armés d'un droit qui allait jusqu'à interdire ou rayer l'avocat. Les procureurs avaient charge de veiller à cette répression, à peine d'en répondre.

Cet article 39, qui n'était pas en rapport avec nos libertés constitutionnelles, a été modifié par l'art. 2 § 2 du décret du 20 juillet 1831, article ainsi conçu :

« Quiconque aura méchamment et publiquement attaqué la force obligatoire des lois, ou provoqué directement à y désobéir, sera puni d'un emprisonnement de six mois à trois ans.

» Cette disposition ne préjudiciera pas à la liberté de la demande ou de la défense devant les tribunaux ou toutes autres autorités constituées. »

Les lois comme les institutions sont donc désormais de la manière la plus illimitée dans le domaine de la libre discussion. Les avocats peuvent donc les apprécier et les combattre, pourvu que les attaques dirigées contre elles soient relatives à la cause. On comprend que la liberté de la défense n'aille pas jusqu'à permettre d'ébranler la force obligatoire de lois qui ne sont pas invoquées contre les parties (1).

Toutes attaques méchantes en dehors des nécessités du procès tomberaient sous l'application de l'art. 39 du décret de 1810, non encore légalement aboli. (V. Cassation belge, 11 nov. 1862, *Belg. Jud.*, t. II, 1844, p. 54.)

247. Les cours et tribunaux de première instance ont en outre à leur disposition l'art. 103 du décret du 30 mars 1808, ainsi conçu :

« Dans les cours et les tribunaux de première instance chaque chambre connaîtra des fautes de discipline qui auraient été commises ou découvertes à son audience.

---

(1) V. **SCHUERMANS,** *Code de la presse*, p. 104.

» Les mesures de discipline à prendre sur les plaintes des particuliers ou sur les réquisitoires du Ministère Public, pour cause de faits qui ne se seraient point passés ou qui n'auraient pas été découverts à l'audience, seront arrêtées en assemblée générale, à la chambre du conseil, après avoir entendu l'individu inculpé. Ces mesures ne seront point sujettes à l'appel, ni au recours en cassation, sauf le cas où la suspension serait l'effet d'une condamnation prononcée en jugement.

» Notre Procureur Général rendra compte de tous les actes de discipline à notre grand juge, Ministre de la Justice, en lui transmettant les arrêtés, avec ses observations, afin qu'il puisse être statué sur les réclamations ou que la destitution soit prononcée, s'il y a lieu. »

248. Cet article contient deux dispositions distinctes, l'une relative aux fautes de discipline commises ou découvertes à l'audience, l'autre relative aux faits qui ne se seraient point passés ou qui n'auraient pas été découverts à l'audience. Pour ceux-ci, les cours ou les tribunaux en connaissaient, parce qu'ils remplissaient à l'époque de la confection du décret de 1808, les fonctions de conseil de discipline. Le décret de 1810 en instituant pour l'ordre des avocats un conseil de discipline particulier, a nécessairement abrogé le § 2 de l'art. 103. (V. Aix, 17 mars 1836, Jurisp. XIXᵉ siècle, 36, 2, 435.)

Quant au § 1, on en a quelquefois contesté l'application aux avocats. A l'appui de cette thèse, on dit que le décret du 30 mars 1808 n'a pas été fait pour le Barreau : rendu en exécution de l'art. 1042 C. pr., il a pour objet, comme son titre l'indique, de régler la police et la discipline des cours et tribunaux. Aussi ne contient-il rien qui concerne les avocats, si ce n'est l'art. 105, où il s'agit du costume. D'ailleurs l'art. 103 doit s'interpréter par l'art. 102, qui s'occupe textuellement des officiers ministériels ; enfin, ajoute-t-on, la *destitution* à prononcer par le Ministre de la Justice, dont il est fait mention à la fin de cet art. 103, prouve de plus près qu'il n'est applicable qu'aux officiers ministériels.

Ces objections ont été rejetées par arrêt de la Cour de Cassation de France du 28 avril 1820, portant, en résumé, que l'art. 103 n'est nullement dépendant de l'art. 102, — qu'il n'est

pas comme ce dernier exclusivement relatif aux officiers ministériels, — qu'il est au contraire général, — que le décret du
14 décembre 1810, en accordant au conseil de discipline de
l'Ordre une juridiction particulière, n'a ni aboli, ni restreint
celle qui appartenait aux cours et tribunaux d'après des lois
et des règlements antérieurs. Cette doctrine a été confirmée en
France par de nombreux arrêts de la même cour, 17 mai 1828
(Jurispr. XIXᵉ siècle, 28, 1, p. 432); 24 janvier 1834; 24 décembre 1836; 8 janvier 1836 (Sirey, 38, 1, 266) (1).

En Belgique, un arrêt de la Cour de Cassation du 8 novembre 1852 (*Belg. Jud.*, t. II, p. 558) et un arrêt de la même cour
du 11 novembre 1862 (*Belg. Jud.*, t. XXI, p. 54), invoquent
également l'art. 103 du décret de 1808.

Cet article, au surplus, ne définit aucune infraction. C'est,
à proprement parler, la puissance disciplinaire qu'il confère
aux cours et tribunaux de première instance, avec le même caractère que revêt celle qui a été confiée par le décret de 1810
aux conseils de l'Ordre, c'est-à-dire en laissant à la sagesse des
magistrats le soin de qualifier les fautes d'audience et d'y appliquer telles mesures disciplinaires que les règlements autorisent à notre égard.

249. L'adoption de l'art. 452 du nouveau Code pénal fournit cependant un nouvel argument à ceux qui soutiennent l'in-
applicabilité aux avocats du § 1 de l'art. 103 précité. En effet,
nous avons vu nᵒ 241, que lorsqu'il s'agit d'écrits ou de discours
délictueux relatifs aux parties et au procès, l'art. 452 du nouveau Code pénal dit que « *les tribunaux pourront faire des injonctions aux avocats et officiers ministériels,* » et ajoute : « *ou
même ordonner des poursuites disciplinaires.* »

Les derniers mots de cet article semblent donc refuser aux
juges de l'affaire la plénitude du pouvoir disciplinaire.

250. Quoi qu'il en soit, dans le système adopté jusqu'ici par
la jurisprudence, le pouvoir disciplinaire pour faits d'audience
appartient à toutes les chambres des cours et tribunaux sur les
avocats qui plaident devant elles, même lorsqu'ils sont étrangers
au tableau de leur ressort.

_____

(1) V. aussi *Belg. Jud.*, t. III, 1845, p. 766.

Il s'exerce également sur l'avocat qui plaide sa propre cause, pourvu qu'il paraisse comme avocat revêtu des insignes de sa profession. S'il parlait sans être en robe, on devrait le considérer comme simple partie, ce qui excluerait l'application des dispositions particulières aux membres du Barreau (1).

251. Le pouvoir exceptionnel donné aux tribunaux de punir les fautes commises à leurs audiences, doit être exercé à l'instant même où la faute se produit.

M. Legraverend développe ainsi cette opinion : « Pour pouvoir user légalement et régulièrement de ce droit qui leur est conféré, les tribunaux et les juges doivent en user non-seulement séance tenante, mais encore immédiatement. L'instruction de l'affaire qui occupe l'audience ou qui est le sujet de l'instruction, doit en conséquence être suspendue. »

« Le Tribunal ou le juge doit dresser procès-verbal de la contravention ou du délit, ou le faire dresser par le greffier.

» Il doit instruire et prononcer son jugement sans interruption, sauf à reprendre ensuite l'affaire suspendue. Si au lieu de suivre cette marche le Tribunal ou le juge continuait de s'occuper de l'affaire primitive, à quelque point que l'instruction en fût arrivée, et quand même il serait prêt à prononcer le jugement, il y aurait de sa part violation de la loi, excès de pouvoir, attendu que ce n'est que dans les termes de la loi qu'il peut exercer le droit extraordinaire qu'elle lui accorde, et qu'après l'instant fixé par elle, la répression du délit doit, comme celle de tout autre, rentrer dans la catégorie commune et être soumise aux mêmes règles (2). »

Cette doctrine a été consacrée en Belgique par un arrêt de la Cour de Cassation, 8 novembre 1852 (*Belg. Jud.*, t. XI, 1853, p. 558), ainsi conçu :

Vu les art. 89, 90, 91 et 1036 C. p., 504, 505, 507 Inst. crim , 377 C. p., 103 décret 30 mars 1808 et 39 du décret du 14 décembre 1810 ;

Attendu qu'il résulte de l'ensemble de ces dispositions que le pouvoir extraordinaire dont les tribunaux sont armés pour réprimer les infrac-

(1) Metz, 20 mai 1820, Cass. fr., 20 nov. 1820, *J. du Palais*, à leurs dates; Grenoble, 26 décembre 1828 (*Jurispr. XIX⁴ s.*, 1829, 2, 298) ; Cass. fr., 1ᵉʳ déc. 1829 (*Journ. Pal.* à sa date).

(2) V. **MORIN**, *Dictionnaire*, vᵒ Audience, nᵒ 15.

tions à la discipline, comme les délits qui se commettent à leur audience, est soumis à la condition essentielle qu'ils en fassent usage *sur-le-champ*, séance tenante et immédiatement après que les faits auront été constatés, l'affaire dont ils sont occupés en ce moment demeurant suspendue ;

Que cette interprétation est confirmée par le but de la loi qui est de faire une justice instantanée des écarts contre le respect dû à ses organes dans l'exercice de leurs fonctions ;

Que si ce mode de procéder n'est pas poursuivi, la juridiction extraordinaire n'ayant plus de but, la reconnaissance des faits revient aux juridictions ordinaires (1).

II. DES FAUTES DÉCOUVERTES A L'AUDIENCE.

252. L'art. 103 du décret de 1808 parle de fautes commises *ou découvertes* à l'audience. *Fautes découvertes* s'applique à celles commises au dehors dans les actes, dans les pièces, et révélées à l'audience par l'examen du dossier ou par les débats.

La jurisprudence française qui a fait une très-large application de cet article, a quelquefois déclaré que les fautes simplement découvertes à l'audience doivent également être punies instantanément.

« Le soin de la police et la dignité de l'audience, le besoin de montrer immédiatement la répression à côté du scandale sont si vifs chez le législateur, dit M. Dupin, qu'il soumet au Tribunal même la faute commise au dehors, par cela seul qu'elle a été découverte à l'audience et que cette révélation y a fait scandale. » (V. Cass. fr., 24 déc. 1836, *J. Pal.*, 1837, I, 334.)

Cependant comprenant ce qu'il y avait d'exorbitant dans ce pouvoir qu'ils s'arrogeaient aux dépens des conseils de discipline et combien il était dangereux de prononcer immédiatement sur des faits dont les apparences peuvent être trompeuses, les tribunaux ont souvent jugé convenable de renvoyer la connaissance de ces faits au conseil de l'Ordre.

Ce mode de procéder a été jugé licite en France par plusieurs

---

(1) V. Cass. fr., 3 octobre 1831, D. P. 51,5,37, et 8 décembre 1849, D. P. 50, 1, 232; **MERLIN**, *Rép.*, v° Opposit. à ordon. de la chambre du conseil, n° 4; **LEGRAVEREND**, t. I, 368, 2e éd.; **BOURGUIGNON**, t. II, p. 454, n° 111 ; **CHAUVEAU**, q. 3410.

arrêts. (Paris, 24 mars 1829, Jurisp. XIX° sièc., 1830, I, p. 272 ; Cassation, 21 février 1838, *J. Pal.*, 1838, I, 491.)

En Belgique, nous ne connaissons aucun arrêt qui ait tranché cette question. Il nous paraît impossible d'approuver la jurisprudence française : nous ne voyons en effet aucune nécessité sérieuse pour conférer aux tribunaux, dans le cas qui nous occupe, le droit de punir sur-le-champ. Si la justice peut s'émouvoir en découvrant une faute commise loin d'elle, elle n'en est point pour cela outragée. En renvoyant devant le Conseil, elle a la certitude que le coupable sera puni : le respect qu'on lui doit ne se trouve nullement compromis.

III. APPEL POUR FAITS D'AUDIENCE.

253. L'avocat atteint d'une condamnation disciplinaire prononcée à l'audience, peut-il en interjeter appel (1)?

Quand le Tribunal a condamné l'avocat à une des peines déterminées par les articles 90 et 1036 C. pr., ou par l'art. 25 du décret de 1810, le droit commun permet sans contredit l'appel, sauf en cas d'avertissement.

254. Mais qu'arrive-t-il en cas de simple avertissement prononcé à l'audience? Nous avons vu que l'art. 29 du décret refuse à l'avocat averti par un Conseil tout recours contre cette décision.

L'avertissement donné par les tribunaux et prononcé en audience, n'est-il pas plus grave que l'avertissement du Conseil? Y a-t-il raison suffisante pour permettre l'appel de l'avertissement donné par les tribunaux?

Cette question s'est agitée en France avec plus d'importance que chez nous, puisque là elle se posait non-seulement pour l'avertissement, mais aussi pour la réprimande.

Carnot (2) et Bioche (3) enseignent l'affirmative ; Morin (4)

---

(1) V. **DALLOZ,** v° Avocat, n° 502.
(2) *Discipline judiciaire,* n° 31.
(3) V° Avocat, n°s 159, 287.
(4) *Discipline des cours et tribunaux,* t. I, n° 159.

se fondant sur l'absence de tout texte législatif permettant une dérogation à la loi, enseigne la négative (1).

La Cour de Cassation de Belgique a confirmé cette dernière opinion par un arr. du 11 nov. 1862, *Belg. Jud.*, XIXᵉ ann. 1863, p. 54, ainsi conçu :

Sur le moyen unique de cassation tiré de la violation de la règle des deux degrés de juridiction; de la fausse application et violation du décret du 14 décembre 1810 en ses articles 29, 32 et 39, et de sa fausse interprétation et violation en son article 45 ; de la violation de l'arrêté du 15 août 1836 en son art. 8 ; au besoin de la violation du décret du 30 mars 1808, art. 103 ;

Attendu qu'il résulte des articles 89, 90, 91 et 1036 Code proc., 504 et 515 Code inst. crim., 377 Code pén.; de l'art. 103 du déc. du 30 mars 1808 et des art. 31 et 39 du déc. 1810, que les cours et tribunaux, chargés de réprimer incontinent les infractions aux lois sur la discipline qui se commettent à leurs audiences, sont autorisés par cela même, ainsi que le prouve d'ailleurs le texte formel de l'art. 39 déc. 1810, à prononcer les peines disciplinaires comminées par l'art. 25 de ce décret contre les avocats qui attaquent les lois ou les autorités établies ou s'écartent du respect dû à la justice ;

Qu'en semblable occurrence et par une mesure qui concilie les nécessités de la police des audiences avec les égards que réclame à juste titre la profession d'avocat, les tribunaux sont appelés à exercer les attributions dont les conseils de discipline de l'ordre des avocats ont été investis par la loi, et par conséquent sont autorisés, comme ceux-ci, à prononcer à charge d'appel, s'il y a lieu, l'une des peines disciplinaires de l'art. 25 du déc. 1810 ;

Attendu que l'art. 25 de ce décret, par une dérogation spéciale à la règle des deux degrés de juridiction, n'ouvre la voie d'appel qu'à l'avocat censuré, réprimandé, interdit ou rayé du Tableau, et qu'il résulte bien formellement de l'art. 1ᵉʳ de l'arrêté de 1836 que le gouvernement a entendu maintenir cette disposition spéciale, à laquelle dès lors il n'a été porté aucune atteinte par la règle générale de l'art. 8 du même arrêté qui a eu particulièrement en vue de reconnaître dans tous les cas au Ministère Public le droit d'interjeter appel des décisions du conseil de discipline ;

Attendu que le jugement du 22 février 1862 n'a prononcé contre le demandeur qu'un simple avertissement et que dès lors en déclarant non recevable l'appel de cette décision, l'arrêt attaqué a fait une juste application du décret.

(1) Arrêt de cassation du 17 mai 1828 (*J. P.*, 1829, 1, 503, G. trib. 18 mai 1828 ; arrêt du 6 août 1844 (*J.P.*, 1845, 1, 749).

255. Une difficulté plus grave est celle de savoir devant qui doit être interjeté l'appel d'une décision disciplinaire rendüe en jugement. Doit-on se retirer devant le juge placé dans l'ordre hiérarchique des juridictions au-dessus de celui dont la sentence est attaquée, de telle sorte qu'un appel d'un jugement de simple police soit porté devant un tribunal correctionnel; — d'un tribunal correctionnel devant la chambre des appels correctionnels; — d'un jugement d'une chambre civile devant la chambre civile de la Cour? ou bien en doit-il être autrement? peut-on dire que le juge de première instance, n'ayant été armé qu'occasionnellement, par suite d'un besoin momentané, du pouvoir disciplinaire, il faut, lorsque la nécessité disparaît et qu'il s'agit de l'appel, reprendre le cours naturel des juridictions et revenir à la première chambre de la Cour d'appel, qui, en thèse générale, a compétence pour connaître des décisions du conseil de discipline?

C'est une question qui a été soulevée par le barreau de Paris en 1860, et qui fut décidée contre les avocats par arrêt de la cour de Paris en date du 13 janvier 1860, confirmée par arrêt de Cass. du 10 fév. 1860, D. P. 60, I, 96.

L'appelant, frappé par la chambre correctionnelle du tribunal de première instance, comparut devant la chambre correctionnelle de la Cour pour y soutenir l'incompétence de celle-ci. En son nom, on disait que le jugement, intervenu en première instance, n'était en définitive qu'une décision disciplinaire; que le juge qui l'avait prononcée avait abandonné, pour un moment, son caractère de juge correctionnel pour faire un emprunt à une juridiction établie en dehors et à côté de la sienne, c'est-à-dire au conseil de discipline; — qu'il n'avait agi qu'en vertu et dans les limites d'une prorogation de juridiction; — que par conséquent il fallait appliquer les principes réglant les prorogations en matière de compétence; — que le droit de police, n'allant pas au delà de l'audience, la prorogation ne saurait se justifier au delà; — qu'il fallait donc revenir à l'ordre des compétences ordinaires. En faveur de ce système, on invoquait un arrêt de cassation du 7 janvier 1860.

Pour repousser ces prétentions, on répondait que s'il est vrai que les mesures de discipline prises par le Tribunal, en chambre du conseil, lorsque les tribunaux exercent les fonctions de conseil de discipline, ou par le conseil de l'Ordre, ne sont que de simples décisions intérieures, dépourvues du caractère de jugement, les mêmes mesures prononcées à l'audience constituent de véritables jugements; — que cela résulte de ce que les fautes d'audience sont jugées publiquement, séance tenante, par les cours et tribunaux, tandis que les autres le sont à huis clos, en tribunal de famille — et de ce que le décret du 30 mars 1808 fait en termes formels cette distinction en disant : « Ces mesures ne sont pas sujettes à appel ni au pourvoi en cassation, sauf le cas où la suspension serait l'effet d'une condamnation *prononcée en jugement* (art. 103). »·

On ajoutait qu'en 1808, aucune règle spéciale n'étant donnée pour juger les appels en matière disciplinaire, il fallait nécessairement avoir recours au supérieur hiérarchique du tribunal qui avait prononcé en premier ressort; — que si le décret de 1810 autorise l'avocat, atteint disciplinairement, à interjeter appel devant la Cour impériale, il ne parle que des décisions prises par le conseil de discipline; — mais que pour les infractions d'audience qui sont prévues au titre suivant, c'est-à-dire au titre IV, il déclare, art. 39, que le Tribunal saisi, statue sur-le-champ, par conséquent, en audience — et qu'il ajoute, art. 45 : « Les condamnations prononcées par les tribunaux, en vertu des dispositions du présent titre, seront sujettes à appel s'il y a lieu et néanmoins elles seront exécutées provisoirement; » — qu'il en résulte que le décret maintient les deux ordres de juridictions des tribunaux en audience et des conseils de discipline siégeant à huis clos; — qu'il règle les appels par deux dispositions distinctes, disant des premiers qu'ils seront portés devant la Cour et ne statuant rien quant aux seconds, s'en référant par conséquent au droit commun.

Quant au principe général invoqué par l'appelant, et à l'arrêt de cassation du 7 janvier 1860, on répondait qu'il n'y avait aucune dérogation de compétence; — que le tribunal siégeant en audience civile ou correctionnelle ne dépouillait pas son caractère de juge civil ou correctionnel pour revêtir celui de juge disciplinaire, par le motif qu'il est établi par l'art. 103 du décret de 1808 *juge naturel* de l'infraction disciplinaire commise à son audience par un avocat, et que, d'autre part, loin de se constituer en conseil de discipline, jugeant d'après les formes imposées à cette juridiction, loin de se rendre en chambre de conseil, de juger à huis clos et de rendre une simple décision, il avait prononcé publiquement par un véritable jugement ; — qu'au surplus, le débat et le jugement qui surgissent à l'occasion des faits d'audience sont des incidents ayant un lien de connexité avec l'affaire principale ; — que pour savoir si ce que l'avocat avait dit, était permis ou défendu, était innocent ou coupable, il fallait connaître le fond de l'affaire et que par conséquent le juge du fond est le mieux à même à se prononcer sur l'inculpation disciplinaire (1).

256. D'après l'art. 45 du décret de 1810, les condamnations disciplinaires prononcées par les tribunaux en vertu des dispositions du titre IV dudit décret seront en cas d'appel exécutées provisoirement.

Cependant il a été décidé que les recours en cassation contre de semblables jugements ont un effet suspensif (art. 373, C. inst. crim. ; Cass. de Berlin, 13 août 1842, *Belg. Jud.*, I, p. 336).

IV. POUVOIR DISCIPLINAIRE DES COURS D'APPEL.

257. Nous avons rapporté au n° 247 le texte de l'art. 103 du décret du 30 mars 1808, en faisant remarquer que le § 2 de cet article qui conférait aux cours et tribunaux l'exercice de la puissance disciplinaire, même pour des faits qui n'avaient été ni commis ni découverts à l'audience, avait été abrogé par l'institution du conseil de discipline, dans le décret de 1810. Cependant la question de savoir si la Cour d'appel n'exerce pas un pouvoir direct et immédiat sur les avocats de son ressort, en d'autres termes, s'il lui est permis de les mander directement à sa barre, de les réprimander, suspendre ou rayer, *omisso medio*, sans que les avocats aient été préalablement traduits devant le conseil de l'Ordre, cette question, disons-nous, a été controversée en France.

(1) Voir aussi en ce sens arr. de Nîmes du 26 mai 1836, J. P. à sa date.

Un arrêt de la Cour de Cass. de France du 28 décembre 1825,
avait déclaré qu'aux conseils de discipline seuls, sauf le droit
d'appel, appartenait la répression des fautes non commises ou
découvertes à l'audience.

Cependant en 1833, une affaire qui eut un certain retentissement aboutit à une solution contraire. M. Pasquier, Bâtonnier des avocats du barreau de Paris, ayant prononcé le
30 novembre 1833, à la conférence des avocats stagiaires, un
discours de rentrée que M. le Procureur Général regarda
comme offensant pour la magistrature, fut cité directement
devant la Cour. Le barreau de Paris et ceux de toute la France
s'émurent de cette manière de procéder, qui constituait une
atteinte à la plus précieuse de leurs garanties. La magistrature attachait également à cette question un grand intérêt.
Elle prétendait qu'on ne pouvait dépouiller les cours d'un droit
de haute censure sur toutes les personnes qui exercent un ministère ou des fonctions auprès d'elle.

La cour de Paris, siégeant chambres réunies et à huis clos, se
déclara compétente par arrêt du 5 décembre 1833 (1). On se
pourvut en cassation. Devant la Cour suprême, les débats furent
solennels. M. le procureur général Dupin donna un réquisitoire
remarquable pour combattre la compétence des cours royales.
Cependant, la Cour de Cassation adopta l'arrêt de la cour de
Paris, sous prétexte que le Conseil de discipline devait, faute
d'avoir statué d'office, être considéré comme refusant d'exercer
son pouvoir disciplinaire, ce qui donne à la Cour le droit de
prononcer, sans violer aucune loi, ni aucune règle, sur la
plainte dont le Ministère Public le saisit directement (du
22 juillet 1834, D. 34, 1, 314).

Cet arrêt de la Cour de Cassation établit la compétence directe de la Cour plutôt qu'il ne la sanctionne : il fait la loi au
lieu de l'appliquer, ou s'il applique une disposition législative,
ce n'est pas dans tous les cas l'article 103 du décret de 1808,
dont il ne parle pas. — Nous pourrions donc, laissant cet arrêt
dans son isolement, affirmer davantage l'abrogation du § 2 de
l'article 103, si plusieurs autres arrêts postérieurs n'avaient

_____

(1) *J. P.*, 1833, 3, 568.

continué à reconnaître le pouvoir direct des cours royales, en invoquant ledit article (1).

Cependant il faut remarquer que ces arrêts ne paraissent pas avoir confiance dans cet argument, puisqu'ils ont soin d'appuyer en même temps leur décision sur des considérations générales, ainsi que sur le pouvoir d'évocation et le principe de dévolution que donne aux cours royales l'art. 235 C. inst. crim., en matière criminelle, et l'art. 54 de la loi du 20 avril 1810, sur la discipline des membres de l'ordre judiciaire.

258. En Belgique, la question ne s'est point présentée dans ces termes. Mais la cour de Bruxelles a eu à résoudre la question de savoir si, après avoir annulé pour vice de forme une décision du Conseil, elle avait le droit d'évoquer l'affaire.

Cette difficulté a été résolue affirmativement, aux termes de l'article 473 C. pr., par arrêt du 28 décembre 1857, *Belg. Jud.*, t. XX, 1862, p. 1066.

259. Enfin, pour terminer sur le pouvoir des cours d'appel, disons encore qu'il est arrivé souvent en France au Ministère Public de traduire devant elle, soit l'ordre entier des avocats, soit son conseil de discipline, pour provoquer par exemple l'annulation de délibérations prises en assemblée générale ou en séance du Conseil. Dans ces cas, la Cour s'est déclarée chaque fois compétente. (V. Cass., 5 avril 1841, J. P. 1841, 1, 658; G. Trib., 13 mai 1858.)

---

(1) V. **MORIN**, *Discipline*, n° 146.

QUATRIÈME PARTIE [1].

DES DROITS DE L'AVOCAT.

—

I. TITRE ET COSTUME.

1. En entrant au Barreau, nous acquérons immédiatement le droit de prendre le titre et la robe d'avocat.

Le titre est modeste : ceux qui sont appelés par leurs concitoyens à les défendre en justice, se nomment tout simplement *appelés, advocati* (2).

Pour recevoir le titre d'avocat, il faut obtenir le diplôme de docteur en droit et être reçu au serment par la Cour, mais pour le conserver, il n'est pas nécessaire de figurer au tableau de l'Ordre (3); l'usurpation du nom d'avocat ne tombe pas même sous l'application de la loi pénale.

(1) Cette quatrième partie est extraite du discours prononcé par M. G. Duchaine à la séance de rentrée de la Conférence du Jeune Barreau le 10 nov. 1864, *Belg. Jud.*, XXII, 1864, 1521 ; nous nous sommes bornés à y introduire quelques modifications et à le mettre en rapport avec les besoins de ce livre.

(2) Voir sur les prédicats de la Magistrature et du Barreau, *Belg. Jud.*, t. XVII, 1859, p. 752. Le titre de Monsieur fut longtemps refusé aux avocats qu'on appelait Maîtres ainsi que les procureurs. Plus tard, les avocats furent Messieurs comme les conseillers et les gens du roi. Les greffiers et les huissiers héritèrent alors du titre de Maître.

(3) V. **PHILIPPE DUPIN**, *Encyclop. du droit*, n° 42. — **DALLOZ**, v° Avo-

Si les tribunaux ont quelquefois défendu de porter ce titre, c'est à des personnes soumises par leur position à une discipline particulière (1).

2. Quant au costume, l'arrêté du 2 nivôse an XI contenait cette disposition : « Art. 6. Aux audiences de tous les tribunaux, les gens de loi et les avoués porteront la toge de laine, fermée par devant, à manches larges ; toque noire, cravate pareille à celle des juges ; cheveux longs ou ronds. »

Lorsqu'en 1810, les avocats reçurent définitivement une organisation distincte de celle des avoués, ils acquirent en même temps le droit spécial d'ajouter à leur toge de laine, la *chausse* ou le *chaperon* (2). L'art. 35 du décret de 1810 leur donna même le droit de porter le chaperon tel qu'on l'employait dans l'administration de l'instruction publique. Mais les avocats rejetèrent les distinctions qui en résultaient. D'ailleurs, en Belgique, elles n'ont plus de raison d'être. Ce qui n'a pas empêché le Gouvernement de reproduire textuellement le § 1 de l'art. 35 du décret de 1810 dans son projet d'organisation judiciaire. (Art. 328.)

3. Tous les avocats, qu'ils suivent le Barreau ou qu'ils l'aient délaissé, peuvent porter la robe. C'est drapés dans ses plis qu'ils ont reçu la consécration solennelle de leur titre : comme il n'est pas possible de leur enlever leur qualité, il n'est pas permis non plus de les dépouiller des insignes qui y sont attachés.

En vain, pour faire prévaloir le contraire, a-t-on dit que le costume ne se comprend pas sans l'exercice de la Profession, que cette robe que nous respectons, peut être impunément avilie par des hommes qui échappent à la surveillance du Conseil ; que les magistrats eux-mêmes sont sans défense contre la mauvaise foi de ceux qui, malgré l'interdiction de plaider, se présentent à leur barre, revêtus de la

---

cat, n° 166. D'après cet auteur, si un individu prenait la qualité d'avocat de tel ou tel barreau dans des annonces, l'Ordre représenté par son Bâtonnier aurait qualité pour le faire condamner à cesser de prendre une telle qualification.

(1) Les avoués, docteurs en droit qui plaident dans les tribunaux de province, ont-ils le droit de prendre le titre d'avocat ? V. **MORIN**, *Discipline*, n° 118.

(2) Le décret du 2 juillet 1812, art. 12, déclare que les avoués n'ont pas le droit de porter la chausse.

toge. Ces considérations n'ont pas encore été sanctionnées par la loi ; la seule mesure qu'elle ait prise à ce sujet est de punir celui qui prend le costume sans avoir le titre. (Art. 228 Code pénal nouveau ; tribunal de Paris, 24 décembre 1842, *Belg. Jud.*, t. I, p. 174) (1).

II. DROIT DE PLAIDER.

§ 1. *Du droit de plaider en général.*

4. Autrefois, l'avocat pouvait plaider en tout lieu et devant toute juridiction. « Il avait le globe pour territoire, » dit Merlin (2) ; quoique ce fut beaucoup, l'expression n'est que la traduction exacte des lettres de licence qui donnaient le droit « *legendi publice, disputandi, interpretandi canones et leges hic et ubique terrarum.* » Le décret de 1810, art. 10, apporta à ce principe d'importantes restrictions. L'avocat inscrit près d'une Cour, n'était désormais admis à plaider que dans le ressort de cette Cour ; ceux inscrits près d'un tribunal de 1ʳᵉ instance ne pouvaient plaider que devant la Cour criminelle et devant les tribunaux du département.

Pour plaider hors du ressort de la Cour d'appel, ou de la province où ils étaient inscrits, il fallait la permission du Ministre de la Justice ; mais cette précaution excessive et injuste, souleva de

---

(1) Nous devons nous revêtir de notre robe, chaque fois que nous nous présentons devant les juges, même quand il s'agit des devoirs judiciaires qui s'accomplissent en chambre du conseil. Cependant la loi n'attache pas la peine de nullité aux jugements rendus sur plaidoiries faites sans être en robe. (Haute Cour des Pays-Bas, 24 juin 1851, *Belg. Jud.*, t. X, 1852, p. 396.) Si dans la pratique, les avocats ne se mettent pas en robe devant les tribunaux consulaires, les justices de paix ou les conseils de guerre, c'est que ces juridictions, à proprement parler, ne possèdent pas de barreau. Un autre usage qui ne constitue pas cependant une obligation, c'est que l'avocat plaidant pour lui-même, dans un procès civil, laisse de côté les insignes de sa profession, car alors il ne parle plus comme avocat, mais comme partie. (V. **MOL- LOT,** *Abrégé,* p. 162.) S'il plaidait pour son compte devant les juridictions criminelles, il n'aurait pas le droit de prendre sa robe. Ainsi l'a décidé un arrêt de la Haute Cour des Pays-Bas, du 24 juin 1851, *Belg. Jud.*, t. X, 1852, p. 396.

Les avocats peuvent-ils se présenter à l'audience en moustaches ? V. *Belg. Jud.,* t. II, 1844, p. 1202.

(2) *Rép.*, vᵒ Avocat.

vives réclamations et, s'il faut en croire Daviel (1), ne fut jamais
mise en pratique.

L'arrêté de 1836 nous débarrassa des entraves impériales et
rendit aux avocats des villes où siége une Cour d'appel le droit
de se présenter devant toutes les cours et tous les tribunaux
du royaume (art. 12).

5. L'art. 12 de l'arrêté de 1830, ne parle pas des avocats
inscrits dans les tribunaux. Si l'on interprétait rigoureusement ce silence, il s'ensuivrait que ces avocats seraient à tout
jamais incapables d'aller plaider hors du ressort de leur tribunal, car ils n'auraient pas même la ressource de le faire avec
la permission du Ministre de la Justice, l'article 10 du décret
de 1810 étant abrogé : l'arrêté de 1836 aurait donc étendu la
liberté d'une catégorie d'avocats aux dépens de celle d'une autre.
Mais les magistrats sont unanimes à n'y voir qu'une omission
et admettent sans difficulté les avocats étrangers au ressort à
plaider devant eux.

6. Les avocats en stage ne sont pas moins aptes à plaider
que ceux inscrits au Tableau. Nous en avons parlé au n° 82.

7. Le projet sur la nouvelle organisation judiciaire semble vouloir modifier ces traditions. En effet, en vertu de
l'art. 16 du décret de 1810, combiné avec l'art. 12 de l'arrêté
de 1836, les stagiaires exercent le droit de plaider comme les
avocats du Tableau, dans les limites que la loi assigne à ceux-ci,
c'est-à-dire devant toutes les cours et tribunaux du royaume.
Or, l'art. 302 du projet ne leur reconnaît le droit de
plaider que devant la Cour ou le Tribunal où ils sont en stage.

Cette innovation est tout au moins illogique, car il n'est pas
raisonnable d'admettre qu'un jeune avocat en stage à Bruxelles,
par exemple, soit présumé assez fort pour y plaider devant le
Tribunal ou la Cour, et soit déclaré inhabile à exercer son ministère devant tout autre tribunal.

8. Les avocats ont le droit de plaider devant toutes les
juridictions constituées : devant la Cour de Cassation, les cours
d'appel, les tribunaux de première instance et les justices de
paix, les tribunaux consulaires et arbitraux, la cour militaire,

_____

(1) V. **DUPIN,** *Profession d'avocat,* p. 226., éd. belge de 1834.

les conseils de guerre pour les troupes de terre et de mer, et devant les différentes juridictions disciplinaires qui existent en Belgique. Quant à ces dernières, si l'action disciplinaire n'a pas un véritable caractère pénal, il n'en est pas moins vrai qu'il peut intervenir une condamnation altérant gravement l'honneur, la réputation ou la position de l'inculpé ; comme le principe de la défense est de droit naturel, on n'en saurait restreindre l'application en cette matière, sous prétexte que la loi ne l'a pas spécialement reconnue à cet égard (V. Morin, *De la discipline*, t. I, p. 197, 236, 342, et t. II, n° 164).

9. Les avocats n'ont pas cependant le droit de plaider devant certains conseils de prud'hommes : la loi organique des conseils de prud'hommes, en date du 7 février 1859, ne contient aucune disposition relative à la défense, mais l'art. 19 du règlement d'ordre intérieur du conseil de prud'hommes de Bruxelles, approuvé par arrêté royal du 12 septembre 1862, porte : En règle générale, les parties comparaissent en personne devant le Conseil, c'est-à-dire qu'elles ne peuvent se faire représenter par des avocats, avoués ou autres gens d'affaires. Le Conseil n'admet pour représenter lesdites parties, en cas d'absence, de maladie ou de tout autre empêchement légitime, qu'un chef d'industrie, un commis porteur d'une procuration, un contre-maître ou un ouvrier.

10. Les avocats ont le droit d'assister leurs clients aux enquêtes. L'art. 105 du règlement du 30 mars 1808 leur donne le droit d'être présents à tous les actes d'instruction et de procédure (Rouen, 26 décembre 1827, *Journ. Pal.* à sa date).

11. Les avocats peuvent assister le mari cité en chambre du conseil pour s'expliquer sur les causes de son refus d'autoriser sa femme (V. Pau, 30 juin 1837, *J. P.* 1838, 1, 103).

12. Le droit de plaider *pour autrui* appartient, en principe, exclusivement aux avocats. Par exception, les personnes étrangères à la profession l'exercent dans les cas suivants :

En matière civile :

1° La partie peut plaider pour elle-même à moins que le Tribunal ne le lui interdise (art. 85 du Code de procédure) ;

2° Les juges, procureurs généraux ou du Roi et leurs substituts, peuvent plaider dans tous les tribunaux leurs causes personnelles et celles de leurs femmes, parents ou alliés en ligne directe, et de leurs pupilles (art. 86 du Code de procédure);

3° Les avoués peuvent plaider :

a) Dans les cours et tribunaux séant aux chefs-lieux des cours d'appel, des cours d'assises et de province, les demandes incidentes sommaires, les incidents relatifs à la procédure ;

b) Dans ces tribunaux, toutes les causes sommaires ;

c) Dans tous les autres tribunaux, toutes les causes où ils occupent ;

d) En l'absence ou sur le refus de l'avocat de plaider, les avoués, tant en cour d'appel qu'en première instance, peuvent être autorisés à plaider en toute espèce de cause (décret du 2 juillet 1812) ;

4° En justice de paix et devant les tribunaux consulaires, tout le monde peut plaider avec procuration.

En matière criminelle :

1° Devant la cour d'assises, les parents et amis de l'accusé peuvent plaider avec la permission du président ;

2° Les avoués de la Cour ou du Tribunal où siége la Cour, peuvent y plaider également. Ils n'ont pas même besoin de la permission du président (art. 295 du Code d'instruction criminelle) ;

3° Devant les tribunaux correctionnels, les avoués du Tribunal ont le droit de plaider (29 pluviôse an IX ; Cour de Cassation française, 7 mars 1828, Sirey, à sa date) ;

Quant aux parents et amis, ils n'ont pas ce droit. (Bruxelles, 16 juin 1832, *Pas.* 179 ; Gilbert, art. 295 du Code d'instruction criminelle ; *contra* Carré, Organisation judiciaire, t. I, quest. 38 ;

4° En simple police, V. art. 152 du Code d'instruction criminelle ;

5° Devant les conseils de guerre, un arrêté du 9 novembre 1830, art. 2, porte que le conseil sera désigné parmi toutes les personnes que le prévenu croira capables de le défendre. (Gérard, *Cours de droit pénal militaire*, p. 71) ;

6° Devant le conseil de discipline de la garde civique (V. article 100 de la loi du 8 mai 1848).

13. Rappelons enfin que les avocats à la Cour de Cassation ont été admis à plaider partout comme les membres de notre Ordre, par la loi du 4 août 1832, art. 31 (1).

§ 2. *Défense d'office.*

14. Dans l'exercice de leur profession, les avocats sont essentiellement libres; comme première manifestation de cette liberté, ils ont le droit d'accorder ou de refuser leur ministère, selon leur conscience.

15. Les magistrats, il est vrai, ont le pouvoir de désigner des défenseurs d'office, au civil comme au criminel. Mais ces nominations, toutes dans l'intérêt du malheur ou de la pauvreté, ne froissent en rien l'indépendance de l'avocat.

En effet, en matières civiles, l'art. 41 du décret de 1810, tout en chargeant le Tribunal de pourvoir, s'il y a lieu, à la défense des contestations privées, ne commine aucune mesure à l'égard de l'avocat qui refuserait son intervention. De ce côté, toute liberté est donc légalement sauvegardée.

Mais quand il s'agit de défense au grand criminel, le décret se sert d'un langage moins réservé. « L'avocat nommé d'office pour défendre un accusé, ne pourra refuser son ministère, sans faire approuver ses motifs d'excuse ou d'empêchement, » dit l'art. 42 (2). Si l'obligation de faire approuver ses motifs constitue une légère atteinte à l'indépendance de l'avocat, elle s'explique facilement par les nécessités sociales et humanitaires qui ne permettent pas qu'un accusé soit condamné sans avoir été défendu.

16. Par qui les motifs d'excuse ou d'empêchement doivent-ils être approuvés?

En France, l'ordonnance de 1822, art. 41, résout cette question : « L'avocat nommé d'office pour la défense d'un accusé, ne pourra refuser son ministère sans faire approuver ses motifs

<hr />

(1) Un avocat étranger peut-il plaider en Belgique pour la partie civile? Cette question, qui se présentait dans l'affaire Sirey et Caumartin, fut résolue négativement. *Belg. Jud.*, t. I, p. 666.

(2) La nomination d'office ne peut avoir lieu que parmi les avocats du ressort. V. art. 295 C. inst. crim. et *Recueil de* **DUPIN**, p. 316, éd. belg., 1831.

d'excuse ou d'empêchement par les cours d'assises, qui prononceront, en cas de résistance, l'une des peines déterminées par l'article 18. »

Ce système produit de graves inconvénients, car il met l'avocat dans l'alternative de se charger d'une défense, lorsqu'il a pour s'en abstenir des motifs puisés dans les circonstances de la cause, ou de trahir son client en les exposant à la Cour.

Chez nous, dans le silence de la loi, c'est au président qui choisit le conseil, qu'on s'adresse dans la pratique pour être déchargé d'une défense d'office ; les choses se passent ordinairement à la satisfaction de tous.

Néanmoins, si une contestation sérieuse surgissait, nous pensons que le conseil de l'Ordre est et doit rester le juge naturel de ces questions (1).

§ 3. *Immunités de la plaidoirie.*

17. Comme autres conséquences de l'indépendance de l'avocat, nous mentionnerons les immunités qui l'accompagnent à la barre, quand il s'y présente pour plaider.

1° A une époque où le droit se traduisait en symbole, la liberté des plaidoiries fut matérialisée en une forme d'étiquette : les avocats exercèrent le droit de plaider couverts. Cet usage a été maintenu par le décret ; aussi aujourd'hui comme anciennement, la formule française qu'emploie le président pour donner la parole à la défense, le « *couvrez-vous, avocat,* » ne veut pas dire, pour employer l'expression de M. Dupin, « mettez-vous à votre aise ; » cela signifie « parlez librement. »

« Les avocats plaideront debout (2) et couverts, dit l'art. 35, mais ils se découvriront lorsqu'ils prendront des conclusions ou en lisant des pièces du procès. » Ce dernier paragraphe s'explique par une raison historique : autrefois la lecture des pièces et conclusions incombait aux procureurs, lesquels représentant la partie devaient toujours avoir la tête

---

(1) Un avocat désigné d'office doit-il s'abstenir s'il est récusé par l'accusé ? V. *Revue des Revues de droit*, t. II, p. 286.

(2) Les avocats ont-ils le droit de rester assis pendant la prononciation d'une ordonnance ? V. arr. de Cass. fr., 18 nov. 1852, *G. Trib.*, 21 nov. 1852, D. P. 52, 5, 51.

découverte en parlant aux juges. Pour la facilité de l'expédition des affaires, les avocats obtinrent peu à peu la permission de suppléer l'avoué absent : faisant momentanément son office, ils en prenaient les usages. (V. Fournel, t. II, p. 155.)

18. 2° Le droit de parler librement donne-t-il le droit de ne pas être interrompu? Mollot enseigne que l'avocat a le droit de ne pas être interrompu à l'audience par le président. Sur la foi de cette doctrine, un jeune avocat demandait un jour « acte de ce que la défense n'était pas libre, » parce qu'il avait été interrompu.

M. Mollot, sans doute, s'était exprimé dans son livre avec trop d'énergie ou de concision, et notre stagiaire dans son plaidoyer avec trop de prolixité, car le président répondit : « Avocat, le tribunal vous donne acte de ce que vous êtes un jeune homme (1). »

En faisant cette réponse le magistrat reprenait paternellement une faute involontaire, et apprenait à celui qui l'ignorait que la loi donne au président la police de l'audience et le droit de faire cesser les plaidoiries quand les juges trouvent que l'affaire est suffisamment éclaircie (art. 34 décret du 30 mars 1808).

19. 3° L'avocat revendique une égalité absolue aux audiences criminelles avec les magistrats qui remplissent les fonctions de Ministère Public. Certes, il ne se croit pas affranchi du devoir de respecter toujours et en tous lieux ces importants adversaires; mais ce respect que la bienséance lui impose, la bienséance l'impose réciproquement à son égard. Entre celui qui accuse et celui qui justifie, la dignité et les droits sont égaux. L'un, au nom de la morale publique, poursuit tous ceux qui lui paraissent avoir porté dans la société le désordre, la ruine ou la désolation ; l'autre dans le ministère de la défense invoque des titres non moins sacrés : c'est au nom de la justice, c'est au nom des droits de chacun qu'il cherche à prémunir les juges contre les erreurs de la faillibilité humaine.

20. 4° En matière civile, on sait que le Ministère Public intervient par voie de réquisition ou agit comme partie principale.

(1) V. **MORIN**, *De la discipline*, t. I, n° 154.

Dans le premier cas, chargé d'éclairer les tribunaux, il doit, dit Dalloz, prendre la parole toutes les fois qu'il craint qu'une erreur pourrait être commise, et la loi ne veut pas qu'il refuse aux juges le concours de ses lumières quand ils le réclament. Il doit toujours être entendu quand des incapables ou certaines personnes privilégiées sont en cause, ou que l'ordre public est engagé dans le débat; mais il n'est alors que l'avocat de la loi, il ne donne que son avis, il n'exerce aucune action, et quand il a conclu, sa tâche est terminée : mission qui ainsi limitée est encore suffisamment difficile et honorable (1).

Aussi c'était une ancienne maxime de palais que le Ministère Public parlant en qualité de *partie jointe* ne pouvait être contredit par l'avocat. Cependant l'art. 87 du règlement de 1808, tout en défendant de prendre la parole après que le Ministère Public a été entendu, donne à l'avocat la faculté de remettre sur-le-champ au président de simples notes énonciatives des faits sur lesquels il prétend qu'il y a erreur ou incertitude.

Mais lorsque dans certaines affaires spécifiées par la loi, le Ministère Public se présente comme *partie principale*, il redevient, autant que le permettent ses fonctions, un plaideur ordinaire, qui doit être traité comme toute autre partie. Alors, l'avocat a le droit de le réfuter et de le combattre. La lutte s'établit dans les conditions ordinaires, et comme en définitive les officiers du parquet plaident à l'égal des membres du Barreau, ils n'ont droit à aucun privilége sur ceux-ci.

21. 5° Jusqu'où vont les immunités de la plaidoirie à l'égard des parties qui sont au procès?

Parlant toujours au nom d'autrui, l'avocat a le devoir de défendre les intérêts de ses clients sans partager leurs passions, de soutenir leurs droits et de ne pas suivre leurs emportements; à lui de discerner les faits se rattachant au procès de ceux qui doivent lui rester étrangers; à lui de vérifier, autant qu'il est en son pouvoir, la vérité ou la vraisemblance des accusations ou des reproches qu'il a le mandat de produire.

Mais cet examen consciencieusement accompli, la loi protége l'avocat et le rend personnellement invulnérable. Libre cours

(1) **DALLOZ,** v° Ministère Public, n° 90.

est accordé à son éloquence : il peut avec vigueur dévoiler les iniquités, au risque même de déshonorer la partie adverse.

Si les révélations de l'audience prouvent que sa religion a été surprise par un client malhonnête, c'est sur ce dernier seul que pèsera la responsabilité des faits que son défenseur a plaidés en son nom (1).

Mais, au contraire, si l'avocat n'a pas accompli ses devoirs avec toute la prudence qu'ils comportent; si trop faible pour résister aux exigences des clients, il a été le serviteur trop complaisant de leurs querelles; si dans le feu de l'improvisation, il lui est échappé quelques allégations trop téméraires, ce n'est pas d'un délit commun que l'avocat se sera rendu coupable, mais seulement d'un délit professionnel. Ce n'est pas la peine des imputations injurieuses qu'il faudra lui appliquer; la loi écarte l'emprisonnement et l'amende, elle ne le frappe que disciplinairement. (Voir art. 452, C. p. nouveau; voir aussi n⁰ˢ 241 et suiv.)

III. ÉCRITURES, MÉMOIRES ET CONSULTATIONS.

22. Les avocats de l'ancien régime comptaient au nombre de leurs attributions le droit de faire certaines écritures, qui devenaient pièces du procès et entraient en taxe. Aujourd'hui la procédure écrite est réservée aux avoués. Les mémoires et les notes que produisent les avocats dans le cours d'une instance, ne font pas essentiellement partie de l'instruction. Cependant, cette règle n'est pas absolue. Le décret de 1810, art. 36, reconnaît que l'avocat possède encore le droit de signer des écritures de procédure, et, en fait, nous exerçons ce droit dans quelques matières particulières, où l'instruction se fait par mémoires, notamment pour obtenir communication de

_____

(1) Comme les avocats ne doivent parler qu'au nom de leur client, l'art. 37 du décret de 1810 exige un écrit pour éviter tout désaveu, « leur défendant de se livrer à des injures ou à des personnalités offensantes envers les parties ou leurs défenseurs, d'avancer aucun fait grave contre l'honneur et la réputation des parties, à moins que la nécessité de la cause ne l'exige et qu'ils n'en aient charge expresse et par écrit de leurs clients ou des avoués de leurs clients; le tout à peine d'être poursuivis, ainsi qu'il est dit dans l'art. 371 du Code pénal; » mais cet article 37 n'a jamais été mis en usage.

pièces (art. 191 du Code de procédure); dans les instructions par écrit (art. 107 du Code de procédure; art. 217 du Code d'instruction criminelle); dans les instances d'enregistrement (L. 22 frimaire au VIII, art. 64); dans les affaires de cassation (L. 2 brumaire an VII, art. 16).

23. A Bruxelles, les avocats signent aussi et présentent eux-mêmes les requêtes en *Pro Deo*, les difficultés qui existaient naguère quant à la désignation de l'avoué pour la présentation de ces requêtes, ayant été aplanies dans le cours de l'année 1858-1859, par l'intervention officieuse du président du tribunal de première instance (V. compte rendu fait au conseil de l'Ordre, le 4 août 1860) (1).

24. Il ne faut pas confondre les mémoires prescrits par la loi, qui font partie de la procédure, avec ceux que les avocats ont l'habitude de rédiger dans les procès de quelque importance. Comme ces derniers ne sont, en définitive, que le développement par écrit des moyens de défense, ils doivent jouir des priviléges accordés à la plaidoirie. Toutefois, on a quelquefois soutenu que n'étant faits que pour l'instruction des juges, ils ne pouvaient plus invoquer ces prérogatives du moment qu'ils étaient distribués hors de l'audience. Nous ne pouvons, pour notre part, nous rallier à cette doctrine. Le caractère de la justice est qu'elle soit rendue publiquement. C'est à l'audience publique que se portent naturellement toutes les causes. Quand on prend le public à témoin par des mémoires imprimés, on ne fait qu'augmenter la publicité de l'audience.

25. Un arrêt de la Cour de Cassation du 10 décembre 1838 (2) ayant rejeté d'un procès soumis à sa haute juridiction, un mémoire signé par deux avocats près la cour d'appel, par le motif que ce mémoire ne portait pas la signature d'un avocat à la Cour de Cassation, le conseil de l'Ordre de Bruxelles protesta vivement contre cette jurisprudence qui lui

---

(1) Dans certains tribunaux de commerce, et notamment à Gand, les avocats signent les requêtes et conclusions et les font entrer en taxe. A Bruxelles, l'avocat ne signe ces pièces qu'autant qu'il est muni des pouvoirs de la partie. Il n'en retire aucun émolument.

(2) *Jurispr. XIXᵉ siècle*, 1839, p. 444.

semblait violer l'art. 36 du décret de 1810; nous croyons utile de rapporter ce document :

Vu par le Conseil l'arrêt rendu par la Cour de Cassation séant à Bruxelles, le 10 déc. 1838, laquelle a rejeté d'un procès soumis à la Cour une consultation signée par deux avocats d'appel, par le motif principal qu'elle ne portait que leurs signatures, sans être signée aussi par un avocat à la Cour de Cassation ; — entendu le rapport qui lui a été fait par l'un de ses membres sur les conséquences graves que pourrait entraîner l'erreur judiciaire consacrée par cette décision, et sur l'atteinte qu'elle porte à l'indépendance et à l'un des droits les plus importants du Barreau ;

Considérant qu'une liberté complète est garantie à l'avocat pour l'exercice de son ministère (art. 37, déc. 1810) ; — que le droit de signer les consultations et mémoires qu'il a faits, est pour l'avocat de l'essence de sa profession et constitue même sa première prérogative ; — que ce droit reconnu par le même décret, art. 36 et 44, n'a jamais été restreint par aucune loi postérieure ; — que la loi organique de l'ordre judiciaire du 4 août 1832, loin d'enlever aux avocats d'appel quelques-uns de leurs priviléges, leur a au contraire conféré sans réserve le droit de plaider en degré de cassation, en affranchissant cette faculté indéfinie des conditions que les règlements antérieurs y avaient attachés ;

Considérant que le droit de plaider devant une juridiction emporte nécessairement celui d'y présenter un mémoire et de signer l'écrit que son auteur pourrait développer dans une plaidoirie orale ;

Qu'aussi le règlement du 15 mars 1815 invoqué par l'arrêt, loin de refuser aux avocats qu'il admet à plaider, le droit de signer leurs écrits, exige au contraire par une décision formelle, art. 33, leur signature exclusive sur leurs mémoires ;

Que loin de réclamer sur l'œuvre de l'avocat la signature nécessairement inutile d'un officier ministériel, le règlement qui les distingue soigneusement l'un de l'autre dans une foule de dispositions, qui, au dernier mot de son article 32, parlait encore des *avocats* et *avoués* en les distinguant, exclut formellement à l'art. 33 l'intervention de ces derniers, en ne réclamant pour les mémoires que la signature des avocats seulement ;

Que les officiers ministériels, créés par la loi organique de 1832 et qui remplacent aujourd'hui les avoués du régime de 1815, n'ont reçu de la loi qui les institue d'autre pouvoir exclusif que celui qu'auraient ces avoués, leurs prédécesseurs, de *postuler* et de *prendre conclusion;*

Considérant que l'arrêt du 10 déc. 1838, signalé au Conseil, a cependant rejeté une consultation de deux avocats d'appel, parce qu'elle n'était signée que par eux, tandis qu'une loi formelle autorisait leur signature — et parce qu'elle n'était point signée par un officier ministériel, tandis qu'aucune loi n'exigeait un pareil concours, et que l'art. 33

du règlement l'excluait directement lui-même en ne voulant sur l'écrit de l'avocat que la signature de son auteur ;

Considérant que cet arrêt a donc créé arbitrairement pour l'officier ministériel une faculté qu'aucune loi ne lui donne et que l'art. 33, invoqué pour l'établir, lui refuse au contraire manifestement ;

Qu'il dépouille non moins arbitrairement les avocats d'appel d'un droit incontestable, qui est de l'essence de leur profession et qu'une loi expresse leur reconnaît ; — que non-seulement il crée d'autorité l'incapacité dont il les frappe, mais qu'il porte encore atteinte à leur dignité et à leur indépendance, en établissant un patronage qu'aucune loi ne leur a jamais imposé ;

Considérant, enfin, que le conseil de discipline trahirait ses devoirs et son mandat s'il laissait en silence attenter aussi ouvertement aux droits et prérogatives dont la garde est confiée à sa sollicitude ;

Par ces motifs, le conseil de discipline de l'ordre des avocats exerçant près la cour d'appel de Bruxelles, déclare protester contre l'arrêt prérappelé du 10 déc. 1838 ; au nom de l'Ordre, il proteste énergiquement contre l'atteinte portée à son indépendance et à ses prérogatives ; au nom de la loi, il rappelle à tous les membres du Barreau qu'ils ont et conservent invariablement et dans toute sa plénitude le droit garanti par elle de signer seuls et sans concours ni patronage aucun, toutes consultations et mémoires quel qu'en doive être l'usage devant une juridiction quelconque. (3 janvier 1839.)

La protestation du Conseil, ainsi que l'arrêt qui l'avait provoquée, venaient dans un temps où de graves dissentiments séparaient les avocats à la cour d'appel des avocats à la Cour de Cassation, sur l'application de la loi qui avait établi ces derniers. Les bonnes relations entre les deux barreaux furent longtemps entravées par l'énergie avec laquelle chacun défendait ses droits respectifs. Mais enfin, un compromis fut signé, le 15 juillet 1843, par des délégués des deux camps, et les principales difficultés disparurent (1). Depuis lors les noms des avocats des deux barreaux figurent, d'un commun accord, au-dessous des mémoires produits ou distribués devant la Cour suprême (2).

26. Quant *aux consultations*, nous avons conservé le droit d'en délivrer. Nous ne parlons pas des consultations que toutes sortes de personnes, plus ou moins instruites, peuvent donner

(1) V. Introduction historique, p. 29 et suiv.
(2) En degré de cassation, pour les matières criminelles, il est d'usage de laisser signer par les avocats à la cour d'appel la requête de l'art. 422 du C. inst. crim.

aux gens qui leur en demandent, mais des consultations que nous appellerons légales, authentiques, dont il est encore de nos jours indispensable de se munir pour être admis à plaider dans quelques cas ou à passer certains actes.

Quoique les circonstances dans lesquelles le législateur considère l'avis d'hommes de loi comme un préliminaire nécessaire soient devenues plus rares (1), le droit de consultation n'en est pas moins important, puisque l'avocat consultant est, en quelque sorte, constitué juge de l'affaire qu'on lui soumet. C'est de sa sentence que les parties attendent leur sort et les conséquences en sont quelquefois tellement sérieuses, que la loi elle-même ne confie qu'à nos anciens le pouvoir de la délibérer.

IV. DROIT DU SECRET.

27. On ne peut contraindre un avocat à déposer comme témoin, dans les affaires civiles ou criminelles, de ce qu'il ne sait qu'en qualité de conseil. Cette règle, bien que non consacrée d'une manière explicite par nos codes, est cependant du nombre de celles que la controverse ne peut plus ébranler (2). Sans la certitude que les épanchements de l'accusé ne seront point invoqués contre lui, que deviendrait le droit de défense? Sans l'assurance que les secrets de la vie ne seront pas dévoilés, qui oserait consulter utilement un jurisconsulte? Sans

---

(1) D'après l'art. 467 du Code civil, les avis pour transactions de mineurs doivent être donnés par trois jurisconsultes, que le procureur du Roi peut désigner dans le Barreau ou hors de son sein. (V. **MERLIN**, *Rép.*, v° Consultation.)

Pour la requête civile, la consultation requise par l'art. 495 du Code de procédure, doit être demandée exclusivement aux avocats; encore doivent-ils avoir dix années de pratique.

Ces consultations doivent-elles être faites sur timbre? V. **MERLIN**, v° Timbre, § 8; **ROLLAND DE VILLARGUES**, v° Consultation.

(2) V. *Dictionnaire criminel de* **MORIN**, v° Avocat, § 2.

L. 25, D., *De Testibus*, **FABER**, *in suo cod.*, lib. XI, tit. XV, défin. 19.

ROUSSEAU DE LA COMBE, *Matière criminelle*, p. 330, n° 4; **JOUSSE**, *Instruction criminelle*, t. II, p. 120, n° 60; **MUYART DE VOUGLANS**, *Instit. au droit criminel*, p. 318; *Lois criminelles*, p. 784.

V. **MORNAC**, *Recueil d'arrêts*; **DENISART**, v° Avocat, § 6, n° 10. Au parlement de Flandre, on pouvait cependant contraindre un avocat à déposer contre son client. V. **DE GHEWIET**, t. II, p. 209, art. 12.

l'immunité de pouvoir se taire chaque fois que sa conscience lui en fait un devoir, quel est l'homme qui voudrait entrer au Barreau et recevoir des confidences qu'il pourrait être obligé de livrer à la justice (1) (2)?

28. Ainsi lorsqu'il est appelé en témoignage, l'avocat doit, avant de prêter serment, déclarer au juge que ce qu'il a appris dans l'exercice de sa profession, il entend ne le lui révéler ni directement, ni indirectement. Sans cette déclaration, il n'est pas possible de concilier nos devoirs avec la religion du serment (3).

Dans le cours de sa déposition, qu'il n'oublie jamais que c'est de sa conscience seule qu'il relève; que c'est elle seule qui juge souverainement de la nature confidentielle des faits sur lesquels porte l'interrogatoire; que c'est encore elle, et elle toute seule, qui accepte ou rejette le consentement du client à la divulgation de ce qui le concerne, car la loi du secret est d'intérêt général; elle garantit à une profession indispensable la confiance sans laquelle cette profession ne saurait subsister.

29. Le droit de discrétion embrasse les confidences de vive voix comme celles qui sont faites par écrit. Entre ces deux manifestations de la pensée, nous ne saisissons, au point de vue qui nous occupe, aucune différence. De même que la justice ne peut pénétrer dans le sanctuaire de la conscience de

---

(1) Il n'est pas permis à un avocat de révéler les faits qui ne sont parvenus à sa connaissance que parce qu'il se trouvait dans le cabinet d'un confrère au moment où celui-ci recevait la confidence d'un client. Arrêt de Rouen, 7 mars 1835, *Gazette des Tribunaux*, 13 mars 1835.

(2) « Par le même motif tiré du secret, l'avocat dans les mains duquel le créan-
» cier de son client aurait formé une opposition pour arrêter des titres de créance
» destinés à la défense d'un procès, n'est pas obligé de révéler l'existence et la
» nature de ces titres dans une déclaration affirmative. L'opposition n'est pas non
» plus un obstacle à ce qu'il restitue les titres au client. Je suppose que leur
» remise dans les mains de l'avocat a eu lieu sans fraude et pour le besoin de
» l'affaire dont il était chargé. » (*Abrégé* de **Mollot**, p. 149.)

(3) M. S., avocat, avait, au tribunal correctionnel, déclaré qu'il ne prêterait serment de dire toute la vérité qu'avec la restriction de ne pas dire ce qu'il savait comme avocat. Le tribunal ayant condamné M. S. à 25 fr. d'amende pour refus de prêter le serment prescrit, le jugement fut réformé en appel et le pourvoi du Ministère Public rejeté en cassation. (V. Cas. fr., 20 janvier 1826, *G. Trib.*, 22 janvier 1826. — V. aussi *Belg. Jud.*, t. III, p. 622, 742 et 311.)

l'avocat pour lui arracher ses secrets, de même elle ne peut forcer la porte de son cabinet pour y rechercher les lettres qu'il reçoit dans l'exercice de sa profession.

Pour soutenir le contraire, on a dit que la loi permet seulement à l'avocat de ne pas divulguer les secrets de ses clients, mais que la loi ne lie pas les magistrats ; qu'elle leur laisse pleine liberté de chercher la vérité par tous les moyens que leur conscience leur suggère, voire même au besoin par une perquisition dans les papiers du conseil.

Mais cette argumentation doit être repoussée avec énergie. Elle foule aux pieds des immunités d'ordre public ; elle abaisse le rôle élevé de la justice et en fait une mission de brutalité et de force ; elle compromet le caractère des magistrats et les change en agents peu scrupuleux sur le choix des moyens, qui, sous prétexte de venger la société, la froissent dans ses sentiments les plus délicats. Aussi, c'est sans contredit avec raison et légalité que le conseil de l'ordre de Bruxelles, protestant contre une saisie faite en violation de ces principes contre un membre de notre Barreau, a décidé qu'un avocat ne saurait être contraint de remettre aux officiers de police judiciaire les lettres confidentielles reçues de son client (1) (2) (3) (4).

30. Nous ne prétendons pas cependant que le cabinet d'un avocat soit un *lieu d'asile*, interdit en toutes occasions aux perquisitions de la justice. Aussi, quand la prévention est dirigée contre l'avocat personnellement, ou quand elle a pour objet des faits étrangers à sa profession, le juge a le droit

(1) V. lettre du Conseil, en date du 6 février 1855, et arrêt de la cour de Bruxelles en date du 19 avril 1855 (*Belg. Jud.*, t. XIII, 1855, p. 940).

(2) Les lettres confidentielles écrites par l'avocat à son client ne peuvent être produites dans une instance. (Cour de Bruxelles, 29 janvier 1857, *Pasicrisie belge*, 1857, p. 99.)

(3) « Si une pièce se trouve arguée de faux au moment où l'avocat en fait » usage et si le dépôt en est requis par le Ministère Public, je ne crois pas que » l'avocat soit fondé à refuser de la remettre, parce que le secret du client a été » révélé par la production de l'avocat. Mais lorsque celui-ci n'a pas fait usage de » la pièce, il peut la retenir et doit en référer au conseil de l'Ordre qui avisera. » L'exigence du dépôt, avant toute production de la pièce, violerait le secret com- » mandé à l'avocat. Dans ce cas, et par le même motif, il n'est pas tenu de » dénoncer l'existence de la pièce. » (*Abrégé* de **MOLLOT**, p. 168.)

(4) *Quid* des papiers des clients ? Voir sur cette question un extrait de **FAUSTIN HÉLIE,** *Belg. Jud.*, t. XIV, 1856, p. 1313.

de procéder aux recherches et aux saisies qu'il croit utiles.

Il n'y a pas de raison pour le contester : tout ce que l'Ordre peut équitablement demander, c'est que le magistrat instructeur assiste en personne à l'exécution de son mandat, afin d'apporter dans ses investigations la prudence et les tempéraments qu'exigent la dignité et les nécessités de la Profession.

31. Cependant quelques auteurs vont plus loin et défendent toute espèce d'arrestation de clients dans le cabinet de leurs conseils.

Dans leur cabinet, dit Morin, les avocats doivent être à l'abri de toute investigation judiciaire, à moins qu'il ne s'agisse d'un délit qui leur serait personnellement imputé ; la police judiciaire, les huissiers et gardes du commerce ne peuvent y faire aucune perquisition ou arrestation pour ou contre leurs clients (1).

V. DROIT DE COMMUNIQUER AVEC LES DÉTENUS.

32. Les avocats ont-ils le droit de pénétrer dans les prisons, et de communiquer librement avec ceux qu'ils doivent assister.

« *Pour rassurer l'innocence et faciliter la justification des* » *accusés,* » l'art. 10 du décret du 9 octobre 1789 avait décidé « que tout citoyen décrété de prise de corps, pour quelque crime que ce soit, aurait le droit de choisir un ou plusieurs conseils avec lesquels il pourrait conférer *librement en tout état de cause*, et que l'entrée de la prison serait *toujours* permise auxdits conseils. » Mais le législateur de la contre-révolution crut que, dans l'intérêt de l'autorité publique, il fallait modérer cet élan de générosité et prendre un langage plus laconique.

Ces expressions *librement, en tout état de cause, toujours*, furent rayées de la loi. Le Code d'instruction criminelle se contenta de déclarer qu'en matière criminelle le conseil pouvait

---

(1) Dictionnaire, vº Avocat, p. 277. (V. **MOLLOT**, t. I, p. 63 ; *Abrégé* de **MOLLOT**, p. 150 ; **MORIN**, *De la discipline*, t. I, p. 114 ; art. 781 du Code de procédure ; **CARRÉ**, *Lois de la procédure*, art. 781.)

communiquer avec l'accusé après son interrogatoire (art. 302).
Il eût été difficile d'en dire moins.

Cependant on trembla encore d'avoir trop accordé au droit
de défense, et pour calmer les craintes dont on était agité, on
réserva au président des assises le pouvoir discrétionnaire de
régler, comme il le jugerait nécessaire, les communications des
accusés avec leurs conseils (art. 613, C. inst. crim.).

Le pouvoir exorbitant accordé au président des assises est
partagé, d'après l'article 613 C. instr. crim., par le juge d'instruction, lequel a le droit de prendre telle mesure qu'il juge
convenable à l'égard de tout homme mis en détention préven-
tive, quel que soit le crime ou le délit dont il ait à répondre.

33. La loi du 18 février 1852 a mis cependant certaines
bornes aux droits du magistrat instructeur.

Particulièrement pour ce qui concerne la mise au secret, il y
est dit que lorsque le juge d'instruction croira devoir la pres-
crire à l'égard de l'inculpé, il ne pourra le faire que par une
ordonnance qui sera transcrite sur le registre de la prison
(article 29). Cette mise au secret ne peut s'étendre au delà de
dix jours. Elle peut toutefois être renouvelée, mais dans ce cas
l'inculpé, ou pour lui un de ses parents ou amis, peut présenter requête à la chambre du conseil pour demander la main-
levée de l'interdiction de communiquer.

La chambre du conseil, après avoir entendu le juge d'instruction et le procureur du Roi, statuera dans les deux jours
de la requête.

Si la demande est rejetée, elle ne peut être reproduite que
dix jours après cette décision (article 30).

34. En matière correctionnelle, les avocats ne peuvent
d'ordinaire communiquer avec les détenus qu'après la décision
de la chambre du conseil. Encore ne faut-il pas oublier que le
règlement des prisons du 6 novembre 1855 (Recueil des circulaires du Ministre de la Justice, p. 177) portait ce qui suit :

Art. 134. Aucune personne étrangère à l'administration de la prison
ou à la surveillance légale des détenus, ne peut visiter les prisonniers
sans une permission écrite émanée :

1° Pour les prévenus, du procureur du Roi ou du juge d'instruction ;
2° Pour les accusés, du Procureur Général ;

3º Pour les détenus militaires, du gouverneur militaire, du commandant militaire de la place ou de l'auditeur général ou provincial;

4º Pour les étrangers retenus à la disposition du gouverneur, de l'autorité requérante;

5º Pour les condamnés, les détenus pour dettes, et de toutes les catégories non spécifiées ci-dessus, du gouverneur de la province, de la commission ou de son vice-président (art. 134).

Art. 136. Les avocats munis d'une autorisation spéciale ou générale du gouverneur, du Procureur Général ou du procureur du Roi, sont admis chaque jour aux heures fixées par le règlement particulier, à communiquer avec les détenus qui les ont appelés ou dont la défense leur a été confiée d'office.

Les avocats avaient donc à solliciter une autorisation pour exercer le droit de défense. Il est vrai d'ajouter qu'ils ne se soumettaient guère à cet excès de réglementation et que, dans la pratique, ils se faisaient assez facilement ouvrir les portes des prisons. Quoi qu'il en fût, un arrêté royal du 10 décembre 1866 a remplacé l'article 136 par la disposition suivante :

Lorsque les directeurs des maisons d'arrêt et de justice sont informés par les parquets, greffes des cours et tribunaux qu'une instruction est terminée, et dans les cas prévus par l'article 302 du C. inst. crim., les avocats sont admis, sans qu'il soit besoin d'une autorisation quelconque, à communiquer chaque jour, aux heures fixées par les règlements particuliers, avec les prévenus qui les ont appelés ou dont la défense leur a été confiée d'office (1).

35. Quant à la correspondance des prévenus et des accusés avec leurs avocats, le règlement général des prisons ne prend aucune mesure spéciale à cet égard. Elle reste donc soumise aux prescriptions des articles 150 et suivants du règlement prérappelé. Ces articles sont ainsi conçus :

Art. 150. Les prévenus et les accusés non soumis à la défense de communiquer, peuvent correspondre par écrit avec les personnes du dehors, à la condition de soumettre préalablement leurs lettres au *visa* du directeur. Celui-ci remet à la commission les lettres qui ne lui paraissent pas de nature à être envoyées à leur destination, à moins que les détenus qui les ont écrites ne préfèrent les annuler.

(1) V. Observations sur la manière de procéder en Hollande quant aux entretiens de l'avocat avec son client en prison, *Belg. Jud.*, t. I, p. 890.

Art. 151. Si un détenu abuse de la faculté de correspondre, cette faculté peut lui être retirée par la commission.

Art. 153. Les lettres, paquets et autres objets adressés du dehors sont déposés au bureau du chef de la prison. Celui-ci les fait remettre aux détenus après s'être assuré qu'ils ne contiennent rien de nuisible ou de dangereux.

Art. 154. Lorsque le directeur croit devoir retenir une lettre écrite à un détenu, que quelque circonstance particulière signale à son attention, il la remet à la commission, et, en cas d'urgence, au commissaire du mois. La commission ou le commissaire de service décide si la lettre doit être remise au détenu, supprimée ou renvoyée à la personne qui l'a écrite.

Quant aux lettres adressées à des détenus placés sous la défense de communiquer, le directeur les transmet sans délai au juge d'instruction.

Art. 189. Les dispositions du règlement relatives à la correspondance, sauf celles qui concernent l'affranchissement et le payement du port de lettres, ne sont pas applicables aux détenus pour dettes qui peuvent correspondre librement avec le dehors.

36. En ce qui concerne le droit d'avoir communication de la procédure, v. Dalloz, v° Instruction criminelle, nos 1041 et 1271, pour les matières criminelles, et v° Défense, n° 97, pour les matières correctionnelles.

Un arrêt de la Cour de Cassation de Belgique, en date du 30 mars 1847, décide « qu'aucune loi n'oblige le Ministère Public d'effectuer le dépôt au greffe, avant de pouvoir en faire usage, des pièces sur lesquelles il fonde la prévention. Le droit du prévenu se borne à en demander la communication et, le cas échéant, un délai pour y répondre. » (*Pas.*, 1848, p. 305.)

L'article 132 du Code d'instruction criminelle ne concerne aucunement la marche à suivre devant les Tribunaux ou Cours jugeant en matière correctionnelle. (*Belg. Jud.*, t. VII, 1849, p. 233.)

VI. EXEMPTION DU DROIT DE PATENTE.

37. La plus grande partie des droits que nous avons énumérés jusqu'ici, résultent de la nature même de l'institution du

Barreau. Ils sont les moyens indispensables à l'accomplissement de sa mission (1).

C'est un dépôt que la loi lui confie, d'autant plus sacré et inaliénable qu'il le possède, non pour sa gloire et son utilité personnelle, mais dans l'intérêt de toute la société.

Il nous reste, pour finir, à rappeler quelques prérogatives qui appartiennent particulièrement à l'ordre des avocats, et constituent, pour ainsi dire, son patrimoine privé.

38. La moins ancienne, et la seule qui ait quelquefois soulevé la critique, c'est l'exemption de l'impôt de patente. Cette exemption, proclamée d'abord par la jurisprudence française, fut consacrée en termes formels, sous le régime hollandais, par l'article 3 de la loi du 21 mai 1819, à laquelle aucune loi belge n'a jusqu'ici dérogé.

Cette exception, disons-nous, a quelquefois été attaquée.

Les uns en veulent l'abolition pure et simple; d'autres, au contraire, et les médecins sont du nombre, en demandent l'extension à leur profession.

Nous n'avons pas à examiner cette question. Nous ne voyons, quant à nous, aucun sujet de refuser à d'autres la faveur dont nous jouissons. Cependant nous ne pouvons nous empêcher de faire remarquer que tout n'est pas profit dans l'exemption du droit de patente, et que si les avocats sont dégrevés d'un impôt, il ne faut pas oublier qu'en même temps ils sont privés des droits électoraux qui y sont attachés. Quant à ceux qui crient à l'injustice parce que la Profession échappe à la loi fiscale, nous leur rappellerons que l'ordre des avocats paye généreusement, tous les jours, sa dette de protection à l'État; qu'il la paye par la part gratuite qu'il prend à l'administration de la justice, par les défenses d'office auxquelles il est appelé, par l'assistance continuelle qu'il prodigue aux indigents, pour lesquels il tient bureau de consultation; et qu'enfin, plus que personne, il contribue au maintien de l'ordre social,

---

(1) La profession de l'avocat ne lui confère aucun privilége politique. Ce n'est pas en qualité d'avocat qu'il a le droit de faire partie du jury, mais en qualité de docteur en droit. (V. Loi 15 mai 1838, art. 1, litt. d. V. aussi l'épigraphe de la deuxième partie, *sup.* p. 49.)

alors que moins que tous les autres, il engendre pour le pouvoir des frais onéreux.

39. Nous avons rapporté, dans l'Introduction historique (p. 45), la tentative faite par le Conseil communal de Liége pour frapper les avocats d'une taxe au profit de la commune. (V. aussi *Belg. Jud.*, t. XXVI, 1868, p. 177.)

VII. DROIT D'ASSISTER AUX AUDIENCES A HUIS CLOS.

40. Un privilége qui ne résulte pas de la loi, mais que la magistrature ne nous conteste pas, c'est la faculté d'assister aux audiences à huis clos (1). Les motifs qui ont fait apporter des restrictions à la publicité des débats, n'existent pas à l'égard des avocats; quand ceux-ci assistent aux procès à huis clos, ce n'est pas tant pour étudier les misères de la nature humaine, que pour apprendre à se conduire avec prudence dans ces affaires difficiles, à interroger les témoins avec circonspection, et à voiler, par la délicatesse de leurs discours, tout ce qui blesse la décence et la chasteté.

41. Cependant le huis clos étant une mesure dont l'importance et l'étendue peuvent être diverses, il appartient au président qui a la police de l'audience, de permettre ou de refuser l'accès de la salle à toute personne, même à celles qui font partie du Barreau.

VIII. PRIVILÉGE D'ÊTRE CRU SUR PAROLE, QUANT A LA REMISE DES PIÈCES.

42. Voici, maintenant, un privilége dont la nature autant que l'ancienneté, nous honore; la première fois qu'il nous fut accordé, ce fut au xive siècle. A cette époque, le prieur de Notre-Dame-des-Champs ayant demandé à un de nos confrères, appelé Clément de Reissac, la restitution d'une pièce de procédure, celui-ci déclara la lui avoir rendue. Le prieur eut recours à justice, et conclut à ce que l'avocat fût tenu de

---

(1) V. **MORIN**, *De la discipline*, t. II, p. 300. V. Cass. franç., 10 fév. 1851. (*Pas., franç.* 1842, 1, 29.)

s'expurger sous serment de son affirmation. Clément de Reissac se refusa à cette formalité, par le motif que sa parole suffisait. Tout le Barreau fut du même avis, et par arrêt, soigneusement recueilli par Gally, Clément de Reissac fut déclaré affranchi de l'affirmation litisdécisoire, sur le motif que la parole d'un avocat valait bien son serment (1).

Cinq cents ans plus tard, les avocats n'avaient pas encore démérité de la confiance que les Parlements et les Cours avaient mise en leurs déclarations, car en France et en Belgique, les juges continuèrent à statuer dans le même sens. En 1838 (2), sur des conclusions identiques à celles du prieur de Notre-Dame, le tribunal de Gand statua en ces termes :

« Attendu que le défendeur a déclaré ne posséder aucun titre ni pièces relatifs à l'affaire Demeulemeester ;
» Que l'honneur et la délicatesse qui caractérisent les membres du Barreau, ne permettent pas de révoquer en doute les déclarations qu'ils font ;
» Qu'ainsi il n'y a pas lieu d'ordonner l'expurgation sous serment. »

En 1842 (3), la Cour de la même ville déclara :

« Que la demande d'expurgation sous serment blesse l'honneur et la dignité de la profession d'avocat, dont les principes de probité et de délicatesse, qui en sont la base, repoussent tout doute sur la véracité de la parole de l'avocat, quant à la remise des pièces qui lui sont confiées. »

Les avocats doivent être glorieux de mériter de tels arrêts. Quant à nous, nous ne connaissons rien de plus beau que ce certificat d'honneur et de loyauté que, depuis plusieurs siècles, la justice octroie publiquement à notre profession.

(1) V. **FOURNEL**, t. 1, p. 354.
(2) Gand, 17 avril 1838 (*Belg. Jud.*, t. XIII, 1855, p. 350).
(3) Gand, 7 fév. 1842, *Pas.*, p. 89. Comparez dans le même sens **MERLIN**, vº Avocat, *Rép.*, § 10, nᵒˢ 5, 6, 7. V. cour d'Aix, 12 mars 1834 (*Pasic. fr.* à sa date) et *Gaz. Trib.*, 22 mars 1834 ; **MOLLOT**, *Abrégé*, p. 140.

IX. DROIT DE SUPPLÉANCE.

43. Un autre privilége, le plus ancien de notre Ordre, est d'être apte à suppléer les magistrats empêchés. Sans remonter à l'origine de ce droit, disons que les lois du 29 août 1792 et 30 germinal an V, art. 16, autorisent les Tribunaux à s'adjoindre des *hommes de lois* pour compléter le nombre des juges nécessaires. Ultérieurement la loi du 21 ventôse an XII, art. 30, et les décrets du 30 mars 1803, art. 49, et 14 décembre 1810, art. 35, leur ont donné la même faculté relativement aux *avocats* (1). Mais ces trois dernières dispositions ne concernent que les tribunaux de première instance. Il est à remarquer que depuis l'organisation judiciaire de l'an VIII, il n'est intervenu aucune loi, aucun règlement qui ait autorisé les cours d'appel à remplacer par des avocats les conseillers absents ou empêchés. D'ailleurs d'après l'art. 4 de la loi du 15 juin 1849, dans le cas où des membres de l'une des chambres d'une Cour ou d'un Tribunal seront empêchés, le président pourra requérir l'assistance des membres de l'autre chambre. Cet article permet dans la pratique de se passer à la Cour de la suppléance de l'avocat.

44. Les avocats doivent être assumés dans l'ordre du Tableau.

Les jugements rendus avec leur concours doivent-ils, à peine de nullité, mentionner que cette prescription a été observée? D'après la jurisprudence française, oui; d'après la jurisprudence belge, non (V. arrêt de Bruxelles, 12 février 1845, *Belg. Jud.*, t. III, 1845, p. 437; arrêt de Bruxelles, 7 août, 1852. *Pas.*, p. 282.)

45. Est nul un jugement rendu par un juge assisté de deux avocats. L'adjonction des hommes de loi est permise pour

---

(1) Le § 3 de l'art. 35 du décret de 1810 est ainsi conçu : « Ils (les avocats) seront appelés, dans les cas déterminés par la loi, à suppléer les juges *et les officiers du Ministère Public*, et ne pourront s'y refuser sans motifs d'excuse ou empêchement. » V. pour le remplacement du Ministère Public **CARRÉ**, *Lois de la procédure*, art. 84, Q. 415.

compléter le Tribunal, non pour le constituer (Liége, 1ᵉʳ décembre 1857, *Pas.*, 257).

46. Les avocats à la Cour de Cassation ont-ils le droit de suppléance? Nous ne connaissons aucun texte de loi qui leur accorde ce privilége.

X. DU DROIT DE COALITION.

47. Les avocats peuvent-ils se coaliser?

Il y a dans le décret de 1810 un article dont nous n'avons pas encore parlé et que nous ne pouvons passer sous silence quand il s'agit des droits de l'avocat : c'est l'art. 34, qui dénie aux avocats le droit de se coaliser pour refuser leur ministère.

L'esprit qui souffla aux rédacteurs du Code pénal de 1810 les dispositions sévères contre les coalitions, n'épargna pas les avocats : plus d'une fois, en effet, à d'autres époques, ils avaient, grâce à leur entente, obtenu le redressement de leurs griefs : tantôt faisant cause commune avec les magistrats, ils se retiraient du Palais lorsqu'un pouvoir absolu en avait chassé les véritables juges, et ne consentaient à y rentrer qu'avec eux; tantôt défendant leurs propres prérogatives, ils obtenaient par ce moyen justice d'un règlement sur les honoraires ou de la conduite d'un magistrat qui s'était oublié jusqu'à outrager un membre de l'Ordre (1).

Napoléon n'ignorait pas ces précédents ; aussi édicta-t-il contre les avocats un de ces articles dont M. Dupin disait qu'ils étaient plus dignes du dey d'Alger que du chef d'une nation civilisée.

« Si tous ou quelques-uns des avocats d'un siége se coalisent pour déclarer, sous quelque prétexte que ce soit, qu'ils n'exerceront plus leur ministère, ils seront rayés du Tableau et ne pourront plus y être rétablis. »

Cet article renferme autant d'injustices que de mots.

Un homme qui proteste par son silence contre un abus ne

---

(1) V. d'autres exemples de coalition, *Gaz. des Trib.*, 1828, n° 78; et *sup.* Intr. hist., p. 42 et p. 45, note 1.

commet aucune faute : le refus de plaider d'un avocat qui croit avoir de justes motifs pour prendre cette résolution, ne saurait être raisonnablement envisagé comme un acte reprochable ; si d'autres de ses confrères ayant le même honneur et les mêmes intérêts à sauvegarder prennent le même parti, nous comprenons la vertu et la dignité de cette attitude et nous n'en voyons pas le côté répréhensible.

L'Empereur n'aimait guère la coalition, quelque application qu'on en fît. Pourtant cette expression ne fait que traduire des pensées d'union, d'association et de concert qui par elles-mêmes n'ont rien d'effrayant ni d'illicite. Cependant quand le décret punit la coalition du Barreau, c'est la chose en elle-même qu'il veut atteindre, c'est l'union entre les avocats qu'il désire empêcher ; la preuve en est dans la rédaction de l'art. 34 ; les termes qu'on y emploie embrassent toutes les coalitions qui se produisent *sous quelque prétexte que ce soit*, justes ou injustes, nécessaires et utiles ou inopportunes.

On chercherait en vain la raison d'être de cet article. Le seul motif qui pourrait être donné comme explication serait le désir de protéger le cours régulier de la justice ; mais ce prétexte échappait à l'auteur du décret.

Quelle est en effet la punition qu'il a infligée aux avocats qui déclarent ne plus vouloir plaider devant tel ou tel siége ? On leur dit : puisque vous avez pris la résolution de ne plus plaider devant tel Tribunal, vous ne plaiderez plus, et vous serez rayés du Tableau. En d'autres termes, dans le but d'assurer la marche de la justice, le décret commine des mesures qui vont directement au résultat contraire : à un obstacle momentané, il substitue un obstacle perpétuel ; à une barrière privée, une barrière officielle.

Cette malencontreuse disposition a disparu depuis longtemps des lois qui régissent le barreau français. Mais en Belgique il en est autrement. Nous avions pensé un instant que cet art. 34 était relégué chez nous dans l'arsenal des lois surannées qui ne présentent plus qu'une valeur de curiosité historique, mais il paraît que le gouvernement n'en juge pas de même, car voici qu'il retire de notre musée d'antiquités cette vieille épée rouillée et propose de la remettre à neuf pour la replacer dans nos lois. Voir art. 524 Proj. Org. Jud.

XI. DÉCISIONS DIVERSES SUR QUELQUES AUTRES DROITS.

48. 1° L'avocat est-il responsable des poursuites mal à propos dirigées par lui?
V. Trib. Tournai, 6 août 1863, *Belg. Jud.*, t. XXIV, 1866, p. 1181.

49. 2° De l'irresponsabilité de l'avocat quant aux consé-quences de ses avis. — V. Mollot, t. I, p. 107; Abrégé de Mollot, p. 139; Dalloz, v° Avocat, § 366; Journal du Palais, Rép., v° Avocat, n° 427; Jugement de Bruxelles, 22 déc. 1855, et arr. de Bruxelles, 7 avril 1857, *Belg. Jud.*, t. XV, 1857, p. 707.

50. 3° La remise des pièces à un avocat ne vaut pas pour lui comme pour l'avoué pouvoir d'occuper. *Belg. Jud.*, t. XXIV, 1856, p. 1179.

51. 4° L'avocat a-t-il le droit de plaider en flamand?
V. arr. de Br., 31 oct. 1863, *Belg. Jud.*, t. XXII, 1864, p. 81.

52. 5° Les avocats ont-ils le droit de plaider devant leurs proches parents? V. *Belg. Jud.*, t. XII, 1854, p. 865 et 1522.

CINQUIÈME PARTIE.

DES DEVOIRS DE L'AVOCAT.

> Sans doute, je n'ai pu que répéter ce
> que mes devanciers avaient dit, ce que
> mes successeurs diront mieux que moi.
> Mais je suis de ceux qui pensent que,
> dans la variété infinie d'expressions dont
> un même enseignement peut se revêtir,
> chaque empreinte personnelle a une
> valeur certaine, utile à retenir.
>
> JULES FAVRE.

Généralités.

SOMMAIRE. — La base légale des devoirs de l'Avocat est dans
l'art. 23 du décret du 14 décembre 1810. — Elle est aussi dans son
serment. — Mais ces devoirs sont surtout fondés sur la nature des
choses. — Ils se divisent en devoirs généraux et devoirs spéciaux. —
L'obligation de les observer ne cesse que par la radiation. — Les
devoirs ne concernent que la moralité et non pas le talent de l'Avocat.
— En Belgique ils sont moins empreints de rigorisme qu'en France.

— La base légale des devoirs de l'Avocat est dans l'art. 23
du décret du 14 décembre 1810, ainsi conçu :

« Le Conseil de discipline sera chargé :

» De veiller à la conservation de l'honneur de l'ordre des
avocats ;

» De maintenir les principes de probité et de délicatesse qui
font la base de leur profession ;

» De réprimer ou de faire punir par voie de discipline les infractions et les fautes ;

» Il portera une attention particulière sur les mœurs et la conduite des jeunes avocats qui feront leur stage ; il pourra, dans le cas d'inexactitude habituelle ou d'inconduite notoire, prolonger d'une année la durée de leur stage, même refuser l'admission au Tableau. »

Cette base légale se trouve encore dans les termes du serment de l'Avocat, prescrit par l'art. 14 du même décret. Ce serment donnerait à ces devoirs une consécration encore plus haute, si pour l'honnête homme la conscience n'était point par elle-même une sanction assez puissante pour qu'un serment n'y puisse rien ajouter.

En France, une disposition expresse, celle de l'art. 45 de l'ordonnance du 20 novembre 1822, dit que « les usages observés dans le Barreau relativement aux droits et devoirs des avocats dans l'exercice de leur profession sont maintenus. » En Belgique il n'existe pas de disposition analogue. Les usages ne sont donc pas légalement obligatoires. Ils n'ont que la force de simples précédents.

— Mais à côté de ces fondements des règles de la Profession, établis par la loi, ou par les traditions, il en est un autre plus sérieux et plus rationnel : c'est la nature même des choses. On ne saurait assez insister sur ce point. Trop souvent on a dit, trop souvent on répète encore que les règles de notre profession sont des préjugés qui n'ont pour la plupart de respectable en eux que leur ancienneté, et qui se trouvent en opposition directe avec les progrès et les idées modernes. On convie la jeunesse à s'en affranchir, on accuse de routine ceux qui les observent et les défendent.

Que l'on s'insurge contre l'organisation du Barreau en ordre, contre l'obligation de porter le costume, contre la nécessité de remplir des formalités précises pour devenir avocat, nous nous l'expliquons, quoique la question nous paraisse trop délicate pour y vouloir prendre dès maintenant parti. Mais que l'on comprenne dans les mêmes attaques les règles proprement dites de la Profession, ce ne peut être que le résultat d'une ignorance complète de ce qu'elle exige.

Pour un observateur attentif, elles n'ont, en effet, d'autres
sources que la nécessité. En elles, très-peu d'arbitraire. Étant
donnée la profession d'avocat, libre ou réglementée, l'exercice
de celle-ci en est inséparable. Voulez-vous les supprimer,
vous supprimez la Profession elle-même, ou tout au moins
vous l'altérez dans ses forces les plus vives, dans son organisme
le plus intime. L'origine de ces règles, la manière dont elles se
sont peu à peu accumulées démontrent au surplus qu'il en doit
être ainsi. Elles n'ont pas été des créations de hasard, sorties
toutes faites des mains d'un pouvoir quelconque. Elles se sont
formées successivement au Palais même, sur le champ de bataille des affaires et d'après tout ce qu'exigeaient celles-ci. Elles
devaient donc être profondément imprégnées d'une vie véritable :
le fictif et le conventionnel n'y devaient tenir qu'une place restreinte.

Cette vérité devient évidente par la critique même de nos
règles professionnelles.

Si de loin en loin quelque chose d'arbitraire s'est glissé en
elles, on peut, on doit le réformer. En Belgique, nous le répé-
tons, rien ne prescrit le caractère obligatoire des traditions.
Elles n'ont d'autre valeur que celle d'exemples. Elles restent
toujours sur le métier prêtes à être corrigées. C'est aux autorités
de l'Ordre à les modifier s'il le faut, à les approprier aux
temps nouveaux.

Ce que nous nous proposons dans ce qui va suivre, c'est non-
seulement d'exposer les règles de la Profession, mais encore de
les justifier d'après les principes que nous venons d'esquisser.
Le meilleur moyen de les critiquer et de les compléter, c'est de
revenir sans cesse à ces principes ; c'est de se demander, pour
chaque cas donné, ce qu'exigent l'exercice rationnel et la dignité
de notre ministère. Telle est la règle suprême d'où tout est
sorti, à laquelle tout doit être ramené.

— Dans l'exposé des règles de la Profession, nous parlerons
d'abord des devoirs généraux de l'Avocat, c'est-à-dire de ceux
qui constituent l'essence même de la Profession, qui existent en
elle *a priori* et avant même qu'elle entre en exercice.

Nous développerons ensuite les devoirs spéciaux, qui se composent des diverses manifestations dans lesquelles ces devoirs

généraux se réalisent dès que l'on aborde la pratique. On verra que ceux-ci se divisent, d'après l'objet auquel ils s'appliquent, en devoirs de l'Avocat envers soi-même, envers les clients, envers les confrères, envers les magistrats et envers les autorités constituées.

— Les devoirs sont obligatoires, même pour l'Avocat suspendu. Il fait encore partie de l'Ordre, il reste donc soumis à ses règlements. Ce n'est que par la radiation qu'il échappe au contrôle disciplinaire. Alors seulement il est exclu de la famille; s'il peut encore porter le titre d'Avocat, c'est par un oubli du législateur qui tôt ou tard sera réparé (1).

— Les devoirs embrassent la partie morale de la Profession en laissant en quelque sorte de côté le talent de l'orateur et la science du jurisconsulte. Il ne s'agira donc pour nous dans ce qui va suivre que du *vir bonus* et non pas du *vir dicendi peritus*. C'est ailleurs que nous aurons à traiter, autant que les limites de ce livre le permettront, des qualités oratoires et littéraires et de la science du droit, qui venant s'ajouter aux mérites de l'honnête homme, composent avec ceux-ci l'Avocat complet et véritable.

— Ce serait une erreur que de vouloir en tous points suivre en Belgique les règles du barreau français. Si nous avons fréquemment adopté les excellents conseils de Mollot, auteur de l'ouvrage le plus important publié sur la matière chez nos voisins, si nous nous sommes aidés des instructions sérieuses, élevées et si souvent charmantes de Liouville, nous avons aussi tenu compte de la plus grande liberté d'allures qu'ont fait naître chez nous nos traditions nationales et la nature de nos institutions politiques. On peut dire, en général, que ce qui distingue en Belgique la pratique du Barreau, c'est une rigueur moins grande, un formalisme moins accentué, une indulgence plus fréquente, qu'il faut se garder de laisser dégénérer en faiblesse et en tolérance coupable.

(1) *Sup.*, nº 206, p. 183.

TITRE PREMIER.

Devoirs généraux de l'avocat.

SOMMAIRE. — I. Connaissance des règles de la Profession. —
II. Dévouement. — III. Amour du travail. — IV. Indépendance. —
V. Probité. — VI. Honneur, Loyauté. — VII. Amour de la vérité.
— VIII. Dignité. — IX. Modération, Prudence. — X. Désintéressement. — XI. Délicatesse. — XII. Confraternité. — XIII. Respect
pour la magistrature. — XIV. Amour de son état. — XV. Devoirs
envers les autorités constituées ; dispositions irrationnelles. —
XVI. Résumé et rapports de ces divers devoirs. — XVII. Ils
sont l'application de la morale à une profession déterminée. —
XVIII. Hommages rendus par le législateur de 1810 à l'accomplissement de ces devoirs. — XIX. Celui qui ne se sent pas la force de les
accomplir doit s'abstenir du Barreau.

I

Le premier devoir de l'Avocat est de bien **connaître les
règles de sa profession.** Sans cette connaissance l'Avocat s'expose continuellement à y contrevenir ou à ne pas les pratiquer. Au contraire, quand il les possède, il s'affermit chaque
jour dans leur observation ; elles deviennent peu à peu une
partie intégrante de toutes ses actions ; elles sont comme un
vêtement étroit, mais juste, qui ne le quitte jamais, et qui l'orne
en même temps qu'il le contient et l'affermit. L'étude des règles
de la Profession peut transformer en peu de temps un barreau
et le porter à un haut degré de dignité. Fondées sur les instincts
les plus nobles de la nature humaine, elles séduisent celui qui
les médite et relèvent celui qui les pratique.

L'Avocat ne pourrait prétexter d'ignorance pour se faire absoudre (Mollot, Règ. 44). En entrant au Barreau, ou plutôt avant
d'en franchir le seuil, il doit se pénétrer de ses devoirs. C'est l'indispensable préliminaire à l'exercice de son ministère. Tout au
plus le jeune avocat pourra-t-il compter sur quelque indulgence.

II

La principale qualité de l'Avocat, celle qui a caractérisé sa profession dès l'origine, celle qui l'honore encore le plus aujourd'hui, malgré les incrédulités de la foule et les railleries de ceux qui ne croient qu'à la puissance du lucre, c'est le **dévouement.**

Par le dévouement de l'Avocat, il faut entendre la volonté constante qu'il doit avoir de veiller aux intérêts qui lui sont confiés, d'y consacrer son temps, d'y sacrifier ses loisirs, de les mettre au-dessus de toutes ses autres préoccupations, de leur donner le pas sur le reste, en un mot, de se *dévouer* à leur défense. Sans le dévouement ainsi compris, la mission de l'Avocat ne s'accomplirait point. Ce n'est pas à plaisir qu'il se l'est imposée, c'est par nécessité. La nature des soins qu'il est appelé à rendre l'exige. Les affaires judiciaires ne comportent pas les temporisations et les négligences. Une courte pratique de la Profession le démontrera aux plus sceptiques.

Pour accomplir sans défaillance cette rude fonction où il s'oublie momentanément lui-même, l'Avocat a, comme soutien et comme encouragement, la conscience du rôle élevé qu'il remplit. Car rien n'est plus nécessaire à l'existence de la société et au bonheur de l'homme, rien n'est plus conforme aux aspirations de notre âme, que de servir à maintenir ou à rétablir la justice.

Le dévouement est donc notre devoir le plus essentiel. Autour de lui viennent se ranger les autres, pour le fortifier et pour l'épurer.

III

Du dévouement découle comme un corollaire inévitable la **volonté du travail.** C'est par le travail que le dévouement se manifeste et se réalise, que d'une pure abstraction il devient une réalité, que le simple sentiment d'être utile se traduit en efforts efficaces.

Le travail a été considéré de tout temps comme inséparable de la profession d'avocat. Nous n'entendons point parler de ce travail modéré et régulier qui trouve son repos à heure fixe, mais d'un labeur presque sans trêve, où les préoccupations sont si tenaces qu'elles envahissent même les rares heures réservées aux loisirs, et qu'il faut un effort presque aussi énergique pour trouver le délassement auquel la nature attache la santé que pour remplir les plus rudes devoirs.

Celui qui n'a pas la volonté de subir ce joug ne sera jamais qu'un avocat imparfait.

Être avocat et se lever matin sont deux choses inséparables, disait Laroche-Flavin. Et, développant cette pensée, Labruyère a écrit depuis :

« La maison de l'Avocat n'est pas pour lui un lieu de repos ni un asile contre les plaideurs ; elle est ouverte à tous ceux qui viennent l'accabler de leurs questions et de leurs doutes... Il se délasse d'un long discours, par de plus longs écrits ; il ne fait que changer de travaux et de fatigue. J'ose dire qu'il est dans son genre, ce qu'étaient dans le leur les premiers hommes apostoliques (1). »

(1) « Ah ! combien se sont égarés les moralistes et les législateurs qui ont fait du travail une sorte d'expiation fatale, et ont amené l'homme à le maudire, en lui imprimant le caractère d'une pénalité ! Sans doute l'effort épuise, il abrutit s'il est imposé. Mais où est la source de toutes les vertus, de toutes les joies, de toutes les expansions, si ce n'est dans le travail ? Partout où je le contemple vivifié par l'intelligence et la liberté, partout je le vois transformant la créature humaine et la marquant du sceau de l'indépendance et du bonheur ! Oui, il est, comme l'amour, l'âme du monde, et je puis lui dire : Ami sévère et fidèle, rude et constant compagnon de ma vie entière, je te rends ici un solennel hommage. C'est à toi que je dois tout. Tu m'as sauvé dans les fiévreux orages des passions, tu as cicatrisé les plaies saignantes que m'avaient faites des douleurs sans nom, tu m'as soutenu, éclairé, consolé ; c'est à toi que ma faiblesse éperdue a demandé le bouclier vivant avec lequel j'ai bravé les attaques des puissants et protégé les faibles ; si je me suis racheté de mes fautes, ce n'est que par toi ; j'en bénis Dieu et je le prie de vouloir bien répandre ta noble semence sur ces généreuses intelligences, afin que de leur effort et de leur vertu sorte enfin le triomphe de la vérité qui ne peut longtemps rester captive sur la terre. » (**JULES FAVRE**, *Allocution aux stagiaires*, 16 août 1862.)

IV

Mais le dévouement, quelque noble qu'il soit dans son principe, pourrait, s'il n'était tempéré, constituer l'Avocat dans une véritable servitude. Poussé à l'excès, il serait l'annihilation de la liberté, la substitution de la volonté du client à la volonté personnelle.

De là est venue l'idée de l'**indépendance** de l'Avocat. Elle a paru indispensable pour ne pas l'amoindrir. C'est par elle qu'il domine le procès qu'on lui confie et qu'il le dirige à son gré. De serviteur qu'il était menacé de devenir, il reste maître de la cause. L'indépendance qui, d'une part, ramène ainsi dans de justes mesures, en le tempérant avec sagesse, le dévouement exposé à dégénérer en sujétion, procure, d'autre part, à l'Avocat des forces nouvelles. Que fût devenue sa mission si, indépendant vis-à-vis de son client, il ne l'eût pas été à l'égard des tiers, s'il eût subi des influences, redouté les puissances, écouté les préventions? Son dévouement n'eût été qu'un fantôme, et son travail qu'un instrument à la merci de ceux qui l'auraient entouré. Dégagé vis-à-vis du client qui a fait appel à son ministère, il doit l'être également à l'égard de tout le monde. Sans ce double caractère il n'y a pas de véritable indépendance et le rôle de l'Avocat s'avilit.

« Nos vieilles annales, dit Mollot (Règ. 24) en parlant de l'indépendance, attestent que souvent les avocats ont eu à lutter contre des adversaires de sang royal, ou contre des factions populaires (car les partis sont de tous les temps), et elles constatent aussi que jamais le courage n'a failli aux orateurs. »

On connaît aussi la belle définition qu'Henrion de Pansey a donné de l'indépendance de l'Avocat, dans son éloge de Dumoulin : « Libre des entraves qui captivent les autres hommes, trop fier pour avoir des protecteurs, trop obscur pour avoir des protégés, sans esclaves et sans maîtres, ce serait l'homme dans sa dignité originelle, si un tel homme existait encore sur la terre (1). »

(1) Sur l'indépendance de l'Avocat, on peut lire la célèbre mercuriale de d'Aguesseau, qui fut prononcée en 1693.

V

Indépendant, dévoué, résolu au travail, l'Avocat a en lui des forces qu'il peut mettre au service du bien ou du mal. On peut servir le vice avec le même zèle que la vertu. Une règle nouvelle devait intervenir pour faire de l'Avocat un véritable soldat de la justice (1). Cette règle c'est celle de la **probité.** Elle le guidera dans toute sa carrière, pénétrera toutes ses pensées, ennoblira tous ses actes, le ramènera sans cesse à la défense du droit, but de ses efforts. Sans la probité, le talent n'est qu'une arme dangereuse, l'indépendance n'est qu'un nouveau moyen de nuire.

« Si le style est l'homme, dit Mollot, la probité est tout l'Avocat. On peut même affirmer qu'elle résume toutes les qualités qui lui sont indispensables ; car il a pour mission de persuader, et l'on ne persuade pas si l'on n'est honnête homme » (Règl. 2). C'est elle aussi qui est la vraie source de l'éloquence : *Ex abundantia cordis, os loquitur.*

VI

Dans sa plus haute expression, développée par la délicatesse des sentiments jusqu'à ses scrupules extrêmes, la probité devient l'**honneur** inséparable de la **loyauté.** L'Avocat a revendiqué de tout temps cette manière exquise de ciseler en quelque sorte la probité ; son éducation, sa position sociale élèvent ses sentiments ; dans cette voie de l'honnête, il n'est aucun détail qu'il n'ait la prétention de s'assimiler.

(1) Cette pensée que la carrière du Barreau peut être comparée à celle des armes, a été souvent exprimée. Voici comment Cicéron l'a développée dans son plaidoyer pro Muræna ; l'orateur fait le parallèle entre le jurisconsulte et le général : *Vigilas, tu, de nocte, ut tuis consultoribus respondeas ; ille, ut eo quo intendit, mature cum exercitu perveniat ; te gallorum, illum buccinarum cantus exsuscitat : tu actionem instituis, ille aciem instruit : tu caves ne consultores tui, ille ne urbes aut castra capiantur : ille tenet et scit ut hostium copiæ, tu ut aquæ pluviæ arceantur : ille exercitatus est in propugnandis finibus, tu, in regendis.* » Juvénal de son côté a dit : « *Fori pugnamus arena.* »

VII

Dans une profession qui a pour but le triomphe du droit, la consécration de la justice, le respect de l'équité ; où l'on tente perpétuellement de détruire l'erreur, d'éclairer les obscurités, de chasser les confusions, la **recherche de la vérité** est le résumé de l'existence. Elle aussi découle de la probité. L'une commande l'autre.

La vérité sera donc la préoccupation constante de l'Avocat. Au-dessus des explications et des désirs du client, au-dessus des sollicitations de l'intérêt et de l'amour-propre, la vérité dominera. C'est elle qui règnera toujours et fera taire toutes les autres considérations. On peut dire avec Horace, en modifiant légèrement le vers :

Dicendi recte sapere est principium et fons.

Ce n'est pas sa cause que l'Avocat doit vouloir faire triompher, c'est celle de la vérité.

Nous pouvons répéter, avec Liouville : « Quoi que vous disiez, quoi que vous écriviez, quoi que vous fassiez, il est au-dessus des règles de la composition, au-dessus du geste et de l'accent oratoire, il est une manière d'être, de parler et d'écrire que vous devez atteindre ; il est un accent qu'avant tout vous devez prendre. Cette manière d'être, c'est celle qu'enseigne une probité sans tache ; cet accent, c'est l'accent de l'honnêteté. Il faut qu'à travers l'Avocat le juge aperçoive toujours et distinctement l'honnête homme ; or ici, ce n'est plus le geste, ce n'est plus la voix, ce n'est pas la plume dont il faut faire l'éducation : c'est l'esprit qu'il faut étendre, c'est l'âme qu'il faut élever, c'est le cœur dont il faut maintenir, fortifier, agrandir les bons instincts, en les nourrissant sans cesse des doctrines les plus pures, des idées les plus hautes, des sentiments les plus nobles ; c'est la ferme résolution qu'il faut prendre et tenir toute la vie, de ne jamais dire que ce que l'on croit vrai. Sacrifiez, et sacrifiez sans hésiter, ce qui est utile à ce qui est juste, et tâchez d'arriver, en la méritant, à la réputation de Montholon, que le Parlement croyait sur parole, le dispensant de lire les pièces, et à celle de Lenormand, dont le premier président disait : Croyez Lenormand quand il atteste un fait (1). »

VIII

Ce n'est pas assez quand on est avocat d'être honnête homme, de se sentir libre ; de vouloir défendre la justice ; d'accepter les labeurs de cette noble mission. L'exercice même de ces qualités élève peu à peu l'âme à un degré qui montre la profession d'avocat au premier rang des professions

(1) Page 220, éd. 1864. — Ce passage semble une réminiscence de ce conseil d'Étienne Pasquier à son fils : « Tout l'artifice que j'entends ici vous donner, est de n'user point d'artifice ; je veux que vous soyez prud'homme ; quand je dis ce mot, je dis tout. Et ce que Démosthène disait que la première, seconde et troisième partie de l'orateur gisait en une belle ordonnance de son corps et de son parler, je l'approprie à la prud'homie. Le but où vise l'avocat par ses plaidoiries, est de persuader ses juges ; et on se laisse aisément mener par la bouche de celui que l'on estime homme de bien : au contraire, soyez en réputation de meschant, apportez tant d'élégances et hypocrisies de rhétorique qu'il vous plaira, vous délecterez davantage les aureilles de ceux qui vous escoutent, mais les persuaderez beaucoup moins, parce que chacun se tiendra sur ses gardes pour l'opinion qu'il aura de vous. » (Lettre d'Étienne Pasquier à Théodore Pasquier, son fils, *où, en exhortant son fils à bien faire, il montre de quelle façon doit être le bon advocat,* reproduite dans *Pasquier,* éd. **DUPIN,** Paris, chez Videcocq, 1844.)

Montaigne recommande aussi cette absolue sincérité du discours sur laquelle nous insistons parce qu'elle est vraiment la maîtresse qualité de l'avocat et de l'homme : « On luy apprendra de n'entrer en discours et contestation, que là où il verra un champion digne de sa luicte ; et, là même, à n'employer pas touts les tours qui lui peuvent servir, mais ceux-là seulement qui lui peuvent le plus servir. Qu'on le rende délicat au chois et triage de ses raisons, et aymant la pertinence et par conséquent la briefveté. Qu'on l'instruise sur tout à se rendre et à quitter les armes à la vérité, tout aussitost qu'il l'apercevra, soit qu'elle niaisse ez mains de son adversaire, soit qu'elle niaisse en lui-même par quelque radvisement..... Que sa conscience et sa vertu reluisent en son parler, et n'ayent que la raison pour conduicte. Qu'on lui fasse entendre que de confesser la faulte qu'il descouvrira en son popre discours, encore qu'elle ne soit apperçue que par lui, c'est un effet de jugement et de sincérité, qui sont les principales parties qu'il cherche, que l'opiniastrer et contester sont qualitez communes, plus apparentes aux plus basses âmes ; que se r'adviser et se corriger, abandonner un mauvais party sur le cours de son ardeur, ce sont qualitez rares, fortes et philosophiques. (*Essais,* chap. XXV, liv. Ier.)

libérales. Quelques-unes marchent de pair avec elle, aucune ne lui est supérieure. Ce n'est pas l'Avocat qui le dit, c'est l'opinion. Cette conscience de sa grandeur fait naître chez lui le sentiment de sa **dignité** professionnelle.

Ce sentiment ne doit pas dégénérer en hauteur, en dédain pour les autres missions utiles qui prennent leur part de l'activité humaine, et qui sont protégées par cet axiome populaire : il n'y a pas de sots métiers. Mais il donnera à l'Avocat une fermeté et une conscience de sa valeur qui pour lui deviendront des auxiliaires. Il regardera comme un devoir de respecter les nécessités de cette dignité professionnelle. En les négligeant, il s'abaisse et ternit le lustre de sa profession.

C'est par elle qu'il se posera vis-à-vis de son client comme un protecteur éclairé ; donnant à son indépendance une vigueur nouvelle, il dirigera mieux le plaideur vers ses intérêts véritables, sans se laisser influencer par les passions ou les rancunes.

C'est par elle encore que sans méconnaître le respect qu'il doit à la magistrature, l'Avocat saura maintenir avec fermeté ses prérogatives, et empêcher qu'on n'empiète sur les droits de la défense.

IX

En possession des forces morales que nous venons d'indiquer, libre de sa parole et de sa plume, occupant dans l'organisation sociale par la mission qu'il y remplit, une place importante et enviée, armé pour l'attaque et pour la défense, véritable soldat du droit comme nous le disions plus haut, pouvant protéger et secourir, mais aussi frapper, blesser, meurtrir, l'Avocat doit se souvenir sans cesse que l'un des devoirs de l'homme maître des instruments redoutables dont il dispose, c'est la **modération.** Sans elle, l'injustice apparaîtra bientôt. La parole deviendra trop envenimée, l'indépendance touchera de près à la licence, la protection accordée au client dégénérera en suffisance, la dignité en morgue, l'attaque en oppression ; toutes ces qualités, si belles quand elles sont

pures, revêtiront un caractère d'exagération qui les fera détester.
La modération fixe la juste mesure en toutes choses, et empêche que l'équilibre se rompe. Elle crée l'harmonie de l'ensemble.

Dans son application à la production des moyens de défense,
à la communication des pièces, à l'allégation des faits et à leur
preuve, ainsi qu'aux démarches à faire, aux arrangements à
tenter, la modération devient de la **prudence.**

X

Si l'Avocat dans l'exercice de son ministère avait eu particulièrement en vue le lucre, combien ce ministère en eût été
amoindri. Aussi de tout temps le **désintéressement**
a-t-il été mis au rang de ses plus impérieux devoirs.

Certes l'existence a ses nécessités ; l'Avocat ne peut être privé
de la rémunération légitime des peines qu'il se donne ; ses labeurs appellent une juste récompense. Mais dans toutes les
questions qui se rattachent à ce point, qu'il use de modération
et se montre désintéressé. Qu'il sache sans espoir de gain prêter secours au pauvre. Que même vis-à-vis du riche il demeure
dans une si exacte mesure que nul n'ait le droit de le taxer
d'avidité.

XI

Nous avons déjà dit, à propos de la probité, que l'Avocat devait la pousser jusqu'aux derniers scrupules. Il en est de même
de tous les autres devoirs essentiels que nous avons énumérés
et de ceux qui vont suivre. Cette volonté d'observer dans la
pratique du bien, même les plus légères nuances, se nomme
délicatesse. Elle est un devoir pour l'Avocat. Il doit tenir
à sortir des sentiments ordinaires, de la probité commune.

XII

L'Avocat ne vit pas seul. L'exercice de sa profession exige le concours de ses confrères et des relations avec les magistrats. De là deux nouvelles catégories de devoirs qui se caractérisent chacune par un mot : vis-à-vis des autres avocats, c'est la confraternité, vis-à-vis des magistrats, c'est le respect.

La **confraternité** est aussi nécessaire à l'exercice de la Profession qu'elle le rend agréable. Elle n'est pas plus que toutes les règles qui précèdent purement conventionnelle ; elle est fondée sur la nature même des choses, elle est plus utile peut-être au client qu'à l'Avocat. Elle rend plus rapide l'expédition des affaires en faisant naître une confiance qui éloigne les précautions et les retards qu'elles engendrent ; elle ne laisse échapper aucune occasion de terminer amiablement les procès qui pourraient donner lieu à de longs et coûteux débats ; elle conserve à toutes les discussions cette aménité qui les empêche de s'égarer en se passionnant. Elle est donc l'auxiliaire de la justice en même temps qu'elle constitue un des charmes de la Profession.

XIII

D'autre part, les rapports de l'Avocat avec la magistrature sont si fréquents, si indispensables, que s'ils n'étaient pas établis et maintenus avec leurs vrais caractères et dans leurs justes limites, la justice en serait fréquemment entravée. Il était donc nécessaire de rechercher et de signaler à l'observation de l'Avocat, en en faisant une règle essentielle de sa profession, le principe dominant de ces rapports.

Ce principe, c'est le **respect pour la magistrature;** non pas un respect servile, mais un respect qui laisse à l'Avocat l'indépendance qu'il lui faut pour défendre librement ses clients. Il saura cependant montrer aux magistrats une courtoisie parfaite où se révèle la preuve qu'il comprend la hauteur de leur mission et l'importance de leur ordre dans l'organisation sociale.

Pour observer cette règle, l'Avocat ne devra jamais abuser du temps qu'on lui accorde pour plaider ses causes ; il veillera à son langage pour le rendre digne de ceux qui l'écoutent ; il étudiera patiemment ses procès, car ce serait manquer de respect au juge que de se présenter devant lui sans être préparé ; il se prêtera avec empressement à ses efforts pour concilier les parties ; il se conduira de manière à gagner, à ses yeux, de l'autorité et à obtenir son estime. Une meilleure expédition des affaires en sera la conséquence.

XIV

La nature a attaché comme récompense à l'accomplissement de ses lois qu'elle nous fait presque toujours aimer ce que nous avons bien fait. L'exercice de la profession d'avocat n'échappe pas à cette règle consolante. Aussi n'est-ce qu'avec hésitation que nous rangeons parmi les devoirs qu'elle impose l'**amour de son état.** Pour celui qui sait accomplir scrupuleusement tous les autres devoirs, celui-ci en est la résultante naturelle Pourtant en l'envisageant isolément, en le rendant l'objet d'une préoccupation spéciale, on le fortifie encore et il en jaillit des effets plus puissants. Heureux celui qui aime sa profession, il est sur la voie du bonheur, et, par une conséquence digne de remarque, il puise dans cet amour des forces d'abord inaperçues qui lui montrent ses autres devoirs plus légers. Il rendra pour l'Avocat le dévouement plus aisé, la probité plus forte. L'Avocat sera désintéressé sans peine, il sera modéré sans lutte avec lui-même. Le sacrifice devient facile quand il sert à rehausser ce qui nous est cher ; il ne reste pénible et ne coûte des efforts que s'il s'adresse à ce qui nous est indifférent ou nous répugne. La dignité de l'Avocat en sera particulièrement fortifiée : comment ne défendrait-il pas toujours la profession qu'il aime, comment lui échapperait-il de la dénigrer ? Qu'il redoute de se dépouiller d'un sentiment qui est l'enveloppe et la sauvegarde de tous ses autres devoirs. Quand il l'aura perdu, il pourra encore observer ceux-ci s'il est doué d'une grande force d'âme ; mais, le plus souvent, les infirmités de notre nature reprenant le dessus, ce sera le signal de la décadence ; peu à peu l'Avocat se laissera aller au découragement et au dégoût, et ses scrupules sombreront avec ses qualités dans un commun naufrage.

On ne saurait parler de l'amour de son état sans rappeler ce qu'en a dit d'Aguesseau, dans le magnifique exorde de sa première mercuriale, prononcée à la Saint-Martin de 1698 : « Le plus précieux et le plus rare de tous les biens, est l'amour de son état. Il n'y a rien que l'homme connaisse moins que le bonheur de sa condition. Heureux s'il croyait l'être, et malheureux souvent parce qu'il veut être trop heureux, il n'envisage jamais son état dans son véritable point de vue. Le désir lui présente de loin l'image trompeuse d'une parfaite félicité ; l'espérance, séduite par ce portrait ingénieux, embrasse avidement un fantôme qui lui plaît : par une espèce de possession anticipée, l'âme jouit d'un bien qu'elle n'a pas encore ; mais elle le perdra aussitôt qu'elle aura commencé de le posséder véritablement, et ce dégoût abattra l'idole que le désir avait élevée. L'homme est presque toujours également malheureux, et par ce qu'il désire et par ce qu'il possède. Jaloux de la fortune des autres dans le temps qu'il est l'objet de leur jalousie ; toujours envieux et toujours envié, s'il fait des vœux pour changer d'état, le ciel irrité ne les exauce souvent que pour le punir. Transporté loin de lui par ses désirs, et vieux dans sa jeunesse, il méprise le présent ; et courant après l'avenir, il veut toujours vivre et ne vit jamais. »

XV

Pour compléter ce que nous avions à dire des devoirs généraux de l'Avocat, il nous reste à parler d'une catégorie de règles qui se distinguent nettement de celles qui précèdent, en ce que loin d'être des nécessités imposées par la nature des choses, elles sont la création d'un pouvoir arbitraire. Ce pouvoir, en les instituant, n'avait pas en vue d'assurer l'exercice sans reproches de la Profession, mais de se donner des garanties politiques qu'il croyait avantageuses pour maintenir son existence.

Le serment de l'Avocat tel que l'avait institué l'article 14 du décret de 1810, contenait, en effet, ces mots : « Je jure obéissance aux Constitutions de l'Empire et fidélité à l'Empereur, de ne rien dire ou publier de contraire aux lois, aux règlements..., à la sûreté de l'État et à la paix publique ; de ne jamais m'écarter du respect dû... aux autorités publiques. » Depuis, ces termes ont été appropriés à nos institutions nationales monarchiques.

Nous n'avons pas à nous expliquer ici sur la convenance qu'il peut y avoir pour un citoyen d'observer ces prescriptions. Tout ce que nous avons à dire, c'est qu'elles portent sur des choses étrangères à la Profession. On peut être excellent avocat, quel que soit le parti politique auquel on appartienne. Des exemples fameux en font foi.

Les règles qui découleraient de la partie du serment que nous venons de reproduire peuvent donc être considérées comme obligatoires, puisqu'une loi les prescrit. Mais cette loi n'est pas rationnelle, elle fait sortir nos devoirs de leur véritable domaine.

Nous n'en parlerons dans cet ouvrage que pour mémoire et dans le but de signaler l'inopportunité.

XVI

Tels sont les devoirs généraux de l'Avocat. Résumons-les en montrant le rapport intime qui les unit.

Le Dévouement est la base première et essentielle de la Profession. Il se réalise par le Travail.

L'Indépendance empêche qu'il ne dégénère en servitude.

La Probité, conçue dans sa plus haute expression l'Honneur, dirige l'Avocat dans la voie du juste, de l'honnête et du bien en lui faisant sans cesse rechercher la Vérité.

Par la Dignité, l'Avocat probe et dévoué, maintient sa mission au rang qui lui est nécessaire pour rendre toute l'utilité qu'elle comporte.

Il appelle à son aide la Modération pour ne jamais exagérer ses prérogatives et les laisser dégénérer en travers.

Il observe le Désintéressement pour ne pas subir la dégradation que l'amour du lucre engendre fatalement.

A l'égard de ses confrères il n'oublie jamais la Confraternité, à l'égard de la magistrature, le Respect, afin de ne pas soulever des défiances et des conflits qui nuiraient à l'administration de la justice.

Par la Délicatesse, il pousse toutes ces qualités jusque dans leurs dernières limites.

Enfin, l'Amour de son état, en même temps qu'il contribue à son bonheur, lui rend aisé l'accomplissement de ses autres obligations.

XVII

Qu'on ne dise pas qu'en exigeant l'accomplissement de ces devoirs multiples et rigoureux, on place la profession d'avocat dans une sphère spéciale. Ils ne sont que la pratique des vertus qui lui sont essentielles. Partout on prêche aux hommes l'observation de leurs devoirs, on leur dit qu'il est beau, qu'il est noble de ne jamais les transgresser, on les rappelle à la morale. Pourquoi s'étonner de nous voir agir de même en ce qui touche le Barreau, et pourquoi prétendre que nous poursuivons un idéal impossible quand ailleurs on s'ingénie à le faire mettre en pratique, et qu'on regarde sa réalisation comme le but le plus généreux des efforts humains (1). Il n'y a entre la morale élevée que l'on enseigne au Barreau et celle que l'on prêche d'ordinaire, qu'une différence, c'est que cette dernière est laissée en monopole à la religion ou à la philosophie, tandis que depuis un temps immémorial les Avocats en ont distrait une part pour en faire leur propre affaire. Afin de la rendre mieux présente à tous ceux qui embrassaient leur état, ils l'ont proclamée essentielle à l'exercice de leur ministère, et l'arrachant à l'église ou à l'école, ils l'ont installée au Palais même, au milieu d'eux, empêchant ainsi qu'on dût courir au loin pour la voir, l'apprendre et la consulter.

(1) « La sagesse a pour son but la vertu, qui n'est pas comme le dict l'eschole, plantée à la tête d'un mont coupé, raboteux et inaccessible : ceulsz qui l'ont approchée

L'accomplissement de tous ces devoirs joint au talent de la parole et à la science du droit, présente l'Avocat dans sa réalisation la plus parfaite. Quelque difficile et rare que paraisse la réunion de qualités si hautes et si diverses, l'histoire témoigne que dans tous les temps, d'éminentes personnalités ont su y atteindre, tant il est vrai que la volonté persévérante du bien rompt des obstacles à première vue insurmontables. Ces exemples illustres font la gloire de notre profession et servent d'encouragement à ceux qui l'ont embrassée ; ils peuvent se réjouir de trouver si riche le patrimoine commun.

XVIII

Soit que le législateur de 1810 ait voulu provoquer dans le Barreau une émulation que le seul amour de la justice suffisait à exciter, soit que, malgré ses défiances, il ait été contraint par la force des choses à rendre hommage à une profession qui ne lui paraissait un danger qu'en raison même des mérites qu'elle avait, il a dans des dispositions diverses et aujourd'hui peu connues, rendu témoignage de l'admiration et du respect qu'inspire l'Avocat qui porte fièrement et dignement son titre.

L'art. 9 de la loi du 20 avril 1810, sur l'organisation judiciaire, est ainsi conçu : « Dans la même séance (celle qui a lieu le premier mercredi après la rentrée, toutes chambres réunies) ou dans une autre indiquée à cet effet dans la même semaine, la cour fera connaître (au grand juge) ceux des avocats qui se feront remarquer par leurs lumières, leurs talents, et surtout par la délicatesse et le désintéressement qui doivent caracté-

---

la tiennent, au rebours, logée dans une belle plaine fertile et fleurissante, d'où elle veoid bien souls soy toutes choses ; mais si peult on y arriver, qui en sçait l'addresse, par des routes ombrageuses, gazonnées et doux fleurantes, plaisamment et d'une pente facile et polie, comme est celle des voultes célestes. Pour n'avoir hanté cette vertu suprème, belle, triomphante, amoureuse, délicieuse, pareillement et courageuse, ennemie protesse et irréconciliable d'aigreur, de desplaisir, de crainte et de contrainte, ayant pour guide nature, fortune et volupté pour compaignes, ils sont allez, selon leur faiblesse, feindre cette sotte image, triste, querelleuse, despite, menaceuse, mineuse, et la placer sur un rochier à l'escart, emmy des ronces ; — fantome à estonner les gens. » **MONTAIGNE,** *Essais,* liv. 1", chap. XXV.

riser cette profession. » Cette disposition a été reproduite dans l'art. 44 de l'ordonnance française de 1822.

D'autre part, le décret du 6 juillet 1810, sur l'organisation judiciaire et le service des cours impériales, porte en son art. 34 : « Le Procureur Général ou l'un des Avocats Généraux qu'il en aura chargé, prononcera (à l'audience solennelle de rentrée) un discours sur un sujet convenable à la circonstance ; il tracera aux avocats et aux avoués le tableau de leurs devoirs ; il exprimera ses regrets sur les pertes que le Barreau aurait faites dans le cours de l'année, de membres distingués par leur savoir, leurs talents, par de longs et utiles travaux, et par une incorruptible probité. »

Le second de ces deux articles n'est observé que par intermittence. Quant au premier, il ne l'a jamais été. En 1812, le Procureur Général avait demandé au Conseil de discipline du Barreau de Bruxelles une liste des avocats les plus distingués. Le Conseil refusa de la donner, en se fondant sur ce qu'il ne pourrait le faire qu'en établissant une distinction non méritée contre les avocats qui n'y seraient pas portés. (Décision du 3 août 1812.)

XIX

Terminons par une observation commune à tous les devoirs que nous venons d'énumérer et dont on comprendra mieux encore la portée quand on aura vu ces devoirs se diversifier en obligations de toutes sortes dans le titre qui va suivre.

La probité, le soin de sa dignité font à l'Avocat un devoir d'apprécier rigoureusement s'il se sent capable de remplir toutes les règles qui s'imposent à lui comme l'essence même de sa profession. S'il n'est pas assez fort, qu'il s'abstienne d'y entrer, ou qu'il en sorte. En persistant à vouloir s'y maintenir, il transgresse la probité, car il se charge d'une mission sous laquelle il fléchit ; il compromet sa dignité, car il donne le triste spectacle de ses efforts inutiles. A notre époque où l'on se destine au Barreau en quelque sorte en aveugle, cette recommandation ne paraîtra pas inopportune. Il y a certes place pour tous au Barreau, comme le disait Loisel, mais à la condition qu'on réunisse les aptitudes nécessaires. « Je ne conçois pas de condition plus critique, dit Mollot (Règ. 58), que celle de l'avocat qui commence sans avoir foi dans son avenir. Au Palais, je le vois inoccupé, tourmenté par cette inaction forcée, par le succès des autres et peut-être par les besoins de sa propre existence ; au dehors, embarrassé par des règles sévères que la pureté de sa conscience approuve et que la rigueur de sa position serait tentée d'enfreindre, toujours végétant, découragé, malheureux ! La carrière du Barreau est-elle la seule honorable ? Que ne porte-t-il ailleurs son aptitude et ses talents ? L'erreur d'un premier choix a été, plus d'une fois, réparée avec bonheur. »

Il nous reste maintenant à aborder les devoirs spéciaux dans lesquels les règles générales que nous venons de rappeler se réalisent (1). C'est la partie la plus longue, sinon la plus importante de la cinquième partie de notre œuvre. Elle formera l'objet du titre suivant et des cinq chapitres qui le composent.

TITRE SECOND.

Devoirs spéciaux de l'avocat.

SOMMAIRE. — Division des devoirs spéciaux d'après les dispositions qui les consacrent. — Division d'après la peine dont est frappée leur violation. — Division d'après l'objet auquel ils s'appliquent.

Les devoirs spéciaux de l'Avocat ne sont que la mise en pratique à des points de vue divers des devoirs généraux que nous avons exposés dans le titre précédent. On peut les diviser de différentes manières.

On les distingue d'abord en devoirs consacrés par une disposition expresse de la loi et devoirs fondés uniquement sur les traditions du Barreau ou l'exacte intelligence des règles de

_____

(1) Sur le caractère général de la profession d'avocat comme mission tantôt publique, tantôt privée, voir ci-après règles XLVIII et XLIX.

la Profession. Nous n'adopterons pas cette division parce que l'Avocat, digne de ce nom, trouvera les seconds aussi sacrés que les premiers, et ne séparera pas plus les uns des autres que l'honnête homme ne sépare ce que lui commande sa conscience seule, de ce qui est défendu et réprimé par la loi pénale. Seulement nous indiquerons ce caractère particulier dans le cours de notre exposé lorsqu'il se présentera.

— Les devoirs peuvent ensuite se diviser d'après la peine dont leur violation peut être frappée. Cette division est extrêmement vague en général, puisque la plupart du temps le Conseil doit déterminer le châtiment d'après les circonstances. Disons seulement que toute violation d'une règle de la Profession n'entraîne pas nécessairement l'application d'une des pénalités indiquées dans la loi. Il est des manquements qui n'exposent qu'à la simple réprobation du public sans qu'on puisse aller jusqu'à frapper directement l'Avocat. Leur répétition seule appellerait une sévérité plus grande. C'est d'après le temps, les mœurs et les autres éléments du fait qu'il faudra décider.

— Les devoirs peuvent enfin se subdiviser d'après l'objet auquel ils s'appliquent. Il y a en effet :

Les devoirs de l'Avocat envers soi-même.

Les devoirs envers les clients.

Les devoirs envers les confrères.

Les devoirs envers la magistrature.

Les devoirs envers les autorités constituées.

Cette division a été adoptée par Mollot dans son excellent livre, avec cette double modification, qu'il n'a pas traité dans des titres spéciaux des devoirs de l'Avocat envers soi-même et de ses devoirs envers les autorités constituées. Il les a disséminés dans les autres parties de son ouvrage.

La division que nous avons indiquée en dernier lieu est celle que nous adoptons. En établissant des catégories plus nettes et plus nombreuses, elle facilite l'action de la mémoire et permet de passer plus aisément des applications usuelles aux applications nouvelles. Car il importe de considérer qu'il serait impossible de tout dire dans une matière susceptible d'autant de détails. C'est à l'Avocat, c'est aux membres du conseil de l'Ordre à conclure du connu à l'inconnu. Il est seulement permis de dire que les règles que nous allons exposer, et pour lesquelles l'œuvre de Mollot nous a été d'un puissant secours, rendront cette mission aisée.

CHAPITRE PREMIER.

Devoirs de l'avocat envers soi-même.

SOMMAIRE. — XX. Ces devoirs supposent que l'Avocat agit seul. — XXI. L'Avocat ne doit pas courir la clientèle. — XXII. Il ne peut se charger des mauvaises causes. — XXIII. La clientèle s'élève peu à peu d'elle-même. — XXIV. Dans quels cas on peut plaider les affaires de mœurs. — XXV. Les marchés avec des hommes d'affaires sont proscrits. — XXVI. Tout appel direct ou indirect au client est défendu. — XXVII. L'Avocat doit avoir un cabinet digne de sa profession. XXVIII. L'Avocat doit s'abstenir d'aller chez son client, chez l'adversaire de celui-ci, etc. — XXIX. Incident des avocats d'Anvers qui fréquentaient la Bourse. — XXX. L'Avocat ne peut être intéressé dans les procès qu'il plaide;—des dommages-intérêts destinés à couvrir les honoraires. — XXXI. L'Avocat ne peut en général soutenir une thèse qu'il a précédemment combattue. — XXXII. Il doit s'abstenir des effets d'audience. — XXXIII. Devoirs de l'Avocat dans sa correspondance. — XXXIV. La vie privée de l'Avocat doit être irréprochable.—XXXV. L'Avocat doit éviter tout engagement qui l'expose à des conséquences de droit exceptionnel, par exemple de signer des lettres de change, etc.—XXXVI. Il ne doit pas se prêter à une fraude à la loi, notamment devenir personne interposée. — XXXVII. L'Avocat ne doit pas sacrifier son travail aux distractions mondaines. — XXXVIII. Il ne doit pas exercer d'autre profession. Du rôle politique de l'Avocat. — XXXIX. L'Avocat ne doit pas plaider sa propre cause. — XL. Il ne doit pas faire publier des comptes rendus élogieux de ses plaidoiries — XLI. Les avocats ne peuvent s'associer pour exercer leur profession. — XLII. Règles relatives à l'arbitrage. — XLIII. L'Avocat peut-il accepter l'arbitrage avec d'autres que ses confrères. — XLIV. Les arbitres se réunissent chez le plus âgé d'entre eux. — XLV. L'Avocat peut plaider devant toutes les juridictions. — XLVI. Quand il est temps pour l'Avocat de quitter le Barreau.

XX

L'Avocat tiendra, pour sa satisfaction personnelle, pour la paix de sa conscience, à pratiquer *tous* ses devoirs. A la rigueur il n'en est aucun qui ne puisse être qualifié de devoir de l'Avocat envers soi-même.

Mais pour l'accomplissement de la plupart d'entre eux il faut supposer une autre personne en même temps que l'Avocat : c'est le client, c'est le confrère, c'est le magistrat. Il en est au contraire quelques-uns où l'Avocat reste seul vis-à-vis de soi-même. Ce sont ces derniers qui feront exclusivement l'objet du présent titre.

Cette catégorie de devoirs prend surtout sa source dans les sentiments de l'honneur et de la dignité.

XXI

Le jeune avocat doit avoir la patience d'attendre que sa clientèle se forme dignement.

Nous savons tous combien les débuts sont ingrats et pénibles et pendant quel long temps notre position demeure incertaine.

Mieux vaut renoncer à la Profession que d'user, pour hâter sa maturité, de moyens que la stricte dignité n'autorise pas. Une âme élevée préférera subir les nécessités les plus dures. Au surplus, c'est un mauvais moyen de tenter la fortune. Quelques avantages passagers sont bientôt paralysés par le discrédit où l'on tombe. Tout au plus peut-on espérer rester au rang infime où l'on se sera placé d'abord. Pétrone a dit aux jeunes orateurs de son temps :

Ambitio præceps veris profectibus obstat.

Pour encourager ceux que ces principes rigoureux effrayeraient, rappelons avec un de nos maîtres, qu'il n'y a au Barreau nul exemple d'un vrai talent, ayant su attendre, qui n'ait pas brillamment réussi :

Debile principium melior fortuna sequetur.

XXII

Le jeune avocat évitera donc de se charger de ces causes qui apportent avec elles une sorte de déconsidération. Il doit à cet égard consulter plutôt sa propre conscience que l'opinion publique. Qu'il ait pour guide unique la justice. Ce serait une lâcheté que de refuser son ministère au malheureux que l'opinion égarée condamne. Une pareille défense est un acte de magnanimité. Mais accepter des causes pour le profit qu'elles donnent, malgré leur iniquité ou leur immoralité, est une déplorable faiblesse et un acte d'improbité. Il importe à l'Avocat de se montrer d'autant plus scrupuleux au début, que c'est alors que se forme souvent sur son caractère et sa valeur le jugement du public, de ses confrères et de la magistrature.

XXIII

Pour le fond des procès, il n'y a donc aucune distinction à faire : jeunes et anciens avocats sont soumis à la même règle. Ils doivent les trouver justes : nous nous en expliquerons du reste plus amplement quand nous traiterons des devoirs envers les clients. (R. LI et s.)

Mais quant aux caractères purement extérieurs que la cause emprunte à la personnalité du client, ou à la juridiction devant laquelle on aura à se présenter, l'Avocat jouit d'une liberté absolue. Il peut tout accepter. Cela est surtout vrai pour le jeune avocat, en raison même de la difficulté de ses débuts.

Petit à petit, la catégorie des clients qui s'adresseront à lui se modifiera. Il n'aura pas besoin de refuser les causes d'un ordre inférieur : elles se retireront d'elles-mêmes. Il sera porté, comme par une force invisible, dans les régions plus élevées.

« Quel que soit son emploi, dit Mollot, un avocat ne doit pas refuser les petites causes ; il ferait douter de son désintéressement ou de sa modestie. Est-il trop haut placé, les petites causes le quitteront d'elles-mêmes. »

XXIV

Il ne faut pas non plus proscrire systématiquement ce qu'on nomme les procès de mœurs. Ils peuvent être justes : l'innocent qui en est la victime doit être d'autant mieux défendu que l'accusation portée contre lui est plus odieuse. Mais il importe de les examiner avec soin et de ne se décider à les soutenir qu'avec réserve, quand on a acquis la conviction que l'acquittement est vraisemblable.

XXV

L'obligation de n'user pour avoir des clients, que de moyens conformes à la dignité, exclut tout pacte avec un avoué, un huissier, un agent d'affaires. Il faut être reconnaissant envers ceux qui vous aident ; mais il ne faut pas acheter cette assistance par des marchés humiliants.

XXVI

Tout appel au client est un procédé condamnable. Les annonces, les circulaires, l'éloge personnel, doivent être proscrits.

C'est un sentiment respectable qui porte certains avocats à ne pas mettre de plaques avec leur nom et leur qualité en évidence à la porte de leur demeure. Nous ne saurions qu'approuver ce scrupule. La dignité aime ces sévérités (1).

XXVII

L'Avocat s'efforcera d'avoir un cabinet convenable et d'y représenter dignement la profession à laquelle il appartient.

_____

(1) Remettre à quelqu'un des cartes d'adresse pour en faire la distribution et lui donner une rémunération pour qu'il recommande l'Avocat, est une atteinte à la dignité du Barreau. Décis. Cons. Brux., 4 août 1852.

Nous savons que les ressources ne sont point partout les mêmes, mais il est des convenances qui sont à la portée de tout le monde (1).

L'Avocat doit passer dans son cabinet la grande partie de son existence. Qu'il le considère comme un lieu de prédilection, comme son appartement principal, qu'il ne le sacrifie pas au reste de sa maison.

Il tiendra ainsi mieux son rang et rendra ses travaux plus agréables. « Que sa conduite, son costume dans le cabinet comme à l'audience, soient constamment dignes, sans ostentation ni rudesse. » (Mollot, R. 27.)

Que dans l'aménagement de son cabinet, il éloigne tout ce qui rappelle l'agence, le bureau commercial; à ce titre, on peut approuver ceux qui proscrivent les estampilles, les timbres secs, les lettres numérotées, les états d'honoraires avec en-tête imprimé, etc. Un cabinet de travail n'est pas un comptoir.

XXVIII

Il est de la dignité de l'Avocat de ne pas se rendre chez son client, ni chez l'adversaire de celui-ci, ni de faire des démarches chez les notaires et les autres officiers ministériels, ou dans les administrations publiques.

Nous nous expliquerons plus longuement sur ce point quand nous parlerons des devoirs envers les clients (R. LXXVI). En généralisant ce précepte on a pu dire : L'Avocat ne doit être que dans son cabinet ou à l'audience.

Il n'est pas convenable non plus, à moins de nécessité absolue, de donner des consultations au Palais. L'Avocat n'y a pas cette liberté et ce repos d'esprit qu'il trouvera dans son cabinet. Au Palais, on est sans cesse distrait par des préoccupations de tout genre.

_____

(1) Dans une des séances du Conseil tenue en novembre 1868, il a été verbalement arrêté que lorsqu'il s'agirait d'une admission au Tableau, certains membres du Conseil seraient chargés de s'assurer si le candidat a chez lui une installation convenable. Cette mesure a été diversement appréciée.

XXIX

A plus forte raison est-il contraire à la dignité de l'Avocat de se rendre dans des lieux publics, à la Bourse, par exemple, pour y chercher des occasions d'obtenir des affaires. Si nous relevons cette circonstance, c'est que pareille pratique existait, paraît-il, au barreau d'Anvers, où certains avocats ne se faisaient pas faute d'y recourir. Le 23 juillet 1865, le conseil de l'Ordre portait à la connaissance des membres du Barreau de cette ville, qu'après mûr examen, il était d'avis que la fréquentation de la Bourse blesse les principes de la Profession, et les invitait à s'en abstenir désormais (1). Cette circulaire ne produisit pas immédiatement ses effets, car le 12 novembre 1867, le Bâtonnier (Me Haghe), crut utile de renouveler l'invitation en

---

(1) Voici cette circulaire :

Anvers, 23 juillet 1865.

Monsieur et honoré confrère,

Le conseil de discipline de l'ordre des avocats d'Anvers ayant été informé que quelques membres du Barreau fréquentent *habituellement* la Bourse, a cru de son devoir d'examiner si ce fait n'est pas contraire aux principes qui règlent l'exercice de la profession d'avocat et au maintien desquels le conseil de discipline est chargé de veiller.

Après mûr examen, le Conseil a été d'avis que la fréquentation habituelle de la Bourse blesse ces principes, et il a décidé d'inviter tous les membres du Barreau à s'en abstenir désormais.

Le Conseil a été mû par une double considération, savoir : l'incompatibilité de la profession d'avocat avec toute espèce de négoce (article 18 du décret du 14 décembre 1810), et le danger qu'il peut y avoir pour l'Avocat qui fréquente habituellement la Bourse, de dévier de cette sage prescription.

Le Conseil a pensé aussi que la fréquentation habituelle de la Bourse pouvait donner lieu à la supposition de sollicitation d'affaires, supposition qu'il est de la dignité et de la considération du Barreau de ne pas même voir s'élever contre aucun de ses membres.

Nous avons en conséquence l'honneur de porter à votre connaissance la décision générale prise par le conseil de discipline dans sa dernière séance, et portant invitation à tous les membres du Barreau de s'abstenir de la fréquentation habituelle de la Bourse.

Veuillez, Monsieur et honoré confrère, agréer l'assurance de nos sentiments confraternels.

Le Bâtonnier,
CH. BLONDEL.

Le Secrétaire de l'Ordre,
EG. EVERAERTS.

termes plus pressants. « L'art. 71 du Code de commerce, disait-il, porte que la Bourse est la réunion des commerçants, capitaines de navires, agents de change et courtiers. Ce texte fournit une preuve que la place naturelle des membres du Barreau n'est pas à la Bourse, où ils s'exposent inévitablement au soupçon de solliciter des affaires, et où par conséquent ils compromettent l'honneur de l'Ordre ; leur place est au Palais de justice; c'est là qu'ils retrouveront les traces de ceux qui par leur dévouement, leur désintéressement, leur science, ont jadis honoré le Barreau. »

XXX

Quand l'Avocat plaide, il doit se garder de mêler à la cause jusqu'à l'apparence d'un sentiment d'intérêt ou d'animosité personnels. Il défend le client sans épouser ses rancunes. Il domine la cause et n'en subit pas l'influence. Il dirige la partie et ne se confond pas avec elle. A ces conditions seules, il conservera intacte sa dignité.

Cependant il est des causes où il se trouve dans la nécessité de réclamer pour son client une indemnité destinée à décharger celui-ci de la nécessité de supporter les honoraires auxquels donne lieu un procès intenté de mauvaise foi par son adversaire (1). L'Avocat, que la chose concerne au moins indirectement, exposera ce point avec brièveté et simplicité. Son confrère contre lequel il plaide commettrait une haute inconvenance en insinuant qu'il parle *pro domo sua*.

XXXI

« Il est au moins imprudent de soutenir une thèse que nous avons précédemment combattue dans une autre cause, ou *vice versâ*, car nous courons le risque d'être accusés de contradiction, sinon de faux jugement. L'adversaire ne manque jamais

---

(1) Sur les dommages-intérêts dus par les plaideurs téméraires, pour le fait même du procès, voir dans la *Belg. Jud.*, XXVe an., 1867, p. 673, une étude qui donne l'état de la doctrine et de la jurisprudence.

de nous opposer à nous-mêmes, et s'il est malin il fait rire à nos dépens. Avis à ceux qui publient des livres. (1) » (Mollot, R. 79.)

XXXII

L'Avocat faillit à sa dignité, il faillit aussi au respect qu'il doit à la magistrature, quand il tente les *effets d'audience*. « C'est manquer à la modération, dit Mollot (R. 21), en s'exposant au scandale ou au ridicule, et parfois à une scène douloureuse, que de courir après le pathétique qu'on appelle au Palais, *un effet d'audience*. Les effets d'audience peuvent être sublimes : mais ceux-ci n'appartiennent qu'aux grandes causes et aux grands orateurs. »

XXXIII

Dans sa correspondance d'affaires, l'Avocat écrira toujours comme si ses lettres étaient destinées à être publiées. Si nous faisons cette recommandation, c'est que plus d'un exemple prouve que, comptant sur le caractère en général secret des lettres, on s'y laisse parfois aller à des déclarations contraires à la stricte délicatesse professionnelle. Qu'on n'y inscrive donc jamais des menaces à l'égard d'un adversaire, des insistances trop vives à l'égard d'un client dont on attend des honoraires, des reproches inconvenants contre les magistrats qui ont décidé un procès contrairement aux espérances que l'on avait formées (2). Que l'Avocat ne soit pas double, que ses actes, ses

(1) Décidé par le conseil de Bruxelles qu'un avocat ne peut, sans compromettre la dignité de sa profession, après avoir présenté une exception d'incompétence devant un tribunal civil qui l'a admise, soutenir la thèse inverse devant un tribunal de commerce, à moins qu'il n'y ait un motif évident qui justifie sa conduite, comme si, par exemple, un changement de jurisprudence vient expliquer ce changement de conviction. — Voir aussi Int. hist., *supra*, p. 10.

(2) On cite ce fait plaisant d'un membre distingué du Barreau qui avait la faiblesse, chaque fois qu'il devait annoncer à son client la perte d'un procès, de lui écrire : « Monsieur, la Cour vient de rendre un arrêt qui ne fait pas honneur à la magistrature. »

paroles et ses écrits témoignent qu'il connaît les scrupules auxquels son titre l'oblige et les devoirs que le savoir-vivre impose à l'homme bien élevé. (R. LXXVIII.)

XXXIV

En traitant du pouvoir disciplinaire, nous avons indiqué jusqu'à quel point la vie privée de l'Avocat tombait sous la juridiction du Conseil (p. 164 et s.). En dehors de toute obligation légale ou réglementaire, il est de la dignité de l'Avocat d'avoir une vie privée irréprochable. Pour lui plus que pour tout autre, cette vie est inséparable de la vie professionnelle. Obligé dans toutes les affaires qu'il traite de les envisager au point de vue d'une délicatesse scrupuleuse, son jugement s'oblitèrerait s'il ne se maintenait pas constamment au niveau d'une haute moralité? Comment défendra-t-il avec chaleur le bien, comment attaquera-t-il avec indignation le mal, si lui-même prête le flanc à la critique?

Sermo imago animi est : qualis vir, talis orator est.

Publius Syrus qui parlait ainsi a dit encore :

Orationi vita non dissentiat.

Et ailleurs :

Mores dicentis suadent plus quam oratio.

D'autre part, quelque mystère dont on veuille s'envelopper, il transpire toujours quelque chose de la vie privée; l'opinion se forme, elle se répand, et l'Avocat perd vis-à-vis des représentants de la justice cette autorité et cette considération qui sont ses principales forces de persuasion.

Pour celui qui n'exerce pas une fonction quasi publique, l'irrégularité de mœurs ne fait sentir son influence que dans un cercle étroit. Pour l'Avocat, au contraire, elle peut produire des conséquences indéfinies, parce que s'il a l'esprit ou le sens moral pervertis, il dirigera dans des sentiers obliques les affaires qui lui sont confiées (1).

XXXV

L'Avocat doit éviter avec soin tous les actes qui peuvent, dans certaines éventualités, compromettre son caractère et sa dignité. Ainsi il ne signera pas des effets de commerce, spécialement des lettres de change, qui l'exposent à la contrainte par corps. Les événements peuvent, en effet, amener un protêt, une assignation devant les juges consulaires, une condamnation et une exécution par corps, etc. Nous savons qu'il est des actes qui sont inséparables de la vie humaine : on ne peut évidemment s'abstenir d'être débiteur dans certains cas. Mais qu'alors l'Avocat ne fasse que ce qui est indispensable, qu'il ne s'expose qu'aux conséquences du droit civil commun, qu'il ne recoure pas à des procédés exceptionnels qui annoncent une position embarrassée et peuvent avoir des effets plus rigoureux. (Comp. Mollot, R. 33.)

XXXVI

L'Avocat devra s'abstenir plus soigneusement encore de tout acte qui serait une fraude à la loi. Soldat du droit, sentinelle vigilante chargée de le défendre, il se rendrait coupable de trahison en le violant.

Il devra donc repousser ces fidéicommis pour lesquels on

---

(1) Tout fait contraire à l'honneur, fut-il même commis en dehors du Palais, peut rendre l'Avocat passible de peines disciplinaires.

Ainsi, rentre dans les attributions des conseils de discipline, le point de savoir si un avocat, plaidant dans sa propre cause, a offensé les principes d'honneur et de délicatesse : 1º en reconnaissant par le fait d'un désistement d'appel, qu'un contrat de vente qu'il avait soutenu sincère, n'était qu'un acte simulé, ne renfermant en réalité qu'un simple prêt ; 2º en acquiesçant à une demande dirigée contre lui, alors qu'il était en présence d'une imputation de faux ; 3º en refusant obstinément de produire la pièce incriminée et de fournir ainsi le moyen de parvenir à la découverte de la vérité. (Liége, 26 juillet 1843, Pas. 20.)

s'adresse souvent aux hommes habitués aux affaires, complaisances qui, si elles exigent une loyauté à toute épreuve de celui
dont on les sollicite, requièrent au même titre une volonté ferme
de frauder la volonté du législateur. Quand le Code déclare
des personnes ou des établissements incapables de recevoir, ce
n'est pas l'Avocat qui peut se prêter aux manœuvres par lesquelles on essaye de tourner ses dispositions.

M. Orts, dans son traité de l'*Incapacité civile des congréga-*
tions religieuses, n° 254, cite le cas d'un jurisconsulte qu'une
testatrice avait institué son légataire, après l'avoir choisi comme
conseil pendant sa vie. On alléguait que leurs relations d'affaires justifiaient ce legs qui était attaqué comme fait à une
personne interposée. En annulant la disposition testamentaire,
la Cour a dit avec raison et esprit que les services que peut
rendre un homme d'affaires sont non pas un titre pour *recevoir*
des successions, mais un titre pour les *liquider*.

XXXVII

Ce n'est pas seulement des déportements d'une vie déré-
glée dont l'Avocat doit se garder. C'est aussi des distractions
du monde, en ce sens qu'il ne doit pas leur permettre d'empiéter
sur le temps nécessaire à ses études. Pour cela il doit n'en user
qu'avec tempérance et modération. Les dissipations sont les
ennemies du travail, non-seulement pendant qu'on y cède,
mais encore par les distractions qu'elles laissent après elles
quand on les quitte pour revenir à l'étude. Que l'Avocat ne
leur donne jamais qu'une portion parcimonieuse de son
existence. En se mesurant ses plaisirs avec rigueur, il en ob-
tiendra le repos qu'ils donnent sans en subir les influences
débilitantes, il restera homme du monde sans cesser d'être avocat. (Comp. Mollot, R. 30.)

XXXVIII

« Il ne faut point, disait Boucher d'Argis, p. 394, qu'un
avocat se mêle d'aucune affaire étrangère à sa profession. Rien
ne doit être plus pur que la profession d'avocat, le moindre

mélange la gâte et l'altère. » Loisel avait dit avant lui : « L'état
d'avocat désire son homme tout entier. »

Cette règle est aujourd'hui tempérée par nos mœurs : elles
permettent à l'Avocat d'exercer un rôle politique. Dans l'organisation actuelle de la cité, quand le gouvernement est fondé
sur la souveraineté du peuple, nul ne peut rester étranger
aux affaires publiques, et chacun doit être prêt à supporter sa
part de leurs charges. Appelé par sa profession à connaître les
lois, l'Avocat mieux que tout autre peut remplir les fonctions
de législateur. Orateur par essence, mieux que tout autre il
trouvera sa place dans les assemblées délibérantes. D'excellentes
choses sur le rôle politique de l'Avocat se trouvent dans le discours de M. Robert, prononcé à l'ouverture de la Conférence
du Jeune Barreau de Bruxelles, le 11 novembre 1865 (1).

Mais que l'Avocat se garde pourtant de s'y jeter prématu-
rément ou avec trop d'ardeur; qu'à ses débuts surtout la
part accordée aux préoccupations politiques soit restreinte.
Plus tard, quand son esprit aura acquis de la fermeté, quand
la connaissance des affaires lui aura rendu le travail plus
facile, quand ses émotions, moins vives et moins persistantes,·
lui permettront de passer plus aisément d'une occupation à
une autre, moins de réserve lui sera nécessaire.

En dehors des devoirs du citoyen, auxquels il n'est point
permis de se soustraire, que l'Avocat se maintienne rigoureusement dans sa profession. Qu'il écarte toute autre occupation,
quelque lucrative qu'elle puisse être. Les incompatibilités que
nous avons signalées précédemment lui en font parfois une
obligation légale, mais qu'il aille même au delà. C'est un
conseil puisé dans la nature des choses, parce que la profession d'avocat est suffisante à l'activité d'un homme. Tout ce
qu'on donne ailleurs est un larcin qu'on lui fait. Il n'y a d'exception possible que pour des travaux qui lui sont intimement
liés, comme, par exemple, la composition d'œuvres juridiques
ou le professorat dans les chaires de droit. Les fonctions gratuites, non obligatoires, sont soumises à la même règle que les

_____

(1) *Belg. Jud.*, ann. 1865, p. 1537. — Aux États-Généraux de 1789, il y avait
372 avocats.

fonctions rémunérées, car le motif de décider est le même :
c'est que les unes et les autres enlèvent à l'Avocat le temps
que réclame sa profession. (Comp. Mollot, R. 31.)

XXXIX

Si l'Avocat a un procès personnel, qu'il ne le plaide pas lui-
même, car il pourrait se méprendre ou se passionner. Il n'est
pas plus exempt que les autres hommes des effets de l'intérêt
personnel. (Mollot, R. 34.)

S'il s'agit d'un débat relatif à la Profession, qu'il s'adresse
préalablement au Bâtonnier, car le Barreau est intéressé à
tout ce qui touche la Profession. Souvent le chef de l'Ordre, ou
un autre membre du conseil de discipline, lui prêtera par une
délicate intelligence des devoirs de la confraternité, le secours
de son ministère.

XL

C'est manquer à la dignité et à la délicatesse que de faire
publier dans les journaux des comptes rendus élogieux des
causes que l'on a plaidées : ces petites ruses se découvrent
presque toujours ; loin de servir à l'avancement de leur auteur, elles le discréditent. Au Barreau toute réputation est fra-
gile quand elle n'est pas fondée sur la stricte observation des
règles professionnelles.

Il faut donc s'abstenir de tout ce qui frise le charlatanisme
et repousser bien loin la maxime que l'enseigne fait la chalan-
dise. Martial tournait en ridicule un avocat de son temps qui
pour mieux attirer les clients se décernait de son vivant les
honneurs d'une statue :

Tum grave percussis incudibus œra resultant
Causidicum medio quum faber aplat equo.

Les statues sont aujourd'hui un peu moins dans les mœurs
qu'à Rome ; mais le ridicule de celui qui se décerne des éloges
n'a pas diminué.

XLI

Si des avocats peuvent s'aider mutuellement dans les affaires, il n'est pas de leur dignité de constituer entre eux des associations *permanentes*; elles présentent toujours un caractère de spéculation, altèrent leur indépendance et les exposent à des discussions d'intérêt qui sont toujours fâcheuses. Certes il arrive que des anciens surchargés de travaux et désireux de faciliter à de jeunes confrères l'entrée d'une carrière où tout annonce qu'ils sauront briller, leur confient une partie de leurs causes et exigent qu'ils reçoivent la rémunération de leurs études et de leurs efforts. Mais cette pratique, dictée par la bienveillance et l'équité, est bien différente de ces sociétés où les deux contractants se lient, où les apports et les bénéfices sont réglés, où s'introduisent du même coup la dépendance et les habitudes des entreprises industrielles.

XLII

Aux devoirs de l'Avocat envers soi-même, se rattachent une partie des règles relatives aux fonctions arbitrales.

On trouvera les autres ci-après lorsque nous traiterons des travaux de l'Avocat.

Dès que l'Avocat devient arbitre, la probité lui commande de ne plus connaître ni adversaire, ni client. Étant juge, il doit être impartial et impassible comme un juge.

« Avez-vous donné votre avis sur l'affaire, vous ne devez plus en connaître comme arbitre. » (Mollot, R. 37.)

L'Avocat ne peut refuser de signer la sentence rendue contre son avis. C'est un procédé contraire à la confraternité. A l'égard des autres arbitres, c'est de la présomption contraire à la modération obligatoire pour l'Avocat. (Mollot, R. 39.)

Le montant des honoraires ne doit pas être indiqué dans les frais portés en la sentence. Autrement ils pourraient devenir l'objet d'une discussion qui répugne au caractère de l'Avocat.

Chacune des parties en acquitte la moitié. (Mollot, R. 40.)

L'Avocat qui accepte la qualité d'arbitre manquerait à la délicatesse s'il s'abstenait de remplir sa mission pour motif d'insuffisance ou même de refus d'honoraires. (Mollot, R. 40.)

XLIII

Les avocats peuvent-ils accepter d'être arbitres avec d'autres qu'avec des confrères?

Voici comment Mollot (R. 38) exprime sur ce point des pensées auxquelles nous nous rallions sans réserve : « Il existait dans l'ancien barreau une tradition remarquable : c'est que les avocats ne devaient accepter l'arbitrage qu'avec des confrères. Elle était étrangère à toute idée de vanité et de spéculation. Deux motifs fort sages avaient touché l'Ordre. Il pensait qu'entre confrères les rapports sont naturellement plus faciles ; que d'un autre côté, pour remplir une mission si ardue, une mission qui fait peser moralement sur tous les arbitres la solidarité de leur sentence, on trouve d'ordinaire au Barreau plus de garanties dans les personnes. Avec le temps, nous avons laissé fléchir cette tradition ; mais s'il est admis aujourd'hui qu'un avocat peut arbitrer avec des personnes étrangères au Barreau, nous tenons du moins à ce qu'il les connaisse, ou qu'il s'assure, avant d'accepter l'arbitrage, de leur caractère et de leur moralité. »

XLIV

Quand les arbitres ne sont pas tous avocats, c'est néanmoins chez le plus âgé d'entre eux qu'on se réunit. La Profession s'efface pour faire place à la qualité de juge commune à tous les arbitres. Du reste, les précautions indiquées dans la règle précédente, font présumer l'égalité de science et de moralité.

XLV

L'Avocat peut aller plaider devant toutes les juridictions où se débattent des questions dignes de son ministère, quels que soient du reste les membres qui les composent (1), sauf à se retirer si l'on y méconnaît ses droits. Il devra cependant demeurer s'il est convaincu qu'il peut encore être utile à son client, mais il ne négligera pas de protester contre les atteintes portées à ses prérogatives.

XLVI

« Dans aucune profession libérale, il ne faut survivre à sa gloire, et cela est vrai surtout pour l'Avocat plaidant. Des précurseurs trop infaillibles lui annonceront l'heure de la retraite. Pour lui que les veilles et les travaux auront fatigué avant le temps, elle viendra plus tôt peut-être, car les exceptions que nous admirons sont rares, mais du moins il restera libre d'en choisir le jour. Si la consultation qui n'est plus guère en usage au Palais, ne lui offre pas le moyen d'employer dans son cabinet, aussi utilement qu'autrefois, les ressources de son expérience et de son savoir, il conservera encore assez de clients pour couronner au milieu d'eux, sa vie honorable et modeste ; il restera leur conseil, leur arbitre, leur ami, il sera fier de ses glorieux souvenirs, plus riche de considération que de fortune ; il mourra comme il a vécu, toujours avocat. » (Mollot, R. 56.)

(1) Voir ci-dessus p. 224, nos 8 et s. Les avocats n'ont pas le droit de plaider devant certains conseils de prud'hommes.

CHAPITRE DEUXIÈME.

Devoirs envers les clients.

XLVII

Les devoirs de l'Avocat envers son client se caractérisent par le dévouement et le désintéressement. Il est son défenseur, son protecteur ; il lui doit son travail, son temps, sa sollicitude.

Mais dans la mise en pratique de ces deux qualités fondamentales, il ne doit pas oublier les exigences de la dignité, de la probité, de l'indépendance et de la modération.

La probité lui fera rejeter toute cause, tout moyen déshonnêtes que son client lui proposerait.

Sa dignité l'amènera à maintenir sans cesse vis-à-vis de son client cette supériorité bienveillante et cette autorité qui sont le propre des relations entre le protecteur et celui qu'il protége.

L'indépendance empêchera l'Avocat de subir l'influence de son client au point de ne plus rester le maître de l'affaire et de ne plus la diriger comme il le croira conforme à la justice.

La modération le décidera à se garder d'épouser les préventions injustes et l'esprit de rancune de son client, et à ménager l'adversaire même en l'attaquant.

Entendu de cette manière, mitigé par ces sages restrictions, le dévouement de l'Avocat demeurera efficace sans devenir aveugle.

Il ne restera plus à l'Avocat qu'à donner à ce dévouement un relief plus pur encore en se montrant désintéressé, c'est-à-dire en oubliant sans cesse, pendant la durée de l'affaire, son intérêt personnel ; et quand il se souviendra au terme de ses

efforts qu'il peut espérer une rémunération souvent nécessaire aux besoins de son existence, il sera dans la détermination de celle-ci assez scrupuleux pour éviter tout reproche
d'avidité et d'exagération.

Après avoir ainsi indiqué les caractères fondamentaux des
devoirs de l'Avocat envers son client, établissons quelques règles
plus précises.

XLVIII

S'établit-il entre l'Avocat et le client qui le charge d'une cause
un louage d'ouvrage, dans les termes de l'art. 1779 C. civ.?

Non, d'après l'opinion du droit moderne comme de l'ancien
droit. Les art. 1711 et 1779 du Code civil ne s'appliquent
qu'aux ouvrages *manuels* et non pas aux professions libérales. (Voir Troplong, Louage, nos 796 et s.; Pothier, Mandat,
nos 26 et s.; Mollot, t. 1er, p. 6, 1°.)

Est-ce tout au moins *un mandat* dans les termes des art. 1984
et s. C. civ.? « A la différence des avoués, dit Toullier (vol. X,
p. 429, 1re éd.), les avocats ne représentent pas leurs clients;
ils ne sont point leurs mandataires, mais *leurs conseils et leurs
patrons.* Hors du Barreau, les fonctions de l'avocat consistent
à guider ses clients dans leurs transactions sociales, à les aider
de ses lumières, etc.; au Barreau à développer leurs moyens
de défense, soit de vive voix dans les plaidoiries, soit par
écrit dans les écritures qu'il fait pour eux et qu'ils s'appro-
prient en les faisant signifier par leurs avoués. *Ce ne sont point
là les fonctions d'un mandataire.* Aussi, suivant une maxime
très-ancienne en France, les avocats ne peuvent être dés-
avoués. »

Nous pensons que cette opinion de Toullier (adoptée par
Mollot, t. 1er, p. 8) est la vraie. La situation de l'Avocat vis-à-
vis du client ne nous paraît rentrer dans les termes d'aucun des
contrats spéciaux prévus et qualifiés par nos lois civiles. Elle
constitue dès lors *un contrat innomé*, celui d'un homme qui
consent à diriger et à protéger un autre homme dans l'ordre
des choses judiciaires, avec faculté de renoncer à ces fonc-

tions quand il le jugera convenable. Il n'y a dans tout cela que les relations libres du protecteur au protégé. On y cherche en vain les obligations strictes et la dépendance du mandataire vis-à-vis du mandant. Même devant les justices de paix et les tribunaux de commerce où l'Avocat ne comparaît plus rigoureusement comme avocat, ses rapports à l'égard de son client restent empreints des mêmes caractères spéciaux.

Ce n'est qu'à la condition de bien se pénétrer de ce caractère juridique particulier de notre profession qu'on l'exercera avec dignité et indépendance, et qu'on l'empêchera de tomber à un degré inférieur où elle subirait les conditions rigoureuses et subalternes du louage d'ouvrage ou du mandat ordinaire. Ce qui en caractérise encore la nature *sui generis*, ce sont ces pratiques constantes qui n'admettent pas la responsabilité civile de l'Avocat vis-à-vis de son client, sauf le cas de dol; qui n'exigent pas le reçu des pièces et titres qu'on lui confie, non plus que la décharge de ceux qu'il rend, ni la taxe de ses honoraires, ni la quittance de ceux qu'il a reçus, ni l'action en désaveu, etc., toutes choses qui seraient cependant de droit commun en matière de mandat.

XLIX

Le rôle de l'Avocat est, comme on vient de le voir, surtout un rôle privé, mais sa mission touche cependant aussi à la vie publique; nous tenons trop à signaler tout ce qui sert à rehausser l'éclat de notre profession pour laisser ce côté important dans l'ombre.

Si, comme le dit Stuart Mill (1), « le système judiciaire » étant donné, le mérite de l'administration de la justice est en » raison composée de ce que valent les juges, et de ce que » vaut l'opinion publique qui les influence ou les contrôle; si » toute la différence entre un bon et un mauvais système judi- » ciaire repose sur les combinaisons adoptées pour amener

_____

(1) *Le gouvernement représentatif*, chap. II.

» tout ce qu'il y a dans la communauté de valeur morale et
» intellectuelle à peser sur l'administration de la justice, de
» façon à la rendre dûment efficace dans ses résultats, » l'Avocat
qui rassemble tout ce qui peut éclairer un débat, qui élève la
voix devant le juge et devient l'écho de l'opinion, qui remplit
cette mission avec la force que donnent l'habitude de l'exercer
et la connaissance de ce qui peut influencer l'auditeur, est
un des plus énergiques rouages de l'organisme par lequel le
pouvoir judiciaire atteint sa mission. Sans lui, l'administration de la justice deviendrait boiteuse. En intervenant dans les
débats auxquels celle-ci donne lieu, il rend service non-seulement à son client, mais encore à la communauté tout entière;
on ne peut avec plus de raison le considérer, parce qu'il défend
une cause déterminée, comme étant uniquement l'homme d'un
débat privé, qu'on ne pourrait considérer comme tel le juge
auquel la décision de ce débat est soumise.

L

L'Avocat est libre de refuser un client ou une affaire. Il
n'en doit pas donner de motifs. Mais la probité lui fait un devoir de ne se guider en cela que par des raisons honnêtes et
sérieuses.

Dès qu'il s'intitule avocat et qu'il en exerce la profession, son
temps appartient à tous ceux qui ont besoin de son ministère.
Repousser sans motifs celui qui l'honore de son choix est un
manquement aux devoirs professionnels.

Tel est le cas de l'Avocat qui refuse une affaire pour se procurer plus de loisirs que ceux nécessaires à son repos, ou parce
que la cause lui paraît fertile en ennuis.

Mais l'Avocat n'encourra aucun reproche s'il est surchargé
de travail, ou si la nature des causes qu'il plaide d'ordinaire
l'empêche de se rendre devant la juridiction où le client est
appelé.

Il faudra dans ces cas et les autres analogues apprécier si le
client peut trouver aisément un autre défenseur. Cette circonstance tempérera la rigueur des principes.

LI

L'Avocat ne doit accepter que les causes qu'il juge conformes à la justice. C'est plus un devoir général de probité qu'un devoir vis-à-vis du client. Au surplus son serment le lui impose : « Je jure de ne conseiller ou défendre aucune cause que je ne croirai pas juste en mon âme et conscience. » Dans l'ancien barreau belge, le serment imposait en outre à l'Avocat l'obligation de délaisser une affaire qui, au début, lui avait semblé bonne, dès que l'injustice lui apparaissait. (V. Introd. hist., p. 10.) Quoique cette règle ne soit plus expressément consacrée, elle n'en résulte pas moins des prescriptions de la morale. Il ne faut jamais oublier cette maxime de Laroche-Flavin : *L'Avocat est le premier juge du procès* (1).

Qu'il s'efforce donc en choisissant rigoureusement ses causes de réagir contre le préjugé qui représente les avocats comme prêts à plaider le pour et le contre, préjugé qui faisait dire à Salluste qu'ils n'étaient point *oratores, sed cujuslibet rei simulatores ac dissimulatores.*

Qu'il ne soit pas de ces hommes dont Juvénal dit :

Nigra in candida vertunt.

Qu'il ne se fasse pas non plus appliquer ce vers d'Ovide :

Ingrato voces prostituere foro.

LII

Pour apprécier s'il peut se charger d'une *affaire civile*, l'Avocat doit l'examiner en fait et en droit.

Dans le doute sur la moralité de l'affaire, l'Avocat doit refuser de s'en charger. On suspecterait sa moralité personnelle.

Dans le doute sur le droit, il peut accepter. Les variations

(1) Voir ci-dessus R. XXII.

infinies de la jurisprudence l'y autorisent. Mais il faut que ce doute soit sérieux. Nous avons rappelé dans l'Introduction historique, p. 10, comment Wynants comprenait, au temps de notre ancien barreau national, la mise en pratique de cette règle.

LIII

Pour les affaires criminelles, le principe est différent. L'Avocat ne trahit point son serment en consentant à les défendre, bien que la non-culpabilité des clients ne lui soit pas démontrée. L'humanité exige que tout accusé soit défendu ; d'ailleurs l'atténuation éventuelle de la peine est toujours un effort légitime. L'Avocat pourra donc plaider, lors même que son client lui aura fait des aveux. Son rôle, dans ce cas, se borne à faire valoir les doutes de la cause. C'est au Ministère Public à prouver la culpabilité. L'aveu de l'accusé est une présomption insuffisante : *Nemo auditur perire volentem*. L'Avocat qui empêche la violation de cette règle remplit un devoir social. La société a un plus grand intérêt à ne pas voir condamner sans preuves suffisantes qu'à faire punir un coupable quand l'accusation demeure incertaine dans sa démonstration. Nous renvoyons pour de plus amples détails aux développements donnés par Me Olin, dans son discours sur le serment, prononcé en 1863, à la rentrée de la Conférence du Jeune Barreau de Bruxelles (1).

LIV

L'Avocat, au civil, doit communiquer au client son appréciation sur l'affaire, surtout lorsqu'il s'agit d'un procès à commencer. Il ne peut donner à la partie une confiance qu'il n'a pas lui-même et l'entraîner ainsi dans les ennuis et les frais d'une procédure.

(1) *Belg. Jud.*, XXIe an., 1863, p. 1457.

LV

Dans les causes que l'Avocat a volontairement acceptées il doit renoncer, comme nous l'avons dit R. XLI, à prêter son ministère au client, dès que l'immoralité ou l'injustice apparaissent. Mais il faut que l'Avocat fasse en sorte que le client ait le temps de s'adresser à un autre conseil qui émettra peut-être une appréciation différente. Ce sera donc à l'Avocat à solliciter une remise s'il est nécessaire.

Il se gardera de compromettre la cause en faisant connaître ses impressions. A défaut d'autre motif, le secret obligatoire pour tout ce qui se passe dans son cabinet, lui en fait un devoir.

Philippe de Beaumanoir dit à ce sujet : « Néanmoins, comme l'Avocat peut se tromper lui-même dans son jugement, il doit effectuer ce délaissement avec circonspection et courtoisie, de manière à ne pas enlever à son client la ressource d'un autre avocat. »

Parfois aussi il arrive que c'est le client qui abandonne son conseil et en choisit un autre. Nous nous expliquerons en traitant des devoirs envers les confrères, sur la conduite que doit tenir en pareil cas l'avocat dernier consulté. Mais celui qui se trouve délaissé n'en observera qu'avec plus de rigueur son obligation de ne rien dire qui puisse nuire au client qui le quitte, alors même que ce dernier ferait preuve d'ingratitude. Une injustice n'autorise pas l'Avocat à manquer à ses devoirs ; l'une de ses obligations les plus sacrées est de garder le secret de ce qui lui a été confié dans l'exercice de son ministère.

LVI

S'il doit ainsi se taire, à plus forte raison doit-il s'abstenir de devenir l'adversaire de son client dans le procès où il était d'abord son conseil.

« Lorsque vous avez pour clients les deux parties, abstenez-vous; vous n'accepteriez pas l'une sans blesser l'autre. » (Mollot, R. 71.)

« Il est entendu que vous n'êtes plus lié envers votre client, s'il a cru devoir accorder sa confiance à un autre confrère. » (*Ib.*)

Si vous avez déjà plaidé ou conseillé pour une partie, il est évident que vous ne devez ni conseiller ni plaider contre elle, dans le même procès, car elle vous aura révélé le secret de sa défense, elle le prétendra du moins; le doute seul porterait atteinte à la dignité de l'avocat. » (Mollot, R. 72.)

Cette règle ne comporte aucune exception (1).

LVII

L'Avocat doit son ministère à celui qui se présente chez lui le premier. Il y aurait bassesse d'âme à préférer un client parce qu'il serait plus riche ou plus puissant que son adversaire, ou parce que son procès amènerait plus de profit.

LVIII

« L'Avocat n'acceptera pas un trop grand nombre d'affaires : si cette surcharge n'accuse pas toujours l'avidité, elle tue le talent. » (Mollot, R. 15.)

Obligé de traiter la cause avec diligence, il violera forcément ce devoir, s'il est trop occupé.

LIX

Quand l'Avocat ne peut lui-même se charger d'une affaire, soit parce qu'il est empêché par maladie, soit pour un des motifs que nous venons d'exposer, il ne doit la remettre à un autre confrère que de l'assentiment du client. Celui-ci, parfois embarrassé de faire un choix, saura gré à son avocat de lui indiquer un confrère. Il faudra que cette désignation se

---

(1) Voir sur ce point notre ancien droit, *Intr. hist.*, p. 11.

fasse avec beaucoup de délicatesse en tenant compte des nécessités de la cause.

Toutefois le patron peut confier un procès à ses stagiaires,
sans l'aveu du client, mais à la condition de le contrôler sans
cesse, d'assister aux plaidoiries et de suppléer à tout ce qui
serait imparfait.

LX

La règle que l'Avocat peut refuser les causes qu'on lui présente, reçoit exception dans le cas de l'art. 294 du Code
d'instruction criminelle. Le défenseur désigné d'office par le
président d'une cour d'assises, ne peut être dispensé de cette
mission qu'en faisant approuver ses motifs d'excuses.

Alors même que l'accusé refuserait ce défenseur, celui-ci
doit se trouver à la barre, non pas qu'on puisse l'imposer à
l'accusé qui conserve son indépendance, mais parce que l'accusé peut changer de résolution et que dans ce cas il convient
que l'Avocat soit prêt à le défendre (1).

LXI

Il peut arriver que l'Avocat soit désigné d'office pour défendre une cause civile, conformément à l'art. 41 du décret
de 1810. Cette désignation n'est pas obligatoire, mais il est
de tradition qu'elle ne se refuse pas. En choisissant un avocat,
parmi beaucoup d'autres, le tribunal l'honore : ce serait mal
reconnaître cette marque de distinction que de la décliner.

LXII

Les désignations d'office qui se font par le bureau de consultations gratuites pour la défense des indigents, rentrent
dans les devoirs qu'impose le stage, et nous y renvoyons (2).

_____

(1) Voir ci-dessus, p. 227.
(2) Voir ci-dessus, p. 148, n° 131.

LXIII

L'Avocat désigné d'office reste libre dans son appréciation de l'affaire. Au civil il n'est point tenu de défendre ce qu'il considérerait comme contraire au droit ou à la vérité. « Il doit se borner à exposer la prétention du client, sans l'appuyer de ses propres convictions, sans la déconsidérer aux yeux des juges. » (Mollot, R. 63.)

Au criminel il a plus de latitude, comme nous l'avons expliqué ci-dessus, R. LIII.

LXIV

L'Avocat doit examiner avec le plus grand soin la cause qui lui est confiée. Il doit se souvenir que de ses efforts dépendent souvent la liberté, l'honneur, la fortune de son client. Toute faiblesse à cet égard est coupable. Sa profession est de sa nature laborieuse. Il doit en accepter les charges. Dans la partie où nous traiterons des travaux de l'Avocat, on trouvera les règles principales qui président à l'étude consciencieuse d'une affaire.

LXV

A l'examen de l'affaire se rattachent les règles relatives aux consultations qu'on demande parfois à l'Avocat. On les trouvera détaillées ci-après.

Rappelons que la consultation doit être donnée en âme et conscience, sans égard au désir secret de celui qui la demande.

L'Avocat, quand il le peut, ne doit pas s'en tenir à l'exposé du client, mais il s'éclairera par tous les moyens en son pouvoir.

Quand une consultation est déjà signée par un ou plusieurs confrères, quelle que soit l'autorité dont ils jouissent, l'Avocat devra procéder à un examen nouveau. C'est en effet son travail et son opinion personnels qu'on lui demande.

LXVI

A l'examen de l'affaire se rattache la réception des clients.

Aucune préférence n'est permise. Les grands avocats se sont toujours honorés de traiter de la même manière le pauvre et le riche, l'humble et le puissant.

L'Avocat ne doit pas se déplacer pour voir un client, à moins qu'il ne soit détenu ou incapable de sortir et que l'affaire soit urgente. C'est à lui qu'on doit venir. Son cabinet est le siége de ses affaires. Cette règle qui touche à la dignité de l'Avocat, ne doit pas recevoir d'exceptions. (Comp. R. XXVIII.)

Celui qui la pratiquera avec rigueur s'élèvera dans l'opinion du public.

L'Avocat est le soutien et le protecteur du client, il n'est pas son serviteur. Il ne faut pas que son rôle soit altéré. Il ne faut pas qu'il tombe sous la domination du client et, que ne le dirigeant plus, il soit dirigé par lui.

LXVII

L'Avocat doit écouter patiemment son client. C'est avec douceur qu'il doit le ramener à la question quand il s'égare. Du chaos des détails inutiles peut à un certain moment jaillir la vérité. « Il n'y a pas tant d'inconvénient, a dit Quintilien, à entendre les choses superflues qu'à ignorer les nécessaires. »

« J'ai coutume, disait de son côté Cicéron, d'apprendre l'affaire de mon client par lui-même, d'être seul avec lui, afin qu'il parle plus librement, de faire le rôle de sa partie, afin qu'il m'instruise à fond, et de lui donner pour s'expliquer tout le temps qu'il souhaite. »

LXVIII

L'Avocat doit apprécier s'il est de force à soutenir l'affaire. Il bannira ici toute présomption et se souviendra qu'à chaque instant au Palais, on voit des hommes éminents s'adjoindre des confrères. A lui s'adresse le conseil d'Horace :

Et versate diu quid ferre recusent,
Quid valeant humeri.

Il fera connaître au client ses scrupules. Il déterminera avec lui le choix d'un auxiliaire. Il ne le fera seul que si le client a déclaré s'en rapporter à lui. (Comp. R. LIX.)

LXIX

L'Avocat doit poursuivre la solution de la cause avec promptitude. Un procès est un mal dont souffre le client. Il faut l'en débarrasser le plus vite possible. L'Avocat qui sacrifie le client à ses loisirs et à ses aises commet une faute. Solliciter des remises, tolérer des retards en est une aussi. Un esprit viril se met au-dessus de ces faiblesses. L'habitude du travail les fait surmonter sans peine.

En général, les procès peuvent être terminés dans un temps assez court. C'est ce qui a pu faire dire par le législateur dans l'article 80, alinéa 2, du décret du 30 mars 1808 : « Sont réputées arriérées les causes d'audience qui seraient depuis plus de trois mois sur le rôle général, ainsi que les ordres de procès par écrit qui ne seraient pas vidés dans quatre mois. » Heureux les clients dont les avocats ont adopté comme règle de faire tous leurs efforts pour ne pas dépasser ces limites.

Nous n'entendons pourtant recommander le zèle que dans une juste mesure. Mollot en indique les bornes. « Je parle, dit-il, du zèle et de la diligence qui agissent avec mesure, convenance, loyauté. Seconder aveuglément l'impatience d'une partie, conseiller des poursuites rigoureuses, harceler les magistrats à l'audience par des observations opiniâtres, solliciter un jugement en l'absence d'un confrère, ce sont autant de procédés indignes de la Profession et qui déconsidèrent la personne de l'Avocat. »

LXX

Il y a, en effet, pour l'Avocat, des devoirs envers l'adversaire. Il ne doit pas tolérer que l'on poursuive celui-ci avec inhumanité. Il doit modérer son client et le rappeler à l'équité, sous peine de devenir parfois l'instrument de la méchanceté ou de la vengeance. Dans ses plaidoiries et ses écrits, il refusera d'employer toute expression qui lui paraîtrait plus propre à servir des rancunes qu'à seconder les droits de sa partie. En cela il accomplit envers le client un devoir, et lui rend, en réalité, service, les mesures rigoureuses, les paroles excessives étant plus propres à desservir une cause qu'à augmenter ses chances de succès (1).

« Mais dans les affaires où il s'agit de démasquer la fraude, il est permis, il est indispensable, pour convaincre, de présenter avec une courageuse chaleur, une entière liberté, tous les actes qui tendent à justifier l'attaque, si élevée que soit la condition de l'adversaire et si fâcheuses que puissent être pour lui les conséquences. C'est là que notre ministère se déploie dans toute sa puissance et dans toute sa majesté. » (Mollot, R. 118) (2).

(1) « Il est interdit aux avocats, comme aux parties, d'avancer aucun fait grave contre l'honneur et la réputation de leurs adversaires, à moins que la nécessité de la cause ne l'exige, et à moins, pour les avocats, qu'ils n'en aient charge expresse et par écrit de leurs clients. Et il ne suffit pas qu'une partie prétende que l'intérêt de sa cause exige de semblables allégations, il faut encore ou que les documents du procès prouvent dès lors la vérité des faits avancés, ou que l'articulation de faits précis, pertinents et admissibles, dont la preuve légale est offerte, rende vraisemblable l'imputation.

» Tout avocat qui veut remplir dignement sa mission, est le premier juge du plaideur qui lui confie ses intérêts.

» Ainsi il y a lieu d'ordonner la suppression dans les conclusions de toutes imputations qui manqueraient aux conditions voulues de modération et de vérité. » (Brux., 24 juillet 1850, *Pas.*, 1851, 192; — Voy. aussi un très-curieux arrêt de Rouen du 7 mars 1835, *J. P.* à sa date, p. 1486.)

(2) C'est aussi parfois une des parties les plus pénibles de notre profession, et qui n'est pas sans produire pour nous des conséquences désagréables devant lesquelles, il est vrai, un homme courageux ne reculera pas. Nous avons eu sous les yeux un pamphlet qu'un plaideur exaspéré dirigea contre un avocat éminent qui avait démontré les torts de ce plaideur par des raisons auxquelles celui-ci ne voulait pas se rendre. Cet opuscule est intitulé : *Lettre à l'avocat X..., à ...,*

L'Avocat doit aussi s'abstenir d'attaquer l'adversaire à propos de faits étrangers au procès, lors même qu'ils seraient vrais et graves. C'est un moyen peu délicat d'influencer les juges et de servir son client. Un malhonnête homme, connu pour tel, peut avoir cent fois raison dans un procès déterminé.

Ces règles sont surtout applicables, quand il s'agit de ceux qui n'ont dans la cause personne pour les défendre, comme les témoins, les experts, etc. Cela n'exclut pas cependant l'attaque commandée par les nécessités de la défense et appuyée par des preuves incontestables. (Comp. art. 449 nouveau C. pén.)

LXXI

L'Avocat s'efforcera d'amener, s'il est possible, une conclusion amiable de l'affaire. La modération inhérente à sa profession lui en fait un devoir. Connaissant mieux que personne les lenteurs et les déboires inséparables d'un procès, il doit à son client de tenter de les lui éviter. Il usera donc de son influence pour l'amener, s'il le faut, à abandonner une partie de ses prétentions.

Il redoutera de refuser une transaction honorable quand elle lui sera offerte. Il évitera dans sa conduite, tout ce qui serait de nature à envenimer les choses au point de rendre impossible tout espoir d'un arrangement. Il se souviendra du vieux dicton qui dit que pour gagner un procès ce n'est pas assez d'une bonne cause, d'un bon juge et d'un bon avocat, mais qu'il faut encore une bonne chance. Quand sans sacrifier un droit évident, sans avoir imposé à sa partie des concessions exorbitantes, il sera parvenu à terminer amiablement un procès, jamais il n'aura mieux accompli ses devoirs et jamais son client ne lui devra une plus vive reconnaissance.

pour lui rappeler, ce qu'il paraît avoir oublié depuis quatre ans, qu'un honnête homme ne se dépouille pas de sa conscience en endossant sa robe d'avocat; 1837.

LXXII

Quelques bons rapports qui existent entre l'Avocat et son client, il ne doit pas accepter sans réserve tout ce que lui dit celui-ci, le tenir pour infaillible, et opposer sans cesse, comme irréprochable, la personnalité de sa partie à celle de l'adversaire.

Son client peut, en effet, se tromper.

L'intérêt personnel, toujours vivement excité dans les contestations judiciaires, est une source féconde d'erreurs.

Que l'Avocat contrôle et critique donc sérieusement tout ce que son client lui dit et tous les documents qu'il lui remet.

LXXIII

Que l'Avocat ne flatte jamais son client du gain du procès ; les meilleures causes sont incertaines ; en cas de fortune contraire, il s'exposerait à des reproches mérités.

« Tripier portait ce scrupule si loin qu'il avait pour habitude presque constante de ne jamais communiquer son opinion sur l'issue probable du procès, ni au client, ni même à l'avoué. On doit se fier à la probité de l'Avocat. » (Mollot, R. 78.)

LXXIV

L'Avocat ne peut obliger ses clients de sa bourse, ni pour avances destinées au procès, ni pour tout autre but.

Il doit rester indépendant dans la cause. Il ne le sera plus s'il espère y trouver un moyen de se faire rembourser ce qu'il aura prêté.

Par les mêmes raisons, il ne doit pas se constituer leur caution.

En recevant d'eux un dépôt, il s'expose à des contestations qu'il est de sa dignité d'éviter. En général, il le refusera donc aussi.

Tout au plus admettrions-nous une exception en cas d'utilité évidente pour le succès d'une affaire.

Dans toute autre hypothèse, qu'on renvoie, pour le dépôt, le client à un notaire ou à une personne dans les attributions de qui rentrent de pareils actes.

Dans tous les cas, l'argent reçu doit être remis à la première réclamation ; toute infraction à cette règle devrait être frappée disciplinairement. (Déc. Cons. Brux. 14 janvier 1851.)

LXXV

Pourtant on ne peut priver l'Avocat du droit d'être charitable. Il pourra donc faire des avances au pauvre, pour soutenir ses droits. Mais il faut qu'il le fasse sans arrière-pensée, avec la volonté profonde de n'en tenir aucun compte dans sa conduite.

« Il ne suffit pas, dit Mollot, qu'il avance ou prête son argent en le risquant, il faut que son désintéressement soit absolu et paraisse absolu ; il faut qu'il se livre à la bonne foi du pauvre, sans méfiance, sans un cortége de reçus, de comptes, de précautions minutieuses, qui rendent très-douteuse l'intention bienfaisante, ou qui la dénaturent et répugnent à nos principes de délicatesse. »

LXXVI

Il est de tradition constante au barreau de Paris que l'Avocat ne peut faire pour le client des démarches chez les gens d'affaires, les notaires, les avoués, les huissiers, ou dans les administrations publiques, ou chez l'adversaire.

« Nous admettons, dit Mollot, règle 85, que l'Avocat aille consulter dans l'étude d'un notaire, les minutes d'actes dont l'état matériel forme l'objet du procès, ou dont l'expédition coûterait aux parties trop de frais ou de retards. Nous admettons encore qu'il vienne, comme conseil, y assister son client et signer les actes dans une affaire importante..... » Mais Mollot n'admet pas hors de là que l'Avocat, s'il quitte son cabinet, soit excusable. « Cette coutume qui n'a jamais été contredite, ajoute-t-il, et que chacun de nous doit maintenir dans l'intérêt de l'Ordre, est particulièrement fondée sur l'impossibilité où nous sommes de nous déplacer, les audiences nous laissant à peine, dans leur intervalle, le temps de recevoir nos clients et de préparer nos affaires. » En Belgique, cette pratique est moins suivie ; aussi, l'intérêt et la dignité de l'Ordre en souffrent-ils. Certains officiers ministériels ne se prêtent pas toujours à des déplacements. En attendant que les nécessités de notre profession soient mieux comprises, il faut autant que possible éviter les démarches et correspondre avec eux par lettres. (Comp. R. LXVI et XXVIII.)

LXXVII

L'Avocat ne doit pas en général signer pour son client. En substituant sa signature à la sienne, l'Avocat s'expose à des recours qui, s'ils s'exercent, compromettront son caractère. Nous avons dit plus haut qu'il n'était pas mandataire ; il doit dès lors s'abstenir de tous les actes qui, en modifiant sa qualité, le feraient rentrer dans le droit commun du mandat, et le soumettraient à toutes les conséquences qui en dérivent.

LXXVIII

Que l'Avocat n'écrive pas à l'adversaire de son client des lettres contenant la menace de poursuites ou de mesures rigoureuses. Il pourrait passer pour en être l'instigateur et se voir en butte aux mauvais procédés de l'adversaire. Qu'il laisse cette mission aux huissiers dans les fonctions desquels elle rentre naturellement (1).

(1) Cette règle est malheureusement peu observée, et ceux qui la violent contribuent à donner aux avocats un renom de dureté qui devrait rester étranger à leur profession. Voici un exemple des abus auxquels cette coutume mène. C'est une lettre, émanée d'un jeune avocat :

Monsieur,

Votre gendre M. X... est débiteur de M. Y... d'une somme de... Sa situation

Qu'il se garde d'assister, même d'une manière passive, aux mesures d'exécution des décisions de justice, telles que la saisie-exécution, la saisie-gagerie, l'arrestation ou l'expulsion d'un débiteur. Ce sont des extrémités que la justice autorise, que les nécessités sociales commandent, mais qui ont quelque chose de si pénible et de si dur que l'Avocat ne peut y participer sans que sa dignité en reçoive quelque atteinte.

Le conseil de Bruxelles a été saisi, en 1857, d'une question relative à cette règle. Un avocat ayant accompagné l'huissier dans une saisie-description amenée par un procès en contrefaçon, se tint à proximité des lieux où l'huissier instrumentait. On voit qu'il ne s'agissait pas d'une assistance à la saisie elle-même. « Attendu, statua le Conseil, que *s'il eût été plus convenable* pour M. X. de se tenir à la disposition de son client dans son cabinet, le fait de s'être transporté sur les lieux, à proximité des maisons où ont été opérées les saisies, ne peut être l'objet d'un blâme. » Nul doute que si l'Avocat avait assisté aux mesures d'exécution dans les maisons mêmes où elles s'opéraient, le Conseil ne l'eût frappé disciplinairement.

LXXIX

L'Avocat, nous l'avons déjà dit, doit rester maître de diriger l'affaire comme il le croit le plus conforme à la justice ; son indépendance et sa dignité lui en font un devoir. Il peut accueillir les observations de son client, ou les conseils d'un tiers, mais il ne doit pas se placer sous leur joug. « Il est juge souverain

---

vraiment malheureuse ne lui permet pas de solder cette dette. Son père, sa famille entière se refusent à faire de nouveaux sacrifices pour lui. Afin d'éviter la faillite que veut provoquer mon client, faillite qui serait le déshonneur de votre fille et de vos petits-enfants, je viens vous prier d'intervenir pour lui en garantissant à mon client le payement de sa créance dans un laps de temps à déterminer, ou bien en le désintéressant par à-comptes, sauf à vous à considérer ces sommes comme avancements d'hoirie faits à votre fille.

» Veuillez être assez bon de me dire par retour du courrier si je puis compter sur votre intervention. Au cas où vous me la refuseriez, la faillite sera déclarée jeudi prochain. J'ose espérer que vous éviterez à votre fille ce déshonneur, et vous présente, en attendant, mes saluts empressés. »

des moyens de défense, de l'ordre ou du développement à leur donner par sa plaidoirie ou ses écrits. Il en est juge dans l'intérêt du client qui manque presque toujours des lumières ou du calme nécessaires pour diriger cette défense. » Mais il convient qu'il avertisse le client du système qu'il se propose de produire. Une observation de celui-ci peut alors l'éclairer et le conduire dans une voie encore plus sûre.

LXXX

Il serait imprudent pour l'Avocat de faire signer par l'avoué des conclusions ou des pièces, contenant des déclarations d'une certaine importance, sans avoir pris l'avis de son client, voire même sans les lui avoir fait signer. Pour lui, il en pourrait résulter des reproches, pour le client des embarras. Toute légèreté doit être bannie de l'exercice de la Profession (1).

LXXXI

L'Avocat ne donne pas récépissé des pièces qu'il reçoit, quelle qu'en soit du reste l'importance. Sa dignité s'oppose à toute mesure qui mettrait sa probité en suspicion. Si le client insistait, ce serait un motif suffisant pour se démettre de la cause, puisqu'il serait évident que le client n'aurait pas en l'avocat cette confiance absolue qui est la base de leurs rapports.

LXXXII

L'Avocat ne porte aucune atteinte à sa dignité, il remplit même un devoir envers son client, en permettant à celui-ci de présenter quelques observations pendant les plaidoiries. Mais elles ne doivent porter que sur le fait, et non sur le droit qui est le domaine exclusif de l'Avocat. L'exercice de cette faculté demande beaucoup de circonspection. Le client sert d'ordinaire

---

(1) Voir la note ci-dessus, R. LXX, et l'Intr. hist., p. 11.

peu sa cause par ses paroles. L'Avocat devra le mettre en garde
contre lui-même.

LXXXIII

L'Avocat doit à son client d'être indépendant dans la défense
de sa cause. Il doit bannir toute crainte et toute influence. En
écoutant l'une ou l'autre, il deviendrait indigne de son ministère. On peut dire de lui, ce que l'art. 312 du C. d'inst. cr. dit
du juré et lui imposer le devoir de défendre la cause, « suivant
sa conscience et son intime conviction, avec l'impartialité et la
fermeté qui conviennent à un homme probe et libre. »

LXXXIV

Parfois de jeunes avocats exagèrent cette indépendance et la
font dégénérer en licence. Ils transgressent alors leur devoir
de modération. « Considérant, dit un arrêté du conseil de
Paris, du 17 juillet 1828 (Mollot, R. 25), que sans doute la
liberté de la défense est un droit incontestable, mais que ce
droit a ses limites nécessaires dans le respect obligé pour tout
ce que les lois et les bienséances publiques recommandent à ce
respect de la part de tous, sous peine de répression légale. »
C'est surtout à l'égard du Ministère Public et en ce qui concerne le droit de répondre à son réquisitoire, que cette règle
se présente. Nous recommandons sur ce point la lecture d'un
opuscule très-bien conçu, paru sans nom d'auteur en 1859 à
Paris, sous le titre : *Le Ministère Public et le Barreau, leurs
droits et leurs rapports*, avec une introduction de M. Berryer.

LXXXV

Quand l'affaire est terminée, ou avant, si le client fait
choix d'un autre conseil, l'Avocat doit restituer les pièces. Jamais il ne peut les retenir, même si on refusait de lui payer ses
honoraires. Ce serait, en quelque sorte, se faire justice à soi-

même, et exposer parfois le client à un grave préjudice.

Toutefois, l'Avocat qui n'a pas reçu ses honoraires, peut retenir les mémoires, conclusions, notes et écrits divers, fruits de son travail. Dès qu'il est honoré, il doit les remettre au client avec les autres pièces (1).

LXXXVI

L'Avocat qui a égaré les pièces, est, d'après les principes du droit commun, responsable de cette perte. La faute qu'il a commise est d'autant plus lourde que sa profession lui commandait plus de soin et de prudence.

LXXXVII

C'est au client à aller chez l'Avocat chercher son dossier ou à le faire prendre, conformément à la nature de leurs relations, qui sont celles du protégé et du protecteur. Par dignité, l'Avocat n'admettra pas une autre manière d'agir.

L'Avocat a le privilége d'être cru sur parole, quant à la remise des pièces. Il est donc superflu qu'il exige un récépissé du client. Nous avons parlé de ce point avec plus de détails, quand nous nous sommes occupés des droits de l'Avocat (2).

LXXXVIII

L'Avocat est-il responsable des conseils qu'il donne? Son client a-t-il de ce chef contre lui une action en responsabilité? Non, à moins qu'il n'y ait dol, ou faute lourde, ce dernier cas ayant toujours été assimilé au dol. La position de l'Avocat vis-à-vis du client n'est pas soumise, nous l'avons vu (R. XLVIII), aux règles précises de l'un des contrats prévus par nos lois civiles, mandat ou louage d'industrie. C'est un contrat innomé,

---

(1) Gand, 7 fév. 1842, *Pas.*, 98.
(2) Voir *sup.*, quatrième partie, p. 213, n° 42.

sui generis, qui dès lors doit être réglé d'après l'usage (art. 1160, C. civ.). Or, la règle que nous venons de poser est d'une pratique incontestable. (Mollot, R. 92; Dalloz, v° Avocat, 366; Bruxelles, 7 avril 1857, *B. J.*, t. XV, p. 707; *sup.* p. 248, n°s 48 et 49.)

Cependant, même dans le cas où sa responsabilité ne serait pas légalement établie, l'Avocat, autant que sa situation de fortune le permettra, appréciera s'il ne convient pas qu'il prenne à sa charge tout ou partie de la perte que sa faute a fait subir au client. Des exemples de cette délicate probité se sont produits plus d'une fois.

LXXXIX

Tout ce que le client dit à l'Avocat pour les besoins de ses affaires, revêt un caractère confidentiel. L'Avocat a pour devoir de n'en rien révéler. Le client doit être convaincu que tout ce qu'il lui confie ne sortira pas des limites de son cabinet, ni de son for intérieur (1). A ce devoir s'attache comme corollaire,

---

(1) « Comme le prêtre, l'Avocat reçoit, dans l'exercice de ses fonctions, les aveux et la confession des parties; il doit, comme lui, considérer ces révélations comme un dépôt inviolable. La confiance que sa profession attire, ne serait qu'un détestable piège, s'il pouvait en abuser au préjudice de ses clients. Le secret est donc la première loi de ses fonctions; s'il l'enfreint, il prévarique. Cette règle a été reconnue dans tous les temps; la loi romaine l'avait consacrée : *Mandatis cavetur ut Præsides attendant, ne patroni, in causa, cui patrocinium præstiterunt, testimonium dicant* (L. *ult.* D. *de testib.*, XXII, 5). Tous les docteurs s'appuient sur ce texte pour rejeter le témoignage de l'Avocat; mais *Farinacius* motive cette décision sur l'affection présumée de l'Avocat pour son client : *Advocatus, in causa in quá est advocatus, propter præsumptam affectionem testimonium ferre non potest* (*Quæst.* 60, n° 155). Cette raison n'est pas la véritable; le témoignage de l'Avocat n'est pas repoussé, il est dispensé de déposer; la loi ne le place pas en état de suspicion, elle reconnaît et consacre un devoir de sa profession; il est libre de faire sa déclaration, mais il peut s'abstenir. Imbert dit avec plus de raison : « Un avocat ou procureur découvrant le secret de sa partie, serait estimé prévaricateur. » (*Prat. Jud.*, liv. I, ch. LXII, n° 4, note *g.*). Jousse (*Just. crim.*, II, 102 et suiv.) et Muyart de Vouglans (*Lois crim.*, p. 784) attestent que cette maxime était suivie dans l'ancienne jurisprudence; cependant Serpillon cite quelques arrêts qui auraient obligé les avocats à déposer (*Code crim.*, t. II, p. 447). Un ancien arrêté dit également : *Adversus proprios clientes patroni ipsi ferre testimonium coacti sunt, ita sanciente semper senatu* (C. de la Villé, *Dict. des arrêts*, v° Avocat, n° 249). Mais ces tentatives du parlement de Paris provoquèrent une résistance énergique de la part des avocats, et la règle qui les dispense de déposer

le droit pour l'Avocat de refuser la divulgation des confidences qui lui ont été faites (1).

des faits qu'ils ont appris dans leurs fonctions cessa d'être contestée (**MORNAC,** sur la loi 14 D. *de jurejurando*). Notre jurisprudence moderne l'a constamment maintenue : la Cour de Cassation a déclaré « que les avocats et même les avoués sont dispensés de déposer des faits qui sont à leur connaissance, en leurs dites qualités seulement, dans le procès de leurs clients ; que cette dispense exceptionnelle est une mesure d'ordre public établie par la jurisprudence en faveur du droit sacré de la défense qui prédomine tous les autres. » (23 juillet 1830, *S.* XXX, 1, 290 ; — **CHAUVEAU** et **HÉLIE,** *Théorie du Code pénal*, n° 3131.)

Comme conséquence de ces règles, l'Avocat cité en justice pour témoigner ne peut être tenu de déposer sur les circonstances qui rentrent dans les limites qui viennent d'être exposées (Ib., n°s 3138 et 3139). Un seul auteur, Legraverend, a soutenu le contraire (*Traité de légist. crim.*, J., 252, I, 261, éd. franç.).

Si pourtant, assigné comme témoin, l'Avocat viole le secret qui lui a été confié, il n'est point passible des peines comminées par les articles 378 ancien Code pénal et 458 Code pénal nouveau (*Conf.* **CHAUVEAU** et **HÉLIE,** ib., n° 3140).

Remarquons que c'est en ce sens seulement qu'il faut entendre la disposition de l'art. 458 du nouveau Code pénal, dont la rédaction diffère de celle de l'article 378 Code pénal de 1810. Tandis que celui-ci disait simplement : « Les personnes dépositaires, par état ou profession, des secrets qu'on leur confie, qui, *hors le cas où la loi les oblige à se porter dénonciateurs*, auront révélé ces secrets, etc. », l'art. 458 du nouveau Code dit : « qui, *hors le cas où ils sont appelés en témoignage en justice* et celui où la loi les oblige à faire connaître ces secrets, etc. » Cela ne signifie pas que l'Avocat, appelé en témoignage, devra révéler les confidences qu'on lui a faites, mais seulement que s'il se décide à les révéler, contrairement aux devoirs de sa profession, il ne pourra être puni par la justice répressive ordinaire, sauf à examiner s'il ne pourra l'être disciplinairement.

(1) *Supra*, quatrième partie, p. 235, n°s 27 et s.

L'Avocat peut-il déposer comme témoin pour son client ? — Sont reprochables les avocats qui figurent au procès pour l'une des parties (Brux., 14 novembre 1859, *Pas.*, 1860, 365) ; — est reprochable l'Avocat qui a instruit et plaidé la cause de l'une des parties devant le tribunal du premier degré (Gand, 11 août 1854, *Pas.*, 1858, 117) ; — l'Avocat qui a été le conseil d'une partie peut être reproché, s'il vient à être appelé à déposer comme témoin dans l'enquête ouverte par son client dans l'affaire où il a prêté son ministère (Gand, 20 mars 1857, *Pas.*, 1857, 260) ; — l'Avocat qui n'a connaissance des faits sur lesquels il est appelé à déposer qu'en sa qualité de conseil de l'une des parties, peut être reproché ; — la déposition de celui qui a été l'Avocat de la partie qui le produit, dans une instance au possessoire qui a précédé celle dans laquelle il est appelé à donner son témoignage, peut, selon les circonstances, ne pas être rejetée (Brux., 26 novembre 1853, *Pas.*, 1854, 20) ; — l'Avocat de l'une des parties, bien qu'ayant cessé de suivre le procès qui donne lieu à une enquête, est un témoin reprochable (Brux., 27 juillet 1825, *Pas.*, 472 ; 17 mars 1834, *Pas.* 73 ; 15 décembre 1849, *Pas.*, 1850, 51 et 53).

Cette question est complexe comme on le voit. Elle embrasse les dépositions en matière criminelle aussi bien qu'en matière civile. — Elle comprend aussi le cas où il s'agit pour l'Avocat de déposer non plus *pour* son client, mais *contre* lui. — Elle

LXXXX

L'affaire terminée, se présente la question des honoraires.

Nous en avons traité déjà en parlant du pouvoir disciplinaire (*sup.*, p. 150 et s.). Il nous reste à faire connaître les principes que l'Avocat doit suivre pour en déterminer le montant, opération délicate dans laquelle il est seul juge, puisqu'il n'est soumis à aucun tarif.

Ce qui domine, c'est l'obligation de rester dans des limites équitables. Le désintéressement et la modération en font également un devoir. Dans le doute, il faudra en conséquence se prononcer pour le chiffre le moins élevé. A Rome on appelait *vultures togati* les avocats qui se signalaient par l'exagération de leurs honoraires. Étienne Pasquier redoutait si fort un pareil surnom qu'il s'était fait peindre sans bras, avec une inscription qui disait : *Lex causidicos nullas jussit habere manus.*

Il est bon également, en cas d'incertitude, de consulter les confrères qui sont réputés pour leur délicatesse. Il s'établit, en effet, dans les différents siéges, une sorte de tarif volontaire et tacite que l'habitude des affaires fait connaître et qui, se modifiant sans cesse, est presque toujours en rapport avec les nécessités de l'époque.

se rattache enfin à l'hypothèse où l'Avocat est reproché et à celle où il ne l'est pas.

Sauf les exceptions que nous allons indiquer, l'Avocat ne peut rien révéler de ce qui lui a été confié comme tel, soit par son client, soit par son adversaire. S'il parle, même appelé comme témoin en justice, il viole une règle professionnelle et un principe d'ordre public qui veut que, dans l'intérêt de la bonne expédition des affaires, toute personne soit sûre qu'en recourant à un avocat, elle ne s'expose à aucun risque d'être trahie. Quand celui dont l'Avocat tient les faits, consent à leur divulgation, il n'y a plus pour celui-ci *obligation* de se taire, mais il en conserve la *faculté ;* il en est alors personnellement juge, parce que, au-dessus de l'intérêt de la personne qui l'autorise à parler, subsiste parfois le même intérêt social qui réclame le silence. Si l'Avocat se décide à parler, l'adversaire peut le reprocher avec raison dans le cas où les circonstances de la cause démontrent que pour avoir prêté son ministère à son client longtemps et avec zèle, ou pour le lui prêter encore, soit dans l'affaire qui donne lieu à l'enquête, soit dans une autre, il ne se trouve pas dans cette situation de parfaite impartialité qu'exige le témoignage en justice. Il en serait surtout ainsi si l'Avocat déclarait qu'il ne peut tout révéler, car alors l'indépendance nécessaire au témoin serait évidemment altérée.

Le conseil de discipline ne s'occupe des questions d'honoraires que lorsqu'il en est régulièrement saisi à la suite d'une contestation élevée par le client. Ce n'est donc pas à lui qu'on pourra recourir pour s'éclairer au préalable (1).

LXXXXI

Les considérations dont on doit, en général, tenir compte pour déterminer équitablement les honoraires sont les suivantes :

La position de fortune du client ;

L'importance de l'objet en discussion ;

Le talent de l'Avocat ;

Le travail que l'affaire a coûté ;

Le succès que l'on a obtenu.

La loi romaine disait : *In honorariis advocatorum ita versari judex debet, ut pro modo litis, proque advocati facundia, et fori consuetudine, et judicio in quo erat acturus, æstimationem adhibeat...*

Quelques-unes de ces règles sont cependant relatives. Un avocat de premier ordre pourra terminer presque sans travail un procès qu'un avocat moins distingué eût dû étudier longuement. La prompte terminaison du litige étant alors toute à l'avantage du client, on ne pourrait évidemment s'appuyer sur elle pour prétendre réduire les honoraires.

LXXXXII

Quand le client conteste, il ne faut faire avec lui aucun marchandage.

Si sa réclamation est présentée d'une manière courtoise, s'il allègue sa position de fortune sur laquelle l'Avocat a pu se tromper, il convient d'accueillir ses observations avec bienveillance, et d'y faire droit sans entrer dans des discussions qui seraient pénibles et avilissantes.

(1) *Sup.*, n° 145, p. 157.

L'Avocat qui comprend véritablement sa dignité aimera mieux admettre immédiatement une réduction raisonnable, ou même renoncer à tout honoraire si la réduction dépasse les limites acceptables, que d'engager un débat.

C'est en vain qu'on objecterait qu'il importe de donner une leçon, en se montrant intraitable, au client de mauvaise foi qui chicane sur la juste rémunération de nos travaux. Nous n'avons pas mission de donner ces sortes de leçons, il est plus digne de répondre à l'ingratitude par le dédain.

Nous ne sommes pas toujours, en effet, récompensés de nos peines, et ce n'est pas d'aujourd'hui que datent ces clients dont Plaute disait :

Si quid bene facias, levior plumà est gratia ;
Si quid peccatum est, plumbeas iras gerunt (1).

LXXXXIII

Il est également contraire à la dignité d'écrire d'une manière pressante pour obtenir le payement de ses honoraires.

Le payement se fait sans quittance d'après une pratique ancienne. Quand il a lieu par un mandataire qui doit en justifier vis-à-vis de son mandant, on consigne le fait du payement dans une lettre, en évitant la formule ordinaire de la quittance.

L'Avocat ne donne pas de compte détaillé. Il indique simplement les noms des parties, la juridiction devant laquelle il a plaidé, et le chiffre global auquel il croit pouvoir estimer ses honoraires. Il n'y a donc aucune nécessité de tenir ces agendas où quelques-uns annotent jour par jour tout ce qu'ils font, les conférences, les démarches, les lettres, les plaidoiries, etc.

---

(1) Martial de son côté disait de ces clients qui ne songent jamais à acquitter ce qu'ils doivent à leur avocat, qu'ils ont la goutte aux mains, qu'ils ne sont pas *podagres,* mais *chiragres.*

LXXXXIV

Il est contraire, en général, aux devoirs professionnels de poursuivre le client en justice pour en obtenir le payement des honoraires. Cette question délicate et importante a été traitée ci-dessus en détail, p. 150, n°s 133 et s.

LXXXXV

L'Avocat ne peut exiger une provision de son client. Il doit la faire remettre, quand elle paraît nécessaire, entre les mains de l'avoué ou de l'huissier. Sinon il s'exposerait à devenir mandataire et à se voir l'objet d'une discussion de compte.

Il ne peut se faire payer ses honoraires d'avance, sauf s'il va plaider hors le siége (Mollot, R. 98). Alors, en effet, il s'expose à des dépenses et des fatigues extraordinaires, il abandonne son cabinet.

Le refus de plaider faute de payement préalable d'honoraires serait un manquement grave aux devoirs de délicatesse et de générosité de la Profession. Mais l'Avocat pourrait décliner la cause s'il avait de justes motifs de suspecter les intentions de celui qui recourt à son ministère (1).

LXXXXVI

L'Avocat ne peut devenir cessionnaire des procès, droits et actions litigieux qui sont de la compétence du Tribunal, dans le ressort duquel il exerce ses fonctions, à peine de nullité, et des dépens, dommages-intérêts (art. 1597 C. civ.; *sup.* R. XXX).

L'Avocat ne peut non plus convenir avec le client qu'il touchera en cas de gain une quotité de l'objet du procès. Pareille

_____

(1) Sur la question des honoraires, voir le discours prononcé le 17 novembre 1866 par M. Liénart, à la rentrée de la conférence du jeune barreau de Bruxelles, *Belg. Jud.*, XXIV, p. 1521.

convention qualifiée parfois à Rome de « *piraticus mos* » est mieux connue sous le nom de *Pactum de quota litis*. L'art. 36 du décret de 1810 le défend expressément.

La raison de cette règle est simple. Dès qu'il prend un intérêt dans l'affaire, l'Avocat perd cette indépendance qui lui permet, en n'étant jamais que le champion de la vérité, d'abandonner une cause dès qu'il en découvre l'injustice.

CHAPITRE TROISIÈME.

Devoirs envers les confrères.

SOMMAIRE. — LXXXXVII. Caractère général de la confraternité. — LXXXXVIII. Les avocats doivent se soutenir les uns les autres dans les circonstances difficiles relatives à leur profession. - LXXXXIX. C'est au Conseil qu'il appartient avant tout de défendre les prérogatives de l'Avocat. — C. C'est aussi au Bâtonnier. -- CI. C'est enfin à chaque avocat. — CII. On ne peut médire d'un confrère. — CIII. On ne doit jamais l'attaquer en plaidant. — CIV. Si on a des reproches à faire contre un confrère, on ne doit pas les exposer à la barre. — CV. De la communication des pièces. — CVI. La communication ne doit pas toujours se faire au début du procès. — CVII. On ne peut rien ajouter au dossier après les plaidoiries. — CVIII. Entre confrères la communication a lieu sans récépissé. — CIX. Il ne faut pas sacrifier le confrère au client. — CX. On ne peut faire usage de la lettre écrite par un avocat à un confrère. — CXI. Tout acte par lequel on compromet un confrère est coupable. -- CXII. Les avocats ne doivent pas s'interrompre dans les plaidoiries ; exception. — CXIII. Cas où l'on peut accepter la cause dont un confrère avait été chargé. — CXIV. Il ne faut pas interrompre au Palais les confrères qui s'entretiennent avec quelqu'un. — CXV. En général, on ne doit pas plaider devant un siége étranger sans s'adjoindre un confrère de la localité. — CXVI. De l'ancienneté et de ses priviléges. — CXVII. Les avocats doivent assister à toutes les réunions de l'Ordre. CXVIII. L'Avocat peut dénoncer au Conseil les manquements aux règles de la Profession. — CXIX. Quand on nomme les avocats *Maîtres*, et quand *Messieurs*. — CXX. L'Avocat noble ne porte pas son titre de noblesse. — CXXI. Les devoirs de confraternité doivent être observés à l'égard des avocats inscrits au Tableau et à l'égard des stagiaires. — CXXII. Comment la confraternité se réalise à l'égard

LXXXXVII

La confraternité résume en un mot tous les devoirs que les
avocats ont à observer les uns envers les autres.

Elle est la sauvegarde de la dignité et de l'indépendance du
Barreau, elle emprunte des forces à la modération, à la délicatesse; elle répand sur l'exercice de la Profession un charme
qui manque à presque toutes les autres; elle facilite les rapports et anéantit des difficultés qui sans elle seraient presque
insurmontables; elle est l'auxiliaire de la justice, parce qu'elle
répand sur les affaires une souplesse qui chasse les animosités. Par elle, l'Avocat ne reste pas seulement un homme d'honneur, il devient un homme bienveillant et courtois.

« Par esprit de confraternité, il faut entendre, dit Mollot,
non pas un esprit de parti, une vanité ridicule, un système
exclusif, — mais un concert de sentiments vrais, généreux,
unanimes, qui relie ensemble tous les membres du Barreau et
qui les porte tous par un principe d'honneur et d'intérêts communs au respect des mêmes règles, à la défense de leurs
droits, à la pratique des belles actions, en contribuant au bien
public en général. »

LXXXXVIII

La première conséquence de la confraternité est l'obligation de s'aider dans les circonstances difficiles relatives à l'exercice de la Profession.

Quand il est porté atteinte aux droits ou à la dignité d'un confrère, il est du strict devoir de tous les autres de le soutenir dans sa résistance ou dans la poursuite d'une réparation. Le délaisser serait lâcheté.

En cela on défend non-seulement l'honneur et les prérogatives de ce confrère, mais encore ceux de l'Ordre entier, puisque toùs ses membres sont solidaires.

Il est du reste naturel que l'on pèse avec soin si le confrère a tort ou raison. Il y a une obligation aussi impérieuse de ne point prendre son fait et cause dans le premier cas, qu'il y en a une de le soutenir dans le second. Il ne manque pas d'exemples célèbres de cette résistance collective du Barreau à des mesures arbitraires. Telle fut celle des avocats de Paris, quand en 1602 on voulut leur imposer l'obligation de donner quittance de leurs honoraires. Telle est également la conduite que l'ordre de Bruxelles a tenue en 1852, lors du conflit avec le tribunal de commerce, que nous avons rapporté dans la partie historique (1).

Parfois attaqué, le Barreau s'il se divisait, verrait peu à peu disparaître sa dignité. Uni, il conservera toujours une grande force pour triompher des attaques et des envahissements.

LXXXXIX

En principe, c'est le conseil de discipline, représentant de l'Ordre, gardien de ses priviléges et protecteur de tous ses membres, qui doit intervenir. Il examinera donc avec une scrupuleuse attention les appels qui lui sont faits, et prêtera son secours au confrère qui le réclame à bon droit, quelque humble que soit l'Avocat molesté, quelque puissant que soit celui dont il se plaint. Toute hésitation, toute pusillanimité à cet égard doit être écartée.

(1) Voyez p. 42.

C

Des devoirs analogues s'imposent au Bâtonnier. Nous les avons exposés ci-dessus en traitant de l'organisation du Barreau et en rapportant les paroles ingénieuses et vraies de Mollot. La confraternité doit trouver en lui, à cause de la puissance dont il est investi, son plus complet interprète et sa plus haute expression (1).

CI

Mais parfois aussi un membre isolé du Barreau peut agir.

S'il entend attaquer devant lui l'Ordre ou un confrère, c'est à lui de prendre leur défense, surtout si le confrère attaqué est absent.

Quand à l'audience un incident se produit, il convient que ce soit le plus ancien avocat présent qui prenne la parole.

L'Avocat ne tolérera pas qu'un client médise du confrère qui défend les intérêts de la partie adverse. Il lui fera comprendre qu'on le blesse lui-même en agissant ainsi, puisque le Barreau constitue en quelque sorte une seule et même famille.

CII

Si permettre à des tiers de calomnier le Barreau ou un confrère est une faiblesse, c'est plus qu'une faute que d'en médire soi-même. Quand on dénigre un confrère dans l'intention de se faire valoir et de lui nuire dans l'esprit du client, on touche aux bornes de la malhonnêteté.

On n'est pas tenu naturellement de faire l'éloge de ceux pour lesquels on a peu d'estime, et cela peut se présenter dans quelques cas, heureusement fort rares au Barreau. Mais il est

.1) Voyez p. 100.

toujours possible de se taire sur ces misères; c'est au conseil de discipline qu'il appartient surtout d'apprécier si un confrère est ou n'est plus digne de figurer au Tableau.

CIII

A côté de ces devoirs de défense commune, il y a des devoirs de confraternité qui concernent plus directement les confrères les uns à l'égard des autres.

« A l'audience ou dans ses écrits, qu'un avocat n'abuse jamais de son esprit pour tourner un confrère en dérision, encore moins pour le poursuivre de ses reproches ou de son mépris. Autant les mots fins et délicats répandent d'agréments dans une plaidoirie, autant de pareils traits seraient inconvenants, cruels et impardonnables. » (Mollot, R. 112.)

Les plus grandes vivacités de langage doivent passer au-dessus de la tête de l'Avocat pour n'atteindre que la partie. Vis-à-vis du confrère, il faut toujours être courtois.

CIV

Même quand on croit avoir à se plaindre d'un confrère, qu'on ne le fasse pas à la barre ou dans des conclusions. C'est le conseil de l'Ordre et non pas la Magistrature qui est le juge le plus naturel de ces matières. Pourquoi répandre au dehors ces récriminations qui devraient rester dans le sein de la famille.

Et que l'on soit circonspect jusqu'aux derniers scrupules dans ces récriminations. Qu'on ne les formule qu'à bon escient, et que l'on fasse du confrère dont on croit avoir à se plaindre le premier juge du différend.

Qu'en pareil cas on ne s'adresse pas à lui dans un langage acerbe et accusateur qui empêche toute explication et provoque des représailles en surexcitant l'amour-propre. Que les paroles ou les lettres soient confraternelles, c'est-à-dire bienveillantes et polies. Qu'on laisse la porte ouverte à toutes les justifications, qu'on les accueille sans raideur ni susceptibilité. Qu'on réfléchisse qu'à chaque pas au Palais les avocats se

rencontrent, qu'ils sont face à face dans les affaires, et que rien
n'est pénible comme d'être ennemis quand on se voit tous les
jours.

CV

Il est de principe, et ce principe est plus élevé que toutes les
dispositions légales qui le consacrent, qu'un avocat ne doit pas
faire usage dans un procès d'un document qu'il n'a pas communiqué à son confrère. S'il ne l'a reçu qu'au moment de
l'audience, il ne s'opposera pas à une remise si elle est nécessaire pour l'examen de la pièce. Il en est ainsi également
des conclusions, d'après un usage constant du barreau de
Bruxelles, même dans les matières où la communication n'est
pas légalement prescrite.

Cette règle découle de la probité autant que de la confraternité. La première condamne toute surprise. La seconde défend
de mettre un confrère dans cette position difficile de voir ses
allégations démenties par un document qu'il ne connaissait
pas.

La communication des pièces, au moins au barreau de
Bruxelles, ne doit pas comprendre les notes d'audiences et les
mémoires manuscrits (1). Ces documents ne sont que le canevas
de la plaidoirie, et les plaidoiries ne se communiquent pas.

Il est aussi défendu de modifier quoi que ce soit aux conclusions et au dossier sans en avertir le confrère.

Ce serait un acte d'improbité que d'inscrire dans une note
d'audience non communiquée un moyen qui n'aurait pas été
plaidé.

Quand on imprime un mémoire destiné à être distribué, il
est d'usage que la première copie en soit remise au confrère
qui plaide pour la partie adverse.

---

(1) Au barreau de Paris, on regarde la communication de toutes les notes,
observations, mémoires manuscrits, comme *prescrite par un usage immémorial
et une tradition constante;* on admet que l'Avocat *doit communiquer lui-même
à son confrère tout ce qui sort de sa plume* (arr. 24 janvier 1829, Mollot, t. II,
p. 444, n° 7(8, éd. 1866).

CVI

Les communications ne doivent pas toujours se faire au début de l'affaire, car il n'est pas prescrit de démasquer dès le premier moment toutes ses forces, pour éviter à la partie adverse d'être prise en flagrant délit de mensonge.

En effet, la bonne direction d'un procès exige parfois qu'on agisse autrement.

« Si l'avocat défendeur, dit Mollot (règle 116) est appelé à repousser une demande qui lui paraît injuste, mais qui est grave et embarrassante, s'il ne connaît pas le système sur lequel on essayera de l'établir dans la plaidoirie, s'il pense, par exemple, que des aveux échapperont au demandeur en l'absence de la pièce, ou bien que des assertions fausses ou contradictoires, démenties par cette pièce, révéleront sa mauvaise foi, l'Avocat a le droit d'attendre que celui-ci s'explique et de ne rien communiquer jusque-là. L'Avocat du demandeur pourra éprouver quelque regret de l'erreur par lui commise dans sa plaidoirie à défaut de la communication préalable de la part de son confrère, *mais l'intérêt légitime des parties passe en première ligne.* » Il faudra toutefois n'user de ce moyen extrême qu'avec une grande réserve. Chaque fois qu'il ne sera pas évidemment utile, il devra être proscrit, parce qu'il expose le confrère à une fausse situation. Il conviendra de ne l'employer qu'avec prudence et délicatesse, et de concilier les intérêts de la défense avec les égards dus au confrère.

Ajoutons que la règle de Mollot ne laisse pas que d'être sujette à controverse.

CVII

Quand l'affaire est plaidée, on ne peut rien ajouter aux pièces du dossier, on ne peut faire parvenir aux magistrats qui doivent la juger aucun document nouveau, sans avoir obtenu le consentement du confrère. La communication ici ne suffit plus. Il faut en outre l'autorisation. En effet, les débats étant clos, ce serait empêcher l'adversaire de répondre. Tout ce qu'on pourrait tenter, serait d'obtenir de la Cour ou du Tribunal une réouverture des débats.

Ceci ne met pas obstacle à ce que l'on complète sa note d'audience en y ajoutant les arguments que les plaidoiries ont fait surgir et qui ont été développés oralement (1).

CVIII

« Entre confrères, inscrits au Tableau ou simples stagiaires, la communication a lieu, sans récépissé, avec une confiance et un abandon sans limites. » (Mollot, R. 117.)

Il n'y a pas d'exemples, disait Loisel, qu'il en soit jamais arrivé aucun inconvénient.

Le confrère qui voudrait exiger un reçu porterait atteinte à la confraternité et à l'honneur de l'Ordre. Ce serait de sa part une grave inconvenance. Il faudrait refuser de se soumettre à pareille exigence. Si elle était maintenue, il faudrait en référer soit au Bâtonnier, soit au Conseil.

Si le client voulait s'opposer à cette communication qui atteste tant de confiance, « l'Avocat devrait refuser la défense, dit Mollot. Ici l'intérêt de l'Ordre prévaut, son honneur commande. » (Règle 117.)

L'absence complète d'abus démontre au surplus que le client n'aurait aucun intérêt à exiger un récépissé.

---

(1) Cette règle se justifie aisément. En principe le plaideur a droit au débat *oral ;* ce n'est que dans des cas tout à fait exceptionnels que la loi permet l'instruction *par écrit* (art. 93 et s. C. proc.). Il en résulte que toute pièce doit être soumise à la discussion orale, et que tout plaideur a le droit de l'exiger. Or ce droit serait violé par l'adjonction de pièces nouvelles au dossier après la clôture des plaidoiries. La partie ne pourrait y répondre que par une note écrite. Elle peut refuser de se contenter de ce moyen. Mais elle peut aussi y consentir. Son adhésion est indispensable. On comprendra mieux encore la vérité de ces observations, en remarquant qu'un système contraire permettrait à une partie de ne soumettre au débat oral qu'une minime partie de ses pièces, sauf à communiquer ensuite le reste à son adversaire, et à contraindre ainsi ce dernier à la rédaction de longs mémoires pour y répondre. Ce serait renverser l'économie de la discussion judiciaire telle que le Code de procédure et les usages l'ont établie.

CIX

L'Avocat ne doit pas sacrifier son confrère au client, ni sacrifier son client au confrère.

Dans la règle précédente nous avons montré une application de la première partie de cet axiome. L'exercice de la Profession fournit d'autres occasions de le mettre en pratique.

Ainsi c'est y manquer que de forcer un confrère à plaider, quand il déclare qu'il n'est pas suffisamment prêt, si l'intérêt du client ne souffre pas d'un léger retard.

CX

C'est une convenance de ne pas faire usage en plaidant des lettres échangées entre confrères, ni d'en tirer parti. Il faut que les rapports confraternels puissent se manifester avec abandon et confiance; cela n'existerait pas si les lettres pouvaient devenir pièces du procès. Il faudrait en peser les termes et les expressions (1).

CXI

Au surplus est coupable tout acte par lequel on compromet un confrère, en lui faisant jouer, sans qu'il le sache, un rôle qu'il repousserait s'il le connaissait. Ainsi décidé que le fait d'avoir placé en embuscade près de la demeure d'un confrère

---

(1) En est-il de même des lettres écrites par un avocat non plus à son confrère, mais à son client? Jugé le 29 janvier 1857, Brux. (*Pas.*, 57, 98), que l'un des époux peut se prévaloir dans une instance en séparation de corps, de lettres écrites à l'autre époux par l'Avocat de celui-ci, à moins qu'elles ne se trouvent entre ses mains à titre illégitime, ou qu'elles n'aient été écrites par l'Avocat en cette qualité, et sous le sceau du secret qui le lie vis-à-vis de son client. Qu'il ne suffit pas d'attribuer à ces lettres un caractère confidentiel pour s'opposer à leur lecture. Que dans tous les cas lecture des lettres doit être donnée, malgré les débats sur leur caractère, pour qu'il soit permis au juge de vérifier si elles doivent être écartées du procès.

chez lequel on a consenti à se rendre pour conférer, un huissier avec ordre d'arrêter le client lorsqu'il sortirait de la maison de son conseil, est inconciliable avec *les principes de bonne foi qui doivent caractériser les relations entre confrères*, et incompatible avec les sentiments de convenance qui doivent distinguer l'exercice de la profession d'avocat. (Déc. Brux., 9 avril 1865) (1).

CXII

La confraternité, comme le respect pour la magistrature, commandent aux avocats de ne pas s'interrompre aux audiences, à moins qu'il ne s'agisse d'une erreur matérielle qu'il importe de relever sur-le-champ. Au surplus les interruptions tournent le plus souvent contre ceux qui se les permettent.

CXIII

« La confiance des clients étant libre, vous avez le droit d'accepter les causes dont un autre confrère aura été précédemment chargé; mais il est convenable que vous lui en parliez d'abord, ainsi qu'au client, pour vous assurer qu'un rapprochement n'est plus possible entre eux. Vous saurez ensuite si le confrère a été honoré de son travail. Le client lui refuse-t-il des honoraires sans motifs légitimes, vous devez vous abstenir, car vous seriez exposé, sans le vouloir, à protéger un acte d'indélicatesse. » (Mollot, R. 114.)

Accepter le client qui quitte un confrère, sans avertir celui-ci, se prêter à des mesures qui ont pour but d'amener cet abandon, est, à notre sens, un manquement grave. Faire signer par le client un désistement dans une cause dont un confrère est chargé, et produire ce désistement à l'audience même où ce confrère arrive pour remplir son ministère, sans l'avoir averti, viole la confraternité dans ce qu'elle a de plus élémentaire.

(1) Dans cette espèce, le Conseil a infligé un avertissement. C'était peu sévère.

CXIV

C'est un devoir de confraternité en même temps qu'une convenance, de ne pas interrompre un confrère qui au Palais est en conférence avec une autre personne. Le mieux en pareil cas est de s'approcher pour l'informer qu'on désire l'entretenir, et d'attendre qu'il ait fini.

CXV

La confraternité conseille également, sans en faire une obligation rigoureuse, de ne pas aller plaider devant un siége étranger sans s'adjoindre un confrère de la localité. La réciprocité établit de justes compensations. Il est au surplus difficile de suivre convenablement de loin une procédure. On informe le client de cet usage et on lui laisse le choix entre les frais d'un déplacement et la conduite de l'affaire exclusivement par le confrère étranger. Ajoutons que les magistrats préfèrent aussi en général rester en présence des avocats du Barreau établi près de leur juridiction.

CXVI

L'Ancienneté donne droit à certaines prérogatives dont la confraternité impose l'observation.

L'ancienneté se détermine par le rang d'inscription au Tableau.

L'Avocat le plus ancien a le pas sur les plus jeunes.

C'est aussi dans son cabinet que doivent avoir lieu tous les rendez-vous pour conférences, consultations, arbitrages, etc.

Cette règle ne souffre d'exception qu'en faveur du Bâtonnier. En raison de sa haute dignité, il a le pas, même sur les avocats plus anciens que lui.

CXVII

C'est un devoir de confraternité d'assister à toutes les réunions de l'Ordre, de prendre exactement part aux élections, de se préoccuper des questions qui intéressent la Profession.

Si l'Avocat est membre du conseil de discipline, c'est un devoir pour lui d'y assister avec exactitude, de remplir ses fonctions avec diligence, et d'avoir l'esprit sans cesse occupé de l'intérêt du Barreau.

Le secret des votes du Conseil doit être rigoureusement gardé. Il n'est pas défendu cependant, dans l'intérêt des traditions, de faire connaître les décisions rendues, mais sans citer les noms des confrères inculpés (1).

CXVIII

Ce n'est manquer ni à la confraternité, ni à la délicatesse, de signaler au conseil de l'Ordre les infractions aux règles de la Profession commises par les membres du Barreau.

L'Ordre passe avant le confrère. Ce n'est point là un acte de délation. C'est le fait d'un gardien vigilant qui veut empêcher une atteinte à l'honneur de la Profession. Inutile d'ajouter que l'exercice de ce droit commande la plus grande circonspection. En agissant avec légèreté, on violerait la confraternité. Il faut que l'on soit sûr de son fait. On ne s'en rapportera aux dires d'autrui que lorsqu'ils seront appuyés de preuves incontestables. On ne recourra à cette faculté que pour les cas les plus graves, et si l'inaction du Conseil prouve que sa propre vigilance est en défaut.

CXIX

Ajoutons un détail d'étiquette, plutôt qu'une règle de confra-

---

(1) Voir des décisions du conseil de Paris sur cette question, dans Mollot, t. II, nos 795 et s., p. 556, éd. 1866.

ternité. Les avocats reçoivent la qualification de *Maître* de la part des juges, mais ils se qualifient toujours *Monsieur* entre eux. (Mollot, R. 111.)

CXX

Quand l'Avocat a un titre de noblesse, il ne le porte pas, au moins dans tout ce qui touche de près ou de loin à l'exercice de sa profession. Ce précepte est fondé d'abord sur la confraternité qui veut que les avocats évitent tout ce qui tendrait à rompre l'égalité; ensuite sur le sentiment de la dignité professionnelle qui doit faire trouver le titre d'avocat assez beau pour qu'on puisse se passer de tout autre.

« Avocat noble, dit Dupin (1), peut s'en prévaloir ailleurs; mais au Palais et sur le Tableau, il n'est connu que par son nom propre. En 1830, on a retranché du Tableau un titre qui avait été introduit par mégarde. »

CXXI

Les devoirs de confraternité que nous venons d'énumérer doivent être pratiqués à l'égard de tous les confrères stagiaires ou inscrits au Tableau. Car seuls ils composent cet Ordre à la prospérité et à la dignité duquel la confraternité doit surtout servir. Ceux qui ne font partie d'aucune de ces deux catégories sont avocats, mais non confrères. Il n'y a donc pas lieu de leur donner ce dernier titre et de les traiter comme tels.

Il n'y a pas non plus de distinction à faire entre les confrères d'après leur mérite et leurs talents. Tous ont une qualité commune, celle de membres du Barreau. C'est à elle et non pas au mérite, que s'adressent les égards de la confraternité.

CXXII

Si la confraternité doit exister envers tous les membres du

(1) *Lettres sur la profession d'avocat*, etc., t. I, éd. Tarlier, p. 359, n° 123 des Arrêts divers et Mélanges.

Barreau, elle trouve à s'exercer plus utilement à l'égard des
stagiaires. Eux surtout ont besoin de conseils et d'appuis. C'est
aux anciens à les leur prodiguer avec bienveillance.

Que jamais un avocat n'abuse de sa force ou de son expérience contre un jeune confrère. Que devant la justice il le traite
paternellement ; qu'il l'encourage, s'il le peut, par quelques
éloges.

Que les anciens rappellent sans cesse aux jeunes les règles
de la Profession ; qu'ils les entretiennent dans l'amour de leur
état en les relevant de leurs défaillances.

Qu'ils les aident en leur procurant quelques affaires, qu'ils
facilitent leurs âpres débuts.

Qu'ils organisent tout ce qui peut les former et les fortifier.
Que chacun soit le patron de tous les jeunes confrères. Qu'à
côté du patronat particulier, il y ait le grand patronat de l'Ordre tout entier.

CXXIII

D'autre part, il convient à la jeunesse de montrer du respect
pour les anciens. En ne dédaignant pas leurs conseils, elle
encouragera les anciens à les lui donner. Cette soumission qui
n'exclut pas l'indépendance, sera pour elle la manière vraie de
caractériser le sentiment de la confraternité.

CXXIV

L'Avocat qui se retrancherait dans une sorte d'indifférence,
qui prétendrait agir pour lui seul, qui se montrerait vis-à-vis
des autres membres du Barreau, froid, sec ou dédaigneux, violerait toutes les règles de la confraternité. Il nuirait à lui-même,
aux confrères, à l'Ordre. Quel que fût son mérite, il encourrait
un blâme sévère. Il ne serait avocat qu'à demi, par l'esprit
peut-être, mais non par le cœur.

CXXV

Les avocats employaient autrefois un moyen assez rigoureux de punir un confrère qui oubliait envers eux ses devoirs, ou qu'ils jugeaient indignes à un autre titre, lorsque le Conseil négligeait de le frapper. C'était le *refus de communiquer* par la généralité des membres de l'Ordre. L'Avocat qui en était l'objet était en quelque sorte mis en interdit. On cessait d'accomplir à son égard tous les devoirs confraternels (1). Cette mesure sévère est encore possible, mais ne devrait être appliquée qu'à la dernière extrémité, si, contre toute attente, un Conseil faisait preuve d'une indulgence évidemment trop grande vis-à-vis d'un avocat indigne de rester au Barreau.

CXXVI

« Si deux confrères ont entre eux quelque sujet de contestation sur une question de procédés ou de discipline, leur arbitre naturel est le Bâtonnier. Ils ne recourront à l'intervention du conseil de l'Ordre que dans les cas plus graves qui, heureusement, sont rares. La discussion de pareils débats doit fuir, autant que possible, la publicité. » (Mollot, R. 123.)

C'est manquer évidemment à la dignité que de se quereller, ou d'entretenir de ses disputes les oisifs du Palais. C'est méconnaître la confraternité, c'est faillir au respect que l'on doit au Bâtonnier ou au Conseil que de saisir une autre juridiction des différends relatifs à la Profession.

CXXVII

Lorsqu'un client veut charger un avocat d'une poursuite contre un confrère, ce serait manquer à l'indépendance que de la refuser par le seul motif qu'il s'agit d'un membre du Barreau.

(1) MORIN, *De la discipline, etc.*, p. III, n° 112, alinéa final, éd. 1868.

Ici l'indépendance l'emporte sur la confraternité. Mais pareille affaire doit être examinée avec plus de soin, s'il est possible, que toutes les autres. La confraternité l'exige. Elle exige aussi que l'Avocat s'efforce tout spécialement de terminer l'affaire amiablement et sans éclat. Il y aurait lieu de punir d'une peine disciplinaire l'Avocat qui aurait fait assigner un confrère, sans avoir épuisé les moyens de conciliation.

Décidé le 24 juin 1861, par le conseil de Bruxelles, qu'il y a lieu à censure pour le fait d'avoir actionné un confrère d'une façon injurieuse. Que c'est un manquement aux devoirs de l'Avocat, comme aussi aux devoirs de confraternité qui sont de tradition dans l'Ordre.

CXXVIII

La confraternité s'affirme encore dans des circonstances plus solennelles.

En 1862 et 1863, le barreau de Bruxelles fut réuni pour assister aux funérailles de M. Th. Verhaegen et de M. Fontainas, père. Il prit rang dans le cortége après le conseil communal.

C'est ainsi encore que le même barreau offrit à M. J. Barbanson un banquet le 4 février 1865, lorsqu'il se décida à déposer sa robe (B. J., XXIII, pp. 177 et 317); le barreau de Gand, un banquet à M. Metdepenningen, le 27 juin 1868, pour fêter son cinquantième anniversaire d'exercice de la profession d'avocat (B. J., XXVI, p. 925); le barreau de Liége, dans une même occasion, à M. Dereux, le 29 juillet 1868 (B. J., p. 1054).

CXXIX

La confraternité et l'amour de la profession ont aussi parfois dicté à l'Avocat qui se retire de la vie professionnelle des accents glorieux pour celui qui les exprime comme pour l'Ordre auquel ils sont adressés.

Quand M. J. Barbanson abandonna le barreau de Bruxelles,

où son souvenir est encore si présent, il prit congé de ses confrères dans des termes éloquents, tout imprégnés d'idées confraternelles et généreuses (1).

Et plus récemment, quand la mort allait enlever à la France celui qui fut, à juste titre, appelé le Roi du Barreau, il voulut que quelques-unes de ses dernières et de ses plus touchantes pensées fussent pour ses confrères. M. Marie, son ami, l'a raconté dans la lettre pathétique dont nous reproduisons les termes, qui fut adressée au Bâtonnier des avocats de Paris.

» « Mon cher Bâtonnier,

» Je viens remplir auprès de vous et auprès du Barreau une mission douloureuse.

» Berryer est mort. Je n'ai pas le courage, en ce moment, de vous parler de ce deuil immense qui aura son retentissement partout; non! Je veux vous redire quelques paroles que notre illustre ami a bien voulu me confier et qui, dans sa pensée, ont été son testament de cœur, que nous accepterons avec respect comme le témoignage suprême de son affection et de son dévouement profond pour notre Ordre.

» Je vivais bien près de lui et depuis longtemps, vous le savez, et Dieu sait combien de fois j'ai eu à bénir cet heureux voisinage. Une heure avant de quitter Paris, il m'a fait appeler. Je le trouvai dans son lit, absorbé, non abattu par la maladie. Son âme énergique a dominé, jusqu'au dernier moment, les souffrances et les affaiblissements du corps.

» Aussitôt qu'il me vit, il se souleva, me tendit ses deux mains, et d'une voix émue, mais ferme pourtant : « Ah! vous voilà, mon cher Marie, me dit-il, merci; je vous ai fait venir; j'ai voulu vous voir une dernière fois avant de mourir; vous avez été pour moi un bon voisin, un bon ami, un bon confrère; j'en suis bien reconnaissant; embrassez-moi, mon cher ami, embrassez-moi. »

» Je me penchai vers lui, je l'embrassai tendrement, avec effusion. Il avait été si excellent pour moi !

» Après un moment de silence et de recueillement : « Mon cher ami,

(1) Voir *Belg. Jud.*, XXIII, p. 477 et s. Voici un court extrait du toast de M. Barbanson : « Je bois aux deux barreaux (*) que tant de grands talents distinguent, que l'estime publique environne, chez qui les traditions d'honneur et de loyauté sont si noblement suivies et si bien respectées. Je bois à ces deux barreaux d'élite qui ont fourni à toutes les tribunes tant d'éminents orateurs pour défendre nos droits, et à nos libres institutions tant de vaillants champions pour les soutenir et les glorifier. »

(*) Appel et Cassation.

reprit-il d'une voix plus ferme encore, soyez, je vous en prie, mon organe auprès de notre Barreau, auprès de nos confrères. Je les ai bien aimés; ils m'ont aussi bien aimé; c'est une grande joie pour moi que ce souvenir; embrassez-les pour moi, mon ami!

» Je leur ai été fidèle, et ce sera mon dernier honneur de mourir le doyen de notre Ordre. Ah! mon ami, ce grand Barreau, qu'il reste toujours, comme il l'a été, ferme dans sa foi, dans son amour pour le droit; car là est sa puissance, sa grandeur, sa force... A tous mes derniers adieux... Embrassons-nous encore, mon bon ami, pour eux, pour vous! Adieu! adieu! »

» Je serrai ses mains dans les miennes : « Oh! adieu! Non, non, nous nous reverrons! »

« Ah! oui, reprit-il, la campagne... peut-être. Adieu, mon ami, adieu! »

» Je l'embrassai encore et je le quittai. Ces épanchements si vifs, si pleins d'émotion, le fatiguaient.

» Un peu plus tard, je me trouvais près de la voiture qui allait l'emporter loin de nous, hélas! Il m'aperçut, il me tendit la main : « Adieu! mon cher Marie, n'oubliez pas ce que je vous ai dit. »

» L'oublier! je ne pouvais pas l'oublier. Je vous redis fidèlement les paroles que j'ai entendues, que mon cœur a religieusement gardées, et que notre Barreau reconnaissant conservera comme la dernière pensée, comme le dernier élan de l'âme d'un chef qui l'a tant illustré et qu'il avait entouré, pendant sa vie, de tout son amour et de tous ses respects.

» Veuillez agréer, mon cher Bâtonnier, l'expression de mes sentiments très-affectueux.

» Paris, 29 novembre 1868.

» MARIE. »

CXXX

Ces manifestations de la confraternité franchissent quelquefois les frontières; s'adressant à d'illustres avocats des pays voisins, elles grandissent et affirment la solidarité de tous les barreaux, de ces compagnies vaillantes unies par une pensée commune, la défense du droit. Quand Berryer mourut, on vit accourir à ses funérailles non-seulement les délégués des barreaux de France, mais aussi des représentants des barreaux anglais et belge (1).

(1) Voici le discours prononcé par M. Rollin, bâtonnier de Gand, au banquet confraternel qui fut offert, après les obsèques, aux avocats étrangers. Les journaux ont raconté l'enthousiasme qu'il souleva (*B. J.*, XXVI, dernier n°). Il peint, en

CXXXI

Dans des circonstances moins solennelles, maintes fois des avocats illustres ont manifesté leurs sympathies pour leur termes éloquents, cette vertu principale de l'avocat et de l'homme : la fermeté de caractère et la constance des opinions :

« Monsieur le Bâtonnier,

» Mes chers et honorés confrères,

» En vous remerciant très-vivement de l'accueil que vous voulez bien me faire, je vous prie de me permettre de vous entretenir du sentiment qui m'a conduit parmi vous, et qui est, je puis vous en donner l'assurance, le sentiment du barreau belge tout entier.

» Vous l'avez dit avec raison, monsieur le Bâtonnier, c'est la grandeur du caractère de Berryer, plus encore que l'éclat de son talent, qui a commandé nos respects.

» Ce que nous avons admiré en lui, c'est l'homme qui a toujours été fidèle à lui-même, toujours ferme dans sa foi, qui, au milieu de beaucoup de turpitudes, de déplorables faiblesses dont il a été le témoin, a su toujours conserver son âme intacte, droite et pure ; toujours prêt à mettre sa puissante parole au service des plus illustres vaincus de tous les partis, et lorsqu'un retour inouï de la fortune avait élevé l'un d'eux au faîte de la puissance, oubliant son client pour retourner à ses principes sacrés, aux objets de son culte ; courtisan aussi assidu du malheur que d'autres le furent du pouvoir, c'est l'homme qui a illustré ses derniers moments et couronné sa vie si glorieuse et si pleine par une magnifique protestation du droit contre la force, et qui a traversé toutes les tempêtes politiques qui, depuis le commencement de ce siècle, ont tant de fois ébranlé et renouvelé la surface de votre sol, sans que jamais aucune ait troublé la sérénité de son âme ni courbé son noble front devant les puissants du jour.

» C'est là, messieurs, c'est dans cette source pure, c'est dans cette fidélité à ses convictions qu'il faut chercher le secret de cet incomparable talent. C'est là ce qui a fait Berryer fort entre les forts ; c'est là ce qui explique le concours de tant d'hommes placés aux extrémités de toutes les opinions humaines qui sont venus confondre autour de cette illustre tombe leur admiration et leur douleur. C'est là ce qui fait que la gloire de Berryer ne s'est pas arrêtée à vos frontières, et que le jour de sa mort a été un jour de deuil pour le barreau belge comme pour l'illustre barreau de France.

» Maintenant à vous, mes chers et honorés confrères. A vous qui êtes appelés à recueillir ce magnifique héritage. A vous, au barreau français dont vous êtes les dignes représentants. A ce barreau qui a religieusement conservé le dépôt de ses vertus antiques. A ce barreau dans le sein duquel la liberté a trouvé, dans tous les temps et sous tous les régimes, un dernier et inexpugnable asile. A ce barreau, du sein duquel sont sortis tant d'orateurs puissants, tant de fermes caractères.

» A vous mes saluts, mes remercîments et mes vœux. A vous le vœu le plus cher à mon cœur, celui dans lequel se résument tous les autres : puissiez-vous rendre la France aussi libre que notre libre Belgique ! »

Ordre en faisant en sa faveur des dispositions à titre gratuit. Tels furent Paillet, Liouville, Bethmont, etc., qui fondèrent ou augmentèrent des prix destinés *à récompenser et encourager ceux des stagiaires qui paraîtraient au conseil de l'Ordre avoir le plus de droit à cette distinction*. Tel fut Bourgeois qui légua sa bibliothèque au stagiaire que le Conseil en jugerait le plus digne (1).

CHAPITRE QUATRIÈME.

Devoirs envers les magistrats.

SOMMAIRE. — CXXXII. Les Avocats doivent respecter les magistrats. — CXXXIII. Même les magistrats temporaires, comme les jurés. — CXXXIV. Les Avocats doivent la vérité aux juges. — CXXXV. Il ne faut avancer devant eux aucun fait important sans en avoir la preuve. — CXXXVI. C'est respecter les magistrats que de bien étudier les causes qu'on doit plaider à leur barre. — CXXXVII. Il ne faut pas entretenir les magistrats de la cause en dehors de l'audience. — CXXXVIII. Du cas où le juge invite l'Avocat à se rendre auprès de lui. — CXXXIX Devoirs envers les juges quand on plaide dans un siége étranger. — CXL. Quand on désire obtenir une remise, il est convenable d'écrire au président du siége. — CXLI. Du cas où l'on plaide contre un magistrat. — CXLII. L'Avocat plaide debout et couvert; exception quand il lit des pièces. — CXLIII. L'Avocat ne doit pas être interrompu. — CXLIV. Des interruptions en matière criminelle. — CXLV. Des droits et des devoirs de l'Avocat envers le Ministère Public. — CXLVI. De ses droits et de ses devoirs envers le juge d'instruction. — CXLVII. De la communication des pièces

---

(1) Le Conseil décida que les stagiaires voteraient seuls pour le choix.

Voir sur ces legs et divers autres, Mollot, t. II, p. 559, nos 803 et s.

Un cas assez curieux est celui de M. Gyquel, en 1825 : « Je lègue, dit-il, à mes confrères que je n'ai cessé d'aimer tous, *malgré quelques écarts que je me reproche et dont je leur demande ici le pardon et l'oubli*, cent volumes à choisir dans ma bibliothèque. »

En 1813, M. Trumeau légua 20,000 fr. à l'Ordre, réduits volontairement à 15,000 sur la demande des héritiers.

Les legs Paillet, Liouville et Bethmont furent chacun de 10,000 fr.

Plusieurs avocats ont légué à l'Ordre leur bibliothèque.

Au barreau de Bruxelles, ces sortes de dispositions ont jusqu'ici été rares.

au Ministère Public. — CXLVIII. De l'attitude de l'Avocat pendant
le prononcé des arrêts et jugements. — CXLIX. Des comptes-rendus
de la cause. — CL. Des moyens qu'ont les Avocats de maintenir leurs
prérogatives vis-à-vis de la magistrature. — CLI. Les magistrats
doivent protection aux avocats. — CLII. Occasions solennelles où
les avocats ont montré leur respect pour la magistrature.

CXXXII

Les avocats, selon Desmares, doivent acquérir et garder
l'*amour du juge*. En relations constantes avec celui-ci, ayant
pour but de le persuader, la nature de leurs rapports a une
importance considérable.

Les avocats doivent respect au juge qui représente un pouvoir constitutionnel et social.

Mais en vertu de leur indépendance et de leur dignité,
jamais ce respect ne doit dégénérer en abaissement.

Que deviendrait la libre défense, si l'Avocat ne savait pas
faire observer ses prérogatives ?

CXXXIII

L'Avocat doit le respect à tous ceux qui remplissent une des
fonctions de juge, alors même que ce ne serait que d'une manière temporaire, comme c'est le cas pour les jurés.

CXXXIV

Dire la vérité aux juges est la plus grande marque de respect qu'on puisse leur donner. C'est, du reste, une obligation
de probité.

Peu de choses sont plus enviables pour l'Avocat que de
mériter de la magistrature la réputation d'être véridique. La
réputation d'être savant ne vient elle-même qu'en seconde ligne.
Quand on les possède l'une et l'autre, on fait autorité. La conduite des affaires en devient plus aisée, l'argumentation plus

facile, le succès plus assuré. François de Montholon jouissait d'une réputation de probité si grande, que, au témoignage de Loisel, il plaidait sans que jamais les juges lui demandassent de lire ses pièces.

« Malheur, dit Mollot, à celui dont la sincérité inspire des doutes aux magistrats. L'expérience enseigne qu'une pareille impression ne s'efface plus. »

CXXXV

N'avancez devant les juges aucun fait important dont vous n'ayez la preuve en main, car votre adversaire le déniera, et cette dénégation que vous ne pourrez confondre fera suspecter votre véracité.

Cette même obligation de dire la vérité aux juges, doit faire repousser ces subterfuges par lesquels on essaye d'obtenir des remises en alléguant des faits inexacts. Ces ruses ne servent qu'à couvrir la négligence. L'Avocat diligent qui n'aura pu se préparer pour un motif sérieux, sera toujours bien accueilli dans ses demandes de remises, sans avoir besoin de recourir à des artifices.

CXXXVI

En étudiant bien les causes, en s'efforçant de les exposer dans un langage clair et choisi, on honore la magistrature, on accomplit envers elle un devoir. Son temps est précieux, on l'épargne par l'étude préalable que l'on a faite du procès. De tout temps les magistrats ont su reconnaître, par quelques éloges donnés parfois à la fin des débats, les efforts du jeune avocat pour atteindre ce but. Rien de plus efficace pour le décider à poursuivre la même voie.

« C'est un poignant aiguillon en un cœur bien né, que la louange », disait Laroche-Flavin.

CXXXVII

C'est manquer à la délicatesse que d'entretenir un magistrat d'une cause qui lui est soumise ou qui va l'être, que de lui recommander un client ou une affaire, et cela bien plus encore quand on le voit dans l'intimité. Tout au plus pourrait-on admettre un tempérament quand il s'agit de matière pénale et de circonstances atténuantes.

Se rendre chez lui dans le même but, est encore plus grave. On ne peut non plus conseiller au client de lui faire visite. Ce serait manquer de respect au magistrat, car on paraîtra vouloir l'influencer.

CXXXVIII

Si cependant le magistrat invite l'Avocat à se rendre près de lui, cas extrêmement rare, ce dernier déférera à cette demande.

Il se bornera à répondre aux questions qui lui seront faites; il ne tentera pas de profiter de la circonstance pour l'entretenir de points étrangers à ces questions. C'est par la plaidoirie seule, c'est par le débat contradictoire que l'Avocat peut agir sur l'esprit du juge.

Il en serait autrement, dans de certaines limites, si le confrère, avocat de la partie adverse, était présent, et si la contradiction était ainsi devenue possible.

Au barreau de Paris, on est beaucoup plus rigoureux à cet égard. Le 24 février 1863, il a été pris un arrêté portant défense aux avocats de se rendre au domicile des magistrats pour conférer d'une affaire pendante à l'audience, même sur l'invitation du magistrat, du tribunal ou de la cour, et de se rendre en chambre du conseil pour le même objet, à moins d'avoir pris l'avis du Bâtonnier. (Mollot, R. 130.)

22

CXXXIX

Quand on va plaider devant un siége étranger, il est d'usage et de convenance de déposer, préalablement à l'ouverture des débats, sa carte chez le Président. On peut aussi la lui faire remettre en chambre du conseil.

CXL

Quand l'Avocat veut obtenir une remise (ce à quoi il aura recours le plus rarement possible), il écrira lui-même pour l'obtenir au Président de la chambre devant laquelle la cause est pendante.

CXLI

« Si vous êtes chargé de plaider contre un magistrat, la bienséance et l'usage demandent que vous lui fassiez visite pour l'en prévenir.

» Refuser votre ministère contre lui, lorsque la cause vous paraît juste, ce serait un acte de faiblesse, pour ne rien dire de plus. » (Mollot, R. 135.)

CXLII

L'Avocat plaide debout. Dès qu'il a cessé de parler, il peut s'asseoir. Quand il plaide, il a le droit de se couvrir en signe d'indépendance.

Quand il lit une conclusion ou des pièces, il se découvre, parce que cette lecture rentre dans l'office de l'avoué qui doit toujours se tenir découvert à l'audience.

Mais, par contre, l'Avocat reste couvert quand il lit des arrêts, des autorités ou des textes de lois. Tout ce qui est discussion juridique est du domaine de l'Avocat.

Quand l'Avocat plaide pour lui-même, il devient partie, il

doit être découvert pendant tout le débat. (Comp. R. XXXIX.)

Le 22 janvier 1850, le conseil de Paris a même décidé que l'Avocat plaidant pour lui-même ne pourrait porter le costume. (Mollot, R. 138.)

CXLIII

« Un droit beaucoup plus essentiel pour les avocats, dit Mollot (R. 142), c'est de ne pas être interrompu à l'audience dans leurs plaidoiries, ainsi qu'il arrive quelquefois, malgré leurs réclamations persistantes et l'inopportunité de ces interruptions. Répétons-le, ne fût-ce que pour protester au besoin : ils sont les premiers juges des moyens de la cause, et la défense est libre. Tant qu'ils ne se livrent pas à des écarts illicites ou à des divagations étrangères, l'interruption n'est pas possible. Elle n'est pas seulement blessante pour l'Avocat qui parle, elle est en même temps une atteinte grave au droit sacré de la défense, à la dignité de la justice, à l'intérêt des justiciables. Ne craignez donc pas de résister avec une respectueuse énergie, et soyez sûrs que les magistrats eux-mêmes vous en sauront gré : leur conscience, avertie, désapprouvera bientôt une impatience involontaire. Je comprends que la résistance est difficile pour un jeune avocat, qui n'a ni l'assurance, ni l'autorité nécessaires. Que les anciens donnent l'exemple et qu'ils le protégent en réclamant pour tous (1). »

CXLIV

En matière criminelle, les interruptions sont encore moins permises ; l'Avocat peut, par conséquent, les repousser avec plus de raison sans manquer au respect qu'il doit à la magistrature. L'art. 311 du Code d'instruction criminelle fixe les limites de ses devoirs et l'étendue de ses droits :

« Le Président avertira le conseil de l'accusé qu'il ne peut

(1) Voir ci-après, dans la Bibliographie, une brochure anonyme attribuée à Cocquard, où l'on examine si les magistrats peuvent légalement interrompre l'Avocat. Voir aussi *supra*, p. 229.

rien dire contre sa conscience ou contre le respect dû aux lois,
et qu'il doit s'exprimer avec décence et modération. »

Pourvu qu'il se conforme à ces prescriptions, dit Mollot
(R. 143), l'Avocat est irréprochable et doit être religieusement
écouté.

CXLV

Le Ministère Public, dans les affaires criminelles, est l'adversaire de l'Avocat. Il y a entre eux égalité, et s'il fallait
rompre l'équilibre, l'esprit de la loi, conforme d'ailleurs à la
nature, serait d'en faire profiter plutôt la défense. L'Avocat ne peut pas plus interrompre le Ministère Public que celui-ci ne peut interrompre l'Avocat.

Ils se doivent, au surplus, les égards de deux adversaires
courtois.

Autant la personne du magistrat qui remplit les fonctions du
Ministère Public mérite ces égards, autant son réquisitoire
appartient à la défense. Celle-ci peut l'attaquer, *le mettre en
pièces.*

C'est son droit, c'est aussi son devoir.

Tout autre principe tendrait à compromettre la libre défense
des accusés. Si l'Avocat écrase l'accusation, il a atteint le but
que la loi lui avait indiqué, il a sauvé son client de la condamnation qui le menaçait. Le Ministère Public peut attaquer
les actes, les paroles, les passions de la défense; il est exposé
à se voir l'objet des mêmes attaques.

CXLVI

« Le juge d'instruction a-t-il dépassé les limites de ses droits,
a-t-il méconnu les dispositions par lesquelles la loi protége la
liberté individuelle, a-t-il laissé des inexactitudes se glisser
dans les procès-verbaux, a-t-il prolongé sans nécessité l'épreuve
du secret, a-t-il soumis le prévenu à un système de violence
morale, a-t-il obtenu, en exerçant sur un esprit faible une trop
grande pression, des déclarations qui n'ont pas été librement

taites, l'Avocat peut et doit dévoiler tous ces faits, signaler aux juges les mauvais traitements dont son client a été l'objet, montrer la violence qui a pu être faite à sa volonté et même blâmer le zèle irréfléchi qui a été le mobile de cette conduite. Toutes ces considérations, en effet, peuvent avoir la plus grande influence sur l'issue de l'affaire. » (Le Ministère Public et le Barreau, 1860, Paris, p. 43.) Le magistrat n'est respectable qu'autant qu'il observe la loi ; s'il la viole, il doit, comme tout autre, en subir les conséquences.

CXLVII

Dans les affaires où le Ministère Public est l'adversaire naturel de l'Avocat, convient-il que celui-ci, quand la chose est possible, lui communique ses pièces et ses conclusions, comme il le ferait pour un confrère ? Si nous sommes bien renseignés, au barreau de Paris la négative est admise, et on la considère comme un droit précieux. On la fonde sur cette règle que c'est au Ministère Public à tout prouver et que la défense n'a rien à faire pour lui faciliter sa tâche.

CXLVIII

Quand le juge prononce, ce serait lui manquer de respect que de témoigner d'une manière quelconque du dédain ou de l'irritation pour sa décision quelle qu'elle puisse être. Il y a des voies légales pour la faire réformer, s'il y a lieu. L'Avocat doit l'écouter debout, découvert, dans l'attitude de l'attention, calme et respectueux. On a parfois considéré comme un manquement de déclarer à la barre, immédiatement après le prononcé, que l'on allait interjeter appel.

CXLIX

Ce serait manquer de respect à la Justice et à la vérité que de publier des comptes rendus inexacts de l'affaire. L'Avocat qui le ferait, même dans l'intérêt de son client, s'exposerait à des peines disciplinaires.

Ce serait aussi commettre une faute que de critiquer la décision du juge d'une manière inconvenante (Voir R. XXXIII) (1).

CL

Afin de maintenir leur indépendance (et en général toutes leurs prérogatives), les anciens avocats avaient deux moyens. Ces moyens, dit Cocquard, p. 63, sont de deux sortes : les premiers consistent en de fières députations; les autres en une suspension volontaire de toutes les fonctions du Barreau. Ces moyens ont été employés de notre temps (V. Mollot, R. 25).

Observons cependant que l'art. 34 du décret de 1810 porte : « Si tous ou quelques-uns des avocats se coalisent pour déclarer, sous quelque prétexte que ce soit, qu'ils n'exerceront plus leur ministère, ils seront rayés du Tableau et ne pourront plus y être rétablis. »

Cette disposition est encore en vigueur en Belgique. En France elle n'a pas été reproduite dans l'ordonnance de 1822 (2).

CLI

« Si l'Avocat doit respect à la justice, elle lui doit protection. Le Ministère Public est tenu de défendre les attributions de l'Ordre, parce qu'il appartient au Ministère Public de faire exécuter la loi. L'Avocat n'est indépendant, et il ne saurait couvrir de son indépendance la cause dont il est chargé, qu'autant que les magistrats fassent aussi respecter sa personne. Le rôle difficile est pour lui, non pour eux, car c'est lui qui dé-

(1) L'Avocat qui, après avoir prêté son ministère à une partie devant la juridiction correctionnelle, fait publier dans un journal une lettre qui rend compte du jugement intervenu, agit à l'occasion et dans l'exercice de sa profession d'avocat. Si cet écrit renferme des censures contre les magistrats qui ont rendu le jugement, il y a lieu à poursuite disciplinaire. Dans ces circonstances, l'Avocat ne peut soutenir que c'est comme citoyen qu'il a publié l'écrit inculpé, et demander à être renvoyé devant le jury, aux termes de l'article 98 de la Constitution (Bruxelles, 26 juillet 1859, Pas., 1860, 371).

(2) Voir sup., p. 246, n° 47, des développements plus complets.

nonce et qui attaque de front, l'abus, la fraude, le délit. S'il est assailli par des voies de fait ou par des injures dans l'exercice de son ministère, à l'audience, hors de l'audience, ils lui doivent une éclatante réparation. La loi leur donne des armes pour le venger et ils devront s'en servir. En protégeant leurs dévoués auxiliaires, ils se protégent eux-mêmes. » (Mollot, R. 152.)

CLII

Les avocats doivent saisir avec empressement les occasions de témoigner aux magistrats qui se sont signalés par leur science et leur intelligence des droits du Barreau, qu'ils comprennent leur mérite et qu'ils savent apprécier les égards qu'ils en ont reçus. Le barreau belge n'y a pas failli. La mise en vigueur de la loi sur la retraite des magistrats a été pour lui une occasion de resserrer les bons rapports qui le lient à la magistrature. Pour ne parler que de ce qui s'est passé à Bruxelles, immédiatement après la publication de cette loi, le conseil de l'Ordre, réuni d'urgence, décida qu'une démarche solennelle serait faite auprès de M. le Premier Président de Page, pour lui exprimer les sentiments de regret qu'éprouvait le Barreau de voir cet honorable magistrat, forcé par une loi d'intérêt public, à abandonner un siége qu'il avait occupé avec tant de distinction pendant plus de vingt-cinq années ; un projet d'adresse fut adopté et le Barreau tout entier fut invité à se joindre au Conseil pour se rendre chez M. le Premier Président.

On peut lire dans la *Belgique Judiciaire* du 12 septembre 1867, le discours du Bâtonnier et celui que M. le Premier Président fit en réponse.

Sous l'ancien droit belge, la présence des avocats était obligatoire aux funérailles des membres de la Cour. Aujourd'hui, c'est encore un devoir de convenance d'y assister.

CHAPITRE CINQUIÈME.

Des devoirs de l'Avocat envers les autorités constituées.

Le pouvoir ombrageux de Napoléon Ier a cru devoir imposer aux avocats des devoirs tout à fait étrangers à leur profession.

Nous avons ci-dessus (p. 264, R. XV) critiqué ces dispositions irrationnelles. Par leur nature, elles concernent, non point l'Avocat, mais le fonctionnaire.

Nous ne les citons ici que pour mémoire. Elles sont indiquées dans la formule du serment et dans l'art. 39 du décret qui dit : « Si un avocat, dans ses plaidoiries ou dans ses écrits, se permettait d'attaquer les principes de la monarchie et les constitutions de l'Empire, les lois et les autorités établies, le tribunal saisi de l'affaire prononce sur-le-champ, sur les conclusions du Ministère Public, l'une des peines portées par l'article 25 ci-dessus; sans préjudice des poursuites extraordinaires, s'il y a lieu. Enjoignons à nos procureurs et à ceux qui en font les fonctions de veiller, à peine d'en répondre, à l'exécution du présent article. »

Souhaitons qu'une loi vienne bientôt faire disparaître cette anomalie en replaçant nos règles et nos devoirs dans leurs véritables limites.

SIXIÈME PARTIE.

TRAVAUX DE L'AVOCAT (1).

> Ne considérez pas ces conseils comme
> des minuties et ne croyez pas que leur
> exécution soit indigne de l'Avocat.
>
> LIOUVILLE.

Notions générales.

1. Les conseils qui vont suivre s'adressent aux jeunes avocats. Nous reconnaissons volontiers que parmi ces conseils, il

---

(1) La base des observations et des conseils qui vont suivre, est le troisième dis-

en est plus d'un qui paraîtra puéril à ceux qui ont déjà la pratique du Barreau. Mais qu'ils se reportent, pour juger l'utilité de ce que nous allons dire, à leurs premiers pas dans la Profession : ils se souviendront des difficultés qu'ils ont eues pour recueillir les préceptes qu'aujourd'hui ils trouvent si simples et pratiquent si bien. Nous croyons qu'ils nous sauront gré alors de tenter d'aplanir ces sentiers dans lesquels nous avons tous erré plus d'une fois avant d'avoir appris comment on y marche d'un pas assuré.

2. Liouville distingue les règles relatives aux travaux de l'Avocat, selon qu'il s'agit d'affaires civiles ou criminelles. Nous ne suivrons pas cette division. Presque toutes les règles sont, en effet, communes. Les différences (que nous indiquerons, du reste,) sont trop restreintes pour constituer la matière d'un chapitre séparé. Il est une autre base de division que nous adopterons et qui consiste dans la distinction entre *le fond* et *la forme*. D'un côté se placent tous les préceptes de logique, toutes les pratiques qui facilitent le travail. D'autre part se rangent les qualités littéraires et oratoires. Là ce sont les règles du métier, ici les artifices de l'art.

CHAPITRE PREMIER.

Pratique proprement dite.

SOMMAIRE. — 3. L'avocat doit d'abord bien déterminer l'objet du procès. — 4. Il doit accueillir tous les renseignements et les pièces que le client lui donne, sauf à en faire le triage.

§ 1er. *Premiers éléments de la cause.*

3. L'Avocat peut être chargé d'une cause de deux manières : ou bien par le client lui-même qui lui donne de vive voix les

cours de Liouville sur la profession d'avocat, intitulé : *la Plaidoirie, les Mémoires, les Consultations.* Nous donnerons en note beaucoup de passages empruntés textuellement à cet excellent maître.

premiers renseignements, ou bien par la simple remise de quelque document indiquant l'objet du procès. Dans le premier cas, l'Avocat doit s'efforcer d'obtenir tous les éclaircissements propres à bien fixer à première vue l'objet en discussion et les difficultés principales. Dans le second, il se pénétrera de la note qui lui aura été communiquée et la complétera, s'il y a lieu, en réclamant des renseignements nouveaux.

4. Si des pièces lui paraissent nécessaires, il les demandera. Il ne refusera jamais celles que le client lui offre, car elles peuvent contenir des faits utiles. Mais il en fera le triage de la manière qui va être indiquée. Il en sera de même des explications verbales qu'on voudra lui donner; il les accueillera toutes, à moins cependant qu'on n'abuse véritablement de sa patience et de son temps (1).

§ 2. *Examen des pièces.*

SOMMAIRE. — 5. Importance de l'examen des pièces. — 6. Il faut d'abord ranger les pièces par ordre chronologique. — 7. On lit ensuite celle qui indique l'objet du procès. — 8. Puis on lit toutes les autres par ordre de date. — 9. Des pièces sans date. — 10. Transition.

5. L'examen des pièces est une des opérations les plus importantes de l'étude de l'affaire. Les pièces ont, en effet, cet avantage sur les explications verbales qu'elles prouvent presque toujours les faits qu'elles rapportent. C'est surtout dans les causes qui ont déjà subi quelque procédure, par exemple celles qui se présentent en appel, que cet examen acquiert toute son importance, parce que le dossier est alors déjà composé.

(1) Sur la patience que l'Avocat doit avoir à écouter son client, citons Liouville (p. 146) : « Toujours rempli de sa cause, le client ne croit jamais donner trop de détails ; ..... il vous faudra plus d'une fois ramener à la question le trop long conteur ; mais prenez garde que si tout ce qu'il vous dit ne va pas au procès, il s'y rencontre presque toujours quelque chose d'instructif pour l'affaire. Cela tient d'abord à ce qu'il est éclairé par l'intérêt personnel, la plus subtile des lumières pour faire voir ce qui est utile, le plus épais des bandeaux pour empêcher de voir ce qui est juste. Cela tient, ensuite, de ce qu'il soumet son procès à une méditation sans relâche, de sorte que rien ne lui échappe de ce qui est juste. Que votre attention et votre patience se réunissent donc pour l'écouter. » Voy. aussi *sup.*, R. LVII.

6. On peut poser en principe que quel que soit le nombre
et la nature des pièces remises à l'Avocat, la manière la plus
simple et la plus expéditive de les dépouiller, est de les ranger
d'abord par ordre de date (1). Pour cela, on les prend au hasard,
telles qu'elles se présentent, on en recherche uniquement la date,
qu'on inscrit en tête de la pièce, en caractères très-apparents.
S'il en est qui n'ont pas de date, on les réserve. Cette opération faite, on les classe chronologiquement, rejetant à la fin
celles qui ne sont pas datées.

7. On procède alors à la lecture. On commence par la pièce
la plus ancienne, à moins qu'il n'y en ait une qui indique spécialement l'objet du procès. En pareil cas, c'est celle-ci qu'il
faut lire d'abord, parce qu'elle servira à faire discerner ce qui
dans les autres est intéressant, et évitera à l'Avocat de se perdre
dans des détails inutiles. Cette maîtresse pièce sera en première
instance l'exploit introductif si le procès est déjà intenté, ou la
mise en demeure, ou la note explicative remise par le client;
en appel ce sera le jugement *a quo*.

8. Cette pièce lue, on reprend pour les autres l'ordre chronologique. On les lit avec attention en les rattachant autant que
possible par la pensée à l'objet en litige. Après avoir parcouru
chacunes d'elles, on en recherche la dénomination légale,
qu'on inscrit en gros caractères, en tête de la pièce, à côté de la
date déjà marquée. S'il s'agit d'un document contenant plusieurs
parties nettement distinctes, comme l'expédition d'un jugement
où l'on trouve successivement l'ajournement, les conclusions
des plaideurs, le jugement, etc., on met en marge de chacune
sa date et sa nature.

Ces annotations ont pour objet de permettre à l'Avocat et au
juge de retrouver facilement toute pièce cherchée, et de connaître immédiatement le caractère principal de toutes celles qui
tombent sous les yeux.

(1) « Une des choses que je vous recommande spécialement... c'est l'ordre chronologique. L'ordre chronologique fera renaître l'affaire sous vos yeux ; en la voyant
commencer, grandir et s'étendre, vous en deviendrez, pour ainsi dire, les seconds
créateurs et vous en apercevrez, d'une manière aussi claire que certaine, le caractère primitif et les complications successives ; de telle sorte qu'elle entrera peu à
peu, et tout entière, dans votre esprit, et que votre mémoire en retiendra facilement tous les détails. » **LIOUVILLE,** p. 155.

9. Quant aux pièces sans date, la lecture permet le plus souvent de déterminer la place qu'elles doivent occuper dans l'ensemble du dossier. On les y intercale en conséquence.

10. Ce premier travail n'est en quelque sorte qu'une œuvre de préparation. On se borne à y recueillir des faits. Ces faits connus, commence l'étude proprement dite de l'affaire.

§ 3. *Étude de l'affaire.*

SOMMAIRE. — 11. L'Avocat doit revenir d'abord sur l'objet du procès et s'en pénétrer. — 12. Examen de la moralité et de la légalité du procès. — 13. Recherche des moyens de faire triompher la cause; preuves légales. — 14. Il est bon de noter toutes les idées utiles qui surgissent. — 15. Les éléments de la cause satisfont-ils aux nécessités légales? Examen à ce point de vue. — 16. Recours au client pour les éléments qui font défaut. — 17. De la demande de communication des pièces de la partie adverse, et de leur examen. — 18. Il est bon d'exiger les originaux et de ne pas se contenter de simples copies. — 19. Rédaction des écrits nécessaires à la cause. — 20. Division de ces écrits.

11. Il faut revenir d'abord sur le but du procès. Celui-ci a été indiqué par le client, ou bien il résulte de l'ajournement ou des conclusions prises devant les premiers juges. Si pourtant il s'agit d'une de ces causes où la partie s'en rapporte à l'Avocat du soin de déterminer, d'après l'état des choses, ce qu'elle peut réclamer, c'est à résoudre ce point qu'il faudra s'appliquer en premier lieu.

12. Le but étant bien précisé, l'Avocat examinera s'il est honnête, ensuite s'il est légal, et acceptera ou refusera la cause selon les circonstances, n'oubliant jamais qu'il ne peut défendre que le droit et l'équité (1). Il redoublera à cet égard de prudence et de réserve, pour ne pas se charger légèrement de la défense d'une injustice, comme aussi pour ne pas délaisser une cause juste au fond, malgré les apparences.

13. S'il croit pouvoir accepter le procès en âme et conscience, il se demandera quels sont les moyens légaux d'at-

---

(1) V. *sup.*, R. XXII et s., p. 273.

teindre le but proposé. Tout ce qui touche à la théorie de la preuve jouera ici le principal rôle.

14. Dans le travail qui précède comme dans celui qui suit, il faut avoir soin, chaque fois qu'une idée paraissant importante se révèle à l'esprit, de la noter sommairement pour en tirer parti plus tard dans la rédaction de la note d'audience. Si l'on consulte des auteurs ou des arrêts et qu'on y trouve des passages concluants, on les note également aussi brièvement que possible. Qu'on ne se fie jamais pour cela à la mémoire ; la meilleure est sujette à des défaillances.

15. Quand les nécessités légales de la cause sont déterminées, on revient aux pièces et aux renseignements que l'on possède, pour y rechercher s'ils offrent les moyens de satisfaire à ces nécessités.

On fait alors, en quelque sorte, une révision du dossier par une seconde lecture. Quand un passage important se présente, on le marque, non pas cependant sur la pièce, ce qui pourrait être prématuré, mais sur une feuille séparée.

16. Si de cet examen résulte la preuve qu'il subsiste quelque obscurité, ou que des éléments de conviction font défaut, on recourt au client pour lui demander les explications ou les pièces nécessaires.

En réalité, cette communication avec le client après l'étude de l'affaire, jointe à celle qui a précédé cette étude, sont les seules nécessaires. Elles peuvent se répéter, mais toutes se rangent dans l'une ou l'autre catégorie. L'une donne les rudiments de la cause, l'autre en fournit le complément (1).

17. Disons également que lorsque l'on peut obtenir de l'adversaire des pièces en communication, il importe de les solliciter

---

(1) Liouville considère comme de la plus haute importance les conférences avec le client. Peut-être exagère-t-il un peu :

« Demandez des preuves, des titres, des actes, des registres, des lettres ; demandez quels témoignages on peut apporter ; et quand on vous les aura indiqués, insistez sur les détails et recherchez avec votre client quelles en seront les particularités. Cette insistance est d'une importance extrême..... Ce n'est pas assez d'insister sur les détails ; créez des objections, poussez-les avec force, demandez des réponses catégoriques, et pour devenir défenseurs invincibles, constituez-vous d'abord adversaires redoutables. C'est par là que vous arriverez à connaître le fort et le faible du procès. » (P. 147.)

avant de commencer l'étude de l'affaire; on s'expose sinon à prendre des idées fausses, à se ménager des déconvenues, à tisser une étoffe que l'on devra défaire. L'Avocat n'a pas trop de tout son temps; qu'il s'ingénie à supprimer tout travail inutile.

On procède, en ce qui concerne les pièces communiquées, comme il vient d'être dit, sauf qu'il n'est point permis d'y faire une marque ou une annotation quelconque. On les garde en dossier séparé pour empêcher toute confusion, mais on lit les deux dossiers dans l'ordre chronologique en passant de l'un à l'autre quand cet ordre l'exige. On prend copie des pièces importantes et l'on dresse un inventaire sommaire des autres, de manière à savoir toujours exactement, même après la restitution du dossier, quelles sont les armes de l'adversaire. Ici encore il serait dangereux de ne s'en rapporter qu'à la mémoire.

18. Dans les affaires importantes, il importe de ne pas se contenter des copies. Il faut exiger les originaux. Souvent on y trouve des circonstances dont la copie ne donne pas de traces et qui ont leur valeur. Des hommes expérimentés ont même recommandé cette collation pour les arrêts qui paraissent décisifs, l'exemple d'arrêts apocryphes s'étant parfois présenté, et les erreurs dans les copies étant très-faciles.

Si pour collationner une copie, l'Avocat doit se rendre dans l'étude d'un notaire, dans un greffe, ou dans tout autre lieu où reposent les minutes des actes, il peut se déplacer à cet effet sans manquer à la dignité de sa profession, comme nous l'avons expliqué R. LXXVI et XXVIII.

19. Toutes ces opérations étant terminées, l'Avocat possédant bien les faits de la cause, connaissant bien toutes les pièces, ayant des notes sur les questions que le procès fait surgir, s'étant formé la conviction que la cause peut être loyalement défendue, procède à la rédaction des écrits indispensables ou utiles à la marche de la cause.

20. Ces écrits sont, suivant les circonstances, l'assignation, la conclusion, la note d'audience, le mémoire.

§ 4. *Rédaction de l'assignation.*

SOMMAIRE. — 21. La rédaction de l'assignation exige un sérieux examen préalable de la cause. — 22. L'assignation doit être brève dans ses motifs, complète dans son dispositif.

21. En Belgique, c'est en général l'Avocat qui rédige l'assignation. En France, c'est l'avoué. L'assignation exige une attention particulière. C'est une mauvaise habitude que de la minuter sur les premiers renseignements, avant un examen sérieux de l'affaire. Cette pratique doit tout au plus être admise dans les cas d'urgence ou pour les affaires très-simples.

22. Nous n'avons pas à indiquer ici les formes de procédure que doit revêtir cet acte, mais seulement sa rédaction quant au fond. L'ajournement, ainsi que la requête qui le précède en cas d'assignation à bref délai, doit être concis dans ses motifs. Il n'y faut énoncer que les faits principaux dont la certitude paraît incontestable ; toute autre énonciation serait superflue ou dangereuse. Le dispositif au contraire doit être complet dès le premier coup, car c'est lui qui fixe le contrat judiciaire et on ne peut l'étendre au cours de l'instance. Il attirera donc toute l'attention de l'Avocat qui s'efforcera de le rendre clair et complet.

§ 5. *La note d'audience.*

SOMMAIRE. — 23. Importance de la note d'audience. — 24. Définition. — 25. Nécessité de la note d'audience. — 26. Éléments qui servent à la composer. — 27. L'ordre des matières doit y être celui des conclusions et de la plaidoirie. — 28. Étendue des indications inscrites dans la note d'audience. — 29. Elle ne doit énoncer que les idées principales. — 30. Aspect matériel de la note d'audience. — 31. Analogie avec une table de matières. — 32. Indication de ce qui doit être lu. — 33. Indication des autorités juridiques. — 34. La note d'audience doit être facile à lire.

23. Quand l'affaire est introduite et que l'Avocat se prépare à la plaider, il doit procéder à la composition de sa note d'audience. A notre avis, ce travail est, en général, la partie la plus difficile et la plus longue de l'étude d'un procès.

24. La note d'audience est un écrit composé d'une série d'indications dont chacune rappelle clairement un ordre d'idées à développer dans la plaidoirie, et qui servent de points de repère pour exposer la cause logiquement, sans arrêt et sans confusion.

25. Si l'Avocat n'avait à faire un discours que de loin en loin, et si, certain de plaider à jour fixe, il pouvait méditer longuement, tout ce qu'il doit dire, en le confiant à sa mémoire, ce travail serait parfois superflu. Mais l'abondance des affaires et la nécessité de les plaider le plus souvent lorsqu'il ne s'y attend pas, le contraignent à avoir toujours prêt un résumé qui lui fait retrouver facilement l'ordre des raisonnements.

26. La rédaction de la note suppose la lecture attentive des pièces de la manière que nous avons indiquée plus haut. Il faut également que l'Avocat se fasse communiquer au préalable le dossier de l'adversaire, ce qui est de droit à la phase de la procédure où l'on songe d'ordinaire à composer la note d'audience. L'Avocat s'aidera enfin de toutes les annotations qu'il aura faites lors du premier examen de l'affaire.

27. L'ordre des matières de la note d'audience doit être celui des plaidoiries. Elle doit, en effet, servir d'aide-mémoire à l'Avocat pour plaider, et au juge pour se rappeler les débats. Toute interversion jetterait sans nécessité de la confusion dans les idées. Il faut observer le même principe dans la rédaction des conclusions dont nous parlerons plus loin. Nous renvoyons donc pour l'indication de cet ordre à ce que nous dirons de la plaidoirie (n°s 51 et s.).

28. La rédaction de la note d'audience ne doit être ni trop longue, ni trop sommaire. Trop longue, elle empêche l'Avocat de la suivre pendant qu'il plaide, elle fatigue le juge qui doit la lire. Trop brève, elle est incompréhensible pour le magistrat et, parfois, au bout d'un certain temps, même pour l'Avocat qui l'a faite (1).

---

(1) « Si nous n'admettons pas comme règle générale l'absence de note, si nous rejetons la note trop courte, si nous pensons qu'une note complète a d'énormes inconvénients, nous sommes conduits par la force des choses à une note moyenne

29. Qu'on se borne donc à y énoncer les idées principales sous une forme concise. Les jeunes avocats voudraient souvent tout y mettre, tant ils redoutent que leur mémoire les trahisse. Mais cette crainte disparait avec l'habitude de la Profession. On ne la subit que lorsqu'on ignore les ressources de l'improvisation et qu'on perd de vue que le juge supplée les conséquences naturelles des arguments invoqués.

30. Dans la note d'audience, il est bon d'inscrire en plus gros caractères les idées dans lesquelles se résument les divisions de l'affaire ; de rendre ces divisions encore plus nettes en les séparant par des blancs ; de souligner les mots qui doivent frapper l'esprit et provoquer des développements ; d'établir en retraite vers la droite et les unes au-dessous des autres les sous-divisions ; d'employer enfin toutes les ressources qui permettent à l'orateur de saisir par un coup d'œil sans rien omettre la suite des idées (1).

31. Une note d'audience bien faite doit présenter beaucoup d'analogie, tant pour la forme que pour le fond, avec une table de matières détaillée ou avec ces tableaux synoptiques dans lesquels certains écrivains tentent de résumer leur ouvrage.

32. Il faut aussi y indiquer les pièces ou les passages d'auteurs qu'il est utile de lire. On met pour cela en gros carac-

---

c'est-à-dire *substantielle quant au fond, et très-brève quant à l'expression*..... Pour concilier toutes les exigences de la situation, pour ne rien perdre de ce qu'on aura pensé avant d'aborder l'audience, pour ne pas manquer ce qui peut venir à l'esprit pendant qu'on plaide, pour conserver à l'improvisation sa facilité et à la réplique sa souplesse, ce qu'il y a de mieux à faire est donc de préparer une note ayant ce double caractère : d'être suffisamment explicative afin que l'intelligence en saisisse du premier regard le sens et la portée, et cependant suffisamment libre de détails, afin que sous la brusque influence des incidents et des impressions d'audience la parole y puisse facilement intercaler des développements imprévus. » **LIOUVILLE,** p. 159.

(1) « Il est un point... que je ne puis passer sous silence. Je veux parler de la *disposition graphique* de la note d'audience. Vous ne devez pas la lire, et cependant vous devez la regarder souvent ; car elle est le guide perpétuel de la plaidoirie. Si vous l'écrivez à toutes lignes, comme on écrit ou comme on imprime, votre œil ne pourra saisir le fil des idées, qu'en suivant les caractères, c'est-à-dire en lisant. Il faut donc en l'écrivant, décomposer les idées et les phrases principales des idées en phrases secondaires, et les disposer par lignes de grandeurs différentes, de telle façon qu'un seul coup d'œil embrasse en même temps et l'idée principale et les idées complémentaires. » **LIOUVILLE,** p. 161.

tères le mot LIRE, à côté de l'indication de la pièce ou du passage.

33. En principe, les autorités juridiques doivent être placées dans la note d'audience à l'endroit où la discussion exige qu'elles soient citées comme moyen de renforcer l'argumentation. Cependant si l'énumération de ces autorités était trop longue, il vaudrait mieux, d'après nous, les donner sur un feuillet séparé, qui restera joint au dossier, et dont l'objet sera indiqué par un titre aisément saisissable.

34. La note doit être bien écrite. Cette recommandation est importante, car une mauvaise écriture pourrait fatiguer le lecteur et rendre la note inutile pour le magistrat. Ce conseil s'applique au surplus à toutes les parties du dossier : à ce point de vue, il est même bon de faire recopier les documents émanés de tiers dont l'écriture serait peu déchiffrable.

§ 6. *Le mémoire manuscrit.*

SOMMAIRE. — 35. Cas où le mémoire manuscrit est utile. — 36. Il n'est parfois nécessaire que pour certaines parties de la cause.

35. Pour certaines affaires, la note d'audience telle que nous venons de la décrire est insuffisante. Tout en permettant à l'Avocat de dérouler sa plaidoirie, elle ne rappellerait pas assez au juge les détails de la cause. Il convient d'y ajouter alors un écrit plus développé, une sorte de mémoire manuscrit dans lequel l'exposition et le lien des idées seront plus complets, mais où l'on évitera soigneusement de tomber dans des longueurs. Pour discerner l'opportunité d'un pareil travail, il faudra tenir compte de toutes les circonstances, telles que la complication des détails que la mémoire ne peut retenir, la difficulté d'un raisonnement que l'esprit retrouve avec peine, la longueur présumée du délibéré qui efface l'influence de la plaidoirie. Dans le doute, un avocat soigneux recourra à ce travail supplémentaire. En pareil cas, comme lorsqu'on rédige un mémoire destiné à l'impression, la note d'audience ne doit être faite qu'après, car elle est l'extrait, le résumé du mémoire qu'elle est destinée à rappeler à l'Avocat plaidant.

36. Le mémoire n'est parfois utile que pour certaines parties du procès, les plus compliquées, les plus obscures. La note d'audience en sa forme ordinaire suffit alors pour le reste.

§ 7. *Rédaction de la conclusion.*

SOMMAIRE. — 37. La conclusion ne doit être rédigée qu'après l'étude de la cause. — 38 Motifs, dispositif. — Conclusion principale, conclusion subsidiaire. — 39 Du cas où les motifs de la conclusion peuvent être plus développés. — 40. Du cas où la conclusion ne comprend qu'un dispositif. — 41. A quel moment la conclusion doit être mise sur timbre.

37. Quand la note d'audience est achevée, le moment est venu de rédiger la conclusion. L'Avocat possède, en effet, alors le procès. Il saisit les points capitaux tant du but que son client désire atteindre que des moyens d'en démontrer le fondement.

38. Ce sont ces points capitaux seuls qui, en règle générale, doivent entrer dans la conclusion. Celle-ci doit être brève de sa nature. Elle ne peut faire double emploi ni avec la note d'audience, ni avec le mémoire manuscrit qui la complètent en l'expliquant. Elle est l'indication précise de ce que la partie demande, elle fixe les bornes de la décision à rendre. Aussi est-ce son dispositif qui mérite le plus d'attention : il doit contenir l'énumération complète de ce que le plaideur veut obtenir, en ordre principal ou subsidiaire. La conclusion subsidiaire mérite toute l'attention de l'Avocat. Trop souvent on la néglige, parce que l'on compte sur le succès de la conclusion principale. Quand le juge écarte celle-ci, et que les moyens qui eussent pu être invoqués en ordre subsidiaire sont de ceux que le magistrat ne peut suppléer d'office, la négligence de l'Avocat tourne au préjudice du client. Qu'il s'agisse, par exemple, d'une demande en payement de somme avec les intérêts depuis longues années. En ordre principal, le défendeur peut dénier la dette ou contester la validité du titre. En ordre subsidiaire, il devra opposer la prescription pour les intérêts antérieurs à cinq ans. Sinon, en écartant le premier moyen, le juge pourra le condamner à tous les intérêts indistinctement.

Les motifs peuvent être concis, mais il ne faut pas les supprimer complétement, parce qu'ils sont un moyen de limiter le débat en indiquant à l'adversaire auquel la conclusion doit toujours être communiquée, les arguments principaux qui seront invoqués, et qu'ils servent, en outre, à rappeler ceux-ci une fois de plus à l'esprit du magistrat.

39. Ce que nous venons de dire suppose qu'il y a au dossier une note d'audience bien faite, qui complète et explique la conclusion. Parfois, quand l'affaire est simple et de peu d'importance, une note d'audience est inutile. C'est ce qui a lieu pour la généralité des affaires soumises aux justices de paix et aux tribunaux de commerce. La note se fond en pareil cas dans la conclusion. C'est alors surtout qu'il est indispensable de motiver cette dernière qui sert à l'Avocat pour sa plaidoirie et au juge pour l'appréciation des moyens invoqués. Il convient d'y entrer dans plus de détails, sans jamais tomber dans la prolixité. S'il arrivait qu'entraîné par la rédaction, l'Avocat faisait un écrit trop long, le mieux serait de scinder le travail, de ne mettre sur timbre que le dispositif et de joindre les motifs au dossier, comme note, en leur conservant la forme précise des *attendu*. On n'oublierait pas de les communiquer à l'adversaire.

40. Dans le cas où par exception une conclusion serait bornée à un dispositif, il conviendrait de rendre celui-ci parfaitement clair par lui-même et d'entrer par conséquent dans certains détails que l'on passe sous silence quand le dispositif se complète par des motifs développés sur le même timbre et qui font corps avec lui.

41. Nous parlons de la mise des conclusions sur timbre. Elle ne doit se faire qu'au moment où le procès va se plaider. Jusque-là, en effet, la réflexion ou des circonstances nouvelles peuvent faire comprendre l'opportunité de modifications. La conclusion doit donc rester à l'état de simple projet. On l'écrira *folio fracto* de manière à pouvoir inscrire les changements en marge (1). La nécessité, toujours fréquente, de ces change-

(1) Ce procédé du *folio fracto* est même à recommander pour tous les écrits de l'Avocat, toujours exposés à des remaniements.

ments rend aussi dangereuses les conclusions signifiées. Il n'y
faut recourir que dans le cas où la loi l'exige, en observant
alors les préceptes de prudence que nous avons indiqués à
propos de l'ajournement, préceptes qui s'appliquent, du reste, à
toutes les pièces qui revêtent une forme définitive.

§ 8. *Communications à l'adversaire.*

SOMMAIRE. — 42. Numérotage des pièces à communiquer. — 43. Quels documents doivent être communiqués. — 44. De l'inconvénient de causer au Palais
de ses procès.

42. La note d'audience faite, la conclusion rédigée, les
pièces rétablies dans leur ordre, la cause est étudiée. On numérote les pièces qu'on est d'avis de soumettre aux juges, sauf
à y intercaler par un numéro *bis* les nouveaux documents qui
pourront se produire. Les pièces jugées inutiles sont mises
dans un dossier à part, que dans la pratique on nomme assez
inexactement *réserve*.

43. Si les communications à l'adversaire n'ont pas encore
été faites, ou ne l'ont été que partiellement, on y procède ou
on les complète. Cette communication ne comprend pas le dossier de réserve, non plus que la note d'audience et le mémoire
manuscrit, au moins en Belgique (1). On ne doit se décider à
communiquer une pièce qu'avec la plus grande prudence. Il
faut la lire et l'étudier attentivement. Trop souvent la communication se fait à la légère et la partie adverse trouve des armes
dans le document dont on comptait faire usage contre elle.
Pour ce point, nous renvoyons au surplus à ce que nous avons
dit en traitant des devoirs de l'Avocat. (R. CV et s.)

44. Il est dangereux d'obéir à cette tendance trop répandue
de causer de l'affaire au Palais, soit avec l'Avocat de la partie
adverse, soit avec des tiers, et de la plaider en quelque sorte
avant l'audience. Un avocat éminent de notre barreau nous a
plus d'une fois mis en garde contre cette pratique. Elle enlève
à l'affaire sa virginité si utile pour conserver de la chaleur à la

(1) V. *sup.* R. CV, p. 320.

plaidoirie, elle est souvent l'occasion d'incidents d'audience où l'un des avocats rappelle à l'autre certains propos échangés en conversation. Une sage réserve est la meilleure conduite à tenir. Il ne faut dire à l'adversaire que ce qui est indispensable pour la marche du procès.

§ 9. Étude qui précède la plaidoirie.

SOMMAIRE. — 45. Note indiquant les ouvrages dont on devra lire des passages en plaidant. — 46. Révision de toute l'affaire.

45. Il est bon de préparer avant de plaider une note indiquant les volumes dont on compte faire usage en plaidant. Elle sert à faire prendre les ouvrages à la bibliothèque du Barreau au moment où les plaidoiries commencent. Lorsqu'on est ainsi préparé et que tout est en règle, on peut attendre avec tranquillité le jour des plaidoiries.

46. La veille, ou le jour même si on en a le temps, on revoit le dossier. On commence par relire les conclusions, puis la note d'audience. Chaque fois que celle-ci indique une pièce à lire ou une citation à faire, on les parcourt. On marque sur les pièces au crayon de couleur les passages importants, les expressions concluantes. Cette révision doit se faire posément : il convient de s'arrêter et de méditer pour bien se pénétrer de l'affaire, car c'est le meilleur moyen d'être fécond en plaidant (1).

N'oublions pas ces vers si vrais d'Horace :

> *Cui lecta potenter erit res,*
> *Nec facundia descret hunc, nec lucidus ordo,*
> *Verbaque praevisam rem non invita sequentur.*

Si un argument nouveau surgit et qu'il paraisse avoir de la valeur, on l'ajoute à la note d'audience. On corrige aussi sa conclusion, s'il y a lieu (2).

(1) En parlant de la *Méditation* de la cause, Liouville dit : « Vous serez étonnés, je vous le prédis par expérience, des résultats heureux qui sortiront pour vous de la méditation longtemps poursuivie d'une affaire, et de la différence qui existera entre vos pensées du commencement et vos pensées de la fin. » (P. 163 et s.)

(2) On trouvera peut-être exagéré le travail de préparation que nous recom-

§ 10. *La plaidoirie.*

47. Le jour de la plaidoirie, l'Avocat doit être muni non-seulement du dossier qu'il compte déposer, mais encore du dossier des pièces dites *réservées* (*sup.* n° 42) et de tout ce qui a
trait à l'affaire. Quelquefois, en effet, les hasards des débats
nécessitent la recherche d'un renseignement ou la production
d'un document qu'on avait cru d'abord pouvoir écarter.

48. Nous ne nous occuperons pas ici des conditions oratoires
et littéraires de la plaidoirie. Il en sera parlé plus loin. Nous
nous bornerons pour le moment à parler de ce qui constitue la
partie essentiellement pratique.

mandons à l'Avocat. Nous ne faisons pourtant que suivre les préceptes des maîtres.
Sur la minutie que mettaient à l'étude de leurs causes Pasquier, Cochin, Gerbier,
Hennequin, voyez **LIOUVILLE,** p. 160, en note. Ils dépassaient ce que nous
disons.

49. Tout ce qu'on dit dans une plaidoirie peut être rangé sous trois chefs : le Fait, les Titres, le Droit. Par titres, on entend toutes les pièces.

50. Il est difficile d'indiquer d'une façon précise à quel endroit de la plaidoirie doivent venir les questions de fait, la lecture des pièces et les points de droit. Le plus souvent, c'est dans l'ordre même où nous venons d'en parler, mais il serait dangereux de vouloir établir une règle absolue. D'après nous, la suite des idées d'une plaidoirie doit reposer sur une autre base tirée de la nature même des choses.

51. Cela nous amène à la vieille énumération des parties d'un discours : l'Exorde, la Narration, la Question, la Discussion et la Péroraison.

52. Dépouillé de tout artifice oratoire, l'EXORDE n'est que l'énoncé de l'objet du procès (1).

53. Toute plaidoirie doit commencer par un énoncé succinct de l'objet du procès. Le juge apprendra ainsi dès l'abord le but auquel l'on tend, pourra y rattacher tout ce qui va suivre et distinguera ce qui est essentiel dans ce que dit l'Avocat. Quand l'exploit d'assignation est court et bien fait, sa lecture remplit parfaitement cette nécessité. Il en est de même de la conclusion, pourvu qu'elle soit brève et claire. Faisons remarquer pourtant que cette manière de procéder est essentiellement technique et que pour cette raison elle devra être abandonnée dans les causes qui comportent plus d'ampleur ou d'élévation. On la remplacera alors par un exposé oral.

54. La NARRATION, dans une plaidoirie, est l'exposé des

(1) « Faites choix d'un exorde par insinuation ou d'un exorde *ex abrupto*; tirez-le de la situation des personnes, de la nature des choses ou des dernières paroles de l'adversaire; qu'il soit aussi ardent et aussi agressif que l'épée dans un duel, ou aussi courtois et aussi poli que le premier salut des héros de Fontenoy; le choix que vous ferez dépendra des circonstances ; mais ce qui n'en dépend pas, ce qui est de tous les temps et de toutes les causes, c'est que l'exorde soit court, qu'il naisse du procès même, et, surtout, qu'il renferme l'*indication sommaire de la question*. » **LIOUVILLE,** p. 171. Dans les procès criminels où l'instruction qui se fait à l'audience a indiqué la question, ce dernier précepte peut ne pas être suivi. Cette circonstance a fourni à beaucoup d'avocats un moyen d'entrer en matière presque toujours saisissant : il consiste à aborder immédiatement le récit sans préambule. Le plaidoyer de M. Chaix-d'Est-Ange, dans l'affaire du parricide Benoît, en est un exemple célèbre. Le plaidoyer se nomme alors acéphale.

faits et circonstances de la cause. Elle exclut toute discussion, à moins que celle-ci ne soit très-brève. L'Avocat y renferme non-seulement les faits reconnus par l'adversaire, mais encore ceux qui sont contestés, pourvu qu'ils lui paraissent vrais, et sauf à les justifier dans la suite de sa plaidoirie. Quand il arrive aux points litigieux qui forment l'objet même du débat, il doit avoir soin de les signaler aux juges qui seront ainsi d'autant mieux préparés à la discussion.

55. Quand l'exposé des faits amène la lecture d'une pièce, l'Avocat y procède en se bornant aux passages qui ont trait à la cause et qu'il aura marqués lorsqu'il les examinait dans son cabinet. Il arrivera parfois que la pièce entière devra être lue.

56. La narration peut se subdiviser en deux parties : le fait proprement dit et l'exposé de la procédure. Ce dernier se compose presque exclusivement de la lecture ou du résumé des rétroactes judiciaires de la cause; il acquiert surtout de l'importance quand il y a eu des jugements préparatoires ou interlocutoires, ou quand il s'agit d'un appel.

57. Dans certains cas, la narration peut consister uniquement dans la lecture des pièces liées entre elles par quelques explications.

Devant les Cours, c'est ainsi que procèdent uniformément quelques avocats. Cette pratique nous paraît peu recommandable. Il faut, en effet, qu'une procédure ait été supérieurement menée pour qu'elle suffise par elle-même à exposer le litige. En outre, une lecture prolongée devient fastidieuse pour qui la fait et pour qui l'entend; c'est à cause de cet inconvénient que l'on a proscrit les plaidoyers écrits.

58. Mieux vaut exposer les faits d'improvisation en suivant la note d'audience, résumer en général les actes de procédure et se borner à la lecture des pièces judiciaires essentielles, tels que l'ajournement et le jugement *a quo*.

59. Quelquefois la narration doit se confondre avec la discussion dont nous parlerons plus loin. Cela a lieu quand la cause est tout entière en fait. Aussi est-ce surtout au criminel que le cas se présente. Alors la narration et la discussion marchent de front. Chaque circonstance contestée ou douteuse est discutée dès qu'on l'aborde. Nous reviendrons sur ce point en parlant des procès criminels. (*Inf.* n⁰ˢ 98 et s.)

60. Ajoutons avec Liouville : « Dans votre exposé des faits, bref, clair, vraisemblable, suivant les préceptes des maîtres, ayez soin de donner avec précision les dates des faits capitaux et des actes utiles. Mais n'en donnez pas trop ! elles s'entrelaceraient comme les branches d'arbrisseaux plantés trop près les uns des autres et s'étoufferaient mutuellement. Surtout pas de discussions ! — Leur place est plus loin. — Pas de digressions ! — Leur place n'est nulle part. Il suffit de quelques réflexions simples, appelant l'intérêt sur votre client ou fixant l'attention sur quelques faits qu'il est essentiel de retenir. Et cependant il faut que la narration renferme la semence de l'argumentation et le germe du motif à l'aide duquel vous devez triompher. L'habileté suprême est de jeter ce germe dans l'esprit du juge, au milieu de faits heureusement choisis et artistement disposés. » (P. 172.)

61. Les dates et les citations doivent se faire de manière à permettre au juge d'en prendre note. Il faut littéralement les dicter et les répéter.

62. Une observation dont on pourra tirer parti, c'est que toute narration comprend un point culminant, une sorte de sommet vers lequel l'intérêt monte en quelque manière pour en descendre ensuite. Le découvrir n'est pas sans valeur, car c'est sur ce point qu'il faudra insister le plus, solliciter surtout l'attention et réunir toutes ses ressources. Bien indiqué, il sera pour ainsi dire un phare d'où la lumière se répandra sur toute la cause et qui servira de guide durant toute la discussion.

63. La narration terminée, vient la position de la question. Cette partie est courte, elle doit résulter naturellement de la narration. On pose nettement le point que l'on va discuter. S'il y en a plusieurs, on les indique tous et la position des questions devient alors du même coup la division de la cause. Rien de mieux pour éclaircir le débat que de soigner cette partie de sa plaidoirie (1).

(1) « Après avoir raconté de fait ce qui est utile, posez nettement la question.

64. On aborde immédiatement après la discussion, question par question. On énonce sur chacune d'elles l'opinion que l'on va soutenir. Il est bon d'indiquer en même temps celle que défend l'adversaire. On présente ensuite les arguments. Il n'y a ici aucun ordre nécessaire. Tout dépend de la cause et de l'habileté de l'Avocat. Les rhéteurs signalent deux tactiques principales : celle qui consiste à passer du plus faible argument au plus fort et celle qui consiste à placer les arguments secondaires entre un argument fort qui ouvre la discussion et un autre qui la clôt (1). Un principe incontestable mais trop méconnu, c'est que mieux vaut sacrifier un argument douteux que de le produire : la puissance et la rapidité de l'argumentation y gagnent.

65. La discussion peut porter sur un point de fait ou un point de droit. Quelquefois l'un et l'autre sont indissolublement liés.

66. Dans la discussion, on peut avoir à invoquer comme élément de démonstration les titres, dont on a déjà pu faire usage dans la narration. L'Avocat doit apprécier lui-même l'endroit où cette lecture doit se faire. Rien de fixe à cet égard.

67. L'argumentation dans les points de fait, emprunte ses éléments au bon sens, à la raison, aux usages, aux vérités universellement reconnues.

68. La discussion du point de droit a des lignes plus précises. On peut la diviser de la manière suivante : Théorie, Loi, Doctrine, Jurisprudence. Tel est l'ordre logique, qui admet cependant des interversions suivant les circonstances ; dans tel cas donné, il vaudra mieux commencer par citer un bon arrêt ou un texte clair, que de remonter d'abord aux principes de la loi.

69. Cependant, en général, la démonstration se présentera sous une forme plus persuasive quand on entretiendra d'abord

Ceci peut être un des points capitaux du procès, car la manière de poser la question souvent la décide. Tel procès a été perdu parce que l'Avocat a maladroitement accepté le *Droit* pour champ de bataille, quand c'était par le *Fait* qu'il devait vaincre, et telle affaire a été gagnée, parce que, sentant fléchir sous ses pieds le terrain du droit, l'Avocat a été planter sa tente au milieu du fait et a su y attirer son imprudent adversaire. » **LIOUVILLE,** p. 174.

(1) C'est la tactique des armées de l'Iliade : en tête les chars, en queue la cavalerie, entre eux les soldats combattant à pied.

les juges des motifs supérieurs à la loi qui ont amené et qui justifient celle-ci, ensuite du texte qui en a été la conséquence naturelle; quand enfin on confirmera l'interprétation que l'on donne à ce texte, en montrant qu'elle a été adoptée par des auteurs et consacrée par des décisions judiciaires. C'est aussi la manière la plus convenable d'étudier le point de droit lors de l'examen de l'affaire.

70. Les modèles de discussion du point de droit abondent; la lecture de certains auteurs qui ont écrit d'un style abondant, fournira d'utiles leçons à cet égard, en y ajoutant cette observation que le langage parlé permet d'entrer dans plus de développements encore.

71. Il convient de ne jamais citer la loi que le texte à la main, à moins qu'il ne s'agisse d'axiomes juridiques. La principale autorité d'un texte vient, en effet, de la production de ce texte même. Cité de mémoire, il s'affaiblit pour l'auditeur.

72. Il faut être extrêmement sobre de citations d'auteurs et d'arrêts. L'Avocat qui ne veut pas abdiquer sa qualité de jurisconsulte ne les fera apparaître qu'en sous-ordre et se gardera de plaider uniquement à coups d'arrêts; les recherches d'une utilité médiocre doivent être évitées; ce qu'on lit doit toujours être concluant.

73. Aussi est-ce une œuvre délicate que de choisir ses citations (1). Elles ne devront être que la très-petite partie de toutes les œuvres de droit que l'Avocat aura parcourues lors de l'étude du procès, la quintessence en quelque sorte de ces recherches préalables. Le meilleur moyen d'entamer et de poursuivre ce travail, c'est de prendre parmi tous les auteurs qui ont écrit sur la matière celui qui paraît le plus renommé et celui dont l'ouvrage est le plus récent. Le catalogue publié à des époques rapprochées par M. Thorin, à la librairie Durand de Paris, et qui constitue un répertoire presque complet des ouvrages de législation, de droit et de jurisprudence en toutes matières, parus en France et en Belgique depuis 1789 jusqu'à nos jours, est un guide excellent sur ce point. Le livre le plus réputé donnera

---

(1) Sur les citations, voir une lettre de Dupin aîné, *Gazette des Tribunaux*, 10 février 1827, reproduite dans les Lettres sur la Profession d'avocat, éd. belge, t. I, p. 259.

d'ordinaire la question sous sa forme la plus rationnelle ; le plus récent fera connaître son état actuel et indiquera les sources à consulter. Les répertoires, tels que celui de Dalloz et celui du *Journal du Palais*, pourront également servir dans ce sens, mais à la condition qu'on ne les consultera que comme tables et que l'on recourra aux originaux (1).

74. Au moyen des indications que nous venons d'énumérer, on peut rapidement parcourir tout ce qui a été écrit sur un point déterminé. On note les opinions par quelques mots succincts sur un feuillet séparé. Si un passage paraît net et précis pour soutenir l'opinion que l'on doit défendre, on le réserve pour le lire à la barre s'il est court, ou pour le signaler spécialement à l'attention des juges s'il est trop long.

75. Pour la jurisprudence, on procède à peu près de la même manière.

On consulte les tables des recueils d'arrêts. L'avocat belge s'adressera d'abord à ceux de notre pays, parce que sur de nombreuses questions l'opinion de nos cours diffère de celle des cours françaises. Il faut commencer par les années les plus récentes, et rechercher d'abord les décisions de la Cour de Cassation. Si ses derniers arrêts sont concordants entre eux et avec les auteurs déjà consultés, en faveur de la cause que l'on veut défendre, on peut, à moins d'avoir des loisirs, s'abstenir de remonter plus haut ou de consulter les arrêts de Cour d'appel, ou les jugements des juridictions inférieures. Si les arrêts trouvés sont contraires à la cause, ou si la jurisprudence ne paraît pas dès l'abord fixée, on continue les recherches, afin de s'assurer s'il n'y a pas des décisions en sens opposé.

76. Il n'y a lieu de faire des recherches dans la jurisprudence antérieure à celle des vingt-cinq ou trente dernières années, que lorsque cette dernière est stérile, défavorable, ou ne fournit que des décisions de juridictions inférieures.

77. Après avoir épuisé la jurisprudence belge, on passe à la jurisprudence française.

_____

(1) Un livre indiquant le mérite et l'autorité respective des auteurs est encore à faire. Jusque là on en sera réduit aux opinions souvent erronées qui ont cours sur la valeur des ouvrages de droit, et aux appréciations personnelles que l'on recueillera d'une étude constante et comparée de la bibliographie juridique.

78. Les recueils d'arrêts sont en général bien faits. En Belgique, la *Pasicrisie* pour les décisions des cours, la *Belgique Judiciaire* et le recueil de MM. Cloes et Bonjean pour les jugements, se complètent et suffisent. En France, on ne saurait trop admirer le recueil périodique de Dalloz, véritable monument juridique que l'on peut placer fort au-dessus du Répertoire du même auteur. Plusieurs autres collections d'arrêts font double emploi avec ceux que nous venons de signaler, mais jamais d'une façon absolue. Dans presque tous, il y a des arrêts qui ne se trouvent pas dans les autres. A la rigueur donc, pour les questions délicates, il ne sera pas inutile de les consulter.

79. Il est dangereux de se fier uniquement aux notices des décisions judiciaires; elles sont quelquefois inexactes. L'arrêt lui-même doit être lu. S'il est précédé de conclusions ou de réquisitoires, il ne faut point s'y arrêter dès l'abord, il vaut mieux commencer par prendre connaissance de l'arrêt. On annote comme pour les auteurs (*sup*. n° 74); on marque spécialement les décisions importantes; on choisit parmi celles-ci les passages à lire à l'audience en sacrifiant sans hésiter tout ce qui n'est pas concluant (1).

_____

(1) Sur la manière de citer les arrêts, lisez l'opuscule de **DUPIN,** intitulé : *De la jurisprudence des arrêts, à l'usage de ceux qui les font et de ceux qui les citent*. Cet ouvrage est divisé comme suit :

SECTION PREMIÈRE. Définition, étymologie du mot Arrêt.

SECTION II. Des diverses espèces d'arrêts.

SECTION III. Origine et fondement de la jurisprudence des arrêts.

SECTION IV. Quelle est l'autorité des arrêts? — Controverse établie à ce sujet entre les avocats de Metz.

SECTION V. Avantage de la jurisprudence actuelle sur l'ancienne.

SECTION VI. Ancienneté et multiplicité des compilations d'arrêts.

SECTION VII. Défauts reprochés aux compilations d'arrêts.

SECTION VIII. Qualités désirables dans un recueil d'arrêts.

SECTION IX. Moyen de concilier les arrêts contraires.

SECTION X Qu'il ne faut pas négliger d'apostiller un mauvais arrêt.

SECTION XI. A quoi il faut faire attention pour distinguer les bons arrêts d'avec les mauvais.

SECTION XII. Comment un arrêt peut être bon dans un sens et mauvais dans un autre.

SECTION XIII. Des arrêts d'équité.

SECTION XIV. Règles à observer dans la citation des arrêts. Conclusion.

SECTION ADDITIONNELLE. De la publicité et de l'impression des arrêts.

80. Tel est le travail, souvent très-laborieux, nous le reconnaissons, dont le résumé se révèle dans la plaidoirie. Quand une question est sérieusement controversée, l'Avocat loyal, le jurisconsulte qui se respecte, le dira aux juges. Sa sincérité lui fera honneur et fortifiera sa cause. Mais quand le caractère douteux d'un point ne se révèle pas d'une façon évidente, l'Avocat n'est pas tenu de produire le pour et le contre : c'est à l'adversaire à compléter la controverse.

81. Veillez à ne pas démontrer ce qui est clair, ce qui est généralement admis. Ce danger est grand en matière de droit. Ne discutez que ce qui mérite de l'être. Souvenez-vous que vous parlez devant des magistrats instruits. Craignez qu'ils ne vous disent : « Maître un tel, la Cour connaît son droit. » C'est la pratique des affaires qui permet de discerner entre les solutions qui ne comportent plus la discussion et celles que l'on peut agiter encore. Un jeune avocat n'évitera pas toujours cet écueil.

82. Quand une des questions du procès a été ainsi examinée, on résume ce qu'on vient de dire et on passe à une autre pour procéder de la même manière. Quand il y a plusieurs questions dans la cause, ou quand pour une question il y a plusieurs arguments à présenter, on suivra l'ordre logique, déjà indiqué dans la note d'audience et les conclusions. Devant la Cour, on suivra autant que possible l'ordre du jugement *a quo*, alors même qu'il serait jusqu'à un certain point défectueux. On rendra ainsi la mission du juge plus facile et plus claire. Il n'aura pas, pour apprécier la cause, à suivre des routes différentes. Cette concordance entre tout ce qu'il aura à lire, tout ce qu'il aura entendu, jugement dont appel, note d'audience, plaidoiries, conclusions, pénétrera mieux son esprit de l'affaire et lui évitera des retours fatigants. Nous avons déjà indiqué cette règle plus haut (*sup.* n° 27). C'est encore pour l'observer qu'il sera bon, si des points ou des arguments ont été quelque part annotés ou numérotés par l'Avocat d'une certaine manière, qu'il leur conserve partout les lettres, les numéros ou les signes qu'il leur a une fois attribués. Ceci sera surtout opportun dans la discussion des divers articles d'un compte.

83. Dans la discussion, il faut encore distinguer la *confirmation* et la *réfutation*. Ces deux termes s'expliquent d'eux-mêmes. Il est inutile de courir au-devant des objections, même de celles qui ont été signalées par l'adversaire dans sa conclusion communiquée. Mieux vaut ne les discuter qu'en réplique après qu'il les a développées. Cependant si l'une d'elles paraissait devoir faire de l'impression sur les juges, il serait bon de ne pas attendre que l'adversaire lui donne une force nouvelle en la démontrant. Il conviendrait d'y répondre anticipativement après l'avoir brièvement énoncée soi-même; c'est ce qu'on nomme dans l'école PRÉOCCUPATION. Quant aux objections qui n'ont pas encore surgi ni dans les pièces, ni dans les débats, rien ne justifierait un avocat de les réfuter, à moins qu'il n'eût de sérieux motifs de craindre que les juges ne les suppléassent d'office.

84. Quand tous les points contestés ont été examinés, on arrive à la PÉRORAISON. Réduite à sa plus simple expression, c'est la lecture de la conclusion. Elle peut aussi consister dans la revue rapide des questions discutées et des moyens invoqués. Mais cela n'est vraiment utile que lorsque les débats ont été longs. En violant cette règle, on s'exposerait à se répéter, ce qui est toujours d'un mauvais effet.

85. Dans ce qui précède, nous avons supposé que l'Avocat prenait le premier la parole. Mais s'il se présente pour le défendeur ou l'intimé, certaines modifications sont nécessaires. Ainsi un nouveau récit des faits non contestés et la lecture des pièces déjà lues deviennent inutiles. Il peut donc aborder immédiatement la discussion, à moins que la narration n'ait été présentée par l'adversaire à un point de vue exclusif : dans ce cas il faut la recommencer, mais rapidement. Dans la position des questions, l'Avocat peut aussi être bref, à moins qu'il ne les établisse autrement que son contradicteur. Pour lui, le champ principal de ses efforts, c'est la discussion ; la réfutation y tiendra une place importante, puisqu'il aura à combattre les raisons que ses adversaires aura produites.

86. Pendant que l'un des avocats plaide, l'autre écoutera avec attention. Il annotera non pas tout ce que dit son contradicteur, mais seulement les points qui paraîtront attaquer sérieusement le système qu'il compte défendre. Il les intercalera tout de suite dans sa note d'audience, s'il est défendeur ou intimé, de façon à pouvoir les rétorquer dans le cours de sa

24

première plaidoirie. S'il a parlé le premier, il inscrira ses notes
sur un feuillet séparé et elles deviendront la base de sa réplique.
Si l'affaire est courte, ces notes pourront être extrêmement
succinctes, la mémoire y devant suppléer. Un mot, un signe
souvent suffiront. Mais si les débats doivent se prolonger, ou
sont exposés à une remise, il sera bon d'être plus complet, de
peur d'oubli.

87. Quand l'adversaire lit une pièce, il faut en suivre la
lecture sur le double, afin de mieux saisir la portée de l'argument et d'empêcher toute erreur dans la citation.

88. Est-il bon d'apprendre de mémoire et de réciter? Évidemment non. D'abord le travail préliminaire serait presque infini.
Ensuite la récitation ne peut se dissimuler et fatigue celui qui
l'écoute. Elle n'est tout au plus permise que pour certaines
parties très-courtes du plaidoyer, quand ce que l'on veut dire est
trop délicat pour qu'on ose se fier aux hasards de la parole. Il
vaut mieux méditer profondément les pensées que l'on veut
exprimer, en fixer dans la mémoire les faces principales :

Quisquis ibi quid agat, secum cogitet, paret, putet.   (ENNIUS.)

Il faut se garder d'en vouloir faire autant pour les termes qui
doivent les revêtir. Quand on découvre un trait heureux, une
expression spirituelle, il est bon de les noter et de s'efforcer de
les retenir. Alors, en effet, il s'agit d'une chose trop courte pour
faire naître les inconvénients d'une récitation.

§ 11. *Les répliques.*

SOMMAIRE. — 89. Caractère général de la réplique. — 90. Des interruption
— 91. Du cas où l'on veut faire usage d'une pièce de l'adversaire.

89. Les deux plaidoiries terminées, il y a lieu de procéder
aux RÉPLIQUES. La réplique est plus nécessaire à celui qui a
fait la première plaidoirie qu'à son adversaire. Celui-ci en effet,
comme nous l'avons dit plus haut, a pu présenter à la fois la

confirmation de son système et la *réfutation* du système de l'autre partie. Il en est autrement pour celui-là, sa réfutation n'a pas encore eu lieu, la réplique est l'occasion naturelle de la produire.

Dans la réfutation, ne marchandez pas avec les arguments qu'on vous oppose. Acceptez-les dans toute leur force, attaquez-les en face, ne leur supposez pas une faiblesse qu'ils peuvent ne pas avoir. En montrant que vous les avez saisis tels qu'ils sont, vous persuaderez mieux le juge de la force de votre argumentation. Hors de là, la réplique ne doit porter que sur les points que l'on a omis d'abord ou sur ceux qu'a fait surgir la plaidoirie opposée. Elle peut aussi contenir une appréciation générale de cette dernière. Parfois enfin on y renforce les arguments qui n'avaient pas été oubliés, mais qui avaient été présentés d'une manière insuffisante, ou qui ont été ébranlés par l'attaque. Les citations et les lectures de pièces y doivent être extrêmement rares, la qualité principale de la réplique étant la précision (1).

90. Pendant tout le cours des débats, on doit être extrêmement sobre d'interruptions. Presque toujours, elles tournent contre celui qui les fait. Rien n'exige plus de tact et une plus grande sûreté de coup d'œil. (R. CXII.)

91. Si l'on veut faire usage d'une pièce appartenant au dossier de l'adversaire, on la demande; on ne doit pas aller la prendre soi-même.

§ 12. *Le Fait, les Titres, le Droit.*

SOMMAIRE. — 92. Le Fait, les Titres et le Droit sont les sources de toute plaidoirie. — 93. Des dangers de l'étude du fait.

92. Avant d'aller plus loin, revenons à la division que nous avons adoptée des sources de la discussion en trois catégories :

(1) « Pour l'Avocat dont la cause est compromise, la réplique est le suprême effort. Il faut qu'à ce moment il redouble d'adresse, de force, de courage, et que, saisissant corps à corps la défense adverse, il lui enlève tous ses avantages. C'est

Fait, Titres, Droit. On a vu que chacune d'elles pouvait fournir
des éléments à toutes les parties du plaidoyer. Pour lui faire
produire ce que chacune est capable de donner, les rhéteurs ont
indiqué des règles qui viennent au secours de l'esprit et qui
ont été réunies par Cicéron dans son traité : *De Inventione.*

93. L'étude du fait offre ce danger que nécessitant des recherches moins arides que le droit, l'esprit s'y complaît volontiers. L'Avocat est ainsi parfois entraîné à lui donner dans les
affaires une importance exagérée. Il faudra qu'il veille sur
lui-même. Quoi qu'on en ait dit, on ne pourrait bannir impunément, la loi du procès. Elle y conserve toute son influence ; si un succès passager donnait à celui qui croirait le
contraire quelques illusions, les revers viendraient bientôt lui
démontrer que le droit conserve son autorité et que lui surtout
peut décider du sort d'une affaire.

§ 13. *Présence du client aux débats.*

SOMMAIRE. — 94. Du cas où il n'est pas inutile que le client assiste aux
débats.

94. Est-il utile que le client assiste aux plaidoiries? Liouville le recommande, mais dans la pratique on suit peu ce
conseil. La présence du client est souvent gênante. Il apprécie,
en général, très-mal son procès. Il s'attache à des circonstances
sans valeur qu'il considère comme décisives, se mécontente
si l'Avocat n'y insiste pas, et s'irrite de le voir développer longuement ce qui constitue vraiment le nœud de l'affaire, parce
qu'il s'imagine que l'intérêt gît ailleurs. L'Avocat perd sa
liberté. Plus passionné que lui, le client désire le voir plus
âpre et plus ardent, et parfois on a la faiblesse de céder à cette
inclination. La présence du client n'est vraiment utile que

alors surtout qu'il faut de la netteté, de la précision, de la vigueur; c'est alors
qu'il n'y a pas une parole à jeter au vent; et que tout mot doit être un coup de
glaive ou un coup de bouclier ; — à ce prix, mais à ce prix seulement, le juge,
spectateur déjà fatigué de la lutte, continuera à tenir les yeux ouverts sur les com-
battants, et pourra encore s'intéresser à leurs efforts. » **LIOUVILLE,** p. 192.

dans les causes surchargées de faits ou soulevant des questions techniques. La partie peut alors d'un mot éclairer son conseil et lui fournir une réponse décisive. Il en est de même pour les enquêtes. (Comp. R. LXXXII.)

§ 14. *Dépôt du dossier; assistance au réquisitoire et au prononcé du jugement ou de l'arrêt.*

SOMMAIRE. — 95. Utilité d'assister au réquisitoire et au prononcé; mesures qu'ils peuvent rendre nécessaires.

95. Les débats terminés, le dossier doit être remis en ordre. On classe de nouveau les pièces. On les numérote définitivement. On y marque les passages importants qui ne l'ont pas encore été. On y range la note d'audience, le mémoire, etc. On veille à ce qu'il y ait un inventaire sérieux et commode fait soit par l'avoué, soit par l'Avocat lui-même.

Si le Ministère Public prononce un réquisitoire, c'est une marque de courtoisie envers lui, et souvent une mesure utile à la cause, que d'y assister. Il peut révéler, en effet, des idées nouvelles avantageuses pour la suite de l'affaire. Il est bon alors d'en prendre immédiatement note.

L'audition du réquisitoire permet aussi de faire usage de la faculté accordée à l'Avocat par les articles 87 du décret du 30 mars 1808 et 111 du Code de procédure, de remettre sur-le-champ au Président de simples notes énonciatives des faits sur lesquels l'Avocat prétendrait que le réquisitoire a été incomplet ou inexact.

Il est également convenable et utile d'assister, autant que possible, au prononcé de l'arrêt ou du jugement, qui parfois rendent nécessaires des mesures immédiates. On ne peut en effet les lire au greffe qu'après plusieurs jours nécessaires pour la transcription sur la feuille d'audience et pour l'enregistrement.

§ 15. *Les enquêtes.*

SOMMAIRE. — 96. Reproches, – questions à poser aux témoins.

96. L'Avocat intervient encore dans les enquêtes et les expertises.

Pour les enquêtes, il faut demander au préalable au client les questions qu'il a à poser à chaque témoin, ou les causes de reproche qu'il connaît. On complète ces renseignements par l'étude de l'affaire. On dresse une note sur laquelle on mentionne au-dessous du nom de chaque témoin le reproche ou la série des questions à lui adresser.

Les dépositions fournissent presque toujours les éléments de questions nouvelles. On les inscrit brièvement et on les fait poser, le moment venu.

Quand l'enquête est sommaire, c'est-à-dire quand il n'en est pas tenu de procès-verbal, l'Avocat notera les réponses principales, qui seront la matière de sa plaidoirie. Dans certains cas, on peut engager l'avoué à en faire autant pour avoir des annotations plus sûres et plus complètes.

Il est dangereux, pour tous ces points, de s'en rapporter exclusivement à sa mémoire.

§ 16. *Les expertises.*

SOMMAIRE. — 97. Étude; explications verbales; note à remettre aux experts.

97. Pour les expertises, on examinera d'abord soigneusement la mission des experts, indiquée dans le jugement ou l'acte de nomination. On recueillera, par la lecture des pièces, les explications du client, et la méditation de l'affaire, les renseignements qui peuvent servir à éclairer les experts. On en fera une note que l'on développera verbalement lors de la visite des lieux ou de la lecture du rapport, et qu'on remettra ensuite aux experts en y ajoutant toutes les réflexions utiles que cette visite des lieux et les autres circonstances auront suggérées.

Il est d'usage en Belgique que l'Avocat assiste à la visite des lieux et à la lecture du rapport au lieu fixé par les experts. A la manière dont est pratiquée chez nous la mission de l'avoué, il est difficile, en effet, au moins dans la plupart des cas, que l'avoué puisse y remplacer l'Avocat. D'autre part, comme nous l'avons dit précédemment, l'examen des lieux peut avoir une influence avantageuse sur l'étude de la cause. Il faut donc considérer les déplacements dont nous venons de parler, comme rentrant dans la catégorie de ceux que l'avocat peut se permettre, parce qu'ils se rattachent directement à la bonne instruction du procès et parce que toute autre mesure y suppléerait difficilement. (Comp. R. LXXVI.)

§ 17. *Les affaires criminelles.*

SOMMAIRE. — 98. La plupart des règles applicables aux affaires civiles, le sont aussi aux affaires criminelles. — 99. Première conférence avec le client. — 100. Examen du dossier au greffe. — 101. Étude de l'affaire. — 102. Témoins ; — note d'audience ; — mémoire. — 103. Des points de droit : conclusions. — 104. — Instruction à l'audience. — 105. Modifications à la note d'audience. — 106. La plaidoirie. — 107. Réquisitoire, — plaidoirie de la partie civile.

98. Les conseils qui viennent d'être donnés pour les affaires civiles, s'appliquent en grande partie aux affaires criminelles, que Liouville distingue en causes de petit et de grand criminel, cette dernière catégorie comprenant les procès de Cours d'assises.

99. Il est cependant quelques règles spéciales à cette matière.

L'instruction que l'Avocat fait d'une cause criminelle, commence par une conférence sommaire avec le client, que l'Avocat reçoit dans son cabinet, ou qu'il va voir en prison, s'il est détenu.

100. Immédiatement après, l'Avocat ira lire le dossier au greffe. Les pièces y sont classées suivant l'ordre chronologique.

Deux lectures sont, en général, nécessaires : lors de la seconde, on notera les points qui paraîtront importants et les réflexions utiles qui viendront à l'esprit.

101. L'Avocat retournera ensuite auprès de l'inculpé pour en obtenir les explications nécessitées par l'examen des pièces.

Ce n'est qu'alors que commencera l'étude approfondie du procès. Ce travail ne pourra avoir lieu utilement qu'avec le dossier sous les yeux ou tout au moins avec les notes qu'on en a extraites. Au grand criminel des copies doivent être remises à l'accusé, conformément aux articles 242 et 305 du Code d'instruction criminelle. L'Avocat les réclamera à son client. Il pourra aussi, s'il le veut, en toutes matières, obtenir des copies au greffe moyennant payement des frais. Elles lui permettront d'étudier l'affaire dans son cabinet. Dans les cas graves il importe qu'il vérifie, par une lecture des originaux, si les copies sont complètes.

102. L'Avocat examinera s'il y a lieu de faire entendre des témoins à décharge. Il en conférera avec l'inculpé et les fera assigner en temps utile.

La note d'audience sera composée comme en matière civile. Comme elle n'est pas destinée à être remise aux juges, et que les affaires criminelles sont peu exposées à des remises, elle pourra être plus brève. Si la cause présente certaines complications, il est permis, en en usant très-modérément, de déposer un mémoire manuscrit.

103. Si des points de droit sont soulevés, il convient de les faire valoir par une conclusion régulière qui sera rédigée comme en matière civile. Elle servira notamment à réserver au client tous ses moyens de cassation. Il est de principe, en effet, que la cassation d'une décision judiciaire ne peut jamais avoir pour base un moyen que la partie a négligé de soumettre au juge du fond. (Scheyven, Pouvoirs en cassation, n° 31.) La conclusion constatera que le moyen a été présenté.

104. A l'audience, a lieu l'instruction orale, par voie d'audition des témoins. L'Avocat, pour les reproches à faire valoir et les questions à poser, devra préparer sa note et procéder comme nous l'avons indiqué ci-dessus pour les matières civiles (n° 96).

105. Souvent l'instruction faite à l'audience modifie sensiblement la physionomie de l'affaire. La note d'audience est donc exposée à des changements et quelquefois à un bouleversement complet. Il faudra, chose parfois difficile, la remanier séance tenante, par des annotations, la recomposer, s'il est possible, sous une forme très-succincte. Comme dernier recours, et dans les cas exceptionnels, l'Avocat demandera une remise que le juge accueillera, au criminel comme au civil, chaque fois qu'il y aura eu impossibilité de mettre la cause en état. Les magistrats sont sur ce point appréciateurs souverains, mais bienveillants.

106. La plaidoirie est soumise aux mêmes règles que la plaidoirie civile. Seulement, elle présente ceci de particulier, qu'elle est presque toujours en fait et que dès lors la narration se confond avec la discussion. L'instruction faite à l'audience ayant révélé aux magistrats l'objet du procès, on pourra se montrer extrêmement bref dans l'exposition. S'il y a des faits antérieurs dont la connaissance soit utile, on les exposera rapidement. Mais en général on pourra aborder immédiatement la discussion.

On suivra l'ordre naturel des circonstances de la cause. Chaque fois que l'on arrivera à l'une des questions du procès, on l'indiquera nettement, on la discutera et on la résumera. Une division spéciale est presque toujours inutile. On n'examinera les points de droit qu'après avoir discuté toute la cause en fait, ou au moins la circonstance de fait à laquelle le droit se rattache. Si l'argumentation juridique doit être longue, il vaut mieux la rejeter à la fin, sauf à indiquer, en passant, l'endroit où elle se place.

107. En écoutant le réquisitoire et la plaidoirie de la partie civile, on notera les points importants à réfuter, qu'on intercalera séance tenante dans la note d'audience.

On assistera autant que possible à la lecture du jugement ou de l'arrêt, parce que les délais de recours sont très-restreints.

§ 18. *Les grandes affaires.*

108. Les conseils que nous venons de donner s'appliquent à la plupart des affaires. Nous dirons même qu'il n'en existe aucune qui y échappe complétement. Mais il en est qui en sont plus indépendantes et qui ont une force propre si grande que loin d'être subordonnées aux règles, elles dominent et dictent celles-ci. Tous les procédés disparaissent pour laisser libre carrière aux trésors de l'inspiration. A cause des intérêts sacrés qui s'y discutent, les détails de la pratique s'effacent et sont presque oubliés. L'Avocat peut rompre alors les liens qui dirigent d'ordinaire sa conduite et s'abandonner absolument aux élans de son âme fécondée par l'élévation du sujet qui la préoccupe. Ce n'est pas qu'il doive transgresser les principes de logique que nous avons présentés comme la charpente solide de toute plaidoirie, mais il ne doit plus s'y soumettre d'aussi près.

Écoutons sur ce point Liouville :

« Quand nous invoquons le droit qu'un homme a d'adorer Dieu à sa façon et de parler ou d'écrire suivant sa conscience, ce n'est pas un homme, ce n'est pas une contrée, ce n'est pas une constitution, c'est l'humanité entière que nous avons sous notre patronage.

» Dans toutes les affaires de ce genre, les règles gardent leur empire, je l'avoue : mais c'est dans la philosophie, c'est dans la grandeur de la cause, c'est dans le patriotisme, c'est dans la hauteur d'une raison perpétuellement exercée, c'est dans la puissance d'une conviction inébranlable, c'est dans la force d'un dévouement sans bornes, c'est dans la sensibilité de votre cœur que vous puiserez vos raisonnements et vos paroles, vos gestes et vos larmes.

» Quand Hypérides osa demander aux juges d'Athènes s'il

était permis aux hommes d'accuser les déesses d'impiété, et que, sous le voile déchiré de la courtisane, il fit apparaître Vénus elle-même à la barre de l'Aréopage, devenu, pour un instant, le temple de la beauté; quand Démosthène, la main levée vers le ciel, jura, par les mânes des héros tombés à Salamine, à Platée et à Marathon, que le peuple d'Athènes, en écoutant ses conseils, suivis de la défaite, non-seulement n'avait pas commis de faute, mais était, au contraire, resté digne de sa propre gloire, de la gloire de ses ancêtres et des applaudissements de la postérité; quand Marc-Antoine l'orateur découvrit, aux yeux de la multitude, les blessures de M. Aquilius, toutes reçues par devant, et que, dans chacune d'elles, il lut à haute voix la date d'une victoire de Rome; quand Cicéron fit tressaillir César aux récits des périls de Pharsale, et arracha de ses mains la condamnation déjà écrite de Ligarius; quand Gerbier, en pleine audience du Parlement, prit sa cliente dans ses bras et la jeta dans ceux d'un père jusqu'alors inflexible; quand Bonnet, défendant Moreau, — victime pure, alors! — écrasa l'accusateur sous le poids des victoires du héros de Hoenlinden; quand d'unanimes acclamations interrompirent Romiguières invoquant les mânes de Henri III et de Henri IV assassinés par les fanatismes religieux, ce n'étaient pas les règles de la rhétorique, c'était la sensibilité de leur cœur, c'était l'étude profonde du cœur humain qui inspiraient ces grands orateurs. »

§ 19. *Mémoires imprimés* (1).

SOMMAIRE. — 109. Utilité des mémoires imprimés. — 110. Le mémoire ne doit contenir que les documents principaux. — 111. Il doit aussi contenir l'argumentation. — 112. Il doit être bref; soins à donner à la partie matérielle. — 113. Quand le mémoire peut être produit. — 114. Mesures à prendre pour leur production. — 115. Distribution du mémoire. — 116. L'Avocat ne doit pas y parler en son nom. — 117. L'Avocat signe le mémoire. — 118. Il ne peut faire imprimer un mémoire avant l'intentement de l'action. — 119. Motifs de cette règle.

109. L'usage des MÉMOIRES imprimés est aujourd'hui assez rare. On ne les produit que dans les affaires importantes et compli-

(1) Comp. *sup.* nᵒˢ 35 et s.

quées. Leur utilité y est considérable ; on le comprendra aisément en réfléchissant que le dossier, lors du délibéré, n'est remis, devant nos Cours, qu'à un conseiller rapporteur, et qu'ainsi les autres membres du siége ont peu de facilité pour l'examen des pièces ; le mémoire au contraire met tout le procès sous les yeux de chacun de ceux qui doivent le juger.

110. Le but du mémoire indique les règles générales auquel il est soumis. Il doit contenir les documents principaux du procès. Y insérer le dossier tout entier serait de l'exagération.

111. Il doit, en outre, présenter le contenu de la note d'audience et de la plaidoirie, tel que nous l'avons exposé plus haut, mais sous une forme de rédaction qui le rende agréable à la lecture (1).

112. La brièveté y est toujours de mise, la plaidoirie devant permettre des développements plus étendus (2).

C'est faire acte de convenance envers la magistrature que de soigner la partie matérielle de l'impression des mémoires.

113. Ils peuvent être produits avant ou après les plaidoiries.

Cette dernière hypothèse est la plus fréquente. Ils sont alors le miroir fidèle de la cause entière, avec tout ce qui a surgi dans les débats. Publiés avant, ils n'ont pas cet avantage. Ils sont comme une première plaidoirie qui attend sa réplique.

114. Il convient cependant d'en préparer le manuscrit avant les plaidoiries, pour que l'impression en puisse être rapide. On y introduit ensuite les changements nécessaires. On informe la Cour, lors de la clôture des débats, de l'intention que l'on a de publier un mémoire et on sollicite un délai pour y procéder.

(1) « Sans être tenu de leur donner la force et la chaleur qui caractérisent le » discours d'audience, il n'est pas mauvais d'y jeter un peu de la vie et de l'animation de la parole ; tout ce qu'on ôte à l'ennui du juge s'ajoute aux chances que » l'on a de gagner le procès. » **LIOUVILLE**, p 209.

(2) « Comme les factums ou mémoires sont les pièces d'un procès, il faut qu'ils » soient courts, sans quoi les juges à qui on les présente s'en dégoûtent à la seule » inspection et ne les lisent pas. Cependant que la crainte d'être longs ne vous » fasse pas tomber dans un autre inconvénient, qui est de devenir obscur et » d'omettre quelques faits ou moyens éventuels. » **BIARNOY DE MERVILLE**, *Des règles pour former un avocat* (1775), p. 343.

115. Si l'affaire n'intéresse pas l'opinion publique, on ne fera tirer qu'à un petit nombre d'exemplaires. Le premier sera envoyé au confrère qui plaide pour la partie adverse. Ensuite la distribution en est faite aux membres du siége, au Premier Président et aux autres magistrats d'après les convenances de chaque affaire.

116. L'Avocat, pour observer les formes de la discussion judiciaire dans son mémoire, ne doit pas parler en son propre nom. Il doit également y observer toutes les règles et les convenances de sa profession et les obligations de son serment.

117. L'Avocat signe les mémoires. On y ajoute, dans l'usage, la signature de l'avoué. Il sera donc convenable de les soumettre à ce dernier avant d'employer son nom.

118. L'Avocat ne peut faire imprimer ni signer un mémoire avant l'intentement de l'action. « Considérant, dit un arrêté du conseil de discipline de Paris du 6 avril 1820 (rapporté par Mollot, Règles de la Profession, Précédents, n° 352), que ces divers actes sont répréhensibles et contraires à la délicatesse et aux principes adoptés par l'Ordre, qui ne permettent à un avocat d'imprimer et de signer un mémoire contre une tierce personne, quand il n'existe pas d'action. »

119. Cette règle se justifie par cette considération que l'Avocat est l'homme du débat judiciaire, qu'il en doit observer les conditions et les règles garantissantes pour son client comme pour son adversaire; qu'en agissant en dehors de celles-ci, il devient en quelque sorte l'instrument aveugle d'une seule partie et se trouve livré à ses déclarations unilatérales. Il s'expose lui-même à discuter à faux, à affirmer des faits inexacts, en même temps qu'il compromet les intérêts de son client.

§ 20. *Les consultations.*

120. Autrefois, la consultation était le préliminaire obligé
de tout procès. C'était une excellente coutume qui soumettait
la cause à un examen approfondi avant son intentement. Aujourd'hui les avocats consultants ont presque disparu. Mais
aussi que d'actions intentées à la légère !

121. Le premier soin, avant de rédiger une consultation,
est de faire bien préciser le point débattu. L'Avocat demandera
qu'on le fixe par écrit, ou tout au moins il soumettra à celui
qui consulte la rédaction que lui-même en aura minutée.

122. Il étudiera ensuite la question comme s'il s'agissait
d'un procès, d'après les règles que nous avons exposées plus
haut.

Quelquefois la consultation est demandée à plusieurs avocats
collectivement. En pareil cas, il faut qu'il y ait une délibération
commune. Une telle discussion est, en effet, le but que se propose le client ; c'est d'elle que sortira plus complétement la lumière. Le plus jeune avocat la rédige d'après les points arrêtés
en commun, conformément à l'ancien adage, *scribat junior*.

Il arrive aussi que la consultation soit demandée à plusieurs
avocats successivement. Alors, comme nous l'avons dit R. LXV,
chacun d'eux doit examiner la question à nouveau.

Si la chose est possible, l'Avocat consulté se procurera les
pièces de l'adversaire.

Il passera ensuite à la rédaction, qui est une des parties délicates de ce genre de travail.

123. Il est de règle que la consultation soit courte. Elle
offre de l'analogie avec la conclusion, en ce sens qu'elle doit

énoncer les motifs de l'opinion adoptée, mais brièvement et clairement. On commence par indiquer la personne qui consulte. On reproduit ensuite textuellement la question proposée. On peut aussi se borner à annexer l'écrit qui l'énonce.

124. On énumère les pièces communiquées. Si cette énumération était trop longue, on en dresse un inventaire séparé que l'on annexe, en le parafant. Ces précautions ont pour but de donner à la consultation sa véritable portée et d'empêcher qu'on n'attribue à l'Avocat un avis qui n'eût pas été le sien, s'il avait été mieux renseigné.

125. Ce préambule terminé, on passe à la consultation proprement dite, dont on énonce succinctement les motifs et la conclusion, en fait et en droit. On a bien soin d'indiquer quels sont les faits que l'on admet comme vrais sur l'affirmation du client.

126. « Autant que possible, dit Liouville, ne généralisez » pas votre avis et efforcez-vous de le circonscrire dans les faits » particuliers et les questions spéciales, à moins qu'il ne s'agisse » précisément d'une question générale et absolue. » (P. 213.)

127. Et il ajoute : « La consultation diffère du mémoire et de » la plaidoirie par un grand côté : c'est qu'il lui faut insister, » d'une manière absolue, sur le droit envisagé sous toutes ses » faces, quel que soit celui des adversaires qui en doive profiter ; car il ne s'agit pas d'aider celui qui consulte, il s'agit » de l'éclairer : la consultation n'est pas, comme la plaidoirie » et le mémoire, l'œuvre d'un défenseur, d'un protecteur ; elle » est l'œuvre, elle est pour ainsi dire la sentence d'un juge » privé..... Donc point de faiblesse, elle serait coupable. Vous » devez à celui qui vous consulte la vérité dans toute son » étendue..... »

L'Avocat date et signe la consultation. Elle peut être écrite sur papier libre. Jamais on n'y énonce le chiffre des honoraires.

Quand l'Avocat a dix ans de pratique un vieil usage lui permet de prendre dans ses consultations le nom d'ancien avocat.

128. On peut trouver dans Cochin d'excellents exemples de consultation (1).

_____

(1) Comp. *sup.* R. LXV.

§ 21. *Les arbitrages* (1).

129. Il n'est pas d'honneur plus enviable pour l'Avocat que celui d'être choisi comme arbitre. En lui confiant cette mission, on rend hommage à la fois à sa science et à sa probité.

130. Il serait difficile d'indiquer ici tout ce qu'il faut pour être bon arbitre. Ce serait vouloir exposer tous les devoirs du juge. Nous renverrons sur ce point aux admirables mercuriales de d'Aguesseau, et spécialement à celles qui traitent de la dignité du magistrat, — des mœurs du magistrat, — de l'esprit et de la science, — de la vraie et de la fausse justice, — de la science du magistrat, — de l'attention, — de la prévention. Bornons-nous donc à donner quelques renseignements pratiques.

131. L'arbitrage se tient chez l'Avocat le plus ancien inscrit au Tableau. Il a lieu à l'heure et au jour convenus entre les arbitres et les avocats des parties. L'arbitre, momentanément juge, ne doit pas oublier, en effet, qu'il reste avocat et doit pratiquer les usages de la confraternité. Qu'il redoute pourtant de se laisser aller à des complaisances pour celui qui l'a choisi. L'impartialité est le plus rigoureux de ses devoirs. (Comp. *sup.* R. XLII.)

132. L'arbitre le plus récemment inscrit tient la plume et rédige le procès-verbal de la comparution des parties, indiquant le jour, les noms des comparants, l'objet de l'arbitrage, le nom des arbitres, l'acceptation qu'ils font de leurs fonctions; puis l'ouverture des débats, les incidents s'il y a lieu, la clôture des opérations. Ce procès-verbal est signé par les arbitres et les parties ou leurs fondés de pouvoirs. Il doit être sur timbre.

(1) Voy. *sup.* R. XLII et s.

133. Les débats ont lieu comme devant un tribunal ordinaire par plaidoiries et répliques. Si quelque point reste obscur, les arbitres insisteront pour qu'il soit éclairé : ainsi que le rappelle Liouville, l'arbitre comme le juge, tient dans sa main la fortune et l'honneur des familles et doit se souvenir qu'une simple distraction de sa part peut compromettre ce dépôt sacré. Si les plaidoiries nécessitent plusieurs séances, on dresse un procès-verbal pour chacune d'elles ; il doit être signé comme il est dit au numéro précédent.

134. Les débats terminés, les arbitres se font remettre les pièces et les conclusions. Chacun d'eux les examine soigneusement. Ils délibèrent ensuite en commun. Quand ils sont d'accord sur la décision à rendre, l'un d'eux se charge d'en rédiger un projet. Ils se réunissent ensuite de nouveau pour examiner ce projet et arrêter la rédaction définitive.

135. Comme toute décision judiciaire, la sentence sera brève et claire. Elle énoncera les raisons principales de décider. Elle évitera toute phrase, tout développement inutiles.

136. La sentence est transcrite à la suite du procès-verbal des séances, mais on la fait précéder des conclusions des parties. L'arbitre le plus jeune se charge de la déposer au greffe, dans les trois jours de sa date, conformément à l'article 1020 du Code de procédure. Il en donne avis aux conseils des parties.

Il n'est pas convenable de mentionner dans la sentence le chiffre des honoraires. (*Sup.* R. XLII.) On le communique officieusement aux conseils des parties qui veillent à ce qu'on les acquitte.

§ 22. *Conclusion*.

137. En finissant ce chapitre, faisons une observation pour encourager les jeunes avocats effrayés peut-être de la multiplicité des obligations qu'ils se voient imposer. Au début, tout paraît difficile et compliqué. Il semble que l'on ne pourra jamais acquérir un travail rapide et facile. Les recherches paraissent sans terme, les écrits que l'on rédige semblent ne jamais être parfaits, on croit ne jamais posséder assez sa plaidoirie, on n'aborde l'audience qu'avec crainte, toute remise est accueillie comme un soulagement. Mais petit à petit l'expérience fait son œuvre, les voiles se soulèvent un à un, la lumière se répand, on acquiert de l'habileté, de la souplesse, de l'aplomb. On manie sans embarras toutes ses armes ; les procédés du métier deviennent en quelque sorte partie intégrante de nous-mêmes, à tel point qu'ils s'observent spontanément et sans efforts de la part de l'Avocat. Tout se simplifie, se vulgarise, s'éclaire, et l'on en arrive à trouver puériles des règles que l'on a eu tant de peine à découvrir. L'exercice de la Profession a alors acquis tout son charme, car les lassitudes de la première heure ne reviennent plus.

CHAPITRE SECOND.

Qualités littéraires et oratoires.

SOMMAIRE. — Notions générales. — 1° Clarté. — 2° Brièveté. — 3. Méthode. — 4° Unité. — 5° Style. — 6° Débit. — 7° Geste. — 8° Action oratoire. — 9" Description de l'avocat par Dubreuil.

Notions générales.

SOMMAIRE. — 138. Utilité de l'art dans la profession d'avocat. — 139. Tendance du barreau de Bruxelles sur ce point. — 140. Considérations générales.

138. C'est un préjugé fâcheux de croire que l'art doit être banni de l'exercice de la profession d'avocat. Ce serait enlever à celle-ci une grande partie de son prestige, de sa dignité et de ses moyens d'action. Si l'art peut nuire à la Profession quand on lui sacrifie trop, il la relève au contraire quand on le maintient dans une juste mesure, et l'empêche de dégénérer en métier. Uni à la science, l'art créant un harmonieux ensemble, sera toujours une précieuse ressource.

Certes, dans une profession où les intérêts les plus sérieux des hommes sont sans cesse agités, les phrases inutiles, les artifices sans portée doivent être bannis. Mais quelle utilité y a-t-il à présenter la vérité sous une forme misérable ! N'y perdra-t-elle point de sa force ?

Applaudissons à ceux qui chez nous repoussent l'art pour l'art, mais blâmons ceux qui dédaignent l'art comme auxiliaire.

Même dans la conversation familière, bien dire est un charme et une puissance. Comment ne le serait-il pas dans la solennité des audiences ?

139. Un mouvement sensible pousse le barreau de Bruxelles à pratiquer ces vérités. On y prise sans exclusivisme les qualités littéraires et oratoires de l'Avocat. On les y cultive, en les subordonnant à la science du droit et à l'entente des faits. On commence à ne plus regarder comme un luxe inutile les beautés de la forme.

Il ne nous appartient pas de nous poser en maîtres à cet égard. Nous préférons laisser la parole à Liouville. La plus grande partie de ce qui va suivre est extraite textuellement de son troisième discours (1). Nous n'y ajouterons que quelques observations.

140. De toutes les qualités qui président à la plaidoirie, celles qui doivent le plus être recherchées sont la clarté et la brièveté, la méthode et l'unité.

Si parmi elles, il nous fallait choisir, nous donnerions la prééminence aux deux premières. C'est surtout dans les écrits de l'Avocat qu'elles peuvent régner sans partage. La plaidoirie réclame de plus une certaine élégance qui en sera la parure et la fera mieux accueillir.

---

(1) *Prof. d'Av.*, p. 193 et s. On peut consulter en outre utilement : **ARISTOTE,** *Rhetorica, ad Alexandrum,* chap. XXVI ; **QUINTILIEN,** *De Institutione oratoria ;* **CICÉRON,** *De Oratore ;* **DELAMALLE,** *Essai d'institutions oratoires ;* **BIARNOY DE MERVILLE,** *Règles pour former un avocat.*

1° CLARTÉ.

141. « La *clarté* du plaidoyer est le flambeau du juge.

» Honni soit l'Avocat qui n'est pas clair.

» Que dire de lui, pour le frapper de malédiction?

» Qu'on l'a chargé d'ouvrir la fenêtre et qu'il va fermer le volet?

» Ce n'est pas assez.

» Qu'il ressemble au singe de la fable, montrant la lanterne magique, sans l'avoir allumée.

» Ce n'est pas assez encore.

» Qu'ayant été donné pour guide au juge, il commence par le tromper et l'égarer. » (Liouville, p. 193.)

2° BRIÈVETÉ.

142. « La *brièveté* est la sœur jumelle de la clarté.

» Chaque partie de l'oraison peut être claire, prise à part, et cependant l'oraison être obscure, par cela même qu'elle sera longue.

» Il en est d'elle comme de l'air et de l'eau.

» Considérée séparément, chaque molécule d'air semble incolore : cependant le ciel est bleu, et par le seul effet de leur masse, les eaux les plus transparentes dérobent à la vue, lorsqu'elles sont profondes, les cailloux de leur lit. » (Liouville, p. 194.)

143. Il est difficile d'être court tout en restant substantiel. Ce travail de condensation qui ramène à un petit volume la multitude des faits de la cause exige de patients efforts et justifie ces paroles d'un avocat qui s'excusait d'avoir écrit trop longuement, et disait : « Je n'ai pas eu le temps d'être court. » Celui qui n'a point patiemment mûri sa cause, sera court, mais pauvre. Celui qui l'a longuement méditée, peut rester court en étant profond.

144. De tout temps les discours verbeux ont été l'écueil du Barreau. Que les jeunes avocats se mettent donc dès leurs débuts en garde contre cet ennemi tenace.

A Rome une loi fut portée qui fixa à six heures au plus les plaidoiries d'une affaire : *Ut duceret judicium, sex horas lex omnino dedit.* Plus tard, au temps de Pompée, s'il faut en croire Pline le Jeune, on introduisit la clepsydre, qui nous donne elle-même sa définition, sous une forme ingénieuse, dans ces vers d'un poëte inconnu :

> *Lex bona dicendi, lex sum quoque dura tacendi ;*
> *Jus avidæ linguæ ; finis sine fine loquendi ;*
> *Ipsa fluens, dum verba fluunt, ut lingua quiescat.*

Une seule clepsydre était souvent insuffisante. L'Avocat pouvait la retourner jusqu'à six fois.

145. « Mais la brièveté a ses dangers. Le premier, c'est de conduire à l'obscurité par l'absence des développements nécessaires : *Brevis esse laboro, obscurus fio.*

» Le second, c'est d'amener l'omission d'un ou de plusieurs moyens d'où peut naître la perte du procès.

» Celui-là n'aura rien à se reprocher, le procès fût-il perdu, qui aura dit ce qu'il faut, tout ce qu'il faut, rien que ce qu'il faut. C'est à cette perfection que tout avocat doit viser. » (Liouville, p. 195.)

3° MÉTHODE.

SOMMAIRE. — 146. De l'ordre dans le discours. — 147. Inconvénients du défaut de méthode.

146. « Un discours sans ordre ne mérite pas le nom de plaidoirie.

» Les meilleures choses y perdent leur valeur et y manquent leur effet.

» Si vous obligez le juge à passer, sans cesse, d'un objet à un autre, sans pouvoir en approfondir aucun ; si avant qu'il ait eu le temps d'affermir ses pas dans un sentier, vous le conduisez, au hasard, dans un autre, pour le pousser bientôt en de nouveaux chemins ou le ramener dans ceux qu'il a déjà parcourus, il ne pourra se retrouver en ce labyrinthe ; il hésitera ; il se troublera et entrera dans la route claire et simple que tracera devant lui un adversaire habile. » (Liouville, p. 196.)

147. « Un discours privé de méthode résout ce problème difficile : « Affaiblir une preuve donnée au moyen de preuves qui la corroborent. De telle sorte qu'à son aide, plus on a de raisons en sa faveur, plus on court risque d'avoir tort. » (*Ibid.*)

4° UNITÉ.

SOMMAIRE. — 148. But de l'unité.

148. « Tout doit, en un discours judiciaire, tendre au même point, tout doit être ramené à une vue unique.

» Toute la science, tout l'esprit, toute la grâce dont peut disposer l'Avocat, doivent être employés par lui à une seule chose, *le gain du procès*. Hors de là, c'est de la science, de l'esprit et de la grâce, mal dépensés. »

» Il ne faut pas sortir de son sujet, même au prix des applaudissements. Si par hasard on est forcé de le quitter, il faut y revenir aussitôt. De pareils applaudissements peuvent venir de la foule, mais jamais du juge ou du client. » (Liouville, p. 197.)

5° STYLE.

149. « La clarté est le caractère principal du style judiciaire. Joignez-y la *pureté* et la *simplicité*, et c'est tout ce qu'il faudra pour l'ordinaire ; car le style varie, monte ou s'abaisse suivant les situations ou les causes. Les questions de vie ou de mort, celles qui regardent la liberté ou l'honneur, exigent un autre langage que la discussion d'un titre de rente, l'établissement d'une servitude de passage, ou la revendication d'un champ. » (Liouville, p. 198.)

150. Mais ne cherchez que dans la cause elle-même ce qui doit élever ou abaisser le ton de votre langage. Ne le puisez que dans vos impressions, laissez parler vos sentiments, ne vous échauffez pas à froid. Ne faites point avec votre client un marché d'émotion, d'indignation ou de colère. Que tout dans votre débit soit naturel ; ne tentez jamais de réussir par des moyens mécaniques. Ne ressemblez pas à cet avocat dont Plaute nous trace le plaisant portrait au moment où il fait à un client ses offres de service :

> *Opusne erit tibi advocato tristi, iracundo? Ecce me.*
> *Opusne leni? leniorem dicam quam mutum est mare,*
> *Liquidiusculusque ero quam ventus est Favonius.*

151. « Le style ordinaire lui-même reçoit, d'ailleurs, tous les ornements qu'on veut lui donner, les bons mots, les fines allusions, la douce raillerie, tout ce qui égaye le juge et tient son esprit éveillé ; mais à deux conditions, c'est que ces ornements soient disposés par la main du goût, et que, loin d'écarter de l'affaire l'attention des auditeurs, ils soient empruntés à l'affaire même et y ramènent sans cesse. » (Liouville, p. 198.)

152. Il y a entre le style des plaidoiries et des mémoires et celui des actes de procédure et des conclusions, une différence essentielle. Dans la rédaction de ces derniers, il est permis, il est même utile de faire usage de la terminologie juridique, de ces mots techniques mal à propos qualifiés de barbares, qui aident à la précision et donnent une forme plus nette à la pensée. Dans les plaidoiries, au contraire, il faut s'en tenir au langage ordinaire et n'user de ces termes de métier qu'avec la plus grande réserve.

6° DÉBIT.

SOMMAIRE. — 153. Des qualités nécessaires au débit.

153. « *Le Débit* sera simple et modeste. La modestie convient à tout le monde, mais surtout aux jeunes gens; c'est la pudeur de l'esprit et rien ne plaît davantage.

» Cependant, l'Avocat s'est chargé d'une défense, il a accepté le rôle de protecteur; qu'il ne soit donc pas timide.

» Ménagez de bonne heure la voix. Elle suit l'impulsion de l'habitude, et quand on lui a permis à l'origine de s'élever trop haut, elle s'élève, quoi qu'on fasse, au delà du mode naturel, elle entre alors dans la région des cris, et fatigue à la fois et celui qui la lance et celui qui la reçoit. » (Liouville, p. 200.)

Des avocats qui n'ont pas su éviter cet écueil Quintilien a pu dire : « Ils ne plaident, pas ils aboient, *non agunt, sed latrant.* » De là l'éloquence dite canine :

Latrat et in toto verba canina foro.

(MARTIAL.)

Qu'on évite de mériter ce triste éloge, le seul que Cicéron croyait pouvoir donner d'un avocat sur le mérite duquel on l'interrogeait : *In clamando scio esse bene robustum atque exercitatum.*

7° GESTE.

SOMMAIRE. — 154 Le geste doit être sobre.

154. « *Le Geste* sert d'appui et de complément à l'accent de la voix.

» Il doit être sobre et contenu.

» Il est rare que les grands gestes soient utiles.

» Le débit et le geste ne composent pas seuls la prononciation du discours; il faut y joindre l'attitude du corps et le feu de la physionomie, spécialement celui du regard.

» Ce qu'on doit surtout éviter en cela, c'est l'exagération dans les deux sens. » (Liouville, p. 201.)

8° ACTION ORATOIRE.

SOMMAIRE. — 155. Notion de l'action oratoire. — 156. Démosthène et l'action oratoire. — 157. L'action oratoire doit être maintenue dans une juste mesure. — 158. De la véritable éloquence.

155. *L'Action oratoire* est la résultante de toutes les forces du discours. C'est d'elle que viennent le mouvement, la verve, l'émotion de l'orateur.

» C'est la chaleur d'âme qui circule dans les veines du discours. Elle donne à la voix plus d'émotion, aux yeux plus d'éclat, au geste plus d'ampleur. Elle se révèle surtout dans les causes importantes. Il arrive alors que le défenseur, emporté comme par une fougue divine, et parlant de tout son esprit et de tous ses membres, s'unit aux juges et aux auditeurs par une influence magnétique, et va toucher jusqu'au fond de leur cœur cette corde intime dont la vibration communique à l'être tout entier une sorte d'éblouissement, d'enivrement et d'entraînement irrésistibles. » (Liouville, p. 206.)

156. « On prétend qu'interrogé sur la partie capitale de l'art oratoire, Démosthène répondit *l'action;* sur la seconde, *l'action encore;* et sur la troisième, *l'action toujours.*

» Dans nos prétoires étroits, où siégent des juges en petit nombre, l'action oratoire doit tenir moins de place. Il en est autrement en cours d'assises. » (*Ib.*)

157. « Il importe de savoir la maintenir partout dans de justes bornes. L'orateur qui n'a pas l'air de sentir ce qu'il dit, laisse l'auditeur indifférent, et celui qui outre sa pensée par les cris, les gestes et les grimaces n'excite que de la moquerie. » (*Ibid.*)

158. Heureux celui qui, réunissant toutes les qualités que nous venons d'énumérer, arrive à l'éloquence véritable et parvient à produire sur son auditoire charmé ces effets si souvent décrits par les poëtes en images saisissantes.

Conticuere omnes, intentique ora tenebant,

a dit Virgile.

Depascimur aurea dicta,

a dit Horace.

Mais c'est là le privilége de quelques âmes d'élite. Que la difficulté de briller au premier rang ne décourage pas. Dans l'arène du Barreau, la seconde place est encore enviable : *Est quodam prodire tenus, si non datur ultra.*

9° DESCRIPTION DE L'AVOCAT PAR DUBREUIL.

SOMMAIRE. — 159. *De modo, gestu et habitu, quem habere debet advocatus curiæ parlamenti.*

159. Dans son ouvrage intitulé le *Style du Parlement,* Dubreuil a donné une énumération curieuse des qualités que l'on croyait nécessaires de son temps pour réaliser le parfait avocat. Elle se trouve dans le chapitre intitulé : *De modo, gestu et habitu, quem habere debet advocatus curiæ parlamenti.* C'est un bien vieux document, mais il contient quelques conseils encore bons au milieu d'autres assez naïfs. Le voici :

1° Que l'avocat au Parlement soit doué d'une prestance

imposante et d'une taille bien proportionnée, de manière à s'offrir avec avantage aux yeux des magistrats et de l'auditoire;

2° Que sa physionomie soit ouverte, franche, affable et débonnaire, et forme, d'avance, une espèce de recommandation;

3° Qu'il n'affecte pas, dans l'habitude de sa personne, une assurance présomptueuse; au contraire, qu'il provoque la faveur et l'intérêt de l'auditoire par une apparence de modestie et de réserve;

4° Qu'il n'ait rien de farouche ni d'irrégulier dans les yeux et le regard;

5° Que sa pose devant les magistrats soit décente et respectueuse, et que sa mise ne laisse voir ni recherche, ni négligence;

6° Qu'en parlant il s'abstienne de décomposer les traits de son visage par les contorsions de sa bouche et de ses traits;

7° Qu'il évite les grands éclats d'une voix glapissante;

8° Qu'il sache régler ses intonations, de manière à les tenir à une égale distance du grave et de l'aigu; que sa voix soit pleine et sonore, et offre la qualité d'un beau médium.

9° Qu'en déclamant il s'attache à une exacte prononciation;

10° Qu'il observe de ne pas trop hausser la voix, ni de la déprimer;

11° Qu'il ait soin de tenir son style en harmonie avec le sujet qu'il traite, et qu'il évite le ridicule de mettre de l'emphase oratoire à des objets de modique importance;

12° Qu'il se garde de donner à sa tête et à ses pieds une agitation déplacée;

13° Enfin que ses mouvements soient combinés et appropriés au discours, en évitant avec soin une gesticulation désordonnée et triviale.

C'est ainsi qu'on se figurait l'Avocat en l'an de grâce 1338. On voulait d'abord qu'il fût bel homme. Aujourd'hui, sur ce point au moins, l'on ne se montre plus aussi difficile.

SEPTIÈME PARTIE.

BIBLIOGRAPHIE DE LA PROFESSION D'AVOCAT.

> Le goût des livres n'est pas ruineux,
> lorsqu'on ne les achète que pour les
> étudier, et c'est sur ce plan qu'un avocat
> doit former sa b bliothèque.
>
> CAMUS.

TITRE PREMIER.

Bibliographie de l'ancien droit belge.

Bourdot de Richebourg. NOUVEAU COUTUMIER GÉNÉRAL *ou corps des coutumes générales et particulières de France et des provinces connues sous le nom de Gaules*, Paris, 1724, 4 vol. in-fol. — Voici les passages où l'on trouve les diverses parties des anciennes coutumes belges qui se rapportent à la Profession d'Avocat :

BRUXELLES.

Coutumes de Bruxelles, liv. II, art. 49, t. Ier, p. 1238. — Voy. ci-dessous CHRISTYN, LOOVENS, WYNANTS.

FURNE.

Les lois, coutumes et statuts de la ville et chastellenie de Furne (1645), liv. LVII, art. I, n°s 8 et 9, t. Ier, p. 677.

HAINAUT.

Lois, chartes et coutumes du noble pays et comté de Hainaut (1534), chap. LVI, LXVI, LXVII, t. II, p. 9, 13, 14. — Chartes nouvelles du pays et comté de Hainaut (1619), chap. LXV, LXVII, LXVIII, LXXI (art. 1), LXXVIII (art. 15, 16, 17, 18 et 19), LXXIX (art. 5 et 6), LXXXIII, LXXXIV (art. 1 et 2), LXXXVIII (art. 1, 5 et 14), CXXXVI (art. 6 et 7), t. II, p. 97 98, 100, 108, 112, 114, 116, 118, 151 (1).

LIÉGE.

Ordonnances et statuts de Son Altesse sur le règlement de la justice en son pays de Liége (1589), art. 77, 79, 100, 101, 102, t. II, 317, 318.

MALINES.

Voy. ci-dessous CHRISTYN, JAEY.

NAMUR.

Voy. ci-dessous FURLET, LELIÈVRE.

NIEUPORT.

Les coutumes et usages de la ville de Nieuport (1615), rub. 4, art. 1, n°s 48 et s., t. II, p. 737.

POPERINGHE.

Les coutumes et usages, de la ville, élection et juridiction de Poperinghe (1620), tit. XIV, art. 1, n°s 30 et 31, t. I, p. 942.

ROUSSELARE.

Les coutumes, lois et statuts de la ville et bourgeoisie de Rousselare (1624), rub. 23, t. I, p. 919.

YPRES.

Les coutumes, lois et statuts de la ville et bourgeoisie d'Ipre (1619), rub. 3, art. 1, n°s 17, 33, 34, t. I, p. 880, 881.

Bouricii (J.) ADVOCATUS, SIVE DE ADVOCATI MUNERE ET OFFICIO, Magdebourg, 1716, in-12. — Une autre édition existe

(1) Cette coutume est une des plus remarquables sur la Profession d'Avocat.

à la Bibliothèque du Barreau de Bruxelles et à la Bibliothèque royale de la même ville. Elle a été imprimée à Leeuwarden en 1651, in-12. Voir aussi les œuvres de Bouricius, Franckervi, 1700-4 (1).

Britz (M.-J.), docteur en droit, etc., CODE DE L'ANCIEN DROIT BELGIQUE, Bruxelles, Vandaele, in-4°, 1847. Voy. à la table le mot AVOCATS.

Caccialupus (*Joan-Baptisto*). DE OFFICIO ADVOCATI, *Coloniæ*, 1589, in-8°.

Christyn (Jean-Baptiste), avocat à la cour souveraine du Brabant, BRABANDTS REGHT, *dat is* GENERALE COSTUMEN *van den lande ende hertoghdomme van* BRABANDT, *midtsgaden van het hertoghdom van* LIMBORGH, *stede ende lande van* MECHELEN, 2 vol. in-fol., Antwerpen, 1582, Knobbaert. — Voy. la table alph. du 2ᵉ vol., vᵒ *Advocaeten*; la table de toutes les coutumes contenues dans l'ouvrage est en tête du premier volume.

Damhouder (Joost de), van Brugge, PRACTYCKE IN DE CIVILE SAECKEN, Rotterdam, 1649, Van Waesberge, 1 vol. — Traduction hollandaise. Voir la table, au mot *Advocaet*; le chap. XCVI, fol. 199, est intitulé *Van advocaten* et le chap. CXXIX, fol. 288 : *Van exceptien teghen advocaten te proponeren.*

De Bavay (C.-V.), Procureur Général à la cour d'appel de Bruxelles, LES RÈGLEMENTS JUDICIAIRES D'AUTREFOIS, discours prononcé à l'audience de rentrée de la cour d'appel de Bruxelles, le 15 octobre 1866. — *Belg. Jud.*, XXIV, 1866, p. 1329, spécᵗ p. 1334. A aussi été tiré à part (2).

(1) Nous avons donné de plus amples détails sur le livre de Bouricius, *sup.* p. 5, en note.

(2) M. De Bavay a aussi publié diverses autres brochures qui intéressent plutôt la magistrature que le Barreau. Nous pouvons citer : LE GRAND CONSEIL DE MALINES et LE CONSEIL DE FLANDRE, études publiées toutes deux dans la *Revue des Revues de droit*, éd. belge de Decq, la première, t. XIV, p. 42 et 241, la seconde, *ib.*, p. 233 ; PECKIUS, SA VIE ET SES TRAVAUX, *ib.*, t. VIII, p. 349.

De Ghewiet. INSTITUTIONS DU DROIT BELGIQUE, tant par rapport aux dix-sept provinces qu'au pays de Liége, Bruxelles, 1758. Voir la table du tome second, au mot *Avocats*; à la fin du même tome se trouve la MÉTHODE POUR ÉTUDIER LA PROFESSION D'AVOCAT (1).

Du Roy de Blicquy (Gustave), avocat du barreau de Bruxelles, LE BARREAU BELGE SOUS LE DROIT COUTUMIER, discours, pron. à l'ouv. Conf. du Jeune Barreau, 1868. — *Belg. Jud.*, XXVIe an., 1868, p. 1585.

Fritschius (Ahasverus), ADVOCATUS PECCANS, *Vratislaviæ*, 1678, in-8°.

Furlet (Henri), imprimeur juré, ORDONNANCES, STIL ET MANIÈRE DE PROCÉDER *du Conseil provincial et des Cours subalternes au Pays et Comté* de NAMUR. — Namur, 1622, Furlet, in-4°. Le chap. 4, fol. 49, est intitulé : *Des Advocats et Procureurs*.

Jaey (Henri), imprimeur, ORDONNANCES, STATUTS, STIL ET MANIÈRE DE PROCÉDER, *faites et décrétées par le Roy nostre Sire, pour le* GRAND CONSEIL *de Sa Majesté*. MALINES, 1519, Jaey, in-4°. — Le chapitre des Advocats et Procureurs est au fol. 57.

Lelièvre (X.), INSTITUTIONS NAMUROISES, II, AVOCATS AU CONSEIL DE NAMUR, publié dans les Annales de la Société archéologique de Namur, t. IX, livr. 4, p. 328, 1867.

Loovens (Joannes Emmanuel), advocaet. PRACTYCKE, STIEL ENDE MANIERE VAN PROCEDEREN IN HAERE MAJESTEITS SOUVEREYNEN RAEDE VAN BRABANT, *met den stiel generael van subalterne Bancken ende Gerichten*, Brussel, 1745, by Lemmens. — Le deuxième volume contient le style de procédure dont le chap. VIII, fol. 81, est intitulé : *Van de Advocaeten en den Raede postulerende.*

(1) Voir ci-dessus plus de dét ils, p. 3 et 4, en note, et ci-après, *Belgique Judiciaire*, 16e année, 1858.

Magonus (*Joan-Baptista*). CYNOSURAM ADVOCATORUM, *seu de ratione recte advocandi et patrocinandi in jure*, *Francofurti*, 1639, in-8°.

Manzius (*Caspar*). DE ADVOCATIS, PROCURATORIBUS ET DEFENSORIBUS, *Ingolstadii*, 1659, in-8°.

Mazienzus (*Joan*). DE REFERENDARIORUM, ADVOCATORUM ET JUDICUM OFFICIO, REQUISITIS, DIGNITATE ET ÉMINENTIA, *Francofurti*, 1618, in-4°. — Struvius recommande particulièrement cet ouvrage.

Orts, avocat au barreau de Bruxelles. DE LA PROFESSION D'AVOCAT EN BELGIQUE AVANT LA DOMINATION FRANÇAISE, trois articles publiés dans la *Belgique Judiciaire*, IIe année, p. 1535, 1551 et 1599.

Repartz. HISTOIRE DE SAINT YVES, *patron des gens de justice*, 1253-1303. Bruxelles, 1850, in-8°.

Sohet. INSTITUTS DE DROIT pour le pays de LIÉGE, LUXEMBOURG, NAMUR ET AUTRES, Bouillon, 1772. Voy. le mot *Avocats*, à la table de cet ouvrage.

Thœnnickeri (Joan. Davidis) ADVOCATUS PRUDENS IN FORO CIVILI. *Chemnitii et Lipsiæ*, 1717, in-4°. « *Quo brevem*, dit Struvius, *advocati institutionem sistit, et facili docet methodo, quibus rationibus advocatus, clientis in formatione et prosecutione processus obtinere scopum, adversarii machinationes et cautelas elidere, conatusque judicis causæ contrarii interrumpere possit.* »

Le même, ADVOCATUS PRUDENS IN APPELLATIONIS INSTANTIA. *Chemnitii*, 1718, in-8°.

Wynants (Goswin comte de). REMARQUES (manuscrites) SUR LES ORDONNANCES DU CONSEIL DE BRABANT DU 13 AVRIL 1604. — Se trouve à la Bibliothèque du barreau de Bruxelles. Voy. la Table alphabétique de cet ouvrage au mot *Avocats*.

Zieglerus (Caspar). RABULISTICA SIVE DE ARTIBUS RABU-
LARIIS. *Dresdæ*, 1685, in-4°. « *Qua dissertatione*, dit Struvius (1), *vitia advocatorum tangit.* »

TITRE DEUXIÈME.

Bibliographie des ouvrages belges contemporains.

Anonyme. REMARQUES SUR LE SERMENT PRESCRIT AUX
AVOCATS PAR LE DÉCRET DU ROI DU 25 FÉVRIER 1817 : *Ik zweire
getrouwigheid aen den Koning en onderwerpinge aen de
Grondwet,* — *et sur l'opinion qui le déclare licite sans restriction quoiqu'il conviendrait d'en ajouter* (sic) *celle prescrite par
le serment des juges, etc.* (10 pages.) (2).

Anonyme. PRÉSERVATIF CONTRE LES REMARQUES SUR LE
SERMENT PRESCRIT AUX AVOCATS, etc., *dans une lettre écrite par
un curé du diocèse à un de ses amis* (14 pages) (2).

Anonyme. RÉFLEXIONS SUR LE DÉCRET IMPÉRIAL DU
14 DÉCEMBRE 1810, *relatif à l'exercice de la Profession d'avocat,
et la discipline du Barreau, à l'occasion de la lettre interpréta-
tive de l'art.* 15 *du même décret, adressée par M. le Procureur
du Roi près le Tribunal de première instance de Bruxelles,* — *à
Messieurs les jeunes avocats stagiaires à la Cour Royale.* —
Bruxelles, 1823, chez Berthot, libraire, au bureau de *la Belgique.*

Anonyme (M. J. Barbanson, avocat). LETTRE D'UN PLAI-
DEUR *sur l'office ministériel et sur les dissensions du Barreau,*
à M. H. Dolez. Bruxelles, 22 janvier 1839.

Anonyme (attribué à M. Sanfourche-Laporte). FÉLICI-

---

(1) *Bibliotheca juris selecta*, JENÆ, 1725.
(2) Comp. *sup.* p. 18, note 2.

TATIONS ADRESSÉES A L'AUTEUR DU FACTUM INTITULÉ : *Lettre d'un plaideur sur l'office ministériel et sur les dissensions du Barreau,* — *par un autre plaideur.* Bruxelles, Deprez-Parent, 1839, broch. in-4°.

Belgique Judiciaire.

NOTA. Les articles les plus importants sont indiqués séparément sous le nom de leurs auteurs.

1re ANNÉE, 1843. — Demande d'honoraires pour redressement d'une erreur judiciaire, 24, 93. — Condamnation de Lincelle, à Paris, pour port illégal du costume d'avocat, 174. — Suicide d'un avocat à Versailles, 206. — Refus d'inscrire l'avocat Pointe au tableau de l'Ordre à Charleroi, 256, 338. — Mesures sévères contre deux avocats du barreau de Liége, 335, 651, 1138, 1287, 1671. — Disette d'avocats à Ostende, 341. — Abus de confiance commis par un avocat à Courtrai, 697. — Interruption de la plaidoirie d'un avocat par un magistrat de la Cour criminelle de Gueldre, 890. — Entretien de l'Avocat avec son client détenu préventivement, avant la mise en jugement, 890. — Démission donnée par les avocats en cassation à Paris, 1156. — Circulaire adressée aux barreaux allemands par les avocats du Wurtemberg, 1670.

2me ANNÉE, 1844. — Circulaire du Ministre de la Justice aux Procureurs Généraux sur l'exécution de l'arrêté du mois d'août 1836, 9. — Circulaire adressée aux barreaux d'Allemagne par les avocats du Wurtemberg (suite), 477. — Conflit entre les avocats de Paris et le premier président Séguier, 781, 941, 966, 1064, 1078, 1108, 1123, 1191, 1262, 1326.

3me ANNÉE, 1845. — Société des avocats du Schleswig-Holstein-Lauenbourg, pétition au roi de Danemark, 80. — Suspension de l'avocat Michel de Bourges, 766 ; sa nomination comme bâtonnier, 1672. — Suspension d'un avocat à Londres, 1030.

4me ANNÉE, 1846. — Condamnation pour un soufflet donné à un avocat, 16. — Vente de la défroque d'un avocat espagnol, pour subvenir à la contribution, 32. — Polémique soulevée par une décision du conseil de discipline de Bruxelles, 190, 287, 1190. — Coups portés à M. de Chancel, à Bordeaux, 319. — Radiation de l'avocat Ledru, 320, 402, 709. — Discipline à Tunis, 1172.

5me ANNÉE, 1847. — Conflit de l'ordre des avocats à Liége avec la première chambre de la Cour, question d'honoraires, 356.

6me ANNÉE, 1848. — Les vacances judiciaires par Bataillard (extrait de la *Gazette des Tribunaux*), 933.

7me ANNÉE, 1849. — Les avocats au théâtre : énumération d'œuvres dramatiques relatives à la profession d'avocat, 944 (1).

9mo ANNÉE, 1851. — La guerre à propos des honoraires d'un avocat, 111.

10me ANNÉE, 1852. — Conflit du Barreau avec le tribunal de commerce de Bruxelles, 1589. — *Sup.* p. 42.

12me ANNÉE, 1854. — Refus de MM. Bastiné et Lavallée d'accepter une réélection au conseil de l'Ordre, 1011. — La confrérie de Saint-Yvon, 1006.

13me ANNÉE, 1855. — Discours de M. Allard sur l'utilité de la Conférence du jeune barreau, 1463 (dans le compte rendu de la séance de rentrée).

14me ANNÉE, 1856. — Allocution de M. Dequesne sur le même sujet, 1563. — Les Présidents qui interrompent les Avocats, p. 752.

15me ANNÉE, 1857. — Un avocat qui a envoyé au Premier Président sa carte par la poste avant la prestation de serment, 736.

16me ANNÉE, 1858. — Allocution de M. Vervoort sur l'utilité de la Conférence du jeune barreau, 1503. — Ce que devait étudier, au témoignage de De Ghewiet, le licencié en droit sorti de l'ancienne Université de Louvain, pour se préparer à la Profession d'avocat, 526.

17me ANNÉE, 1859. — Conflit entre le Barreau et le tribunal de commerce d'Anvers, 396. — La Bibliothèque des avocats de la cour d'appel de Bruxelles, 303. — Les prédicats de la Magistrature et du Barreau, par J. L. (Jules Lejeune), 750. —

18me ANNÉE, 1860. — Discours sur la profession d'avocat, par M. Verhaegen aîné, en assemblée générale du barreau de Bruxelles, 1073. — Allocution de M. Fontainas sur l'utilité de la Conférence du jeune barreau, 208.—Interdiction de M. Ollivier, du barreau de Paris, 31, 48, 280. — L'avocat F., juif,

___
(1) Voy. ci après TRUINET, *Pourquoi Molière n'a pas joué les avocats.*

devant le conseil de discipline du barreau de Lyon, 286.

19me ANNÉE, 1861. — Allocution de M. Barbanson sur l'utilité de la Conférence du jeune barreau, 309. — Id. de M. De Linge, 1483.

20me ANNÉE, 1862. — Allocution de M. Arntz à la rentrée de la Conférence du jeune barreau de Bruxelles, 1467.

21me ANNÉE, 1863. — Discours de M. Jamar, sur la profession d'avocat, à la rentrée de la Conférence, 1480. — Les avocats étrangers peuvent-ils faire partie des conseils de discipline, 977.

22me ANNÉE, 1864. — Discours de M. A. Roussel, sur la Profession, 1521.— Conflits entre magistrats et avocats, liberté de la défense en Angleterre, 527. — Guillaume Du Breuil, auteur du Style du Parlement ; Mœurs judiciaires du xive siècle ; Conseils sur la profession d'avocat, 1036. — Chronique judiciaire, p. 832, 1024, 1419, 1483 et 1548.

23me ANNÉE, 1865.— Banquet offert à M. Barbanson par le barreau de Bruxelles, 177 et 317. — Discours de M. Jamar, bâtonnier, sur la profession d'avocat, prononcé à l'ouverture de la Conférence du jeune barreau de Bruxelles, en 1865, 1545. — Chronique judiciaire, 13, 140, 256, 317.

24me ANNÉE, 1866. — Allocution de M. Lavallée, bâtonnier, sur la profession d'avocat, à l'ouverture de la Conférence du jeune barreau, 1536.

25me ANNÉE, 1866. — Mise en vigueur de la loi sur la mise à la retraite des magistrats ; discours d'adieu de la Magistrature et du Barreau, 1153. — L'abbé Contrafatto et l'ex-avocat Ledru, 1503.

Claudius (Edmond Picard). EXAMEN DE QUELQUES QUESTIONS RELATIVES A LA PROFESSION D'AVOCAT (Conférence du jeune barreau, etc.), *Belg. Jud.*, XXe an., p. 1441, et XXIe an., p. 1 et 161.

De Fuisseaux (E.), avocat du barreau de Bruxelles. LE BATONNAT, discours à la séance de rentrée de la Conférence du jeune barreau de Bruxelles, 1858, *Belg. Jud.*, XVIe an.,

p. 1489. Aussi tiré à part en br. in-8°, Bruxelles, Vander-
slaghmolen, 1858.

Duchaine (Gustave), avocat du barreau de Bruxelles.
Du STAGE, article publié dans la *Belgique Judiciaire*, XXI° an.,
1863, p. 1441.

Le même, DES DROITS ET PRÉROGATIVES DE L'AVOCAT,
discours prononcé à la rentrée de la Conférence du jeune barreau de Bruxelles, en 1864, *Belg. Jud.*, XXII° année, 1864,
1521. — A aussi été publié en brochure in-8°, Bruxelles,
Poot et Cⁱᵉ, 1864.

Francart (A.), avocat, docteur en sciences politiques et
administratives. LES AVOCATS, *droit français, droit belge,* brochure in-8ᵇ, Mons, chez Manceaux, 1867.

Gendebien (J.), avocat. PLINE LE JEUNE *ou l'avocat
romain*, article publié dans la *Belgique Judiciaire*, V° année,
1847, p. 145.

Le même. JURISCONSULTES, MAGISTRATS, LÉGISLATEURS
BELGES : ANTOINE BARTHÉLEMY, avocat, 1766-1832, article
publié dans la *Belgique Judiciaire*, XIV° année, 1856,
p. 769 (1).

Jottrand (L.). DES AVOCATS EN BELGIQUE, articles publiés
dans la *Belgique Judiciaire*, VIII° année, 1850, p. 241 et 257.
— Ont aussi été tirés à part chez Decq, in-8°, mais sans les
notes.

Liénart (Albert), avocat du barreau de Bruxelles. LES
HONORAIRES DE L'AVOCAT, Discours prononcé à la rentrée de la
Conférence du Jeune Barreau, en 1866, *Belg. Jud.*, XXIV° an.,
1866, p. 1521. — Tiré à part in-8°, Bruxelles, Poot et Cⁱᵉ,
1866.

Olin (Xavier), avocat du barreau de Bruxelles. LE SERMENT

(1) Voy. ci-dessus, Introduction historique, p. 17, et la note.

DE L'AVOCAT, Discours à la séance de rentrée de la Conférence du Jeune Barreau, en 1863, *Belg. Jud.*, XXIᵉ an., p. 1457. — Tiré à part, in-8°, Bruxelles, Poot et Cⁱᵉ, 1863.

Picard (Edmond), avocat du barreau de Bruxelles, PROFESSION D'AVOCAT : DU PRIVILÉGE DES HONORAIRES DE LA DÉFENSE CRIMINELLE. Bruxelles, in-8°, chez Decq, 1869.

Le même. Voy. ci-dessus, p. 405, CLAUDIUS.

Le même. Voy. ci-dessus, p. 405, *Belgique Judiciaire*, XXIIᵉ et XXIIIᵉ années, 1864 et 1865, *Chronique judiciaire*.

Quairier, avocat du barreau de Bruxelles. DU TRAVAIL DANS LA PROFESSION D'AVOCAT, Discours prononcé à la séance de rentrée de la Conférence du Jeune Barreau, *Belg. Jud.*, XIVᵉ an., 1856, p. 1353. — Tiré à part.

R........ LETTRE A L'AVOCAT X........, à..., *pour lui rappeler, ce qu'il paraît avoir oublié depuis quatre ans, qu'un honnête homme ne se dépouille pas de sa conscience en endossant sa robe d'avocat*, 1837, broch. in-4° de 30 p. — *Sup.* p. 300, note 2.

Robert (Eugène), avocat du barreau de Bruxelles. DU ROLE PUBLIC DE L'AVOCAT, Discours prononcé à la rentrée de la Conférence du Jeune Barreau de Bruxelles en 1865, *Belg. Jud.*, XXIIIᵉ an., 1865, p. 1537. — Tiré à part, in-8°, Bruxelles, Poot et Cⁱᵉ, 1865.

Robert, avocat au barreau de Liége. LE STAGE, Discours prononcé à la rentrée de la Conférence du Jeune Barreau de Liége, le 12 novembre 1867, *Belg. Jud.*, XXVᵉ an., 1867, p. 1457.

Tielemans (T.) et **De Brouckere** (C.). RÉPERTOIRE DE L'ADMINISTRATION ET DU DROIT ADMINISTRATIF DE LA BELGIQUE, Bruxelles, Weissenbruch. — Voir les mots AVOCATS DE L'ADMINISTRATION.

Van den Kerkhove (L.), avocat du barreau de Bruxelles. EXAMEN DU PROJET DE LOI DU 22 AVRIL 1856 SUR L'ORGANISATION JUDICIAIRE, article publié dans la *Belgique judiciaire*, XIVᵉ année, 1856, p. 929. L'examen du chapitre intitulé *Des avocats* se trouve p. 969 ; voir les notes.

Van Hoorde, Sanfourche-Laporte, Verhaegen aîné, **Spinnael** et **Mascart.** PROJET DE LOI CONTENANT RÈGLEMENT POUR L'ORDRE DES AVOCATS, *soumis par le barreau de Bruxelles aux autres barreaux du royaume (invités à faire parvenir sans délai et franc de port, leurs observations au secrétaire du conseil de discipline, au Palais de Justice), pour, après révision, être présenté à la prochaine Législature,* août 1831.

TITRE TROISIÈME.

Bibliographie générale de la Profession d'Avocat.

Aguesseau (le chancelier d'). L'INDÉPENDANCE DE L'AVOCAT, Discours pour l'ouverture des audiences du Parlement, prononcé en 1693. — Se trouve dans les œuvres de d'Aguesseau.

Anonyme, TRÈS-HUMBLES REMONTRANCES *pour faire cognoistre que on doit laisser comme de coustume l'honoraire des advocats a la discrétion de leurs parties, sans désirer qu'ils la taxent et qu'ils baillent des quittances; dressées par un jeune avocat qui a recueilli la ration des anciens,* 1603, 13 pages in-4º.

Anonyme (attribué par l'abbé Goujet au fils de d'Aguesseau, aide de M. Romieu, avocat aux conseils). LETTRE D'UN ANCIEN AVOCAT AUX CONSEILS AU SUJET DU NOUVEAU RÈGLEMENT CONCERNANT LES AVOCATS, Paris, 1739, in-12.

Anonyme (E.-R.). LES ANCIENS HOMMES DE PALAIS, trois

articles publiés dans la *Belgique Judiciaire*, IXᵉ année, 1851, p. 1133 et 1149.

Anonyme (attribué à Cocquard, avocat au Parlement). Lettre ou dissertation *où l'on peut voir que la profession d'avocat est la plus belle de toutes*, Londres, 1733, in-18.

Anonyme (attribué au même). Lettres a M*** *où l'on examine si les juges qui président aux audiences peuvent légalement interrompre les avocats lorsqu'ils plaident*, 1733. Rééditée par Dupin dans ses Lettres sur la Profession d'avocat, etc., éd. belge, t. Iᵉʳ, p. 278.

Anonyme. Le Ministère public et le Barreau, *leurs droits et leurs rapports*, avec une introduction de M. Berryer, Paris, Lecoffre, 1860, in-8°.

Archambault (bâtonnier). La Profession d'avocat, Disc. d'ouv. de la Conférence, 10 novembre 1818, Paris.

Le même. Les Études de l'Avocat, Disc. d'ouv. de la Conférence, 16 novembre 1819, Paris.

Aubépin. Portalis, avocat au Parlement de Provence, publié dans la *Revue historique de droit français et étranger*, T. II, p. 180.

Avond (Eugène), stagiaire. Le barreau moderne, Disc. d'ouv. de la Conf., 4 janvier 1845, Paris.

Baillehache, stagiaire. L'Indépendance de l'Avocat *dans ses rapports avec les libertés publiques*, Disc. d'ouv. de la Conf., 26 novembre 1832, Paris.

Baroche, bâtonnier. Nécessité de la patience pour le jeune avocat, Disc. d'ouv. de la Conf., 28 novembre 1846, Paris.

Le même. Confraternité, modération, désintéressement, dévouement, etc., Disc. d'ouv. de la Conf., 11 décembre 1847, Paris.

Bast (Amédée de). LES GALERIES DU PALAIS DE JUSTICE de Paris (1280-1789), mœurs, usages, coutumes et traditions judiciaires (1851-1854), 4 vol. in-8°.

Le même. LE PARLEMENT DE PARIS ET LE BARREAU PENDANT LE SYSTÈME DE LAW, article publié dans le *Droit*, reproduit dans la *Belg. Jud.*, XXIII° an., 1865, p. 651 et 667.

Berryer, père. SOUVENIRS DU BARREAU (1774 à 1838), 2 vol. in-8°, 1838.

Beneeh, professeur de droit à Toulouse. OPINION DE CICÉRON SUR LE DROIT ET LES JURISCONSULTES ROMAINS. Article publié dans la *Revue des revues de droit*, éd. belg. de Decq, T. XIV, p. 110.

Berryer. Discours prononcé le 9 décembre 1852 à l'ouverture de la Conférence. AVANTAGES POUR LES AVOCATS, LES CLIENTS ET LA JUSTICE, DE LA PRATIQUE FIDÈLE DES RÈGLES PROFESSIONNELLES.

Bethmont, bâtonnier. Discours prononcé le 30 novembre 1854 à l'ouverture de la Conférence, DE LA DISCIPLINE ET DE L'AMOUR QUE L'AVOCAT DOIT AVOIR POUR ELLE.

Le même. HISTORIQUE DES COLONNES DU BARREAU, Disc. d'ouv. de la Conf., 13 décembre 1855, Paris.

Biarnoy de Merville, avocat au Parlement de Paris. RÈGLES POUR FORMER UN AVOCAT, *avec un index des livres de jurisprudence les plus nécessaires à un avocat*, Paris, 1778, in-8°.

Billecocq. Discours prononcé en 1812 à l'ouverture d'une conférence particulière sur la PROFESSION D'AVOCAT, CONSIDÉRÉE SOUS LE RAPPORT DES ENCOURAGEMENTS SUCCESSIFS QU'ELLE OFFRE A CEUX QUI L'EXERCENT (dans le tome IX, p. 270, des Annales du Barreau français).

Le même. CONFIANCE QUE L'AVOCAT DOIT AVOIR DANS SES

ANCIENS, Discours prononcé le 13 novembre 1821, à l'ouverture de la Conférence.

Le même. NÉCESSITÉ DE L'ALLIANCE ENTRE LE BARREAU ET LA MAGISTRATURE, Discours prononcé le 12 novembre 1822, à l'ouverture de la Conférence.

Billot. DU BARREAU ET DE LA MAGISTRATURE, *suivi d'un essai sur les juridictions*, 1851, in-8°.

Blackstone. COMMENTAIRE SUR LES LOIS ANGLAISES, traduction de M. D. G*, Bruxelles, in-8°, De Bouders, 1776. — Voy. tome IV, p. 41.

Blaquel (Nicolas). L'ÉLOGE ET LES DEVOIRS DE LA PROFESSION D'AVOCAT, Paris, 1713, in-12, p. 283, 11 chapitres.

Boinvilliers. DE L'ESPRIT DE SUBORDINATION, Disc. d'ouv. de la Conf., 2 décembre 1848, Paris.

Bonjour. DE LA DIGNITÉ DE L'AVOCAT, 1858, in-8°.

Bonnet (Louis-Ferdinand), avocat au Parlement, bâtonnier en 1817-1818, conseiller à la Cour de Cassation. LES TROIS AGES DE L'AVOCAT, discours, 1786.

Bonnet (Jules). MES SOUVENIRS DU BARREAU DEPUIS 1804, in-8°, Paris, Durand, 1864.

Boucher d'Argis (Antoine-Gaspard), écuyer, avocat au Parlement. HISTOIRE ABRÉGÉE DE L'ORDRE DES AVOCATS, Paris, Durand, 1778. — Voy. Dupin.

Bourquelot. JEAN DES MARES, AVOCAT AU PARLEMENT DE PARIS, AU XIVᵉ SIÈCLE, publié dans la *Revue historique de droit français et étranger*, T. IV, p. 244.

Calenge. Voy. DENISART (nouveau).

Camus, avocat au Parlement de Paris, député à la Constituante et à la Convention. LETTRES SUR LA PROFESSION D'AVO-

CAT et *Bibliothèque choisie des livres de droit*, 1772. — A eu depuis plusieurs éditions. Voy. DUPIN.

Carnot. DE LA DISCIPLINE JUDICIAIRE *considérée dans ses rapports avec les juges, les officiers du ministère public, les avocats, etc.* Paris, 1825, in-8°.

Castiau, stagiaire. DÉCOURAGEMENT DU JEUNE BARREAU, Disc. d'ouv. de la Conf., 22 novembre 1834, Paris.

Cauvin. Voy. FRANQUE et CAUVIN.

Chaix d'Est-Ange, bâtonnier. LA PROFESSION D'AVOCAT ET LES ÉTUDES QU'ELLE EXIGE AUJOURD'HUI, Disc. d'ouv. de la Conf., 26 novembre 1842, Paris.

Le même, bâtonnier. Discours prononcé le 2 décembre 1843 à l'ouverture de la Conférence : RÈGLES PRINCIPALES DE LA PROFESSION : CONFRATERNITÉ, COMMUNICATION LOYALE DES PIÈCES, CONCILIATION, MODÉRATION, DÉSINTÉRESSEMENT, ETC., ETC.

Charrié. MÉDITATIONS SUR LE BARREAU, Paris, septembre 1835.

Chauvot. LE BARREAU DE BORDEAUX DE 1775 A 1815, Bordeaux, 1856, in-8°.

Chavray de Boissy. L'AVOCAT OU RÉFLEXIONS SUR L'EXERCICE DU BARREAU, Rome et Paris, 1778, in-8°, br.

Cocquard. Voy. ANONYME.

Corpus Juris de Justinien. Les textes dans lesquels se trouvent les règles du Droit romain, concernant les avocats, sont énumérés dans Liouville, éd. 1864, p. 245, en note, 2e partie, Lois et Règlements, chap. Ier.

Courtin, ancien magistrat. ENCYCLOPÉDIE MODERNE, *par une société de gens de lettres,* v° BARREAU. — L'article est de M. Courtin, 1829.

Couture. Mon Portefeuille, Paris, 1840. *Petit volume,* dit Gaudry, *où plusieurs avocats sont jugés avec sagesse.*

Dareau. Voy. Merlin.

Daviel (A.), avocat à la Cour royale de Rouen. Examen de l'ordonnance de 1822 sur l'ordre des avocats, Paris, 1822, in-8°. — Rééditée par Dupin dans ses Lettres sur la Profession d'Avocat, éd. belge, t. I, p. 307.

Delahaye, bâtonnier à Paris. Le Travail de l'Avocat, Discours prononcé le 14 décembre 1820.

Delangle, bâtonnier. L'Avocat doit être écouté des magistrats, son travail doit être incessant et persévérant, Disc. d'ouv. de la Conf., 24 novembre 1836, Paris.

Denisart (Jean-Baptiste), procureur au Châtelet. Collection de décisions nouvelles, etc., 1754, v° Avocat.

Denisart (nouveau). V° Avocat. L'article est de Calonge.

Desmarest, bâtonnier de l'Ordre à Paris. Discours prononcé à la clôture des travaux de la Conférence, *Belg. Jud.,* XXIII° an., 1865, p. 929. — Second discours prononcé le 16 décembre 1865, XXIV° an., 1866, p. 401.

Domat, advocat du Roy au Siége Présidial de Clermont en Auvergne. Œuvres, Paris, 1733, David. Voir la table, v° Avocat, particulièrement, tome II, p. 182.

Dubeux. Essai sur l'institution de l'avocat des pauvres, *et sur les moyens de défense des indigents dans les procès civils et criminels,* 1847, in-8°.

Dufaure, bâtonnier de l'Ordre à Paris. Discours sur la profession d'avocat, prononcé à la séance d'ouverture de la Conférence, le 6 décembre 1862, *Belg. Jud.,* XXI° an., p. 321, Il n'y a rien d'arbitraire dans les règles de la profession. — Grandeur du rôle de l'avocat. — Deuxième discours prononcé à la séance du 19 décembre 1863, *Belg. Jud.*, XXIIe an., p. 561 : DEVOIRS GÉNÉRAUX DE L'AVOCAT. — Troisième discours prononcé à la clôture, le 24 juillet 1864, *ib.*, 961.

Dupin aîné (A.-M.-J.-J.). OPUSCULES contenant : I. Profession d'avocat. — II. Bibliothèque choisie à l'usage..... des jeunes avocats..... — XI. Libre défense des accusés. — XII. De l'improvisation..... 1851, gr. in-18.

Le même. MÉMOIRES, t. Ier, Souvenirs du Barreau, 1855, in-8°.

Le même. Voy. LOISEL.

Le même. LETTRES SUR LA PROFESSION D'AVOCAT, par CAMUS, enrichies de pièces concernant l'exercice de cette profession, par Dupin aîné, Berville, Cormenin, Carré, Delacroix-Trainville, Dupin jeune, Armand Séguier, Pardessus, 5e éd., Bruxelles, Tarlier, 1833, 2 vol. in-4°. — Le premier volume contient l'histoire abrégée de l'Ordre des Avocats, par BOUCHER D'ARGIS.

Dupin. MANUEL DES AVOCATS ET DES ÉTUDIANTS EN DROIT, contenant :

1° Bibliothèque choisie ou notice des livres qui leur sont les plus nécessaires, par M Dupin ;

2° Réflexions sur l'Enseignement et l'Étude du Droit, suivies de quelques Règles sur la manière de soutenir thèse dans les actes publics, par M. Dupin ;

3° Précis historique du Droit Romain depuis Romulus jusqu'à nos jours, par M. Dupin ;

4° *Prolegomena Juris ad usum scholæ et fori, auctore* Dupin ;

5° *Franciscii Baconii, tractatus de fontibus juris, per aphorismos, cum annotationibus* Dupin ;

6° De la Jurisprudence des Arrêts, à l'usage de ceux qui les font et de ceux qui les citent, par M. Dupin (1).

7° Supplément à la Bibliothèque choisie pour le Royaume des Pays-Bas, par M. Warnkœnig ;

8° De l'Enseignement du Droit dans les Universités du Royaume des Pays Bas, par M. Warnkœnig. Bruxelles, chez Stapleaux, 1823.

---

(1) Voir les sommaires de cet opuscule, ci-dessus, p. 367, en note.

Dupin, Philippe, bâtonnier. Discours prononcé le 22 novembre 1834, Sur l'alliance entre le barreau et la magistrature.

Le même. Discours prononcé le 28 novembre 1835, à l'ouverture de la Conférence, sur Le respect que l'avocat doit, spécialement, avoir pour la loi.

Le même. Voy. Encyclopédie du Droit.

Durand Saint-Amand. Devoirs civiques des avocats, Disc. d'ouv. de la Conf., 28 novembre 1833, Paris.

Duvergier, bâtonnier. Discours prononcé le 13 décembre 1845 à l'ouverture de la Conférence : Des devoirs de la profession, des règles auxquelles elle est soumise, des traditions et des usages d'après lesquels elle se gouverne.

Egger (E.). *Mémoire sur cette question :* Si les athéniens ont connu la profession d'avocat, 1860, br. gr. in-8°.

Encyclopédie du Droit, publiée sous la direction de MM. Sebire et Carteret, avocats, Paris, Mellier, 1842, v° Avocat. L'article est de Philippe Dupin.

Encyclopédie moderne. Voy. Courtin.

Falconet. Le barreau français moderne, 1806, 2 vol. in-4°.

Le même. L'influence du barreau sur la liberté, Disc. d'ouv. de la Conférence, 1837, Paris.

Ferrière (Claude-Joseph de), ancien avocat au Parlement. Dictionnaire de droit et de pratique, etc., 1734, v^is Avocat, Éloquence du Barreau, Honoraires, etc.

Ferry (J.), stagiaire. Influence des idées philosophiques sur le barreau, au XVIIIe siècle, Disc. d'ouv. de la Conférence, 13 décembre 1855, Paris.

Forcade La Roquette (Adolphe de). LE BARREAU SOUS LOUIS XV, Disc. d'ouv. de la Conférence, 13 décembre 1845, Paris.

Fournel. HISTOIRE DES AVOCATS AU PARLEMENT DE PARIS DEPUIS SAINT LOUIS JUSQU'AU 15 OCTOBRE 1790, Paris, 1813, 2 vol. in-8°, Maradan.

Fournel (F.). HISTOIRE DU BARREAU DE PARIS DANS LE COURS DE LA RÉVOLUTION, 1816, in-8°.

Franque, avocat. BREVIARIUM ADVOCATORUM, *seu rotundiores juris regulæ secundum ordinem materiarum alphabeticum dispositæ*, Paris, 1830. — Contrefait en Belgique.

Franque (A.) et **Cauvin** (H.), avocats à la Cour royale. CODE DE L'AVOCAT, précédé d'une lettre d'introduction et d'un opuscule inédit sur la question de la patente des avocats, par M. MARIE, bâtonnier de l'Ordre, Paris, 1841, Paulin. — Éd. de la codification de la législation française.

Fyot de la Marche, comte de Montpon, conseiller au Parlement de Paris. L'ÉLOGE ET LES DEVOIRS DE LA PROFESSION D'AVOCAT, 1713.

Gaudry, ancien bâtonnier de l'Ordre, à Paris. HISTOIRE DU BARREAU DE PARIS, depuis son origine jusqu'à 1830.—Paris, Durand, 1864. 2 vol. in-8°.

Le même. Discours prononcé le 7 décembre 1850 à l'ouverture de la Conférence : LE PATRONAGE DES ANCIENS.

Le même. Discours prononcé le 29 novembre 1851 : LA CONFÉRENCE DES JEUNES AVOCATS.

Gibault, avocat à Poitiers. GUIDE DE L'AVOCAT, *ou essai d'instructions pour les jeunes gens qui se destinent à cette profession*, Paris, 1814, 2 vol. in 12, Beaucé.

Grellet-Dumazeau. LE BARREAU ROMAIN, *recherches*

et études sur le Barreau de Rome depuis son origine jusqu'à Justinien, et particulièrement au temps de Cicéron, 2ᵉ éd., 1858, in-8°. — Reproduit dans la *Belgique Judiciaire*, VIIᵉ année, 1849, p. 1292 et 1210.

Guérout. Découverte des mystères du palais, MDCLXXXX, in-12.

Henriot, conseiller à la Cour impériale de Paris, ancien procureur général. Les poètes juristes ou remarques des poètes latins sur les lois..... et le barreau. — Voir 5ᵐᵉ partie intitulée *du Barreau*. Paris, Cosse et Marchal, 1858, in-8°.

Husson (Maximi) de advocatu libri IV, Parisiis, 1666, in-4°.

Joly (M.). Le barreau de Paris, *études politiques et littéraires*, 1863, in-18.

Journal du Palais. Voyez Ledru-Rollin.

Labruyère. Les caractères. *Passim :* De la ville. — De quelques usages. — De la chaire.

Laroche-Flavin (Bernard de), conseiller du Roi. Treize livres des Parlements de France. Bordeaux, 1617. Le livre III est intitulé : *Des avocats.*

Ledru-Rollin. Répertoire général du Journal du Palais, Vᵒ Avocat.

Lescornay (I. de). Apologie de l'honoraire ou récompense due aux avocats a cause de leur travail. Paris, 1650, in-8°.

Lévesque (Alfred), stagiaire. Le barreau et la liberté sous les Valois, Disc. d'ouverture de la Conférence, 28 novembre 1846.

Liouville (Félix), Bâtonnier de l'Ordre des Avocats de Paris. DE LA PROFESSION D'AVOCAT. I. *Devoirs, honneurs, avantages, jouissances.* II. *Le stage.* III. *Les plaidoiries.* IV. *Lois et règlements.* Discours réunis et publiés par son fils. Paris, Cosse et Marchal, 1864.

Loisel (Antoine), advocat au Parlement. PASQUIER OU DIALOGUE DES AVOCATS DU PARLEMENT DE PARIS, *avec une introduction et des notes, la suite chronologique des plus notables avocats, depuis l'an 1600 jusqu'à ce jour, et des notices biographiques sur Pasquier, Loisel et les frères Pilhou,* par M. Dupin. Paris, Videcoq, 1844, in-18.

On trouve également cet ouvrage dans le recueil de Dupin intitulé : *Lettres sur la profession d'avocat,* etc. (Voy. DUPIN), et dans l'ouvrage intitulé : *Divers opuscules tirés des Mémoires de M. Antoine Loisel.....,* mis nouvellement en lumière par M. Claude Joly,.... petit-fils de M. Antoine Loisel.

Louis, bâtonnier. L'UTILITÉ DES CONFÉRENCES, Disc. d'ouv. de la Conférence, 25 août 1829. Paris.

Marie, bâtonnier. Voy. FRANQUE et CAUVIN.

Le même. GRANDEUR DE LA MISSION DE L'AVOCAT COMME AVOCAT ET COMME ORATEUR ; LE PROGRÈS ; TRAVAUX DE LA CONFÉRENCE ET DE L'AVOCAT ; ÉTUDE. Disc. d'ouv. de la Conférence, 21 novembre 1840.

Le même. HISTOIRE DE L'ORDRE ; SA DESTINÉE DANS LES TEMPS ANCIENS, DANS LE PRÉSENT ET DANS L'AVENIR ; LE SECRET DE SA FORCE ; LA PREUVE DE SA LÉGITIMITÉ, LA CAUSE DE SA GRANDEUR ; SA CONSTITUTION, SON ORGANISATION ; SON ESPRIT D'ASSOCIATION, D'UNITÉ, DE PATRONAGE ET DE FRATERNITÉ, Disc. d'ouv. de la Conférence, 4 décembre 1841, Paris.

Merlin. RÉPERTOIRE UNIVERSEL ET RAISONNÉ DE LA JURISPRUDENCE. Voir le mot AVOCAT. L'auteur de l'article est Dareau.

Mollot, ancien membre du Conseil de l'Ordre. RÈGLES

DE LA PROFESSION D'AVOCAT, suivies : 1° *Des usages, lois et règlements ;* 2° *Des précédents du Conseil de l'Ordre des Avocats à la Cour impériale de Paris, avec commentaires et observations.* 3ᵐᵉ éd. Paris, 1866, 2 vol. in-8°.

Le même. ABRÉGÉ DES RÈGLES DE LA PROFESSION D'AVOCAT. Un vol. in-12. 1852. Paris.

Morin (Achille). DE LA DISCIPLINE DES COURS ET TRIBUNAUX, DU BARREAU, etc. Paris, Durand et Pédone Lauriel, 1868, 2 vol. in-8°. Voir 1ᵉʳ vol., p. 164 et s.

Ordre des Avocats, à Paris. RÉFLEXIONS SUR L'ARTICLE DU PROJET DE LOI TENDANT A IMPOSER LA PATENTE A LA PROFESSION D'AVOCAT. 1835.

Le même. OBSERVATIONS DU CONSEIL DE L'ORDRE DES AVOCATS A LA COUR D'APPEL DE PARIS SUR L'IMPOT DE LA PATENTE. Décembre 1849.

Paillet (Alphonse-Gabriel-Victor), bâtonnier. AMOUR DE NOTRE ÉTAT. — DROITS ET DEVOIRS PROFESSIONNELS. — OBÉISSANCE AUX LOIS. — LIBERTÉ DE DISCUSSION. — RESPECT POUR LE MAGISTRAT. — INDÉPENDANCE DU DÉFENSEUR. — Disc. d'ouv. de la Conférence, Paris 24 novembre 1839.

Paringault (Eugène). LA LANGUE DU DROIT DANS LE THÉATRE DE MOLIÈRE, publié dans la *Revue historique du droit français et étranger,* t. VII, p. 309.

Pasquier. DEVOIRS DES MAGISTRATS, DES AVOCATS ET DU BATONNIER ; DE L'HONNEUR DE LA PROFESSION D'AVOCAT ; INSTITUTION DES DISCOURS PRONONCÉS PAR LES JEUNES AVOCATS, Disc. d'ouv. de la Conférence, 26 novembre 1832. Paris.

Pinard (Os.). LE BARREAU AU XIXᵉ SIÈCLE. Paris, Pagnerre, 1864, 2 vol. in-8°.

Le même. L'HISTOIRE A L'AUDIENCE (1840-1848), 1848, in-8°.

Ploque, bâtonnier. CONSEILS PRATIQUES SUR LES TRAVAUX DE LA CONFÉRENCE. - - ÉTUDE DE LA PHILOSOPHIE, DE L'HISTOIRE ET DE LA POÉSIE. — Disc. d'ouv. de la Conférence, 19 novembre 1859. Paris.

Raisson (Horace). CHRONIQUE DU PALAIS DE JUSTICE, 1838. (Voy. ce qu'en dit Gondry, *Hist. Barr. Paris*, T. 1, p. 153, en note.)

Rittiez (F.). HISTOIRE DU PALAIS DE JUSTICE ET DU PARLEMENT (860-1789), in-8°. Paris, Durand, 1860 (1).

Sapey, stagiaire. L'UNION DE LA LITTÉRATURE ET DU BARREAU, Disc. d'ouv. de la Conférence, 2 décembre 1843. Paris.

Taillandier (A.-L.), avocat. LES TRAVAUX DE LA CONFÉRENCE DES AVOCATS, Disc. d'ouv. de la Conférence, 14 novembre 1815. Paris.

Ternaux (Édouard), stagiaire. LE BARREAU FRANÇAIS AU SEIZIÈME SIÈCLE, Disc. d'ouv. de la Conférence, 28 novembre 1835. Paris.

Terrasson (Mathieu), écuyer, avocat au Parlement. DISCOURS SUR LA PROFESSION D'AVOCAT. Se trouve dans les Œuvres de Terrasson, in-4°, Paris, 1737, p. 10.

Thibault (Timothée-Fr.), avocat en la Cour de Lorraine. TABLEAU DE L'AVOCAT, divisé en VI chapitres qui traitent de l'Esprit, de l'Étude et de la Science. — Nancy, 1737, in-12.

Thomas (Frédéric). LES VIEILLES LUNES D'UN AVOCAT, Premier Quartier. Paris, Hachette, 1863.

Le même. Dernier Quartier, 1869.

Tronson du Coudray, avocat du Parlement. MÉ-

(1) Voir un article bibliographique sur cet ouvrage, par Paul Charpentier, dans la *Revue historique du droit français et étranger*, t. VII, p. 559.

MOIRE POUR LES AVOCATS DU BAILLAGE DE NOGENT-LE-ROTROU, contre PIERRE GOUHIER, *ci-devant savetier dans la même ville.* avec cette épigraphe : *Ne sutor ultra crepidam,* 1780. — Ce mémoire se trouve dans le *Barreau français,* de Clair et Clapier, Panckoucke, 1823, t. X, p. 362.

Truinet (Ch.), avocat. POURQUOI MOLIÈRE N'A PAS JOUÉ LES AVOCATS, article publié dans la *Revue historique du droit français et étranger,* t. I, p. 84, Paris, chez Durand, 1855.

SUPPLÉMENT.

Anonyme. LE BARREAU EN ANGLETERRE, article publié dans la *Belgique Judiciaire,* t. XVI, année 1858, p. 953.

Dalloz (M.-D.), aîné. RÉPERTOIRE MÉTHODIQUE ET ALPHABÉTIQUE DE LÉGISLATION, DE DOCTRINE ET DE JURISPRUDENCE, nouvelle édition, V° AVOCAT.

De Ribbe (Ch.). L'ANCIEN BARREAU DU PARLEMENT DE PROVENCE, OU EXTRAITS D'UNE CORRESPONDANCE INÉDITE ENTRE DÉCORMIS ET SAURIN, Paris, Durand, 1862, in-8° (1).

Favre (Jules). DISCOURS DU BATONNAT, Paris, 1867, 1 vol.

Friedlaender, professeur à l'Université de Kœnigsberg. MOEURS ROMAINES DU RÈGNE D'AUGUSTE A LA FIN DES ANTONINS. Traduit de l'allemand par Vogel. Paris, Reinwald, 1867, 2 vol. in-8°. — Voy. t. Ier, livre III, chap. IV, p. 244 et s.

_____

(1) Voir un article bibliographique sur cet ouvrage par Féraud-Giraud, conseiller à Aix, dans la *Revue historique de droit français et étranger,* t. XIV, p. 282.

TITRE QUATRIÈME.

Bibliographie de l'éloquence judiciaire (1).

Annales DU BARREAU FRANÇAIS OU CHOIX DE PLAIDOYERS ET MÉMOIRES LES PLUS REMARQUABLES, TANT EN MATIÈRE CIVILE QU'EN MATIÈRE CRIMINELLE, DEPUIS LEMAISTRE ET PATRU JUSQU'A NOS JOURS, AVEC UNE NOTICE SUR LA VIE ET LES OUVRAGES DE CHAQUE ORATEUR, par MM. Dupin aîné, Dupin jeune, Berryer, Meielhou, etc., 1823-1847, 20 vol in-8°.

Ballot-Beaupré, stagiaire. PARALLÈLE ENTRE L'ÉLOQUENCE DU BARREAU, CELLE DE LA TRIBUNE ET CELLE DE LA CHAIRE, Disc. d'ouv. de la Conférence, 16 novembre 1861. Paris.

Beslay (François), stagiaire. DES FORMES ET DU STYLE DE LA PLAIDOIRIE, Disc. d'ouv. de la Conférence, 3 décembre 1860. Paris.

Berryer, bâtonnier. LEÇONS ET MODÈLES D'ÉLOQUENCE JUDICIAIRE DU XIV° AU XIX° SIÈCLE. 1838, in-4°.

Clair et Clapier. BARREAU ANGLAIS OU CHOIX DES MEILLEURS PLAIDOYERS DES AVOCATS ANGLAIS, 1824, 3 vol. in-8°.

Les mêmes. BARREAU FRANÇAIS OU COLLECTION DE CHEFS-D'OEUVRE DE L'ÉLOQUENCE JUDICIAIRE EN FRANCE, 1821, 16 vol. in-8°.

Les mêmes. ÉLOQUENCE JUDICIAIRE, 1825-1828, 2 vol. in-8°.

(1) Nous ne donnons cette partie de notre Bibliographie que comme un simple essai. Elle est loin d'être complète.

Boinvilliers (E.). PRINCIPES ET MORCEAUX CHOISIS D'ÉLO-QUENCE JUDICIAIRE ET DEVOIRS DE L'AVOCAT, *ouvrage précédé d'une histoire abrégée de l'éloquence judiciaire en France.* — Paris, 1826, in-8°.

Delamalle (Gaspard-Gilbert), bâtonnier à Paris. ESSAI D'INSTITUTIONS ORATOIRES A L'USAGE DE CEUX QUI SE DESTINENT AU BARREAU, 2e éd., Paris, Warée, 1822, 2 vol. in-8°.

Desjardins (Albert), avocat. ESSAI SUR LES PLAIDOYERS DE DÉMOSTHÈNE. Paris, Durand, in-8°, 1862 (1).

Henry. HISTOIRE DE L'ÉLOQUENCE, 2e éd., 1850, 2 vol. in-8°.

Lacretelle (P.-L., aîné). Œuvres contenant une partie intitulée : ÉLOQUENCE JUDICIAIRE. Paris, 1832, 2 vol. in-8°.

Migneron, stagiaire. COUP D'OEIL SUR L'ÉLOQUENCE JUDI-CIAIRE, Disc. d'ouv. de la Conférence, 14 novembre 1836. Paris.

Paignon (Eug.). ÉLOQUENCE ET IMPROVISATIONS, ART DE LA PAROLE ORATOIRE AU BARREAU, A LA TRIBUNE, A LA CHAIRE. 3me tirage, 1844, in-8°.

Sabattier (J.), ancien sténographe des Chambres légis-latives pour le *Moniteur universel.* LA TRIBUNE JUDICIAIRE, *recueil des plaidoyers et des réquisitoires les plus remarquables des tribunaux français et étrangers.* Collection en deux séries, la première (1856-1861) forme 10 vol. gr. in-8°.

Tronjolly (Phelipes de). ESSAIS HISTORIQUES ET PHILOSO-PHIQUES SUR L'ÉLOQUENCE JUDICIAIRE, DEPUIS SA NAISSANCE JUSQU'A NOS JOURS, ET DEPUIS LA RENAISSANCE DES LETTRES PAR RAPPORT A LA FRANCE SEULEMENT. Paris, 1829, 2 vol. in-8°.

---

(1) Voir un article bibliographique sur cet ouvrage par Ernest Tambour, dans la *Revue historique du droit français et étranger,* t. VIII, p. 600.

APPENDICE.

———

Depuis 1811, c'est-à-dire depuis la réorganisation du Barreau par le décret du 14 décembre 1810, les avocats inscrits au stage à Bruxelles ont été au nombre de 1,503.

Sur ce nombre il n'en est que 638 qui se soient fait inscrire au Tableau, soit moins de la moitié. Ce qui donne une moyenne de 11 seulement par année.

Il y a 248 avocats inscrits au Tableau pour l'année judiciaire 1868-1869.

Pour la même année, on compte 91 avocats inscrits au stage.

En 1789 il y avait 438 avocats du Conseil de Brabant (1). Avis à ceux qui supposent que notre ancien Barreau n'avait pas d'importance. En voici la liste, telle qu'elle est publiée dans le *Calendrier de la Cour* de l'époque.

Avocats du Conseil de Brabant en 1789.

MM.	MM.
T'Kint, rue des Teinturiers.	De Hulder, derrière les Augustins.
Brambilla, près du refuge d'Everbode.	Pantecras, chaussée de Laeken.
De Fraye, près du Pont-Neuf.	Boet, longue rue d'Écuyer.
Dispa, rue d'Aremberg.	Van de Cruys, absent.
Lorrain, rue de Ruysbroeck.	Pierson, rue de la Violette.

(1) A cette époque la population de Bruxelles n'était guère que de 60,000 habitants.

MM.

C. T'Kint, rue des Teinturiers.
C.-J Van Eesbeeck.
Proost, derrière la Chapelle.
De Fiennes, près du Grand-Béguinage.
De Hoze, rue de Louvain.
Jouen, rue du Poinçon.
Jamin, Fossé-aux-Loups.
Van Halen, rue de Louvain.
Josse, longue rue Neuve.
Clément, vis-à-vis les Minimes.
Offhuys, rue du Persil.
De Fraye, rue des Tanneurs.
Baron de Thysebaert, Haute rue.
Wouters, rue du Long-Chariot.
Le Maire, ibidem.
Van Halen, ibidem.
Carton, rue des Bouchers.
Le Roy, plaine Sainte-Gudule.
Fecher, absent.
A. T'Kint, près de la Cour.
Bauwens, rue de Sainte-Catherine.
Hack, rue de l'Evêque.
De Turck, rue de Sainte-Catherine.
Dux, rue de l'Évêque.
De Beelen, rue du Damier.
Dirix, près de Sainte-Gudule.
De Waha, rue des Bouchers.
Joris, rue d'Isabelle.
Froidmont, absent.
De l'Escaille, absent.
Le Febure, près des Augustins.
Du Jardin, courte rue Neuve.
De Wint, rue de Flandre.
Ingelberts, ibidem.
De Valeriola, près de la porte de Namur.
Van der Meulen, près du Mey-Boom
Dirix de la Coquerie, près de Sainte-Gudule.
Melin, rue du Long-Chariot.
Caïmo, absent.
Malfroid, place de Louvain.
Michiels, ibidem.
Taintenier, absent.
R. de Hulstère, rue de l'Hôpital.
Rasquin, montagne de Sainte-Élisabeth.
Zerezo, ibidem.
De Hulstère, junior, rue des Sols.
O'Kelly, place Saint-Michel.
De Waha, près des Dominicains.
Powis de Ten Bosch, rue de l'Étuve.
Gambier, rue des Sols.
De Roos, rue des Éperonniers.
Van der Noot de Vrechem, fondation de Saint-Éloy.
Stordeur, près de Sainte-Gudule.
Bols de Draeckenhoff, Montagne aux-Herbes.
Van Coeckelberghe, rue du Parchemin.

MM.

H. Van der Noot, longue rue Neuve.
Simons, place Saint-Michel.
De Lados de Dampremi, place du Sablon.
De Rons, rue d'Aremberg.
J.-F. Van Eesbeeck, chaussée de Laeken
Stevens, place de Sainte-Gudule.
Vloers, rue du Marquis.
Vaken, rue des Minimes.
Crabeels de Corbeeck, absent.
M.-T. Robyns, rue dite Loxum.
Parys, marché aux Bêtes.
Van Gastel, rue d'Écuyer.
Geerts, rue aux Choux.
H. Baesen, longue rue Neuve.
Ervenne, rue de Ruysbroek.
Van Haelewyck, major, à la Putterie.
Du Mont, senior, montagne des Quatre Vents.
Van Boterdael, rue des Grands-Carmes.
De Cloeps, rue aux Fleurs.
Gaucheret, au Rivage.
J. Baesen, près des Dominicains.
De Locquenghien, place Royale.
De Neck, rue du Chêne.
Imbrechts, près de l'Hôtel de ville.
De Vigneron, rue dite Loxum.
Warré, derrière les Finances.
De Villegas de Kinschot, Fossé-aux-Loups.
Wouters, absent.
De Voire, place Saint-Michel.
Van den Broeck, absent.
De Wael, absent.
Schouten, absent.
O'Sullivan, rue Royale.
Cans, place Saint-Michel.
L.-J. Robyns, longue rue Neuve.
Gouttier, petite rue du Sablon.
A. Orts, absent.
Febus, rue de Louvain.
Bartholyns, Haute rue
De Man, longue rue Neuve.
Corus, rue du Long-Chariot.
De Cock, rue Haute.
Dondelbere, longue rue de l'Écuyer.
Van Halewyck, place des Wallons.
Du Mont, junior, rue Sainte-Anne
Bara, rue de la Fourche.
Goelens, absent.
Des Vignes.
Petit, place de Louvain.
De Nachtergael, rue des Bouchers.
De Vienne, absent.
De Man, Broeckstraet.
L.-J. Robyns, Marché-aux-Charbons.
Cravau, absent.
Clement de Clety, rue de la Montagne.
Fizenne, absent.

MM.

De Lados d'Afrimont, rue des Fripiers.
Marteleux, rue de Saint-Laurent.
Brambilla, place des Wallons.
Gheude, Marché-aux-Poulets.
Van Male, rue des Éperonniers.
Montens, absent.
De Doetinghem, longue rue d'Écuyer.
Van Goidtsnoven de Saint-Martin, rue des Grands-Carmes.
Otto, rue au Vent.
Van den Clooster, Fossé-aux-Loups.
Goflin, quai au Foin.
Coremans, rue de la Montagne.
Warnots, place Royale.
De Moor, près du Pont-Neuf.
Godfriaux, absent.
De Liboutton, courte rue Neuve.
Bauwens, rue au Lait.
De Brinen, Haute rue.
Van Spoelbergs.
Charliers, rue des Petits-Carmes.
De l'Escaille, senior, Haute rue.
De l'Escaille, junior, *ibidem*.
Mercier, absent.
De Lonpré, petite rue Neuve.
Claessens, au Rivage.
Parmentier, absent.
Bacou, quai au Foin.
Wamback, rue des Boggaeds.
Trico, senior, rue des Douze-Apôtres.
Curens, montagne de Sainte-Élisabeth.
Hanon, absent.
De Liagre, courte rue Neuve.
De Moor, longue rue Neuve.
De Saint-Moulin, absent.
Van der Schueren, longue rue d'Écuyer.
Trico, rue de la Montagne.
Van Oudbeusden de Sevenhuysen, près du Mey-Boom.
Van Schelle, rue du Pont-Neuf.
De Chentinnes, rue d'Or.
Le Hardy, petite rue Neuve.
Narez, senior, près des Douze-Apôtres.
Leerse, rue de la Magdelaine.
Charles du Mont, marché au Bois.
Hialloint, absent.
Derkens, rue des Poinçons.
Gilson.
Fiocco, près de la Steenporte.
De Mauroy de Merville, rue d'Écuyer.
De Meur, absent.
Dielens.
De Basserode, rue des Boiteux.
Pasteels, Cul-de-Sac rue Royale.
De Launay, absent.
Du Bois, petite rue de la Magdelaine.

MM.

De Roovere, rue du Long-Chariot.
Cupis de Camargo, derrière les Augustins.
Trico, junior, rue des Sols.
Thielens, rue Ducale.
Boucqueau, rue Royale.
De Jonghe, rue de Sainte-Anne, près du Grand-Sablon.
Michaux, Cantersteen.
De Liagre, près du Poids de la Ville.
Storm, absent.
D'Outrepont, près de la Poste aux lettres
Van der Borcht, marché au Bois.
Van der Schirck, *ibidem*.
Englebert, rue du Gron-Bras.
Wyns, Fossé-aux-Loups.
Vounek, près du Mey-Boom.
Moris, Montagne-aux-Herbes.
Van Cools, rue de la Magdelaine.
Genin.
De Prez, Vieille-Halle-aux-Bleds.
Van Setter, absent.
Supply, rue du Long-Chariot.
Aerts, au Nouveau-Marché-aux-Grains.
Van Langendonck, *ibidem*.
Maluin, rue des Baraques.
Van Gameren, rue de Louvain.
Van Langenhoven, près des Chartreux.
Cornet, près des Dominicains.
De Busscher, Vieille-Halle-aux-Bleds.
Helmau de Grimbergue, Broekstraet.
Van Langendonck, Montagne-aux-Herbes.
Mostinck, Broekstraet.
Lengrand, près de Sainte-Gudule.
Poelsma, près de la Chancellerie.
Camusel, derrière les Grands-Carmes.
Wittock, vis-à-vis l'église de Saint-Géry.
Vander Stegen de Putte.
Evenepoel, près des Dominicains.
Reynsders, rue de l'Impératrice.
Cuylen, absent.
Pouthleure de Berlaere, rue d'Aremberg.
De Vraimont, près de la Grand'Place.
Delbeis.
Van Werde, rue d'Assaut.
T'Sas, rue des Grands-Carmes.
Van Hoochten, rue de la Montagne.
Van Langendonck, junior, *ibidem*.
Verlooy, quai aux Tourbes.
Aerts, *ibidem*.
Ghobert, petite rue du Long-Chariot.
Durant, Montagne-aux-Herbes.
Claes, rue des Paroissiens.
Offhuys, junior, rue du Persil.
Baude.
De Becker.
Van Elewyck, rue des Douze-Apôtres.

MM.

Ydens, rue de la Violette.
Ploos Van Amstel, absent.
Le Roy de Gausendries, rue des Sols.
Pycke, absent.
Anné, rue des Éperonniers.
Mosselman, longue rue des Bouchers.
Jochams, rue de la Montagne.
Van Grave, rue Neuve.
Lautem, derrière l'église de Sainte-Gudule.
Willems.
Heyvaert, sur la Grand'Place.
Van Laethem, au Rivage.
Cremmens, rue des Bouchers.
De l'Escaille, rue d'Écuyer.
Powis de Westmael, rue de Ruysbroek.
De Lalaing de Montigny, absent.
De Lalaing de Montigny, absent.
Boitteau, Fossé-aux-Loups.
Vanden Daele, Marché-aux-Charbons.
Linoy, rue de la Montagne.
Blyckaerts.
De Jean.
Torfs, sur la Chancellerie.
De Roovere, senior, près de Bon-Secours.
De Roovere, junior, *ibidem*.
Helman, baron de Villebroeck-Ruysbroek,
    rue aux Laines.
Gouttier.
Willems.
Delheid
Van der Hoop, rue de Ruysbroek.
De Zadaleere, junior, au Grand-Marché.
Sels, Fossé-aux-Loups.
Perlau, près des Oratoires.
Van Outheusden.
Robyns, rue du Long-Chariot.
Drugman, rue des Douze-Apôtres.
Hagen, rue Neuve.
Meulenberg, près des Capucins.
Pouppez, rue de la Montagne.
Ocreman, Nouveau-Marché-aux-Grains.
Griez, rue Ducale.
De Laing, Marché-aux-Charbons.
De Vleeschoudere, rue de Rollebeek.
Baudier, Vieille-Halle-aux-Bleds.
Baudier, junior, *ibidem*.
Peirsman.
Wouters, à la Putterie.
Doeckens, rue des Paroissiens.
De Brou, rue de Louvain.
Cuylen, au Pont-Neuf.
Narez, sur la Grand'Place.
De Neuf, rue du Fossé.
De Raemacker, à la Putterie.
Panhanus, dit Salomon, rue de l'Étuve.
Powis, Waermoesbroeck.

MM.

Du Château.
De Leenheer, rue Ducale.
Mangez, montagne Sainte-Élisabeth.
Diert, derrière la Chapelle.
Kockaert, rue du Fossé.
Van Langendonck, près des Dominicains.
T'Kint, place des Wallons.
Thomas, à la Putterie.
Willems, Fossé-aux-Loups.
Paradis, rue des Comédiens
Moerincx, rue des Bouchers.
Paulussen, rue des Petits-Carmes.
Naniot, près de Berlaimont.
Duchâteau.
Incolle, rue de l'Empereur.
Haeghen, près de la porte de Laeken.
Van Langendonck, longue rue Neuve.
De Hase.
Vander Noot.
Wildt, derrière Sainte-Gudule.
Lints.
Bosquet.
Mus.
De Lausnay, près de la Grue.
Boogaerts, rue de la Fourche.
Kremer, longue rue Neuve.
Van Beeck
De Coster, Vieille-Halle-aux-Bleds.
Schepmans.
D'Onyn de Chastre, rue des Boiteux.
Jernau, longue rue Neuve.
De Brady.
Van Tielt, rue du Long-Chariot.
Van Mulders, marché au Lin.
Foubert, rue des Alexiens.
Gobart, Fossé aux-Loups.
Le Roy, vis-à-vis le Jardin de St-Christophe.
Van Campenhout, rue des Paroissiens.
De Brauwer.
Van Gestel, vis-à-vis l'église de Saint-Géry.
Noé.
Henry, junior, sur le Grecht.
De Raucour, dit Wyns de Raetshoven, absent.
Bisschop.
Noeckx.
Le Clercq, rue de Rollebeek.
Dotrenge, marché au Bois.
Van Haecht.
Orts de Bullay.
Dept.
Le Bidart, rue de Ruysbroek.
De l'Escaille, rue de la Magdelaine.
Ippersiel, vis-à-vis du Fossé-aux-Loups.
Faucille, rue de Ruysbroek.
L.-J. Van Langendonck, rue de la Montagne.
De Turck, *ibidem*.

MM.

Van den Hoven, près des Augustins.
Geeraerts, longue rue Neuve.
J. Hugo.
P. De Swerte, junior, rue de la Fourche.
J.-J. Van den Cruyce, rue de l'Empereur.
Smets, sur la Chancellerie.
Blyckaerts, près de Sainte-Gudule.
Van Volden, rue des Dominicains.
Tons, rue de l'Évêque.
Poot, Fossé-aux-Loups.
Vander Auwera, *ibidem*.
Peeters, marché aux Poulets.
Valeriola, près de la porte de Namur.
Ringler, rue du Chant des oiseaux.
Herry, montagne de la Cour.
Junis, rue de la Montagne.
Goossens, rue Ducale.
Courtin, au Rivage.
Helman de Willebroek, près du Mey-Boom.
Van Audenrode, rue de la Violette.
Van Volxem, vis-à-vis l'hôtel de Berges.
J.-B. Smets, longue rue Neuve.
Du Vigneaud, rue des Petits-Carmes.
Mertens, derrière Sainte-Gudule.
Wouvermans, rue de Scarebeeck.
De Chapuy.
Roms, Vieille-Halle-au-Bleds.
Viron, longue rue de l'Écuyer.
Verhaeghen, rue de la Fourche.
Balsa, près des Oratoires.
T'Kint.
De Lopez, rue du Chêne.
Triponetty, sur la Grand'Place.
Van Ryuegom de Buzet, Finistère.
Del Marmol, près de la vieille Steenporte.
Lunden.
Delplancq, rue des Aveugles.
Greindl, sur le Cantersteen.
Verschelden.
Barbanson, au Rivage.
Rol.
De Mahieu, rue des Tanneurs.
Van den Eynde, rue des Alexiens.
O'Kelly, place Saint-Michel.
Van Volden de Sansbergen, près des Domini-
  cains.
Walckiers.
Heyvaert, rue des Fripiers.
Gillard, Pont-Neuf.
Rega.

MM.

Le baron de Thysebaert, Haute rue.
Gambier, montagne de la Cour.
Ternois, près de l'hôtel de Berges.
Tiberghien, rue aux Fourges.
Den Abt, rue du petit long Chariot.
Barthelemy, rue de Rollebeek.
Moirie, rue de la Montagne.
De Putte, rue de Capucines.
Sterckx.
De Lathuy.
Willems.
Bomal, rue de la Magdelaine.
Reniers.
De Moor.
Heuschling.
Peetermans.
De Vleeshoudere.
Meeusen.
Van der Neesen.
Van Genechten.
Baro de Verbeck.
Le Ghait.
Gobart d'Herchies, absent.
De Biseau.
Cooppal.
De Behault de Taintignies, au coin de la rue
  Royale.
Strens.
Van Nuffel.
Le Maire.
Polspoel, place de Louvain.
Poppe.
Van Halewyck, junior, montagne aux Herbes.
Van Vossem.
Roelants de Wyneghem, rue des Boiteux.
Van der Belen.
Grimberghs.
Bosquet, junior, rue Royale.
Versyden de Varick, au Parc.
Ponthieure de Berlaere, rue d'Aremberg.
De Swert.
Du Bie, rue des Paroissiens.
Provost, rue de Louvain.
Le baron de Gasendries, près de Sainte-
  Gudule.
Bosquet.
Pius.
Versyden, au Parc.
Gillard, près du Pont-Neuf.
Le Marischal, près des Trois-Jambons.

DES INCOMPATIBILITÉS.

(A AJOUTER A CE QUE NOUS AVONS DIT P. 126 ET SUIV.)

1° La profession d'avocat est-elle incompatible avec les fonctions de consul et de vice-consul ?

Vu la lettre adressée à M. le Bâtonnier, par Me X..., en date du 3 novembre dernier, et présentant des observations, sur la décision du conseil constatant l'incompatibilité de la profession d'avocat avec les fonctions de vice-consul du royaume d'Italie à Bruxelles;

Attendu que suivant le *Legge Consulare per il regno d'Italia* du 28 janvier 1866, les consuls de cet État sont rangés en deux catégories, et que le consulat d'Italie à Bruxelles est placé dans la seconde, qui n'est point salariée; que chacune de ces catégories, le vice-consul remplit les fonctions de consul, soit en cas d'absence ou d'empêchement de ce dernier, soit lorsque le poste est vacant (art. 18);

Que suivant la même loi, les consuls exercent des fonctions administratives, et lorsqu'elles leur sont déléguées, des fonctions diplomatiques (ce qui n'a point lieu à Bruxelles où il existe une légation italienne); qu'ils remplissent, à l'égard des Italiens, les fonctions de juge, de notaire et d'officiers de l'état civil dans les limites des traités internationaux, des usages et des lois de leur résidence, ainsi que des autres lois du royaume d'Italie (art. 20);

Que néanmoins il semble résulter du règlement sur le service consulaire du 5 juin 1866, qu'en Belgique les consuls italiens n'exercent point de juridiction contentieuse; mais qu'ils peuvent y être appelés à remplir les devoirs d'officiers de l'état civil à l'égard des Italiens, à donner des légalisations de signatures, et même à fonctionner comme notaires, en imprimant, pour l'Italie seulement, l'authenticité à certains actes (art. 30);

Qu'ils sont chargés d'informer le gouvernement italien de tout ce qui peut concerner l'intérêt de l'État qui les accrédite, surtout relativement à la navigation, au commerce, à l'industrie et à la santé publique (art. 28);

Que les consuls de la deuxième catégorie prêtent serment au gouvernement italien dans la formule suivante, lorsqu'ils appartiennent à une nationalité étrangère (ainsi qu'il arrive dans le cas présent) :

« Je jure de remplir avec loyauté et conscience les devoirs qui me sont imposés par les lois et règlements du royaume d'Italie à raison de la qualité dont je suis investi de (*vice-consul*) de S. M. le Roi d'Italie; »

Que les consuls et vice-consuls italiens correspondent avec le ministre des affaires étrangères du royaume d'Italie par l'intermédiaire de la légation italienne dans la capitale du pays où ils sont accrédités, et qu'ils doivent recevoir par ce même intermédiaire les instructions qui leur sont adressées ;

Attendu enfin qu'ils ont mission de percevoir certains droits de chancellerie; mais que les vice-consuls n'ont d'autre part dans cet émolument que celle qui leur est allouée par le consul duquel ils tiennent leur nomination approuvée par le gouvernement italien, et soumise à l'exéquatur du gouvernement belge;

Attendu que l'art. 18 du décret du 14 décembre 1810 relatif aux incompatibilités avec la profession d'avocat, n'est point limitatif; mais que les attributions qui viennent d'être signalées sont dans leur ensemble incompatibles avec cette profession ;

Que s'il est vrai que le vice-consulat ne constitue qu'un mandat conféré par un gouvernement étranger, ce mandat a un caractère de permanence inconciliable avec la liberté, l'indépendance et les devoirs multiples de l'Avocat, et qu'il le place, à l'égard d'une puissance étrangère à la Belgique, dans un état de subordination contraire à l'article 37 du décret précité, suivant lequel les avocats exercent librement leur ministère pour la défense de la justice et de la vérité; que le vice-consul conserve à l'égard du gouvernement qui l'accrédite une indépendance se résumant dans le droit de résigner ses fonctions lorsque sa conscience le lui prescrit ; mais que cette indépendance est l'attribut de tous les fonctionnaires publics, mais non celle propre à notre profession ;

Qu'en vain l'on prétendrait que les fonctions de l'état civil ne s'exercent par les consuls qu'à l'égard des étrangers, car les actes dont il s'agit se font en Belgique, et il pourrait arriver qu'ils dussent être discutés devant les tribunaux belges ;

Qu'enfin, quelque peu importante qu'elle soit, la perception de droits de chancellerie n'en constitue pas moins une infraction au n° 4 de l'article 18 du décret précité, de même que les fonctions notarielles sont en contradiction avec le n° 3 du même article ;

Par ces motifs,

Le Conseil de discipline inhérent dans sa résolution du 4 décembre 1867, dit que M. X... ne sera pas maintenu sur le tableau de 1868-1869.

NOTA. — M. X... fut invité à opter dans les six mois.

2° Y a-t-il incompatibilité avec les fonctions d'exécuteur testamentaire?

« Une autre question grave nous a été récemment soumise, et il suffit aussi d'en dire quelques mots. L'Avocat peut-il accepter la nomination d'exécuteur testamentaire, avec ou sans un legs rémunératoire? Je répondrai affirmativement à la condition : 1° qu'il n'acceptera pas la saisine, si elle lui est conférée par le testateur (art. 1026, C. Nap.); 2° qu'il s'abstiendra de tout acte d'administration quelconque; 3° qu'il se bornera à donner des conseils sur la validité des legs, leur quotité, leur mode d'exécution, etc. Entendue dans toute la latitude de la loi, la disposition constituerait pour l'Avocat un mandat, avec obligation d'en rendre compte. (Voir l'art. 1032 du même Code et Toullier, 1re édit., 3e vol. n° 615. (Or, on sait que le mandat, même gratuit, est interdit par nos règles (V. notre 1er vol., p. 8, 50 et s.) (1). Si l'Avocat éprouve des difficultés de la part des ayants droit, il ne doit

_____

(1) En Belgique, l'usage ne défend pas à l'Avocat d'accepter une procuration, mais nous

pas hésiter à répudier sa mission. Il agira prudemment, d'ailleurs, en consultant aussi par avance le Bâtonnier ou le conseil de l'Ordre. Je connais des anciens confrères qui ont accepté la nomination d'exécuteurs testamentaires, en se renfermant dans les limites ci-dessus, et leur conduite n'a motivé aucun blâme. Selon le principe général, il n'est pas défendu à l'Avocat de figurer, en sa qualité d'avocat, dans une instance. C'est ce qui a lieu pour le conseil judiciaire, à l'égard duquel il n'existe pas d'incompatibilité. » (Mollot, T. II, p. 583.)

3° Y a-t-il incompatibilité avec la qualité de conseil judiciaire?

« La qualité de conseil judiciaire n'est pas incompatible, suivant nous, 1er vol., p. 471, sur l'article 42 de l'ordonnance de 1822. Cependant voici deux arrêtés qui appellent une observation :

» 2 décembre 1862. Le Bâtonnier signale l'inconvénient pouvant résulter de la *publication* de noms d'avocats comme faisant partie de conseils judiciaires, dans les annonces de sociétés industrielles. « Le Conseil décide qu'il sera pris un arrêté pour recommander aux avocats *la plus grande réserve à cet égard.* » M. Marie, rap.

avons cru pouvoir dire *sup.*, p. 289, R. XLVIII, qu'en pareil cas les relations qui s'établissent entre l'Avocat et celui dont il a reçu une procuration, ne sont pas celles qui résultent du mandat civil ordinaire, mais celles qui dérivent d'un contrat innomé dont l'âme est l'observation de tous les principes essentiels de la Profession. Quoique muni d'une procuration, l'Avocat reste avocat vis-à-vis de son client ; il conserve toutes les prérogatives que cette qualité lui donne, il est soumis à tous les devoirs particuliers qu'elle impose et auxquels un mandataire ordinaire pourrait demeurer étranger. Ainsi l'a jugé la cour de Bruxelles pour l'Avocat qui accepte un mandat de curateur (*sup*, p. 161, n° 158). De son côté, le client reste dans sa position subordonnée que nous avons essayé de caractériser en disant qu'il n'est en quelque sorte qu'un protégé vis-à-vis de son protecteur.

Il en résulte que si l'Avocat qui a reçu une procuration ne veut pas faillir aux règles de sa profession, loin de se mettre aux ordres de son client, comme le mandataire ordinaire, il maintiendra toute son indépendance, dirigeant et n'étant pas dirigé. Comme il doit s'abstenir avec soin de tout ce qui l'exposerait à des contestations peu d'accord avec sa dignité, il ne fera non plus aucun acte qui l'exposerait à un débat de compte et ne s'immiscera pas dans des recettes et des dépenses qu'un mandataire ordinaire est souvent appelé à faire (comp., p. 281, R. XXXV). Et ainsi du reste. En résumé, sa procuration sera non pas un signe qu'il abdique momentanément sa qualité d'avocat, pour descendre au droit commun du mandataire, mais une occasion de relever la qualité de mandataire en la soumettant aux règles de l'Avocat.

Le client qui s'adresse à lui, l'adversaire qui consent à traiter avec lui ne pourront prétexter d'ignorance sur ce point. Comme il exerce publiquement sa profession et que celle-ci est soumise à des règles précises, on sait à quoi on s'oblige en acceptant son secours ou son intermédiaire.

Ces principes rappelés, nous ne pouvons, en ce qui concerne la question de compatibilité des fonctions d'exécuteur testamentaire, que nous ranger à l'opinion de Mollot, quoique les motifs qui nous décident diffèrent quelque peu. Nous ne dirons pas que ces fonctions, prises avec leur étendue normale, sont incompatibles parce qu'elles impliquent une procuration, mais parce que cette procuration serait celle d'un mandataire dans le sens ordinaire du mot, c'est-à-dire d'un mandataire obligé à payer et à recevoir, et par suite exposé à être assigné en reddition de compte et à subir toutes les contestations souvent fâcheuses qu'une pareille action fait naître. Dans les limites que Mollot indique, ce danger disparaît et l'Avocat reste dans les strictes bornes de ses traditions professionnelles.

» 10 février 1863. M. Grévy fait son rapport sur la question de savoir si un avocat peut accepter les fonctions de conseil judiciaire (art. 513, C. Nap.); le Conseil décide « que s'il y est attaché une rémunération, elle sera complétement volontaire, et ne pourra être l'objet d'une convention préalable ni d'aucune exigence de la part de l'Avocat. »

» Nous approuvons le premier de ces arrêtés qui ne paraît pas s'appliquer au conseil judiciaire proprement dit. Quant à la seconde décision qui le concerne, nous croyons qu'elle serait trop absolue et qu'elle ne repousse pas, surtout, la rémunération fixée par le tribunal qui a nommé le conseil. » (Mollot, t. II, p. 103.)

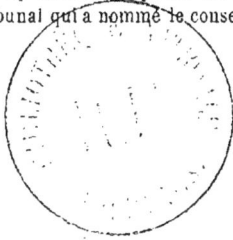

Erratum.

C'est par erreur que la note 1 de la page 51 a été maintenue. Voir à ce sujet art. 32 du décret du 14 décembre 1810, art. 1 de l'arrêté du 5 août 1836, ainsi que n° 25, IIIme partie, p. 86.

TABLE ALPHABÉTIQUE DES MATIÈRES.

Autorités doctrinales. Voy. DOCTRINE.

Autorités publiques. Voy. ATTAQUES CONTRE LES LOIS, LA CONSTITUTION, LES AUTORITÉS, — DEVOIRS DE L'AVOCAT ENVERS LES AUTORITÉS CONSTITUÉES.

Avances d'argent. — L'Avocat ne peut en général obliger son client de sa bourse, p. 302, LXXIV. — En ce faisant, il compromettrait son indépendance, *ib*. — Quand et comment l'Avocat peut exceptionnellement aider son client de sa bourse, p. 303, LXXV.

Avertissement. — Ce que c'est que l'avertissement, p. 180, nº 193. — Il convient qu'il reste secret, *ib*. — Voy. PEINES DISCIPLINAIRES. — Parfois le Conseil remplace l'avertissement par une mesure encore moins grave, p. 181, nº 198. — Voy. NOTIFICATION DES DÉCISIONS DU CONSEIL. — Il n'y a pas d'appel d'une décision qui ne porte qu'avertissement, p. 186, nº 214. — En cas d'avertissement prononcé à l'audience, y a-t-il appel? p. 213, nº 254. — Controverse, *ib*. — Arrêt de cassation belge prononçant la négative, p. 214, *ib*.

Aveu de l'accusé. — L'aveu de l'accusé est-il un obstacle à ce que l'Avocat plaide l'acquittement, p. 293, LIII.

Aveugle. — Un aveugle peut-il devenir avocat, p. 77, note 2.

Avis. — Le Conseil doit-il donner des avis sur les questions que des avocats ou des clients lui soumettent, p. 169, nº 168. — Notamment sur le chiffre des honoraires, p. 157, nº 143.

Avis pro judice. — De l'avis *pro judice* sous l'ancien droit belge, p. 9.

Avocat incapable. — Doit quitter le Barreau, p. 268, XIX. — Ce que dit Mollot sur ce point, *ib*.

Avocat plaidant sa propre cause. — Il peut être puni disciplinairement par la juridiction devant laquelle il plaide pour fautes commises à l'audience, p. 210, nº 250.

Avocat premier juge du procès. — P. 292, LI.

Avocats. — Voy. CONDITIONS REQUISES POUR DEVENIR AVOCAT, — PROFESSION D'AVOCAT.— Il y a trois catégories de personnes qui peuvent se qualifier avocats : ceux qui sont inscrits au Tableau, les stagiaires, et ceux qui, ayant prêté serment, ne se trouvent ni au Tableau, ni sur la liste des stagiaires, p. 111, nº 62. — Droit de porter le titre d'avocat, quoiqu'on ne soit ni inscrit au Tableau, ni stagiaire, p. 142, nº 129. — *Quid* quand on exerce une profession incompatible, p. 143; voy. INCOMPATIBILITÉ, et spécialement CONSÉQUENCES DE L'INCOMPATIBILITÉ. — Est-ce un délit que

Barbanson. — Voy. Honneurs rendus a des confrères, — Hommages rendus a la Profession. — Lettre d'un plaideur sur les dissensions du Barreau, p. 402, et p. 31, note 2. — Réponse à cette lettre, *ib.*

Barreau. — Le Barreau, par Avond, p. 409. — Méditations sur le Barreau, par Charrié, p. 412. — Réflexions sur l'exercice du Barreau, par Chavray de Boissy, p. 412. — V^um Barreau, dans l'Encyclopédie moderne de Courtin, p. 412. — Voy. Discipline du barreau, — Avocats.

Barreau anglais. — Suspension d'un avocat à Londres, p. 403. — Conflit entre avocats et magistrats en Angleterre, p. 405. — Les avocats anglais, suivant Blackstone, p. 411. — Le Barreau en Angleterre, p. 421, Anonyme. — Plaidoyers d'avocats anglais, voy. Eloquence judiciaire.

Barreau belge contemporain. — Bibliographie de ce Barreau, p. 402.

Barreau de Bruxelles. — Histoire du Barreau de Bruxelles, p. 13-45. — Il s'organise conformément au décret de 1810, p. 15. — Son premier Tableau, *ib.* — Le premier règlement de son conseil de discipline, *ib.* — Tendance du Barreau de Bruxelles à introduire l'art dans la profession d'avocat, p. 387, n° 139. — Voy. Belgique.

Barreau français. — Voy. Histoire du barreau français, — Bancs, — Colonnes. — En France compte-t-on le Bâtonnier comme membre du Conseil de discipline, p. 88, note 1; voy. Batonnier, spécialement Nomination du Batonnier. — A Paris le Bâtonnier reste deux ans en fonctions, mais ne peut être réélu, p. 94, note 3. — D'après les anciens usages français, les fonctions de Bâtonnier ne duraient qu'un an, p. 93, n° 41. — Voy. Droit de chapelle. — Moyen employé à Paris pour s'assurer que les stagiaires fréquentent les audiences, p. 115, n° 76. — L'ordonnance de 1822 prescrivait la formation d'une liste des stagiaires, p. 119, n° 87. — Cette disposition a été abrogée en 1830, *ib.* — En France l'Avocat doit-il résider au chef-lieu du ressort de la Cour ou du Tribunal, p. 123, n° 93. — En France on a étendu beaucoup les incompatibilités, p. 128, n° 101. — Comment on détermine à Paris le rang d'inscription au Tableau, p. 145, note 1. — Au barreau de Paris on défend sous peine de radiation l'action en payement d'honoraires, p. 154, n° 139. — Nombre des membres qui doivent, à Paris, assister aux décisions du Conseil, p. 177, n° 187. — L'article 34 décret 1810 sur les coalitions d'avocats est aboli en France, p. 247. — Au barreau de Paris on doit communiquer les

la Bibliothèque, p. 105, n° 56, et p. 107, n° 57. — Le compte de la Bibliothèque est distinct de celui de l'Ordre, p. 105, note 1. — La Bibliothèque de Bruxelles a été fondée en 1842, p. 107, n° 57. — Elle s'enrichit par des dons et legs, *ib.* — Et par des achats, p. 41. — Elle est administrée par une commission de quatre avocats, p. 107, n° 57. — C'est le Conseil qui nomme les membres de la commission de la Bibliothèque, p. 91, n° 37, et p. 107, n° 57.

Règlement actuel, p. 107. — A quoi peut servir la salle de la Bibliothèque, art. 1, *ib.* — A quoi peut servir la salle du Conseil de discipline, art. 2, *ib.* — Fonctions du bibliothécaire, art. 3, 5 et 9. — Commission administrative de la Bibliothèque, sa composition, art. 4, p. 108. — Ses fonctions, *ib.* — Traitement du bibliothécaire, art. 6, *ib.* — Ressources de la Bibliothèque, art. 7. — Qui peut la fréquenter, art. 8, *ib.* — Police intérieure, art. 9, *ib.* — Quand la Bibliothèque est ouverte, art. 10. — Comment on peut faire usage des livres, déplacement, art. 11. — Amendes, *ib.*

A qui appartient la Bibliothèque, p. 109. — Article sur la Bibliothèque du barreau de Bruxelles, p. 404.

Billecocq. — Écrit sur la Profession, p. 410.

Billot. — Écrit sur la Profession, p. 411.

Blackstone. — Voy. BARREAU ANGLAIS.

Blaquel. — Écrit sur la Profession, p. 411.

Boinvilliers. — Écrit sur la Profession, p. 411.

Bonjour. — Écrit sur la Profession, p. 411.

Bonnet (*Jules*). — Écrit sur la Profession, p. 411.

Bonnet (*Louis-Ferdinand*).—Écrit sur la Profession, p. 411.

Boucher d'Argis. — Écrit sur la Profession, p. 411.

Bourdot de Richebourg. — Son Coutumier général, p. 397.

Bourquelot. — Écrit sur la Profession, p. 411.

Bourricius, ancien jurisconsulte belge. — Son livre sur l'Avocat, p. 5, en note. — Indication des principaux chapitres qu'il contient, *ib.*

Bourse. — L'Avocat ne peut se rendre à la Bourse pour y chercher des occasions d'affaires, p. 276, XXIX. — Incident qui s'est produit sur ce point à Anvers, *ib.* — Circulaire du Conseil, *ib.*, note 1. — Nouvelle circulaire de M. le Bâtonnier Haghe.

Brabant. — Voy. BRUXELLES.

Brièveté. — Sous l'ancien droit belge, l'Avocat devait être

Cession de droits litigieux. — Il est défendu à l'Avocat de recevoir pareille cession, p. 314, LXXXXVI.

Chaire (Éloquence de la). — Parallèle entre l'éloquence de la chaire et celle du Barreau, p. 422, Ballot-Beaupré. — P. 423, Paignon.

Chaix d'Est-Ange. — Écrit sur la Profession, p. 412.

Chambre de commerce. — Voy. SECRÉTAIRE DE LA CHAMBRE DE COMMERCE.

Chambre du Conseil. — Quand c'est le Tribunal qui exerce les fonctions de Conseil de discipline, la comparution doit avoir lieu en chambre du Conseil, p. 178, n° 189. — L'appel des décisions disciplinaires se juge-t-il en chambre du Conseil de la Cour, p. 192, n° 223. — Jurisprudence belge contraire, p. 193, *ib*. — *Quid* en France, *ib*., n° 224. — Projet d'organisation judiciaire, *ib*. — Améliorations à introduire, *ib*. n° 225. — Pour comparaître comme avocat en chambre du Conseil, il faut être en robe, p. 223, note 1.

Changement d'opinion. -- Voy. OPINION.

Chaperon. — Voy. COSTUME.

Charité. — Quand et comment l'Avocat peut obliger son client de sa bourse, p. 303, LXXV.

Charrié. — Écrit sur la Profession, p. 412.

Chausse. — Voy. COSTUME.

Chauvot. — Écrit sur la Profession, p. 412.

Chavray de Boissy. — Écrit sur la Profession, p. 412.

Chef de bureau au Ministère de la Justice. — Ses fonctions sont-elles compatibles avec la qualité d'avocat ? p. 133, n° 113. — Le Conseil de Bruxelles décide que pareil fonctionnaire biffé pour incompatibilité, peut cependant porter le titre d'avocat, p. 143.

Chef de division à l'hôtel de ville. — Ses fonctions sont-elles compatibles avec la qualité d'avocat? p. 132, n° 113.

Chef du bureau des Référés au Ministère. — Ses fonctions sont-elles compatibles avec la qualité d'avocat? p. 133, n° 113.

Chose jugée. — La chose jugée résultant de l'action publique n'empêche pas l'action disciplinaire, p. 169, n° 170. — Et réciproquement, *ib*. — Restrictions en ce qui concerne les preuves, p. 170, n° 171. — Ordonnances de non-lieu et arrêts d'absolution, *ib*., n° 172. — Mais la règle *non bis in idem* reprend tout son empire quand il s'agit d'une

clients, p. 256, IV. — De sa dignité vis-à-vis d'eux, p. 260, VIII. — Démarches chez les clients, voy. DÉPLACEMENT. — CLIENTÈLE. — L'Avocat doit-il communiquer au client son appréciation sur l'affaire, p. 293, LIV. — Quand l'Avocat a pour clients les deux parties, il doit s'abstenir, p. 294, LVI. — L'Avocat doit son ministère à celui qui se présente chez lui le premier, p. 295, LVII. — Voy. RÉCEPTION DES CLIENTS, — DIRES DU CLIENT, — PRÉSENCE DU CLIENT AUX DÉBATS, — DÉLAISSEMENT DE LA CAUSE.

Coalition. — Art. 34 déc. 1810, punissant de la radiation les avocats qui se coalisent pour refuser de plaider, p. 58. — Art. 5 déc. 1812, permettant aux avoués de plaider quand les avocats refusent, p. 61. — Du droit de coalition en général, p. 246, n° 47. — L'art. 34 du décret de 1810 a disparu en France, p. 247, ib. — Mais il existe encore en Belgique, ib. — Le projet d'organisation judiciaire le maintient, ib. — Esprit qui a dicté cet article 34, ib. — Critique, ib. — La coalition est parfois dictée par l'esprit de confraternité, p. 316, LXXXXVIII. — Voy. CONFRATERNITÉ. — En principe c'est le Conseil qui doit d'abord intervenir en pareil cas, ib, LXXXXVIII. — C'est aussi le Bâtonnier, p. 318, C. — La coalition a été employée par le Barreau pour maintenir son indépendance vis-à-vis de la magistrature, p. 342, CL ; voy. REPRÉSENTATIONS.

Cocquard. — Écrit sur la Profession, p. 409, Anonyme.

Code de l'Avocat. — Par Franque et Cauvin, p. 416.

Code pénal. — Voy. NOUVEAU CODE PÉNAL BELGE.

Colonnes. — Origine des colonnes au barreau de Paris, p. 85, n° 20. — Historique des Colonnes, par Bethmont, p. 410.

Commerçants. — Voy. NÉGOCIANTS.

Commerce. — Voy. EFFETS DE COMMERCE, — CONTRAINTE PAR CORPS. — L'Avocat ne doit pas faire des actes qui le rendraient justiciable des tribunaux de commerce, p. 280, XXXV.

Commissaire d'arrondissement. — Voy. SOUS-PRÉFET.

Commissaire de police. — En 1812, l'Empereur avait dispensé un commissaire de police, qui voulait devenir avocat, de la présentation de tout diplôme, p. 76, n° 3. — Refus du conseil de Bruxelles de l'inscrire au Tableau, ib.

Communication avec les détenus. — Siége de la matière, p. 238, n° 32. — Système de 1789, ib. — Sys-

les plaidoiries, on veut faire usage d'une pièce de l'adversaire, p. 371, n° 91.

Communication des dossiers criminels. — Voy. COMMUNICATION DES PIÈCES.

Compétence. — Compétence pour l'action en honoraires, voy. HONORAIRES. — Compétence disciplinaire du Conseil, voy. POUVOIR DISCIPLINAIRE. — Le Conseil peut-il donner des avis sur les questions qu'on lui soumet, p. 169, n° 168. — Notamment sur le point de savoir si des honoraires sont modérés, p. 157, n° 143.

Composition du Conseil. — Voy. CONSEIL DE L'ORDRE. — En quel nombre les membres du Conseil doivent-ils assister aux délibérations, p. 177, n° 187. — Système du projet d'organisation judiciaire, *ib.*, n° 188. Voy. — BARREAU FRANÇAIS.

Comptabilité. — L'Avocat doit-il tenir une comptabilité? p. 313, LXXXXIII.

Comptable. — Voy. RECEVEUR.

Compte. — L'Avocat ne donne pas un compte détaillé de ses honoraires, p. 313, LXXXXIII.

Compte rendu de la cause. — Voy. JOURNAUX. — Des comptes rendus inexacts, p. 341, CXLIX.

Compte rendu de la situation de l'Ordre. — Fait en assemblée générale de l'Ordre, p. 84, n° 24, et note 2.

Concession de chemin de fer. — Arrêté royal qualifiant *avocat* un concessionnaire de chemin de fer, p. 143, note 3.

Conciliation. — Voy. AMIABLE (SOLUTION) DE LA CAUSE.

Conclusions. — On ne peut rien modifier aux conclusions sans en avertir le confrère, p. 320, CV. — Règles relatives à la rédaction des conclusions, p. 356, § 7, et le sommaire. — Des conclusions à prendre quand on veut se ménager le recours en cassation, p. 376, n° 103. — De la différence entre le style des conclusions et celui des mémoires, p. 391, n° 152. — Voy. CONCLUSION SUBSIDIAIRE.

Conclusion subsidiaire. — Importance de cette conclusion, p. 356, n° 38.

Condamnation. — Une condamnation infamante est un cas d'indignité et empêche l'admission au Tableau, p. 128, n° 100. — Il pourrait en être de même pour une condamnation entachant la délicatesse, *ib.*

échoue, *ib*. — Depuis 1852, on a inauguré l'ouverture de ses séances par des discours, *ib*., et p. 117, note. — Enumération des jeunes avocats qui les ont prononcés et des sujets qu'ils ont choisis, *ib*. — Ces sujets, surtout dans les derniers temps, ont été empruntés à la profession d'avocat, p. 37. — Solennité des audiences de rentrée, p. 217, en note. — En 1865, la Conférence organise la défense gratuite des prévenus devant la juridiction correctionnelle, *ib*. — Son règlement à ce sujet, *ib*.— Comment la Conférence est administrée, p. 38. —Institutions analogues dans les autres barreaux du pays, *ib*. — La fréquentation de la Conférence est libre, *ib*. — Défaut d'assiduité des stagiaires, *ib*. — Nouvelle tentative en 1868 pour rendre sa fréquentation obligatoire; nouvel insuccès, p. 38. — On considère cette obligation comme contraire au décret de 1810, *ib*. — Circulaire de M. Jamar pour stimuler le zèle des jeunes avocats à fréquenter la Conférence, p. 39, en note. — But de la Conférence, p. 116, note 2. — Elle est administrée par une commission de cinq membres, *ib*. — Règles pour ses débats, *ib*. — Quand les séances ont lieu, *ib*. — Local, *ib*. — Allocutions et discours divers prononcés par les Bâtonniers de Bruxelles à la réouverture de la Conférence du Jeune Barreau, p. 404 et 405.— Etude sur la Conférence du Jeune Barreau, p. 405, Claudius. — La Conférence des jeunes avocats, par Gaudry, p. 416. — Utilité des Conférences, par Louis, p. 418. — Travaux de la Conférence, par Marie, *ib*. — Institution des discours prononcés par les jeunes avocats, par Pasquier, p. 419. — Conseils pratiques sur les travaux de la Conférence, par Ploque, p. 420.— Travaux de la Conférence, par Taillandier, p. 420.

Confession du client. — Voy. Secret.

Confiance. — Confiance qui doit régner entre l'Avocat et son client, p. 306, LXXXI. — Application au récépissé des pièces, *ib*.

Confidences. — Voy. Secret.

Confirmation. — Principes relatifs à la confirmation dans la plaidoirie, p. 368, n° 83.

Conflit. — Conflit du Barreau d'appel à Bruxelles avec la Cour de Cassation, p. 31. — Voy. Avocats a la Cour de Cassation.— Conflit avec le Tribunal de commerce en 1852, p. 42-45. — Il est provoqué par les observations inconvenantes du Président à l'égard d'un avocat, p. 43. — Le Barreau et le Conseil prennent fait et cause pour cet avocat, *ib*. — Délibération sévère du Conseil, *ib*. — Intervention du

Confrères pauvres. — Secours donnés à des confrères pauvres, p. 106, note 3.

Connaissance des règles de la Profession. — C'est un des devoirs généraux de l'Avocat, p. 253, I. — Nécessité de cette règle, *ib.* — L'Avocat ne pourrait prétexter d'ignorance des règles pour se faire absoudre, *ib.*

Conseil de Flandre. — Opuscule de M. de Bavay sur le Conseil de Flandre, p. 399, note 1.

Conseil de l'Ordre. — Premier règlement du conseil de discipline de Bruxelles, p. 15. — Application des amendes pour absence, 15 en note. — Rédaction de ses procès-verbaux en hollandais, 17. — Quelques-uns écrits dans les deux langues, *ib.* — Organisation du Conseil par les art. 19 à 32 du décret de 1810, p. 54 et s. — Ce n'est pas le Conseil qui convoque les assemblées générales de l'Ordre, mais le Bâtonnier, p. 82, n° 19.

Historique, p. 85 à 87, nos 24 à 26. — D'abord c'était l'Ordre tout entier qui délibérait sur ses intérêts, p. 85, n° 24. — Plus tard il y eut des délégués, *ib.* — Les bancs, *ib.* — Les colonnes remplacent les bancs en 1781, *ib.* — Elles députent des avocats chargés de veiller aux intérêts de l'Ordre, *ib.* — Napoléon, par le décret de 1810, y substitue un conseil de discipline nommé par le Procureur Général, p. 86. — Décret de 1810, art. 19 à 23, texte de ces articles, p. 54 et 55. — Napoléon confia même dans certains cas la discipline aux tribunaux, p. 86; — art. 32, décret 1810, p. 58. — En Belgique, après la révolution de 1830, les avocats secouent ce joug, p. 86, n° 25, et p. 19 et s.; voy. ASSOCIATION LIBRE DES AVOCATS. — Système plus libéral de l'arrêté du 5 août 1836, p. 86, n° 25. — Il est entré dans une voie rationnelle, p. 87.

Quand les fonctions du Conseil sont remplies par le tribunal, voy. TRIBUNAL.

Composition du Conseil, p. 87 et 88, nos 26 et 27. — Art. 20 décret 1810, p. 55, et p. 87, n° 26. — Nombre des membres, *ib.* — Depuis l'arrêté de 1836 le Bâtonnier compte-t-il comme membre du Conseil, p. 88. — Solution affirmative et motifs à l'appui, *ib.* — Pratique du barreau de Bruxelles, *ib.* — Pratique des barreaux français, p. 88, note 1.

Nomination des membres du Conseil, p. 88, nos 28 et s. — Art. 4 arrêté de 1836, p. 64. — Tous les avocats inscrits ont droit de prendre part aux élections, p. 88, n° 28. — Les stagiaires ne peuvent voter, *ib.*, n° 29. — Influence de leur vote sur l'élection, *ib.* — Un avocat étranger peut-il faire partie du Conseil, *ib.*, note 1. — L'élection a lieu par scrutin

et p. 112, n° 65. — Voy. Pouvoir disciplinaire, § 7. De l'appel des décisions du Conseil. — Appel. — Pouvoir disciplinaire des cours d'appel. — Les cours d'appel ne peuvent assumer des avocats comme suppléants, p. 245, n° 43.

Cour d'Assises. — Une cour d'assises juge en dernier ressort les infractions disciplinaires commises par l'Avocat devant elle, p. 193, n° 225. — Inconvénients de ce système, p. 194, *ib*. — Voy. Présidents de cour d'assises.

Cour de Cassation. — Voy. Recours en cassation. — Avocats en Cassation.

Cours et Tribunaux. — Voy. Pouvoir disciplinaire des Cours et Tribunaux. — Cas où ces Cours et Tribunaux peuvent ordonner des poursuites disciplinaires, art. 452 nouveau Code pénal, p. 205.

Courtin. — Écrit sur la Profession, p. 412.

Coutumes. — Anciennes coutumes belges sur la Profession d'avocat, voy. Ancien barreau belge. — Coutume de Bruxelles, p. 397, p. 399, Christyn; p. 400, Loovens; p. 401, Wynants; — de Furne, p. 397; — du Hainaut, etc.; voyez le nom de chaque ville ou province. — Le barreau belge sous le droit coutumier, par Du Roy de Blicquy, p. 400 et 37.

Couture. — Écrit sur la Profession, 413.

Cramer. — Assistance que l'Ordre des avocats lui prête lors de l'arrêté d'expulsion décerné contre lui en 1834, p. 28.

Créanciers d'un avocat. — Voy. Dettes d'un avocat.

Cumul. — Voy. Curateurs aux faillites. — Incompatibilités. — Boucher d'Argis voulait que l'Avocat ne fût qu'avocat, p. 281, XXXVIII. — L'Avocat peut-il s'occuper de politique, *ib*. — Peut-il s'occuper d'autre chose, *ib*. — Nombre des avocats aux États-Généraux de 1789, p. 282, note 1. — A l'Assemblée législative de 1791, il y avait 400 avocats et procureurs (1). — Voy. Politique.

Curateurs aux faillites. — Compatibilité entre cette qualité et celle d'avocat; difficultés qui s'élevèrent à ce sujet après la loi des faillites de 1851, p. 34-35, et p. 135, n° 118 et s. — Avant la loi du 18 avril 1851, le conseil de Bruxelles n'admettait pas qu'un avocat pouvait être curateur, p. 135, n° 118. — Décision sous ce régime, *ib*. — Décision sous le régime de la loi nouvelle, p. 136, *ib*. — Longs motifs de cette déci-

---

(1) Presque tous les hommes qui ont été à cette époque à la tête des événements étaient avocats, Barnave, Danton, Robespierre, Camille Desmoulins. Michelet a dit : La phalange serrée des avocats de la Gironde... la fameuse pléiade en qui se personnifia le génie de l'Assemblée législative. — Voy. aussi sup., p. 331, note 1.

sion, texte, *ib*. — Le Conseil conclut à l'incompatibilité. — Appel des avocats auxquels le Conseil avait ordonné d'opter entre leur qualité et celle de curateur, p. 138. — Arrêt de la Cour du 17 avril 1856 admettant la compatibilité, texte de cet arrêt longuement motivé, p. 138 et s. — Malgré cet arrêt la plupart des avocats refusent d'accepter les fonctions de curateurs, p. 141. —Certains patrons inculquent la même résolution à leurs stagiaires, *ib*. — L'Ordre n'admet que très-exceptionnellement au Conseil ceux qui exercent les fonctions de curateur, p. 142. — Quand des avocats acceptent les fonctions de curateur, ils doivent, dans l'exercice de ces fonctions, observer toutes les règles de leur profession; arrêt de Bruxelles sur ce point, p. 161, n° 158. — En 1868 il n'y avait que 25 avocats sur 248 qui acceptaient les fonctions de curateur. Voy. le discours prononcé en audience du Tribunal de Commerce par M. le président Dansaert le 3 mars 1867. — Voy. PACTE DE QUOTA LITIS.

Dalloz. — Utilité de son Répertoire, p. 365, n° 73. — Son Recueil de jurisprudence, p. 367, n° 78. — Écrit sur la Profession, p. 421.

Damhouder (*Joost de*). — Écrit sur la Profession, p. 399.

Dareau. — Écrit sur la Profession, p. 413.

Daviel. — Écrit sur la Profession, p. 413.

Débat relatif à la Profession. — Conduite que l'Avocat doit tenir quand il se trouve mêlé à un débat relatif à la Profession, p. 283, XXXIX. — Voy. GRIEF CONTRE UN CONFRÈRE.

De Bavay. — Écrit sur la Profession, p. 399 et note 2.

Débit. — Voy. ÉLOQUENCE.

Débuts. — Difficulté des débuts de l'Avocat, p. 272, XXI. — Patience qu'il doit montrer, *ib*. — Obligation de ne recourir à aucun moyen indélicat pour parvenir plus vite. — Voy. ENCOURAGEMENTS.

Découragement. — Du découragement du Jeune Barreau, par Castiau, p. 412. — Voy. ENCOURAGEMENTS.

Décret de 1810 (14 *décembre*). — Reste en vigueur sous le régime néerlandais, p. 18.—Texte de ce décret, 49-61. — Son caractère réactionnaire, p. 49, note 1, p. 64, note 1. — Opinion de l'assemblée générale des avocats sur ce point en 1832, p. 21. — Il a été abrogé en France par l'ordonnance du 20 novembre 1822, p. 49, note 1.—En Belgique quelques-

pour élire les candidats au Conseil, art. 33, p. 58. — Défense de se coaliser, art. 34, *ib.* — Du costume, — de l'attitude pendant la plaidoirie,—du droit de suppléance, art. 35, p. 59. — Défense de signer des mémoires non délibérés, — de faire des traités sur honoraires, — d'exiger des provisions, art. 36, *ib.* — Liberté de la défense, — proscription des injures, art. 37, *ib.* — Respect dû à la magistrature, art. 38, *ib.* — Répression des attaques contre les pouvoirs publics, art. 39, *ib.* — Pouvoir disciplinaire du Grand Juge, art. 40, 60. — De la défense d'office au civil, art. 41, *ib.* — Défense d'office au criminel, art. 42, *ib.* — De la fixation des honoraires, art. 43, *ib.* — Obligation de mentionner les honoraires et d'en donner quittance, art. 44, *ib.* — Droit d'appel, en cas de condamnation prononcée par les tribunaux, art. 45, *ib.* — Réflexions sur le décret impérial de 1810, brochure, p. 402. — Voy. ATTAQUES CONTRE LA PROFESSION.

Décret du 2 juillet 1812, *sur la plaidoirie.* — Texte de ce décret, p. 61-63. — Son but, p. 61, note 1. — Les causes ne peuvent en général être plaidées que par les avocats, art. 1, *ib.* — Incidents qui peuvent être plaidés par les avoués à la Cour, art. 2, *ib.* — Causes qui peuvent être plaidées par les avoués au Tribunal, art. 3, *ib.* — Confirmation de la disposition du décret de 1810 relative aux plaidoiries hors du ressort, art. 4, *ib.* — Les avoués peuvent être autorisés à plaider quand les avocats refusent, art. 5, *ib.* — Ou quand l'Avocat est empêché pour cause de maladie, art. 6, 62. — Ou quand il plaide devant une autre chambre, art. 7, *ib.* — Peines contre l'Avocat qui n'est pas présent pour plaider, art. 8, *ib.* — Prérogatives de l'avoué licencié, art. 9, *ib.* — Du dépôt au greffe de la liste des avoués, art. 10, *ib.* — Disposition du décret de 1810 applicable aux avoués usant du droit de plaider, art. 11, *ib.* — Différences de leur costume avec celui des avocats, art. 12, *ib.*

Défaut de comparaître. — L'Avocat appelé devant le Conseil qui, sans excuse, néglige de comparaître, peut être puni disciplinairement, p. 175, n° 184. — Les décisions du Conseil rendues par défaut sont-elles susceptibles d'opposition, p. 175, n° 185. — Disposition du projet d'organisation judiciaire à ce sujet, p. 176, note 1.

Défendeur. — Voy. INTIMÉ.

Défense d'office. — En général, p. 227, n°s 14 et s. — En principe, l'Avocat est libre de plaider, *ib.*, n° 14. — Les magistrats peuvent cependant faire des désignations d'office,

Délai pour interjeter appel. — Voy. Appel des décisions du Conseil.

Delahaye. — Écrit sur la Profession, p. 413.

Délai pour notifier les décisions du Conseil. — Voy. Notification des décisions du Conseil.

Délaissement de la cause. — Sous l'ancien droit l'Avocat devait abandonner la cause dès que l'injustice lui en apparaissait, p. 6 et 10. — Il en est de même actuellement, p. 292, LI, et p. 294, LV. — Mais il doit opérer ce délaissement avec circonspection, *ib*. — Et de manière à ce que le client ait le temps de choisir un autre conseil, *ib*. — Il ne doit pas, en pareil cas, publier son opinion, *ib*. — Il ne peut non plus devenir l'adversaire de son client dans la même cause, *ib*. LVI.

Délaissement de l'Avocat par le client. — Devoirs du nouvel avocat que le client va consulter, p. 324, CXIII. — Règle relative aux honoraires, *ib*.

Delamalle. — Écrit sur l'éloquence judiciaire, p. 423.

Delangle. — Écrit sur la Profession, p. 413.

Délégation. — Délégation par un Conseil de discipline à un Conseil étranger pour procéder à une enquête, p. 176, n° 186, et note 5.

Délibérations du Conseil. — Voy. Conseil.

Délicatesse. — Une condamnation entachant la délicatesse, peut être un cas d'indignité et empêcher l'inscription au Tableau, p. 128, n° 100. — Voy. Indignité. — De la délicatesse dans les questions d'honoraires, p. 156, n° 139 et 140. — La délicatesse est un des devoirs généraux de l'Avocat, p. 261, XI. — Sa définition, *ib*. — Voy. Morale, — Responsabilité.

Délit. — L'usurpation de la qualité d'avocat constitue-t-elle un délit, p. 143.

Délits et fautes d'audience, p. 194 et s., n°s 226 et s. — Fondement de la répression des délits et fautes d'audience, p. 194, n° 226. — Les magistrats sont juges dans leur propre cause, *ib*. — Textes qui régissent la matière, *ib*., n° 227. — Division, p. 195, n° 228. 1° Simples fautes d'audience, *ib*. Voy. Fautes d'audience. — 2° Irrévérences graves, p. 197, n° 233. — Du cas où elles sont commises devant un juge de paix, *ib*. — Le juge de paix peut-il en pareil cas appliquer aux avocats des peines disciplinaires, *ib*., n° 234. — Décision d'un juge de paix qui avait appliqué l'avertissement. — Arrêt de la Cour de cassation de France, *ib*. — Suite de la controverse, p. 199, n° 335. — Nous pensons que le juge

de paix ne peut appliquer les peines disciplinaires du décret
de 1810, p. 201, n° 236. — Du cas où les irrévérences graves se produisent devant les tribunaux ordinaires, p. 201,
n° 237. — Art. 91, C. procéd., *ib.* — Quelles personnes cet
article protége, p. 202, *ib.* — Il protége notamment les avocats, *ib.* — Mais ils doivent aussi en subir l'application, *ib.*,
n° 238. — Cet article s'applique aux audiences de la justice
répressive, *ib.*, n° 239. — Mesures spéciales dans certains
cas pour cette dernière juridiction, *ib.* — 3° Délits ou crimes
d'audience proprement dits, Renvoi, p. 202, n° 240. —
Voy. DIFFAMATION, INJURES, CALOMNIE. — Art. 103 décret
30 mars 1808, p. 208, n° 247. — Des fautes de discipline
commises à l'audience, p. 208, n° 247 et s. — Les tribunaux
ne peuvent plus, à l'égard des avocats, punir les fautes de
discipline non découvertes à l'audience, p. 209, n° 248. —
Mais peuvent-ils punir les fautes de discipline proprement
dites commises ou découvertes à l'audience, ou ce droit ap-
partient-il aux Conseils seuls, p. 209, n° 248. — Controverse, *ib.* — Jurisprudence des Cours de Cassation, *ib.* —
Argument fourni par l'art. 452 nouveau Code pénal à ceux qui
soutiennent la négative, p. 210, n° 249. — Etendue du pouvoir des Cours et Tribunaux en pareil cas, *ib.*, n° 250. —
Voy. APPEL POUR FAITS D'AUDIENCE.

Démarches chez les clients et autres. — Voy.
DÉPLACEMENT.

Démarches chez les magistrats. — On ne doit
pas entretenir un magistrat de la cause qui lui est soumise,
p. 337, CXXXVII. — Ni se rendre chez lui dans ce but, *ib.*
— *Quid* si le magistrat invite l'Avocat à se rendre chez
lui, *ib.*, CXXXVIII. — Système rigoureux du Barreau de
Paris, *ib.*

Démosthènes. — Définition de l'action oratoire, p. 393,
n° 156. — Ses plaidoyers, p. 423, Desjardins.

Denisart. — Écrit sur la Profession.

Dénonciation. — Voy. PLAINTE AU CONSEIL.

Déplacement. — Sous l'ancien droit belge, l'Avocat ne
pouvait aller conférer avec ses clients dans une auberge,
p. 12. — En général l'Avocat ne doit pas se déplacer, p. 275,
XXVIII, p. 298, LXVI, et p. 303, LXXVI. — Exception
quand le client est détenu ou malade, p. 298, LXVI, et
p. 375, n°s 99 et 101. — En Belgique cette règle qui défend
le déplacement est peu observée, p. 304, LXXVI. — Plutôt
que de se déplacer l'Avocat doit écrire, *ib.* — Voy. DOSSIER.
— L'Avocat peut se rendre dans les lieux où reposent les

mération de ces devoirs, p. 315. — Voir les détails sous chaque mot.

Devoirs envers les magistrats. — Sommaire et énumération de ces devoirs, p. 334. — Voir les détails sous chaque mot. — Caractères généraux, p. 335, CXXXII.

Devoirs généraux de l'Avocat. — Sommaire et énumération de ces devoirs, p. 253. — Voy. chacun des mots dénommant ces devoirs. — Résumé et rapport des devoirs généraux de l'Avocat entre eux, p. 265, XVI. — Ils ne sont que l'application des règles de la haute morale à une profession déterminée, p. 266, XVII. — Nul ne saurait être avocat parfait sans accomplir tous ces devoirs, p. 267, *ib.* — Faire son devoir est chose aisée, p. 266, note 1.

Devoirs spéciaux de l'Avocat. — Siége de la matière, p. 269. — Division de ces devoirs d'après les dispositions qui les consacrent, *ib.* — Division d'après la peine dont est frappée leur violation, p. 270. — Division d'après l'objet auxquels ils s'appliquent, *ib.* — C'est cette dernière division que Mollot a adoptée, *ib.* — Nous l'adoptons également, mais avec quelques modifications, *ib.* — Voy. DEVOIRS DE L'AVOCAT ENVERS SOI-MÊME, — DEVOIRS ENVERS SES CLIENTS, — DEVOIRS ENVERS LES CONFRÈRES, — DEVOIRS ENVERS LES MAGISTRATS, — DEVOIRS ENVERS LES AUTORITÉS CONSTITUÉES.

Dévouement. — C'est un des devoirs généraux de l'Avocat, p. 254, II. — Définition du dévouement de l'Avocat, *ib.* — C'est le devoir essentiel, *ib.* — Les autres se groupent autour de lui, *ib.* — Du dévouement, par Baroche, p. 409.

Dialogue des avocats. — Par Loisel, p. 418.

Diffamation, injures, calomnie à l'audience. — Liberté de la défense, p. 202, n° 241. — Limites, p. 203, *ib.* — Système du nouveau Code pénal belge, *ib.* — Qui connaît des discours et écrits prétendument outrageants produits en justice, *ib.* — Peines applicables, p. 204, n° 242. — Les juges consulaires ont-ils actuellement en cette matière les mêmes droits que les autres tribunaux, p. 204, n° 243. — Les tribunaux, outre l'application des peines, peuvent-ils condamner l'Avocat à des dommages-intérêts, p. 204, n° 244. — Controverse, *ib.* — Solution affirmative, p. 206, *ib.* — Imputations qui ne se rattachent pas à l'affaire, p. 207, n° 245. — Elles sont réprimées par le droit commun, *ib.* — L'Avocat ne doit avancer aucun fait grave, à moins que les nécessités de la cause ne le commandent, p. 300, note 1, et *ib.*, LXX. — Il doit aussi, autant que possible, obtenir en pareil cas un écrit signé du client, voy. Signature. — Imputations graves.

Différend avec un confrère. — Le Conseil doit-il en pareil cas, si on le lui demande, indiquer la conduite à tenir, p. 169, n° 168. — Voy. Grief contre un confrère.

Difficultés de la cause. — L'Avocat doit apprécier s'il est de force à soutenir seul le procès, p. 298, LXVIII. — Voy. Assistance.

Dignité de l'Avocat. — La dignité est un des devoirs généraux de l'Avocat, p. 259, VIII. — Il faut se garder d'exagérer le sentiment de la dignité, p. 260, ib. — Applications de la dignité, ib. — La dignité s'oppose à tout pacte avec un avoué, un huissier, un agent d'affaires, p. 274, XXV. — Elle s'oppose à tout appel au client : cartes d'adresses, circulaires, annonces, plaques sur les portes, etc., ib., XXVI. Mesure avilissante à laquelle un avocat s'était soumis à Liége, p. 403. De la dignité de l'Avocat, par Bonjour, p. 411.

Dignité du Barreau. — Certaines incompatibilités sont fondées sur la nécessité de maintenir la dignité du Barreau, p. 129, n° 104. — De l'inutilité de l'intervention du Ministère Public dans la discipline du Barreau, p. 189, n° 218. — Voy. Conflits, — Éloges donnés a la Profession d'avocat.

Diplôme. — C'est d'après la date du diplôme qu'à Bruxelles on inscrit les avocats au Tableau, p. 144, n° 122. — Erreur et inconvénients de ce système, ib. — Système plus légal et plus rationnel, p. 145, n° 123, et p. 140, n° 127. — Voy. Licencié.

Directeur d'une Société commerciale. — Ses fonctions sont-elles compatibles avec la qualité d'avocat, p. 134, n° 115.

Dires du client. — L'Avocat ne doit pas accepter sans réserve tout ce que lui dit son client, p. 302, LXXII.

Discipline. — Voy. Pouvoir disciplinaire. — Avantages de la discipline, par Bethmont, p. 410. — Voy. Subordination. — De la discipline judiciaire, par Carnot, p. 412; — par Morin, p. 419.

Discours. — Voy. Conférence du jeune Barreau, — Batonnat.

Discussion. — De la discussion dans la plaidoirie, p. 364, n°s 63 et s. — Ordre des arguments, ib., n° 64. — Du point de droit et du point de fait, voy. ces mots. — Du cas où la discussion se confond avec la narration, p. 362, n° 59. — Danger de discuter ce qui est clair, p. 368, n° 81. — Voy. Différend avec un confrère, — Défense (Liberté de la).

Employés dans les administrations publiques. — Leurs fonctions sont-elles compatibles avec celles de l'Avocat, p. 133, n° 113.

Encyclopédie du droit. — V° AVOCAT, p. 415.

Encyclopédie moderne. — V° AVOCAT, p. 415.

Encouragements à l'observation des devoirs professionnels, p. 267, XVII. — Voy. ÉLOGES. — Comment les difficultés du travail s'aplanissent peu à peu, p. 383, n° 137. — Encouragements que les anciens peuvent donner aux jeunes avocats, p. 328, CXXII. — Un vrai talent réussit toujours au Barreau, p. 272, XXI. — Encouragements successifs que la Profession offre à ceux qui l'exercent, par Billecocq, p. 410. — Voy. DÉCOURAGEMENT.

Enquêtes. — L'Avocat a le droit d'assister aux enquêtes, p. 225, n° 10. — Utilité de la présence du client aux enquêtes, p. 372, n° 94. — Règles relatives aux enquêtes, p. 374, n° 96. — Enquêtes sommaires, *ib.* — Voy. TÉMOINS. — PROCÉDURE DEVANT LE CONSEIL.

Enregistrement des pièces. — Voy. ENREGISTREMENT (DROIT D').

Enregistrement (Droit d') (1). — Voy. FISC.

Entretien avec les magistrats. — Voy. DÉMARCHES CHEZ LES MAGISTRATS.

---

(1) La loi soumet une grande quantité d'écrits à l'enregistrement. La loi fondamentale en cette matière est celle du 22 frimaire an VII (12 décembre 1798). Le droit est tantôt fixe, tantôt proportionnel (art. 1); le taux du droit fixe est réglé par l'art. 68; le taux du droit proportionnel par l'art. 69. Certains actes doivent être enregistrés dans un délai légal (art. 20 et s.); d'autres ne doivent l'être que si l'on en fait usage dans un autre acte (art. 23).

Cette dernière disposition intéresse l'Avocat. Il peut, en effet, avoir à minuter des exploits, à faire des projets de convention, à déposer des conclusions dans lesquels des écrits doivent être mentionnés. Qu'il se souvienne alors qu'il faut préalablement enregistrer l'écrit, sous peine d'amende art. 42). Si l'écrit était de ceux qui devaient être enregistrés dans un délai fixe, on a en général a payer le double droit comme peine de retard (art. 39).

On peut éviter ces inconvénients fiscaux en mentionnant les faits contenus dans les actes comme ayant été *verbalement* convenus : c'est un usage constant. Parfois pourtant cela est impossible, quand par exemple les faits sont déniés et que l'écrit doit les prouver, quand celui-ci doit servir de commencement de preuve par écrit, quand on veut lui donner date certaine, etc.

L'énumération de tous les écrits, conventions, lettres, devis, baux, etc., qui doivent être enregistrés avant qu'on ne les mentionne expressément dans les actes, se trouvent aux articles 68 et 69 de la loi précitée. A l'art. 70 sont mentionnés les écrits à enregistrer en *debet,* ceux à enregistrer gratis et ceux exempts de l'engistrement.

Quand l'Avocat se borne à citer ou à lire l'écrit en plaidant, quand il le mentionne dans une note d'audience, un mémoire écrit ou imprimé, ou enfin dans un document quelconque qui ne doit pas être enregistré lui-même ou annexé à un acte destiné à être enregistré, aucun droit n'est dû.

Erreur judiciaire. — Demande d'honoraires pour redressement d'une erreur judiciaire, p. 403.

Établissement public. — Voy. PERSONNE CIVILE.

États-Généraux. — Nombre des avocats aux États-Généraux de 1789, p. 282, note 1. — Voy. CUMUL.

États-Unis. — Un avocat de New-York s'adresse au Congrès des États-Unis pour obtenir de la famille d'Orange le payement de ses honoraires, p. 153, note 4.

Étiquette. — Voy. CARTES D'ADRESSE, — INTERRUPTIONS.

Étranger. — Sous la législation impériale, le Gouvernement pouvait autoriser un étranger à devenir avocat, p. 76, n° 3. — Peu importe que son diplôme fût étranger, ou que même il n'eût pas de diplôme, *ib.* — Depuis la loi de 1835, le Roi ne peut accorder de dispense que quand le candidat a un diplôme, et sur l'avis conforme du jury, *ib.* — Le candidat doit remplir toutes les autres conditions de la Profession, *ib.*, n° 4. — L'étranger porteur d'un diplôme belge peut-il être admis au serment, p. 77, n° 8. — Opinion du Conseil de Bruxelles sur ce point, *ib.* — Jurisprudence de la Cour, *ib.* — Un avocat étranger peut-il faire partie du conseil de discipline, p. 89, n° 1, et p. 405 un article de la *Belgique Judiciaire*. — Des enquêtes ordonnées par le Conseil qui ont lieu à l'étranger, p. 176, n° 186, et note 5. — Quoique non inscrit près la Cour devant laquelle il plaide, l'Avocat étranger peut être puni disciplinairement par elle pour fautes commises à son audience, p. 210, n° 250.

Étranger (Siége). — Voy. SIÈGE ÉTRANGER.

Étude de l'affaire. — En étudiant soigneusement la cause, on honore les magistrats devant qui on doit la plaider, p. 336, CXXXVI. — Voy. PREMIERS ÉLÉMENTS DE LA CAUSE, — EXAMEN DES PIÈCES, etc. — Les autres titres se trouvent dans le sommaire, p. 345. — Étude de l'affaire proprement dite, p. 349, n°s 11 et s. — Voy. le détail des parties que comprend cette étude, p. 349, § 3, au sommaire. — Étude qui doit précéder la plaidoirie, p. 359, § 9. — Avantages de la méditation, voy. MÉDITATION DE LA CAUSE.

Études de l'Avocat. — Voy. STAGE, STAGIAIRES. — C'est pour étudier les affaires que l'Avocat peut assister aux audiences à huis clos, p. 243, n° 40. — Ce que devait étudier, au témoignage de De Ghewiet, le licencié en droit pour devenir avocat, p. 404. — Les études de l'Avocat, par Archambault, p. 409. — Études que la Profession exige, par Chaix d'Est-Ange, p. 412, — par Marie, p. 418.

tance, p. 313, LXXXXIII. — Du cas où le payement se fait
par un tiers, *ib.* — L'Avocat ne donne pas de compte
détaillé, *ib.* — Il ne peut se faire payer ses honoraires
d'avance, p. 314, LXXXXV. — Sauf s'il va plaider hors du
siége, *ib.* — Du refus de plaider à défaut de paiement préalable des honoraires, *ib.* — Du cas où le client quitte un
avocat pour en consulter un autre ; devoirs de ce dernier
quant aux honoraires du premier, p. 324, CXIII.—Demande
d'honoraires pour redressement d'une erreur judiciaire,
p. 403. — La guerre à propos des honoraires d'un avocat,
p. 404. — Etude sur les honoraires de l'Avocat, p. 406,
Liénart. — Opuscule sur la fixation des honoraires et la
question de la quittance, p. 408, Anonyme. — Apologie de
l'honoraire par Lescouray, p. 417.
Un avocat américain s'adresse au Congrès des États-Unis pour
obtenir le payement de ses honoraires contre la famille
d'Orange, p. 153, note 4.

Honorifique (Titre). — Avocats maintenus au Tableau
à titre honorifique, p. 132, n° 107.

Hospices. — Voy. RECEVEUR.

Hôtel de ville. — Voy. CHEF DE DIVISION A L'HÔTEL DE
VILLE.

Huis clos. — Du droit de l'Avocat d'assister aux audiences
à huis clos, p. 243, n°s 40 et s. — Motifs, *ib.* — Cependant
on peut en empêcher l'exercice, *ib.* n° 41.

Huissier. — Qualité incompatible avec celle d'avocat,
p. 54, note 4. — Pour appeler un avocat devant le Conseil
on n'emploie pas le ministère d'un huissier, p. 175, n° 182.
—Même si les fonctions du Conseil sont exercées par le Tribunal, p. 178, n° 189. — De même pour la notification des
décisions du Conseil, p. 184, n° 209. — Exemples d'exceptions, *ib.* n° 210.— Le Ministère Public interjette par exploit
d'huissier appel des décisions du Conseil, p. 192, n° 222.—
Les huissiers peuvent-ils faire des perquisitions dans le
cabinet d'un avocat, p. 238, n° 31.—Pacte avec un huissier,
p. 274, XXV.

Husson. — Écrit sur la Profession, p. 417.

Immunités de la plaidoirie. — Siége de la matière,
p. 228, n°s 17 et s. — 1° Les avocats plaident couverts, en
signe d'indépendance, p. 228, n° 17, 1°.—Ils se découvrent
quand ils lisent des pièces, *ib.* — 2° Droit de ne pas être

dée sur la nécessité de maintenir l'indépendance de l'Avocat, *ib*. — Elle est enfin incompatible avec tous emplois subalternes, *ib*., n° 104. — Cette troisième règle est fondée sur la nécessité de maintenir la dignité du Barreau, *ib*. — Comment on distingue si un emploi est subalterne, *ib*. — On ne doit pas exclusivement s'attacher au salaire, *ib*. — Distinction de Mollot entre les incompatibilités relatives et les incompatibilités absolues, p. 130, n° 105. — Cette distinction manque de fondement, *ib*.

Application des principes, p. 131 et s., n°s 107 et s. — Des avocats qui restent étrangers au Barreau, p. 131, n° 7. — Avocats maintenus à titre honorifique, p. 132. *ib*. — Receveur des hospices, *ib*., n° 108. — Trésorier d'une fabrique d'église, *ib*., n° 109. — Secrétaire de la chambre de commerce, *ib*. n° 110. — Professeur à l'Université, *ib*., n° 111, et p. 130, n° 104. — Attaché au Ministère de la Justice, *ib*., n° 112. — Chef de division à l'hôtel de ville, *ib*., n° 113. — Employés dans les administrations publiques, *ib*. — Chef de bureau au Ministère de la Justice, p. 133, *ib*. — Chef des référés au même ministère, *ib*. — Stagiaire pour le notariat, *ib*. — Secrétaire du Parquet à la Cour de Cassation, *ib*., n° 114. — Directeur d'une société commerciale, p. 134, n° 115. — Exercice habituel d'un mandat qui ne concerne pas la Profession, *ib*., n° 116. — Deux décisions du Conseil de Bruxelles sur ce point, *ib*., n°s 116 et 117. — Curateurs aux faillites, p. 135 et s., n°s 118 et s., voy. ce mot. — Places de l'Ordre judiciaire, p. 131, n° 106. — Suppléants, *ib*. — Préfet et sous-préfet, *ib*. — Greffiers, *ib*. — Notaires, *ib*. — Avoués, *ib*. — Négoce, *ib*. — Agents d'affaires, *ib*. — Huissiers, p. 55, note 4. — Curateurs aux faillites, p. 135 et s., n°s 118 et s., et p. 34 ; voy. ce mot pour les détails. — Avocats à la Cour de Cassation, p. 142, n° 119; voy. ce mot pour les détails. — Consuls et vice-consuls, p. 430. — Exécuteurs testamentaires, p. 431. — Conseils judiciaires d'une société, p. 432. — Conseils judiciaires des prodigues, p. 433.

Conséquences de l'incompatibilité, p. 142, n° 120. — Elle empêche d'exercer la Profession, mais n'empêche pas de porter le titre d'avocat, *ib*. — Exposé des motifs à l'appui de cette opinion, *ib*. — Mais peut-on allier ce titre à celui d'une profession incompatible, p. 143. *ib*. — Arrêt de la Cour de Bruxelles qui décide la négative pour un notaire, *ib*. — Le Conseil de Bruxelles décide qu'un avocat biffé comme chef de bureau au ministère peut continuer à porter son titre, *ib*., note 1. — *Quid* à l'égard d'un négociant, d'un agent d'affaires ou d'une autre personne non soumise à une juridiction disciplinaire, *ib.* — Impuissance à réprimer le fait en ce qui les concerne, *ib.* — Arrêté royal qui déclare un avocat concessionnaire d'un chemin de fer, *ib.*, note 3. — A quel rang doit être réinscrit l'Avocat rayé pour incompatibilité, p. 146, note 2.

Indépendance de l'Avocat. — Sous l'ancien droit belge, p. 10 et 12.—Voy. CAUTION,—PARENTÉ,—POLITIQUE.— Exemple d'indépendance donné par les sept avocats qui signèrent la consultation pour Vander Straeten, sous le roi Guillaume, p. 17. — Défaut d'indépendance des avocats de Bruxelles, lors du projet d'organisation judiciaire ordonnant les plaidoiries en flamand, *ib.* — Résistance des avocats au Procureur Général Van Meenen qui voulait empêcher la fondation de l'Association en 1832, p. 22-24. — Ils affirment aussi leur indépendance de tout pouvoir dans les statuts de cette Association, p. 24. — Le Conseil de discipline de Bruxelles décide le 15 octobre 1832 que la qualité d'avocat à la Cour de Cassation porte atteinte à l'indépendance du Barreau, p. 29 (V. Avocats à la C. de Cass.) — Voy. CONFLITS; — CRAMER. — Certaines incompatibilités sont fondées sur la nécessité de maintenir l'indépendance de l'Avocat, p. 129, n° 103. — De l'indépendance de l'Avocat mise en rapport avec la défense d'office, p. 227, n° 14 et s. — Voy. IMMUNITÉS DE LA PLAIDOIRIE.

L'indépendance est un des devoirs généraux de l'Avocat, p. 256, IV. — Son fondement, *ib.* — Ses caractères, *ib.* — Sa définition par Henrion de Pansey, *ib.* — Mercuriale de d'Aguesseau sur cette indépendance, *ib.*, note 1. — Voy. INTERRUPTIONS A L'AUDIENCE. — L'Avocat peut-il refuser les causes qu'on lui offre, p. 291, L. — Voy. DÉFENSE D'OFFICE. Pour rester indépendant dans la cause, l'Avocat ne doit faire aucune avance d'argent pour son client, p. 302, LXXIV. — L'Avocat est juge souverain de la manière de présenter la défense, p. 305, LXXIX et p. 292, LI. — L'Avocat doit à son client d'être indépendant dans la défense, p. 307, LXXXIII. —Danger d'exagérer cette indépendance, *ib.* — Application de cette règle aux rapports de l'Avocat avec le Ministère Public, p. 307, LXXXIV; Voy. JUGE D'INSTRUCTION; — DEVOIRS ENVERS LES MAGISTRATS. — L'indépendance de l'Avocat, par Baillehache, p. 409 ; — Par Paillet, p. 419.

Indigents. — Voy. CONSULTATIONS GRATUITES.

Indélicatesse. — Voy. DÉLICATESSE.

Indépendance du Barreau. — De l'inutilité de l'in-

32

exige le diplôme de docteur, p. 75, n° 2. — L'étranger muni
d'un diplôme de licencié peut, moyennant certaines conditions, devenir avocat en Belgique, p. 76, n° 3. — Voy.
Avoué.

Liénart. — Écrit sur la Profession.

Liége (Barreau de). — Conflit entre le Barreau et la Cour
pour une question relative aux honoraires, p. 45. — A
Liége on dresse une liste des stagiaires, p. 119, n° 87. —
Inconvénients de cette liste, *ib.* — Elle n'est prescrite par
aucune disposition légale, *ib.* — Anciennes coutumes de
Liége sur la Profession, p. 398, et p. 401, Sohet.

Liouville. — Conseils de Liouville sur la recherche de la
vérité, — Son legs en faveur du Barreau de Paris, p. 333,
CXXXI. — Écrit sur Profession, p. 418.

Littérature. — Voy. QUALITÉS LITTÉRAIRES ET ORATOIRES.
— Union de la littérature et du Barreau, par Sapey, p. 420.

Loi du 4 août 1832, organique de l'ordre judiciaire. —
Art. 31 relatif à l'institution des avocats à la Cour de Cassation, p. 68. — Voy. AVOCATS A LA COUR DE CASSATION.

Loi du 27 septembre 1835, organique de l'instruction
publique. — Pour être avocat il faut être reçu docteur en
droit, art. 65, p. 63. — Le gouvernement peut accorder des
dispenses aux étrangers, art. 66, *ib.*

Lois et règlements de la Profession. — Voy.
LÉGISLATION.

Loisel. — Écrit sur la Profession, p. 418.

Loovens. — Ancien droit belge relatif à la Profession,
p. 400.

Louage d'ouvrage. — Ce n'est pas un louage d'ouvrage
qui s'établit entre l'Avocat et son client, p. 289, XLVIII et
p. 431, note 1.

Louange. — Influence de la louange sur le jeune avocat,
p. 336, CXXXVI. — Voy. ÉLOGES.

Louis. — Écrit sur la Profession, p. 418.

Louvain (Barreau de). — Roulement pour le renouvellement du Conseil, p. 96.

Louvrex. — Son autorité comme jurisconsulte, p. 13.

Loyauté. — Voy. HONNEUR.

Luxembourg. — Ancien droit, p. 401, Sohet.

Magistrats. — Voy. DEVOIRS ENVERS LES MAGISTRATS, —

Places de l'Ordre judiciaire. — Incompatibilités. — Juges. —Ouvrage de *Thœnickerus*, publié sous l'ancien droit, indiquant les moyens par lesquels l'Avocat pouvait s'opposer aux efforts d'un magistrat contraire à la cause; p. 401.

Magistrats (Devoirs envers les). — De ces devoirs sous l'ancien barreau belge, p. 10. — De l'assistance aux funérailles d'un magistrat, *ib.* — Des cas où l'Avocat empêché de plaider doit écrire au magistrat, voy. Lettre. — Conseils donnés sur la matière par un Bâtonnier dans une assemblée générale du barreau de Bruxelles, p. 84, n° 23. — De la dignité de l'Avocat dans ses rapports avec le respect dû à la magistrature, p. 260, VIII. — Voy. Respect envers la magistrature.

Magistrature. — Le temps passé dans la magistrature compte-t-il pour le stage, p. 113, n° 69. — Des moyens que possède le Barreau de maintenir son indépendance vis-à-vis de la magistrature, voy. Coalitions, — Représentations. — Magistrats.

Magonus. — Écrit sur la Profession, p. 401.

Maître. — Les avocats sont-ils appelés maîtres, p. 221, note 2, et p. 326, CXIX.

Maladie. — Voy. Lettre. — Magistrats (Devoirs envers les). — Quand le client est malade et que l'affaire n'admet aucun retard, l'Avocat peut aller chez lui, p. 298, LXVI.

Malines. — Voy. Grand Conseil de Malines.

Mandat. — L'exercice habituel d'un mandat qui ne concerne pas la Profession est incompatible avec la qualité d'avocat, p. 134, n° 116. — Texte d'une décision du Conseil de Bruxelles sur ce point, *ib.* — Autre décision sur le même point, *ib.*, n° 117. — Ce n'est pas un contrat de mandat qui s'établit entre l'Avocat et son client, p. 289, XLVIII et p. 431, note 1. — Voy. Signature.

Manzius. — Écrit sur la Profession, p. 401.

Marie. — Écrit sur la Profession, p. 418.

Marques d'improbation. — Elles peuvent constituer des fautes d'audience, p. 195, n° 228. — Voy. Fautes d'audience.

Matières sommaires. — Voy. Avoué.

Mauvaise cause. — Voy. (Cause mauvaise.)

Mauvaise foi. — Voy. Communication des pièces.

Mazienzus. — Écrit sur la Profession, p. 401.

Méditation de la cause. — Avantages de cette méditation, p. 359, n° 46, et la note.

Mémoire. — Danger de s'en rapporter uniquement à sa mémoire, p. 350, n° 14. — Crainte des jeunes avocats sur les défaillances de la mémoire, p. 354, n° 29. — Est-il bon d'apprendre ses plaidoiries de mémoire, p. 370, n° 88.

Mémoires imprimés. — Voy. MÉMOIRES JUDICIAIRES. — Règles relatives aux mémoires imprimés, p. 379, § 19. — De la différence entre les mémoires imprimés et les consultations, p. 383, n° 127. — De la différence entre le style des mémoires et celui des conclusions, p. 391, n° 152.

Mémoires judiciaires. — L'Avocat n'est pas tenu de remettre avant le payement de ses honoraires les mémoires et autres écrits qu'il a rédigés, p. 160, n°s 156 et 157. — Il ne faut pas confondre les mémoires avec les écritures de procédure proprement dites, p. 232, n° 24. — L'Avocat jouit des immunités ordinaires de la plaidoirie pour le contenu des mémoires, même quand ils sont distribués en dehors de l'audience, ib. — On a parfois contesté ce principe, ib. — Voy. MÉMOIRES POUR LE POURVOI EN CASSATION, — MÉMOIRES MANUSCRITS. — Collection de mémoires judiciaires, p. 422, Annales.

Mémoires manuscrits. — Utilité du mémoire manuscrit et règles y relatives, p. 355, § 6. — Voy. MÉMOIRES JUDICIAIRES.

Mémoires pour le pourvoi en cassation. — Ne peuvent être uniquement signés par les avocats d'appel, p. 232, n° 25. — Arrêt de la Cour de Cassation de Belgique sur ce point; texte de cet arrêt, p. 233. — Protestations inutiles du Conseil, p. 234. — Mais ils peuvent signer les pourvois en matière criminelle, ib., n° 2. — Voy. AVOCATS A LA COUR DE CASSATION.

Mémoires sur le Barreau. — Voy. SOUVENIRS.

Merlin. — Écrit sur la Profession, p. 418.

Mesures d'exécution. — L'Avocat ne peut assister à aucune mesure d'exécution, p. 305, LXXVIII. — Précédent du Conseil de Bruxelles en ce qui concerne une saisie-description, ib.

Mesure provisoire. — Voy. RADIATION PROVISOIRE.

Metdepenningen. — Voy. HONNEURS RENDUS A DES CONFRÈRES.

Méthode. — Voy. CLARTÉ. — TRAVAUX DE L'AVOCAT. — Mé-

Napoléon. — Contraste entre ses éloges publics et ses attaques privées relatifs à la Profession d'avocat, p. 50, note 1.

Narration. — Règles de la narration, p. 361, nos 54 et s.

Nature des choses. — Les devoirs de la Profession sont avant tout fondés sur la nature des choses, p. 250. — S'il s'y glisse quelque chose d'arbitraire, il faut le réformer, p. 251. — Voy. MORALE, — P. 413, Dufaure.

Nomination des membres du Conseil. — Voy. CONSEIL.

Nécrologie. — Voy. HONNEURS RENDUS A DES CONFRÈRES.

Négoce, négociants — La Profession d'avocat est incompatible avec toute espèce de négoce, p. 131, n° 106. — Pourquoi, p. 129, n° 103. — Peut-on exercer une répression contre le négociant qui ayant autrefois prêté serment, se qualifie avocat, p. 143.

New-York. — Voy. ÉTATS-UNIS.

Nieuport. — Anciennes coutumes de Nieuport sur la Profession, p. 398.

Noblesse. — Sous l'ancien droit belge, l'Avocat ne devenait pas noble, p. 8. — L'Avocat noble ne porte pas au Palais son titre de noblesse, p. 327, CXX.

Nombre. — Nombre des avocats à Bruxelles en 1868, p. 425. — Idem, en 1789, *ib.* — Nombre des stagiaires en 1868, *ib.* — Nombre des avocats aux États-Généraux de 1789, p. 286, note 1. — Nombre à l'Assemblée législative de 1790 : 400 avocats et procureurs.

Non bis in idem. — Le jugement sur l'action publique, n'empêche pas la poursuite disciplinaire, p. 169, n° 170. — *Quid* d'une ordonnance de non-lieu, p. 170, n° 172. — D'un arrêt d'absolution, *ib.* — Mais la règle *non bis in idem* reprend tout son empire quand il s'agit d'une nouvelle poursuite disciplinaire, p. 172, n° 174.

Non-cumul des peines. — Voy. NON BIS IN IDEM, — NON LIEU.

Non-lieu. — Une ordonnance de non-lieu n'arrête pas l'action disciplinaire, p. 170, n° 172. — Voy. ADULTÈRE.

Notables. — Avocats notables, p. 418, Loisel.

Notaire, Notariat. — La qualité de stagiaire pour le notariat est-elle compatible avec celle d'avocat, p. 133, n° 113. — La profession de notaire est incompatible avec

celle d'avocat, art. 18 décret 1810, p. 131, n° 106. — Un
notaire ne peut porter le titre d'avocat, p. 143. — Arrêt de
la cour de Bruxelles sur ce point, *ib.*

Note d'audience. — Règles relatives à la rédaction de la
note d'audience, sommaire, p. 352, § 5, n°s 23 et s.—De la
note d'audience au criminel, p. 376, n°s 102 et 105. — Rapports de la note d'audience avec le mémoire imprimé,
p. 380, n° 111. — Doit-on communiquer la note d'audience, p. 320, CV. — Au Barreau de Paris on admet la
solution affirmative, *ib.*, note 1. — Ce serait un acte d'improbité d'inscrire dans une note d'audience un moyen non
plaidé, p. 320, CV.

Note de plaidoirie. — Voy. NOTE D'AUDIENCE.

Notes sur le procès. — Des notes à prendre pendant
l'étude du procès, p. 350, n°s 14 et 15.

Notices des arrêts. — Danger de se fier aux notices
des arrêts, p. 367, n° 79. — Voy. CITATIONS.

Notification des décisions du Conseil. — Nécessité de la notification, p. 184, n° 208. — Les règlements
n'en règlent pas la forme, *ib.*, n° 209.—Usages à Bruxelles,
ib. — Parfois, en cas de radiation ou d'interdiction, le Conseil a employé le ministère d'un huissier, *ib.*, n° 210. — De
la transmission obligatoire au Procureur Général, p. 185,
n° 211. — Faut-il lui communiquer la décision n'emportant
qu'avertissement, censure ou réprimande, *ib.* — Oui, mais
seulement quand il le demande, *ib.* — Le projet d'organisation judiciaire ordonne la transmission dans tous les cas,
même sans demande, p. 186, *ib.* — Critique, *ib.* — Le Conseil ne donne pas expédition de ses décisions aux tiers sans
ordonnance de justice, *ib.*, n° 212. — Décision contraire,
ib. — Délai de la notification, *ib.*, n° 213.

Nouveau Code pénal belge. — Voy. DIFFAMATION,
INJURE, CALOMNIE. — Art. 458 de ce Code sur les personnes
obligées au secret, p. 310, en note.

Nullité des élections. -— Voy. RECOURS CONTRE LES
ÉLECTIONS.

Obsèques. — Voy. NÉCROLOGIE.

Office (Affaires d'). — Voy. AFFAIRES D'OFFICE.

Office (Poursuite d'). — Le Conseil peut poursuivre
d'office pour faits de discipline, p. 174, n° 178.

Olin (**X**.). — Écrit sur la Profession, p. 406.

Omission du Tableau. — Définition , p. 182 , n° 201.—Différence avec la radiation, *ib.*—Cette distinction n'a pas toujours été saisie, *ib.*

Opinion (**Changement d'**). — Quand l'Avocat pouvait, sous l'ancien droit, soutenir une opinion contraire à celle qu'il avait défendue d'abord, p. 11. — Il est dangereux pour l'Avocat de soutenir une opinion différente de celle qu'il a déjà soutenue, p. 277, XXXI. — Décision du Conseil de Bruxelles sur la matière, p. 278, note 1.

Opposition. — Peut-on former opposition aux décisions du Conseil rendues par défaut, p. 175, n° 185.

Orateur. — Voy. QUALITÉS LITTÉRAIRES ET ORATOIRES.

Ordonnance française du 20 novembre 1822. Elle abroge le décret de 1810, p. 49, note 1. — L'art. 34 n'autorise les stagiaires à plaider que moyennant un certificat, p. 54, note 1. — L'art. 37 soumet au stage les avoués-licenciés qui veulent être admis dans l'Ordre, p. 54, note 3. — L'art. 14 énonce en termes nouveaux la mission des conseils de discipline, p. 56, note 1. — L'art. 16 a supprimé virtuellement la censure, p. 57, note 1 et p. 180, n° 194. — L'art. 7 faisait entrer au conseil les anciens bâtonniers, p. 55, note 1. — L'ordonnance fixe huitaine pour le délai à comparaitre devant le Conseil, p. 175, n° 183. — De l'étendue du droit d'appel sous l'ordonnance de 1822, p. 186, note 2. — Sous l'ordonnance l'appel des décisions du Conseil est soumis à l'assemblée générale de la Cour en chambre du Conseil, p. 193, n° 224. — L'art. 45 de l'ordonnance a légalement consacré les traditions de la Profession, p. 250. — Examen de l'ordonnance de 1822, par Daviel, p. 413.

Ordonnance de non-lieu. — Voy. NON-LIEU.

Ordre chronologique. — Voy. EXAMEN DES PIÈCES.

Ordre des avocats. — Sous l'ancien droit belge , les avocats ne formaient pas un Ordre, p. 7. — Mais ils pouvaient s'assembler et délibérer, *ib.* — L'Ordre des avocats n'a-t-il pas été supprimé par la Constitution belge, p. 21. — Voy. CONSTITUTION. — Faut-il maintenir l'Ordre, p. 48. De l'Ordre des avocats, p. 80 à 84, nos 15 à 24. — De quelles personnes l'Ordre est composé, p. 80, n° 15. — Texte de l'art. 9 du décret de 1810, p. 52. — Ce texte est incomplet, p. 80, n° 15. — L'Ordre des avocats n'est pas une corporation, *ib.*, n° 16. — Les avocats ne sont pas des fonction-

(1) N'est-ce pas un pacte de *quo litis* que le nouveau règlement du Tribunal de Commerce de Bruxelles imposé aux curateurs pour le paiement de leur taxe.

On lit dans le discours prononcé le 3 mars 1869 par M. le Président de cette juridiction : « Le Tribunal a voulu encourager et *développer le zèle* et la sollicitude qu'exige la curatelle des faillites, en *intéressant plus directement les curateurs,* d'une part, à accomplir leur tâche avec assiduité, d'autre part, à *réaliser le chiffre le plus élevé d'actif.* » Si l'étude que nous avons faite des traditions du Barreau ne nous a pas égarés, c'est, croyons-nous, une théorie absolument neuve que celle qui pose en principe que le zèle de l'Avocat se mesure au dividende que lui promet une affaire. De crainte de faire erreur sur ce point délicat, nous préférons nous en remettre à l'appréciation de ceux auxquels une longue expérience donne une autorité qui nous manque.

D'après un tableau annexé *sub* n° 2 au discours que nous venons de rappeler, les honoraires des curateurs, pour tous devoirs ordinaires, se déterminent par tantièmes : 1° sur l'actif réalisé, 2° sur le dividende attribué aux créanciers. Ainsi par exemple dans une faillite au-dessous de 1.500 francs, le curateur touche 10 p. c. sur l'actif qu'il réalise, et 10 p. c. sur le dividende. Liouville a dit : « Vous n'accepterez jamais une part dans les procès dont vous serez chargés » (p. 11, éd. 1864). Il y a donc lieu de rechercher si ce système, parfaitement régulier quand il s'agit d'un curateur ordinaire, l'est encore lorsqu'il s'agit d'un curateur-avocat. (Voy. ci-dessus, p. 161, n° 158 et p. 431, note 1).

trer l'Avocat en écoutant ses clients, p. 298, LXVII, et
p. 347, 4, et la note. — Utilité de la patience en pareil
cas, *ib.*

Patronage. — En Belgique, il est d'usage que les stagiaires
se mettent sous le patronage d'un ancien pendant la durée
de leur stage, p. 116, n° 78. — Mais cela n'est pas obligatoire, *ib.* — Comment les patrons doivent surveiller les
causes qu'ils confient à leurs stagiaires, p. 295, LIX. — Le
patronage est la pratique de la confraternité à l'égard des
stagiaires, p. 327, CXXII. — Le Patronage des anciens, par
Gaudry, p. 416. — Esprit de patronage de l'Ordre, par
Marie, p. 418.

Pauvre. — Voy. INDIGENTS. — L'Avocat doit son ministère
à celui, riche ou pauvre, qui se présente chez lui le premier,
p. 295, LVII. — Voy. CONFRÈRES PAUVRES, — CONFRATERNITÉ.

Peines disciplinaires. — Des peines disciplinaires
sous l'ancien droit belge, p. 7. — Sous le droit actuel,
p. 180 et s., n°s 192 et s. — Énumération des peines,
art. 25 décret 1810, p. 57, et p. 180, n° 192.— Voy. AVER-
TISSEMENT, — CENSURE, — RÉPRIMANDE, — INTERDICTION, —
EXCLUSION ET RADIATION, — PROLONGATION DU STAGE. — De la
gradation naturelle entre l'avertissement, la censure et la
réprimande, p. 181, n° 196. — Ces trois peines n'entraînent
aucune privation de droits, *ib.*, n° 197.

Pensions. — Les avocats de l'administration des finances
n'ont pas droit à des pensions, art. 9, arrêté 5 février 1851,
p. 67.

Péroraison. — Règles de la Péroraison, p. 369, n° 84.

Perquisition chez l'Avocat. — Voy. SECRET.

Perte des pièces. — Voy. RESPONSABILITÉ.

Personne civile. — L'Ordre des avocats est-il une personne civile, p. 102, n° 53. — Oui, en France, *ib.* — *Quid*
en Belgique, *ib.* — Art. 6 de la Constitution belge, *ib.* —
Voy. CORPORATION. — Cette personne civile peut-elle ester
en justice, acquérir, aliéner, p. 103, n° 54. — Aucun cas ne
s'est encore présenté en Belgique, *ib.* — Mais son incapacité pourrait être difficilement justifiée, p. 104. — Intervention simplement officieuse de l'Ordre dans certains
procès, *ib.*

Petit criminel. — Voy. AFFAIRES CRIMINELLES.

Pièces. — Voy. RESTITUTION DES PIÈCES. — RÉCÉPISSÉ.
— Perte des pièces, voy. RESPONSABILITÉ, — DOSSIER. —
L'Avocat doit accueillir toutes les pièces que son client lui

33

ib., n° 176. — Des réquisitions écrites du Ministère Public,
ib., n° 177. — Il n'est jamais partie aux décisions du Conseil, *ib.* — On ne peut citer directement devant le Conseil,
p. 174, *ib.* — Mais par contre le Conseil peut agir d'office,
ib., n° 178. — Malgré un désistement, le Conseil peut continuer la poursuite, *ib.*, n° 179.
§ 4. Mode de procédure devant le Conseil, p. 174 et s.,
n°s 180 et s. — Voy. PROCÉDURE.
§ 5. Des Peines, p. 180 et s., n°s 192 et s. — Voy. PEINES.
§ 6. Notification des décisions du Conseil, p. 184 et s., n°s 208
et s. — Voy. NOTIFICATION.
§ 7. De l'appel des décisions du Conseil, p. 186 et s., n°s 214
et s. — Voy. APPEL DES DÉCISIONS DU CONSEIL. — DIS-
CIPLINE.

Pratique de la Profession. — Avocats biffés pour
être restés étrangers à la Profession, p. 131, n° 107.

Précédents du Conseil. — Précédents du Conseil à
Bruxelles, p. 16. — A Paris, par Mollot, p. 417.

Prédicats du Barreau. — Les Avocats doivent-ils
être nommés maîtres ou messieurs, p. 224, note 2.

Préfet. — Cette qualité est incompatible avec celle d'avocat,
p. 131, n° 106.

Premiers éléments de la cause. — L'Avocat doit
d'abord bien déterminer l'objet du procès, p. 346, 3. — Il
doit accueillir tous les éléments et les pièces que le client
lui donne, sauf à en faire le triage, p. 347, 4. — Patience
que l'Avocat doit montrer à écouter son client. — Voy. PA-
TIENCE.

Préparation de l'affaire. — Voy. ÉTUDE DE L'AFFAIRE.

Prérogatives. — Voy. DROITS DE L'AVOCAT.

Préséances. — Ce n'est pas l'âge, mais la date de l'inscription au Tableau qui détermine les préséances entre
avocats, p. 144, n° 121.

Présence au Conseil. — Voy. AMENDES.

Présence du client aux débats. — L'Avocat peut-il
permettre à son client de plaider, p 306, LXXXII. —
Règles relatives à cette présence, p. 372, § 93. — Son utilité
dans certains cas, *ib.*

Présentation au serment. — Nul ne peut prêter
serment comme avocat sans être présenté, p. 77, n° 6, et
p. 78. n° 9. — Art. 14 décret de 1810, p. 53. — Motifs de la
loi, p. 78, n° 9. — En 1813 l'Ordre avait décidé que la présentation n'aurait lieu qu'après avoir obtenu des renseigne-

ments sur la personnalité du candidat, *ib.* — Cette coutume est tombée en désuétude, *ib.* — Le droit de présentation appartient aux anciens avocats, p. 78, n° 10. — Aussi aux avocats à la Cour de Cassation, *ib.* — Texte de l'arrêté de 1839 qui l'accorde à ces derniers, p. 73. — La présentation est de rigueur, p. 79, n° 11. — *Quid* lorsque le candidat ne trouve personne qui consente à le présenter, *ib.* — Malgré la présentation, la Cour et le Ministère Public peuvent examiner si le candidat doit être admis, *ib.*, n° 12.

Président de la Cour d'assises. — Ses pouvoirs en matière de communication des avocats avec les accusés, p. 239, n° 32.

Prêt. — Voy. AVANCES D'ARGENT.

Prêtre. — Voy. ECCLÉSIASTIQUE.

Preuve. — Il ne faut avancer à la barre aucun fait grave sans en avoir la preuve en main, p. 336, CXXXV. — De la recherche des preuves dans l'étude de l'affaire, p. 349, n° 13. — Voy. PREUVE DEVANT LE CONSEIL.

Preuve devant le Conseil. — Quand les preuves résultant de l'action publique doivent être accueillies dans l'action disciplinaire, p. 170, n° 171.

Prisons. — Voy. COMMUNICATIONS AVEC LES DÉTENUS, — CLIENT DÉTENU.

Privilége des honoraires. — Les honoraires de l'Avocat ne sont pas privilégiés en matière civile, p. 163, n° 159. — Il en est autrement en matière criminelle, correctionnelle et de police, *ib.* — Etude sur la matière, p. 407, Picard (Edmond).

Priviléges de la Profession. — La Profession d'avocat n'est point par elle-même un privilége, 49, épigraphe. — Elle ne confère aucun privilége politique, p. 242, note 1. — L'Avocat ne fait point partie du jury comme avocat, mais comme docteur en droit. — Privilége d'être cru sur parole quant à la remise des pièces, p. 243, n° 42. — Du privilége des honoraires de la défense, p. 163, n° 159. — Voy. HONORAIRES.

Probité. — Voy. CAUSE (BONNE). — Application du principe de probité à diverses questions sous l'ancien droit, p. 11. — Peut-on se servir de mauvais moyens pour défendre une bonne cause, *ib.*, et p. 5 en note, chap. 7. — La Probité est un des devoirs généraux de l'Avocat, p. 257, V. — D'après Mollot, la Probité c'est tout l'avocat, *ib.* — Voy. VÉRITÉ.

Procédure. — Procédure de l'action en honoraire, voy.

n° 5. — Avant 1830, il ne requérait aucune admission au serment sans un avis favorable du Conseil sur la personnalité du candidat, p. 78, n° 9, et p. 112, n° 64. — Malgré la présentation d'un ancien avocat, il peut conclure à ce qu'un candidat, sans droit, ou indigne, ne soit pas admis au serment, p. 79, n° 12. — Sous l'art. 33 décret de 1810, l'Ordre ne pouvait être convoqué qu'avec l'autorisation du Procureur Général, p. 80, n° 17. — Texte de cet article, p. 58. — Il a été abrogé, *ib.* — Le Procureur Général peut convoquer les assemblées générales de l'Ordre, p. 81, n° 18. — Quand cela peut être utile, *ib.* — Ce droit n'a été exercé qu'une fois à Bruxelles, p. 82, note 1. — Sous le décret de 1810 (art. 21), c'était le Procureur Général qui nommait le Bâtonnier, p. 89, n° 32. — Abrogation de cette disposition en France et en Belgique, *ib.* — La liste des membres du Conseil doit lui être transmise dans la huitaine, p. 98, n° 45. — Texte art. 6 arrêté de 1836 qui l'exige, p. 65. — Motifs, p. 98, n° 45. — Est-ce seulement la *liste* ou le *procès-verbal* de l'assemblée qui doit lui être transmis, *ib.*, n° 46. — La jurisprudence française décide que le Procureur Général peut former une demande en nullité contre les élections de l'Ordre, p. 99, n° 48. — Le Procureur Général peut-il appeler d'une décision du Conseil à l'instruction de laquelle il est resté étranger, p. 103, n° 34, et p. 191, n° 219, 1°. — Le Procureur Général peut-il critiquer l'inscription d'un avocat au Tableau, ou bien l'Ordre est-il maître de son Tableau, p. 120, n° 89. — Jurisprudence des Conseils de France, *ib.* — Jurisprudence des Cours, *ib.* — On admet la négative, *ib.* — Sauf les droits du candidat évincé, *ib.* — Pourvu qu'il ne soit pas stagiaire, *ib.* — *Quid* en Belgique, p. 121, n° 90. — Sous le régime hollandais le Conseil admettait que le Procureur Général pouvait exercer un contrôle sur la formation du Tableau, *ib.*, et p. 112, n° 64. — *Quid* aujourd'hui, p. 122, n° 92. — Réponse du Procureur Général en 1813 au Conseil de Bruxelles qui lui avait demandé à quel rang devait être réinscrit l'Avocat rayé pour incompatibilité, p. 146, note 2. — Le Procureur Général peut adresser des réquisitions au Conseil, p. 173, n° 177. — Mais il n'est jamais partie aux décisions à prendre, p. 174, *ib.* — Le Procureur Général peut-il exiger communication des décisions portant avertissement, censure ou réprimande, p. 185, n° 211. — Des décisions qui doivent lui être communiquées sans demande, *ib.* — Voy. APPEL DES DÉCISIONS DU CONSEIL, et spécialement DROIT D'APPEL DU MINISTÈRE PUBLIC. — Le Ministère Public peut-il citer l'Ordre entier ou le Conseil entier devant la Cour d'appel,

fuser les causes qu'on lui offre, p. 291, L. — Mais il ne doit
user de ce droit qu'avec réserve, *ib.* — Des motifs pour lesquels il peut refuser, *ib.* — Voy. DÉFENSE D'OFFICE. — Du
refus de plaider à défaut de payement préalable des honoraires, p. 314, LXXXXV.

Réfutation. — Des règles de la réfutation, p. 368, nº 85,
et p. 370, nº 89.

Règlements. — Des règlements disciplinaires pour les
avocats sous l'ancien droit belge, p. 7. — Règlement du
conseil de Bruxelles en 1811, p. 15. — Règlement ou statuts
de l'Association libre des avocats de Bruxelles, p. 24. —
Premier règlement de la Bibliothèque du Barreau, p. 41. —
Second règlement de la Bibliothèque, p. 107. — Règlement
de la conférence du jeune barreau pour la défense gratuite
des prévenus correctionnels, p. 37. — Règlement d'ordre
intérieur du bureau de consultations gratuites, p. 149,
note 2. — Voy. CHACUN DES MOTS AUXQUELS CES RÈGLEMENTS
SE RAPPORTENT. — Voy. aussi LÉGISLATION. — Règlement
sur les prisons et la communication des avocats avec les
détenus, p. 239 et 240. — Lettre au sujet du nouveau règlement concernant les avocats, en 1739, p. 408, Anonyme. —
Règlements du barreau français, par Liouville, p. 418, —
par Mollot, *ib.*

Règles de la Profession. — Leur utilité, p. 48. —
Elles sont fondées sur la nature des choses, *ib.*, et p. 413,
Dufaure. — Quand on les a supprimées, elles se sont d'elles-
mêmes rétablies en fait, *ib.* — Voy. CONNAISSANCE DES RÈGLES
DE LA PROFESSION. — Avantage des règles de la Profession,
par Berryer, p. 410. — Règles principales de la Profession,
par Chaix d'Est-Ange, p. 412.

Règles pour les travaux de l'Avocat. — Voy.
TRAVAUX DE L'AVOCAT. — Les grandes affaires ne sont pas
soumises aux règles ordinaires, p. 378, nº 108.

Réinscription au Tableau, p. 146, nºˢ 126 et s. ;
pour les détails, voy. RANG AU TABLEAU.

Remise de cause. — Voy. LETTRES. — Peine contre
l'Avocat qui par sa faute occasionne une remise, art. 8 déc.
1812, p. 62 et la note 2. — Quand l'Avocat appelé devant le
Conseil a droit à une remise, p. 175, nº 183. — Quand un
confrère sollicite une remise, il ne faut pas en général la lui
refuser, p. 323, CIX. — Du droit de demander une remise
au criminel pour mettre la cause en état, p. 377, nº 105. —
Conflit à propos d'une question de remise entre la Cour et
l'avocat Michel de Bourges, p. 403.

Spinnael (avocat). — Voy. Van Hoorde.

Stage. — Du stage sous l'ancien droit belge, p. 4.—Il n'était en général pas exigé, *ib.* — Il était remplacé, dans le Hainaut, par une pratique de plusieurs années, *ib.* — De Ghewiet blâme l'absence de stage, *ib.* — Comment il conseille de le remplacer, *ib.* — Condition préalable du stage sous l'Association libre des avocats, en 1832, p. 22. — Celui qui a prêté serment devant un Tribunal, doit-il encore prêter serment devant la Cour pour être admis à y faire son stage, p. 79, n° 13. — *Quid* s'il a déjà prêté serment devant une autre Cour, *ib.*, n° 14.

Du stage en général, p. 110 à 118, n°s 61 à 84. — Définition, p. 110.— Le Barreau comprend deux catégories d'avocats : ceux qui sont inscrits au Tableau et les stagiaires, p. 110, n° 62.— Des personnes qui portent le titre d'avocat sans faire partie du Barreau, *ib.* — De l'inscription au stage, p. 111 à 113, n°s 63 à 70. — Il faut présenter une demande au Conseil, p. 111, n° 63. — Forme de cette demande, *ib.* — Le Conseil a-t-il le droit de refuser l'admission au stage de l'Avocat qui a prêté serment, p. 111, n° 64. — Ordonnance française de 1822, *ib.* — Système belge, *ib.* — Tous ceux qui veulent être inscrits au Tableau doivent faire un stage, *ib.*, n° 66. — Exception pour les avoués, *ib.* — Art. 17 décret de 1810, p. 54. — Justification de cette exception, p. 113, n° 66. — Cette exception n'existe que pour les licenciés, *ib.*, n° 67. — Et seulement quand ils veulent se faire inscrire au Tableau du Tribunal près duquel ils exerçaient, *ib.*, n° 68. — Mais non s'ils veulent être inscrits au Tableau de la Cour dans le ressort de laquelle est ce tribunal ; précédent à Bruxelles, *ib.* — Le temps passé dans la magistrature compte-t-il pour le stage, *ib.*, n° 69.

Durée du stage, p. 113 et 114, n°s 70 à 74. — Art. 12 décret 1810, p. 53. — Le stage dure trois ans, p. 113, n° 70. — Il ne peut être interrompu pendant plus de trois mois, *ib.*, n° 71. — Le stage devant un Tribunal ne compte pas pour être inscrit au Tableau d'une Cour, p. 114, n° 72. — Précédent à Bruxelles, *ib.* — Le stage peut-il être abrégé, *ib.*, n° 73. — Le stage peut-il être prolongé, art. 23 décret 1810, p. 56, et p. 114, n° 74.

Obligations du stage, p. 114 à 117, n°s 75 à 80. — Voy. Stagiaire.

Droits du stage, voy. Stagiaires.

A Paris le rang d'inscription au Tableau se détermine par la date de l'admission au stage, p. 145, note 1. — Etude sur le stage, p. 405, Claudius ; — p. 406, Duchaine ; — p. 407, Robert.

Stagiaires. — Les stagiaires font partie de l'Ordre des avocats, p. 80, n° 15. — Mais leurs droits sont limités, p. 110, n° 61. — Obligations des stagiaires, p. 114 à 117, n°s 75 à 80. — Art. 15 décret 1810, p. 54. — Fréquentation des audiences, p. 114, n° 75. — Mesures pour s'en assurer, *ib.* — Du certificat qui la constate, *ib.* — Utilité de cette fréquentation, p. 115, n° 76. — Comment à Paris on s'assure qu'elle a lieu, *ib.* — Autre obligation des stagiaires, art. 24 décret 1810, p. 56. — Ils doivent suivre les séances du Bureau de consultations gratuites, renvoi, p. 115, n° 77. — Voy. BUREAU DE CONSULTATIONS GRATUITES. — Il n'y a pas obligation de choisir un patron parmi les anciens avocats, mais c'est l'usage, *ib.*, n° 78. — Ils ne peuvent voter pour la formation du Conseil, p. 89, n° 29. — Influence de leur vote sur la validité de l'élection, *ib.*

Le Conseil de discipline est chargé de veiller sur les mœurs et la conduite des stagiaires, p. 116, n° 79. — Telle est la disposition de l'art. 23 décret 1810, p. 56. — Le Conseil peut prendre à l'égard des stagiaires des mesures disciplinaires, p. 116, n° 80. — Précédents à Bruxelles : interdiction, révocation, *ib.*

Droits des stagiaires, p. 117 et 118, n°s 81 à 84. — Art. 16 décret 1810, p. 54. — Ces droits sont, en général, les mêmes que ceux des avocats inscrits, p. 117, n° 81. — De leur droit de plaider, spécialement en dehors du ressort de la Cour près de laquelle ils font leur stage, *ib.*, n° 82. — Du droit de signer des consultations, *ib.*, n° 83. — Ils n'ont pas le droit de voter, *ib.*, n° 84. — Ni celui de suppléer les magistrats empêchés, *ib.*

Liste des avocats stagiaires, p. 119, n° 87. — Voy. TABLEAU.

Le stagiaire peut-il appeler de la décision du Conseil qui refuse de l'admettre au Tableau, p. 120 et 121, n°s 89 à 91 ; voy. TABLEAU, et spécialement FORMATION DU TABLEAU.

Comment les patrons doivent surveiller les causes qu'ils confient à leurs stagiaires, p. 295, LIX. — De la pratique de la confraternité à l'égard des stagiaires, p. 327, CXXII. — De l'influence de l'éloge sur le jeune avocat, p. 336, CXXXVI. — Les règles que nous donnons sur les travaux de l'Avocat s'adressent surtout aux stagiaires, p. 345, 1 ; voy. TRAVAUX DE L'AVOCAT, — JEUNES AVOCATS.

Styl ou **stiele.** — Anciens styles ou règlements de procédure, p. 7. — Recueil de styles, p. 400, Furlet, Jaey, Loovens.

p. 126, n° 95. — Projet d'organisation judiciaire, *ib.*
§ 4. Des incompatibilités, siége de la matière, p. 126 à 144, n°s 96 à 120. — Voy. INCOMPATIBILITÉS.
§ 5. Rang au Tableau, p. 144 et s., n°s 121 et s. — Voy. RANG AU TABLEAU.

Taillandier. — Écrit sur la Profession, p. 420.

Tarif. — Autrefois en Belgique les honoraires étaient tarifés, p. 9 et p. 152, n° 136 — En Belgique c'était le greffier qui taxait, *ib.* — Voy. DROIT DE PLAIDOIRIE. — En France les avocats avaient le droit de faire taxer leurs écritures, p. 152, n° 135.

Taxe. — Voy. PATENTE.

Taxe des honoraires, sous l'ancien droit. — Voy. TARIF.

Témoignage. — Voy. SECRET.

Témoins. — Voy. ENQUÊTE, — SECRET. — En cas d'enquête devant le Conseil les reproches de droit commun sont-ils admissibles contre les témoins, p. 176, note 4. — L'Avocat peut-il attaquer les témoins dans ses plaidoiries, p. 301, LXX. — De la citation des témoins à décharge au criminel, p. 376, n°s 102 et 104.

Tenue. — Voy. COSTUME, — MOUSTACHES. — L'Avocat plaide couvert, p. 228, n° 17, p. 338, CXLII. — Sauf quand il lit des pièces, *ib.* — Tenue de l'Avocat qui plaide pour lui-même, p. 338, CXLII. — Les avocats ont-ils le droit de rester assis pendant la prononciation d'une ordonnance, p. 228, note 2. — Tenue pendant le prononcé, voy. PRONONCÉ, — DESCRIPTION DE L'AVOCAT.

Termes techniques. — De l'emploi des termes techniques, p. 391, n° 152.

Ternaux. — Écrit sur la Profession, p. 420.

Terrasson. — Écrit sur la Profession, p. 420.

Théâtre. — Énumération d'œuvres dramatiques relatives à la Profession d'avocat, p. 404. — Voy. MOLIÈRE.

Thibault. — Écrit sur la Profession, p. 420.

Thœnnickerus. — Écrit sur la Profession, p. 401.

Thomas. — Écrit sur la Profession, p. 420.

Tielemans et De Brouckere (C.). — Écrivent sur la Profession, p. 407.

Tierce opposition de l'Avocat dont l'élection est contestée, p. 99, n° 50.

Timbre. — Les consultations légales devront-elles être sur

p. 105 et 106. — Tentative pour établir unè taxe sur chaque prestation de serment, p. 106. — Cette taxe se nommait autrefois droit de chapelle, *ib.*, note 1. — L'Avocat qui prête serment étant soumis à un droit d'enregistrement de 15 fr., partie de ce droit ne revient-elle pas à l'Ordre, *ib.* — Le Conseil a été saisi de cette question en 1859, *ib.* — Les finances de l'Ordre sont peu prospères à Bruxelles, *ib.* — Voy. Legs.

Tribunal. — Quand le tribunal remplit les fonctions du Conseil de discipline, art. 32 décret 1810, p. 58 ; — art. 13, arrêté 1836, p. 66. — Voy. aussi p. 86, n° 25. — Justification de cette attribution : négligence ou impossibilité légale de nommer un Conseil, p. 86 et 87. — Cas où il y a impossibilité légale, p. 87, note 1. — Quand à défaut d'un nombre suffisant d'avocats le Tribunal remplit les fonctions du Conseil de discipline, les avocats peuvent cependant nommer un bâtonnier, p. 87, note 1. — Des fautes d'audience commises devant les tribunaux ordinaires, p. 195, n° 230. — Voy. Fautes d'audience. — Cas où le tribunal peut ordonner des poursuites disciplinaires, art. 452 nouveau Code pénal, p. 203. — Un tribunal ne peut assumer deux avocats, p. 245, n° 45.

Tribunal de commerce. — L'Avocat a-t-il une position officielle devant les tribunaux de commerce, p. 196, n° 231, et p. 223, note 1. — En cas de faute d'audience ces tribunaux peuvent-ils lui appliquer la suspension, *ib.* — En matière de discours ou d'écrits diffamatoires, injurieux ou calomnieux pour les parties, les tribunaux consulaires ont-ils les mêmes droits que les autres tribunaux, p. 204, n° 243. — Devant les tribunaux de commerce, l'Avocat ne doit pas revêtir sa robe, p. 233, note 1. — Pourquoi, *ib.* — Devant les tribunaux de commerce, l'Avocat peut-il signer des écritures, p. 232, note 1. — Peut-il en réclamer la taxe, *ib.* — L'Avocat ne doit pas faire des actes qui le rendraient justiciables des tribunaux de commerce, p. 280, XXXV. — Voy. Conflits. — Procuration.

Tribunaux criminels. — Des fautes d'audience devant les tribunaux criminels, p. 196, n° 232. — Voy. Délits et fautes d'audience.

Tronson du Coudray. — Écrit sur la Profession, p. 420.

Tronjolly. — Écrit sur l'Eloquence judiciaire, p. 423.

Trop grand nombre d'affaires. — L'Avocat ne doit pas accepter un trop grand nombre d'affaires, p. 295, LVIII.

Trouble. — Répression des troubles causés par l'Avocat à l'audience, sous l'ancien droit, p. 10. — Sous le droit nouveau, voy. DÉLITS ET FAUTES D'AUDIENCE.

Tumulte à l'audience. — Voy. DÉLITS ET FAUTES D'AUDIENCE.

Truinet. — Écrit sur la Profession, p. 421.

Unité. — De l'unité dans le discours, p. 390, n° 148.

Université. — Voy. PROFESSEUR A L'UNIVERSITÉ.

Usages. — Voy. TRADITIONS.

Usurpation du titre d'avocat. — Pareille usurpation ne constitue pas un délit, p. 143, p. 221, n° 1. — Y a-t-il un moyen civil de la réprimer, *ib.*, note 3. — Les tribunaux ont quelquefois défendu de porter ce titre, p. 222, n° 1. — Voy. NOTAIRE.

Vacances. — Les élections faites pendant les vacances seraient nulles, p. 97, n° 43. — Les vacances judiciaires par Bataillard, p. 404.

Van Hoorde, Sanfourche-Laporte, Verhaegen aîné, Spinnael et Mascart. — Écrivent sur la Profession, p. 408.

Vandenkerkhove. — Écrit sur le projet d'organisation judiciaire, p. 408.

Vander Straeten, écrivain. — Son procès sous le roi Guillaume, p. 16.

Van Maanen, ministre. — Ordonne l'arrestation des sept avocats qui, en 1819, avaient signé une consultation pour Vander Straeten, p. 17. — Son projet d'organisation judiciaire ordonnant de plaider en flamand, *ib*.

Van Meenen (Procureur Général). — Son opposition à la fondation de l'Association libre des avocats, en 1832, p. 22 à 24.

Vérité. — L'Avocat doit la vérité aux juges, p. 335, CXXXIV. — C'est le meilleur moyen d'acquérir auprès d'eux de l'autorité, *ib*. — Voy. p. 259, VII. — La recherche de la vérité est un des devoirs généraux de l'Avocat, p. 258, VII. — Conseils de Liouville sur ce point, *ib*. — Conseils d'Étienne Pasquier, p. 259, note 1. — Conseils de Montaigne, *ib.*, note 2. — Ré-

TABLE MÉTHODIQUE DES MATIÈRES.

DEUXIÈME PARTIE. — Législation en vigueur.

TROISIÈME PARTIE. — Organisation et règlement de la profession d'avocat.

TITRE PREMIER. — *De l'Avocat.*

CONDITIONS REQUISES POUR EXERCER LA PROFESSION.

Pages.

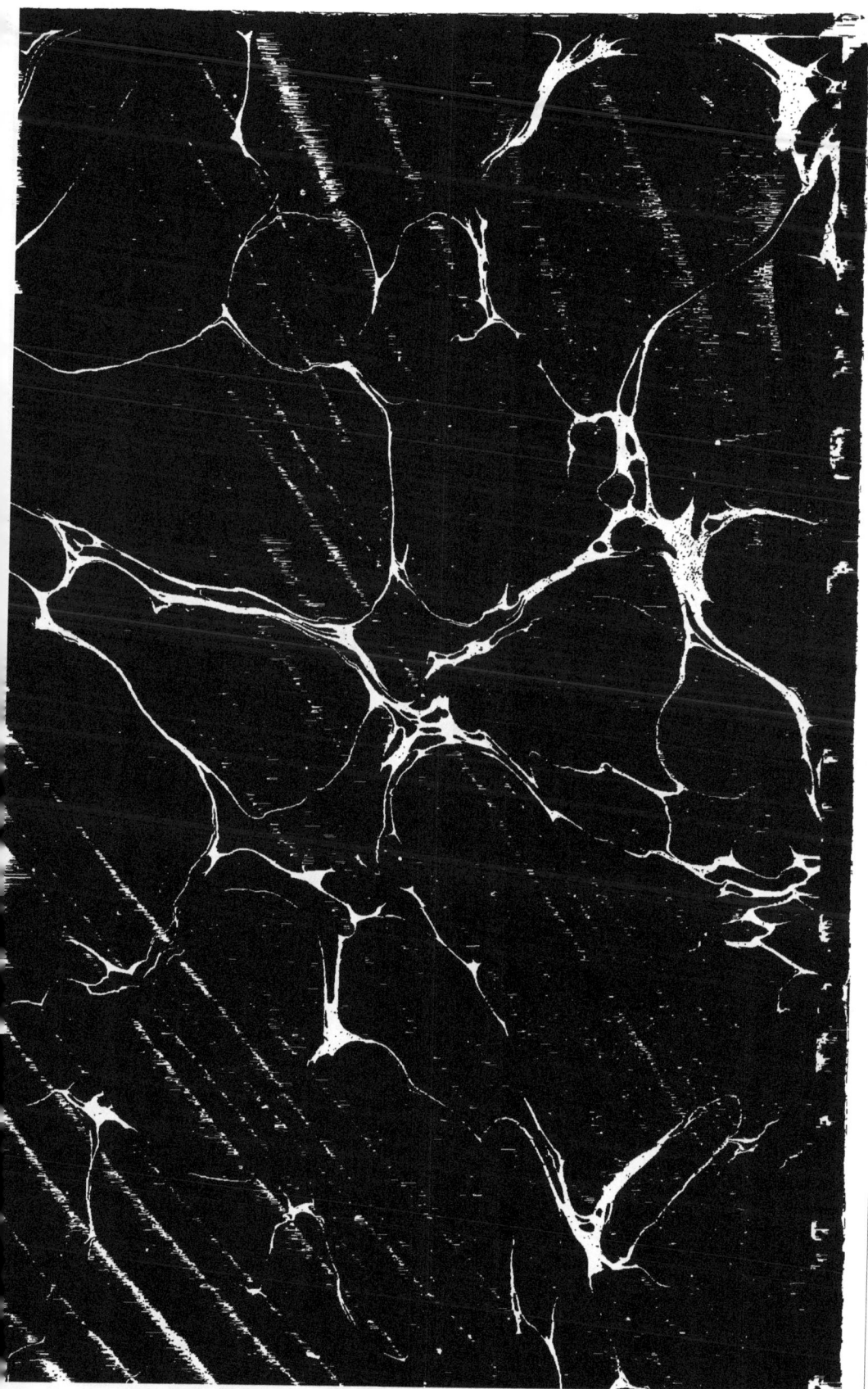